LES
ENIGMES DE L'UNIVERS

PAR

ERNEST HAECKEL

PROFESSEUR DE ZOOLOGIE A L'UNIVERSITÉ D'IÉNA

Traduit de l'allemand

PAR

CAMILLE BOS

PARIS
LIBRAIRIE C. REINWALD
SCHLEICHER FRÈRES, ÉDITEURS
15, RUE DES SAINTS-PÈRES, 15
—
1902

LES
ÉNIGMES DE L'UNIVERS

LES
ÉNIGMES DE L'UNIVERS

PAR

ERNEST HAECKEL
PROFESSEUR DE ZOOLOGIE A L'UNIVERSITÉ D'IÉNA

Traduit de l'allemand

PAR

CAMILLE BOS

PARIS
LIBRAIRIE C. REINWALD
SCHLEICHER FRÈRES, ÉDITEURS
15, RUE DES SAINTS-PÈRES, 15

1902

PRÉFACE

Les Etudes de *philosophie moniste* qui vont suivre sont destinées aux personnes cultivées de toutes conditions qui pensent et cherchent sincèrement la vérité. Un des traits les plus saillants du xixe siècle qui finit est l'effort croissant et vivace vers la *connaissance de la vérité* qui, de proche en proche, a gagné les cercles les plus étendus. Ce qui l'explique c'est, d'une part, les progrès inouïs de la connaissance réelle de la nature accomplis dans ce chapitre, merveilleux entre tous, de l'histoire de l'humanité; d'autre part, la contradiction manifeste où s'est trouvée cette connaissance de la nature par rapport à ce qu'enseigne la tradition comme étant « révélé »; c'est, enfin, le besoin sans cesse plus général et plus pressant de la raison qui lui fait désirer comprendre les innombrables faits récemment découverts et connaître clairement leurs causes.

A ces progrès énormes des connaissances empiriques dans notre *siècle de la science*, ne répondent guère ceux accomplis dans leur interprétation théorique et dans cette connaissance suprême de l'enchaînement causal de tous les phénomènes que nous appelons la *philosophie*. Nous voyons, au contraire, que la science abstraite et surtout métaphysique enseignée depuis des siècles dans nos Universités, sous le nom de philosophie, reste bien éloignée d'accueillir dans son sein les trésors que lui a récemment acquis la science expérimentale. Et nous devons, d'autre part, constater avec le même regret que les représentants de la « science exacte » se contentent, pour la plupart de travailler dans l'étroit domaine de leur champ d'observation, tenant pour superflue la connaissance plus profonde de l'enchaînement général des phénomènes observés, c'est-à-dire précisément la philosophie ! Tandis que ces purs empiristes ne voient pas la forêt, empêchés qu'ils sont par les arbres qui la composent — les métaphysiciens dont nous parlions tout à l'heure se contentent du simple terme de forêt sans voir les arbres qui la constituent. Le mot de *philosophie de la nature* vers lequel convergent tout naturellement les deux voies de recherche de la vérité, la méthode empirique et la spéculative, est encore bien souvent aujourd'hui, de part et d'autre, repoussé avec effroi.

Cette opposition fâcheuse et anti-naturelle entre la science de la nature et la philosophie, entre les conquêtes de l'expérience et celles de la pensée est incontestablement ressentie, dans tous les milieux cultivés, d'une manière sans cesse plus vive et plus douloureuse. C'est ce dont témoigne déjà l'extension croissante de cette littérature populaire « philosophico-scientifique » qui est apparue dans la seconde moitié de ce siècle. C'est ce que prouve aussi ce fait consolant que, malgré l'aversion réciproque qu'ont les uns pour les autres les observateurs de la nature et les penseurs philosophes, cependant, des deux camps, des hommes illustres dans la science se tendent la main et s'unissent pour résoudre ce problème suprême de la science que nous avons désigné d'un mot : les *Enigmes de l'Univers*.

Les recherches relatives aux « énigmes de l'Univers », que je publie ici, ne peuvent raisonnablement pas prétendre à les *résoudre* tout entières ; elles sont plutôt destinées à jeter sur ces énigmes les *lumières* de la critique, léguant la tâche aux savants à venir ; et surtout elles s'efforcent de répondre à cette question : dans quelle mesure nous sommes-nous actuellement rapprochés de la solution des énigmes ? *A quel point sommes-nous réellement parvenus dans la connaissance de la vérité, à la fin du XIX*ᵉ *siècle* ? et quels progrès vers ce but indéfiniment éloigné avons-nous réellement accomplis au cours du siècle qui s'achève ?

La réponse que je donne ici à ces graves questions ne peut naturellement être que *subjective* et partiellement exacte ; car la connaissance que j'ai de la Nature et la raison avec laquelle je juge de son essence objective sont limitées comme celles de tous les autres hommes. La seule chose que je revendique et l'aveu que j'ai le droit d'exiger de mes adversaires même les plus acharnés, c'est que ma philosophie moniste est *loyale* d'un bout à l'autre, c'est-à-dire qu'elle est l'expression complète des convictions que m'ont acquises l'étude passionnée de la nature, poursuivie pendant de nombreuses années et une méditation continuelle sur le fondement véritable des phénomènes naturels. Ce travail de réflexion sur la philosophie de la nature s'étend maintenant à une durée d'un demi-siècle et il m'est bien permis de penser, dans ma soixante-sixième année, qu'il a acquis toute la *maturité* possible ; je suis également certain que ce *fruit mûr* de l'arbre de la science ne subira plus de changement important ni de perfectionnement essentiel durant le peu d'années que j'ai encore à vivre.

J'ai déjà exposé toutes les idées essentielles et décisives de ma philosophie moniste et génétique, il y a de cela trente-trois ans, dans ma *Morphologie générale des organismes*, ouvrage prolixe, écrit dans un style lourd et qui n'a trouvé que très peu de lecteurs. C'était le premier essai en vue d'étendre la théorie de l'évolution, établie depuis peu, au domaine entier de la science des formes organiques. Afin d'assurer du moins le triomphe d'une partie des idées nouvelles, contenues dans ce premier ouvrage et afin, également, d'intéresser un plus grand nombre de personnes cultivées aux progrès les plus importants de la science en notre siècle, je publiai deux ans après (1868) mon *Histoire naturelle de la création*. Cet ouvrage, d'une forme plus aisée, ayant eu, malgré de grandes lacunes, la fortune de trouver neuf éditions et douze traductions en langues différentes, n'a pas peu contribué à répandre le système moniste. On en peut dire de même de l'*anthropogénie* (1874), moins lue, dans laquelle j'ai essayé de résoudre la tâche difficile de rendre accessibles et compréhensibles à un plus grand nombre de personnes instruites les faits essentiels de l'histoire de l'évolution humaine ; la quatrième édition de cet ouvrage, remaniée, a paru en 1891. Quelques-uns des progrès importants et surtout précieux que cette partie essentielle de l'anthropologie a vu se réaliser en ces derniers temps, ont été mis en lumière dans la Conférence que j'ai faite en 1898, au quatrième Congrès international de Zoologie à Cambridge, « sur l'état actuel de nos connaissances en ce qui regarde l'*origine de l'homme* » (septième édition 1899). Quelques questions spéciales relatives à la philosophie de la nature dans son état actuel et qui offraient un intérêt particulier, ont été abordées dans mon « Recueil de Conférences populaires concernant la *théorie de l'évolution* » (1878). Enfin j'ai résumé les principes les plus généraux de ma philosophie moniste et ses rapports plus spéciaux avec les principales doctrines religieuses, dans ma « Profession de foi d'un naturaliste : le *Monisme, trait d'union entre la religion et la science* » (1892, huitième édition 1899).

Le livre que l'on va lire sur les *Enigmes de l'Univers* est un complément, une confirmation, un développement des convictions exposées dans les ouvrages ci-dessus, indiquées et défendues par moi depuis un nombre d'années qui représente déjà la durée d'une génération. Je me propose de terminer par là mes études de philosophie moniste. Un vieux projet nourri pendant bien des années, celui d'édifier tout un *système de philosophie moniste* sur la base de la doctrine évolutionniste, ne sera jamais mis à exécution. Mes forces ne suffisent plus à la tâche et bien des symptômes de la vieillesse qui s'approche me poussent à terminer mon œuvre. D'ailleurs je suis, sous tous les rapports, un enfant du *XIXe siècle* et je veux, le jour où il se terminera, apposer à mon travail le trait final.

L'incalculable étendue qu'a atteint en notre siècle la science humaine par suite de la division croissante du travail, nous laisse déjà pressentir l'impossibilité d'en posséder toutes les parties aussi à fond et d'en exposer la synthèse avec unité. Même un génie de premier ordre, (à supposer qu'il possédât à fond toutes les parties de la science et qu'il eût le don d'en faire l'exposé synthétique), ne serait cependant pas en état de fournir, dans les limites d'un volume de grosseur moyenne, un tableau total du « Cosmos ». Quant à moi dont les connaissances, dans les diverses branches du savoir humain, sont très inégales et comportent beaucoup de lacunes, je ne pouvais songer à entreprendre qu'une tâche : esquisser le plan général de ce tableau de l'Univers et indiquer l'*unité* persistante à travers les parties, en dépit de la façon très inégale dont j'ai traité ces diverses parties. C'est pourquoi ce livre sur les énigmes de l'Univers n'offre guère que le caractère d'un « essai » dans lequel des études de valeurs très diverses ont été réunies en un tout. Quant à la rédaction, comme je l'ai commencée en partie il y a de cela bien des années, tandis que je ne l'ai terminée qu'en ces derniers temps, la forme en est malheureusement inégale ; en outre, maintes répétitions ont été inévitables : je prie qu'on veuille bien m'en excuser.

Chacun des vingt chapitres qui composent ce livre est précédé d'une page dont le recto donne le titre tandis que le verso donne un court sommaire du chapitre. Les notes qui suivent relatives à la *bibliographie* n'ont pas la prétention d'épuiser la matière. Elles sont simplement destinées, d'une part, à mettre en relief, pour chaque question, les *œuvres capitales* s'y rapportant, d'autre part, à renvoyer le lecteur aux *travaux récents* qui semblent surtout propres à faciliter une étude plus approfondie de la question et à combler les lacunes de mon livre.

En prenant ainsi congé de mes lecteurs j'exprime un désir : puissé-je, par mon travail honnête et consciencieux et malgré toutes les lacunes dont j'ai conscience, avoir contribué par mon obole à la solution des énigmes de l'Univers ! — et puissé-je avoir montré à quelques lecteurs consciencieux s'efforçant au milieu du conflit des systèmes vers la science rationnelle, ce chemin qui seul, d'après ma profonde conviction, conduit à la vérité, le chemin de l'*étude empirique de la nature* et de la philosophie dont elle est le fondement : la *philosophie moniste*.

Iéna, 2 avril 1899.

Ernest Haeckel.

CHAPITRE PREMIER

Comment se posent les énigmes de l'Univers.

Tableau général de la culture intellectuelle au XIXe siècle
Le conflit des systèmes. — Monisme et Dualisme

> Joyeux depuis bien des années.
> Et zélé, l'esprit s'efforçait
> De scruter, de saisir,
> Comment la Nature vit en créant.
> C'est la même, c'est l'éternelle Unité,
> Qui, diversement, se manifeste ;
> Le petit se confond avec le grand, le grand avec le petit,
> Chacun conformément à sa propre nature.
> Toujours changeant, se maintenant invariable,
> Près comme loin, loin comme près ;
> Ainsi créant des formes, les déformant,
> C'est pour éveiller l'étonnement que j'existe.
> Goethe.

SOMMAIRE DU CHAPITRE PREMIER

Etat des connaissances humaines et de la conception de l'Univers à la fin du xixe siècle. — Progrès accomplis dans la connaissance de la nature, organique et inorganique. — La loi de la substance et la loi d'évolution. — Progrès accomplis dans la technique et la chimie appliquée. — Etat stationnaire des autres domaines de la civilisation : administration de la Justice, organisation de l'Etat, l'école, l'église. — Conflit entre la raison et le dogme. — Anthropisme. — Perspective cosmologique. — Principes cosmologiques. — Réfutation du délire anthropiste des grandeurs. — Nombre des énigmes de l'Univers. — Critique des sept énigmes de l'Univers. — Voie qui mène à leur solution. — Activité des sens et du cerveau. — Induction et déduction. — La raison, le sentiment et la révélation. — La philosophie et la science. — L'empirisme et la spéculation. — Dualisme et monisme.

LITTÉRATURE

Ch. Darwin. — *De l'origine des espèces par la sélection naturelle dans les règnes animal et végétal.* trad. E. Barbier.

G. Lamarck. — *Philosophie zoologique.* 1809.

Ernest Haeckel. — *Die Entwickelungsgeschichte der Organismen in ihrer Bedeutung für die Anthropologie und Kosmologie.* 1866, 7tes und 8ts Buch der Gener. Morphol.

C. G. Reuschle. — *Philosophie und Naturwissenschaft.* 1874.

K. Dieterich. — *Philosophie und Naturwissenschaft, ihr neuestes Bündniss und die monistische Weltanschauung.* 1875.

Herbert Spencer. — *Système de Philosophie Synthétique.* 1875.

Fr. Ueberweg. — *Grundriss der Geschichte der Philosophie* (8e édition revue et corrigée par Max Heinze). 1897.

Fr. Paulsen. — *Einleitung in die Philosophie* (5e édition). 1892.

Ernest Haeckel. — *Histoire de la création naturelle.* Conférences scientifiques populaires sur la doctrine de l'évolution. Trad. Letourneau.

A la fin du xix⁰ siècle, date à laquelle nous sommes arrivés, le spectacle qui s'offre à tout observateur réfléchi est des plus remarquables. Toutes les personnes instruites s'accordent à reconnaître que, sous bien des rapports, ce siècle a dépassé infiniment ceux qui l'avaient précédé et qu'il a résolu des problèmes qui, à son aurore, semblaient insolubles. Non seulement les progrès ont été étonnants dans la science théorique, dans la connaissance réelle de la nature, mais en outre, leur merveilleuse application pratique dans la technique, l'industrie, le commerce, etc. — si féconde en résultats admirables — a imprimé à notre vie intellectuelle moderne, tout entière, un caractère absolument nouveau. Mais, d'autre part, il est d'importants domaines de la vie morale et des relations sociales, sur lesquels nous ne pouvons revendiquer qu'un faible progrès par rapport aux siècles précédents — souvent, hélas ! nous avons à constater un recul.

Ce conflit manifeste amène non seulement un sentiment de malaise, celui d'une scission interne, d'un mensonge, mais en outre il nous expose au danger de graves catastrophes sur le terrain politique et social.

C'est, dès lors, non seulement un droit strict mais aussi un devoir sacré pour tout chercheur consciencieux qu'anime l'amour de l'humanité, de contribuer en toute conscience à résoudre ce conflit et à éviter les dangers qui en résultent. Ce but ne peut être atteint, d'après notre conviction, que par un effort courageux vers la *connaissance de la vérité* et, solidement appuyée sur celle-ci, par l'acquisition d'une philosophie claire et *naturelle*.

Progrès dans la connaissance de la nature. — Si nous essayons de nous représenter l'état imparfait de la connaissance de la nature au début du XIXe siècle et si nous le comparons avec l'éclatante hauteur qu'il a atteinte à la fin de ce même siècle, le progrès accompli doit paraître, à tout homme capable d'en juger, merveilleusement grand. Chaque branche particulière de la science peut se vanter d'avoir réalisé en ce siècle —surtout pendant la seconde moitié — des conquêtes extensives et intensives, de la plus haute portée. Le microscope pour la science des infiniment petits, le télescope pour l'étude des infiniment grands, nous ont acquis des données inappréciables auxquelles, il y a cent ans, il aurait paru impossible de songer. Les méthodes perfectionnées de recherches microscopiques et biologiques nous ont non seulement révélé partout, dans le royaume des protistes unicellulaires, un « monde de vies invisibles », d'une infinie richesse de formes, — elles nous ont encore fait connaître, avec la plus minuscule des cellules, l' « organisme élémentaire » qui constitue, par ses associations de cellules, les tissus dont est composé le corps de toutes les plantes et de tous les animaux pluricellulaires, tout comme le corps de l'homme. Ces connaissances anatomiques sont de la plus grande importance ; elles sont complétées par la preuve embryologique que tout organisme supérieur, pluricellulaire, se développe aux dépens d'une cellule simple, unique, l' « ovule fécondé ». L'importante *théorie cellulaire*, fondée là-dessus, nous a enfin livré le vrai sens des processus physiques et chimiques, aussi bien que des phénomènes de la vie psychologique, phénomènes mystérieux pour l'explication desquels on invoquait auparavant une « force vitale » surnaturelle ou une « âme, essence immortelle ». En même temps, la vraie nature des maladies, par la pathologie cellulaire qui se rattache étroitement à la théorie cellulaire, est devenue claire et compréhensible pour le médecin.

Non moins remarquables sont les découvertes du XIXe siècle dans le domaine de la nature inorganique. Toutes les parties de la physique ont fait les progrès les plus étonnants : l'optique et l'acoustique, la théorie du magnétisme et de l'électricité, la mécanique et la théorie de la chaleur ; et, ce qui est plus important, cette science a démontré l'*unité des forces de la nature* dans l'Univers tout entier. La théorie mécanique de la chaleur a montré les rapports étroits qui existent entre ces forces et comment, dans des conditions précises, elles peuvent se transformer l'une en l'autre. L'analyse spectrale nous a appris que les mêmes matériaux qui constituent notre corps et les êtres vivants qui l'habitent, sont aussi ceux qui constituent la masse des autres planètes, du soleil et des astres les plus lointains. La physique astrale a élargi, dans une grande mesure, notre conception de l'Univers, en nous montrant dans l'espace infini des millions de corps tourbillonnant, plus grands que notre terre et, comme elle, se transformant continuellement, alternant à jamais entre. « devenir et disparaître ». La chimie nous a fait connaitre une quantité de substances autrefois inconnues, constituées toutes par un agrégat de quelques éléments irréductibles (environ soixante-dix) et dont certaines ont pris, dans tous les domaines de la vie, la plus grande importance pratique. Elle nous a montré dans l'un de ces éléments, le carbone, le corps merveilleux qui détermine la formation de l'infinie variété des agrégats organiques et qui, par suite, représente la « base chimique de la vie ». Mais tous les progrès particuliers de la physique et de la chimie, quant à leur importance théorique, sont infiniment dépassés par la découverte de la grande loi où ils viennent converger comme en un foyer : *la loi de substance*.

Cette « loi cosmologique fondamentale », qui démontre la permanence de la force et celle de la matière dans l'Univers, est devenue le guide le plus sûr pour conduire notre philosophie moniste, à travers le labyrinthe compliqué de l'énigme de l'Univers, vers la solution de cette énigme.

Comme nous nous efforcerons, dans les chapitres suivants, d'atteindre à une vue d'ensemble sur l'état actuel de la science de la nature et sur ses progrès en notre siècle, nous ne nous arrêterons pas davantage ici sur chacune des branches particulières de cette science. Nous voulons seulement signaler un progrès immense, aussi important que la loi de substance et qui la complète : *la théorie de l'évolution*. Sans doute, quelques penseurs, chercheurs isolés, avaient parlé depuis des siècles de l'*évolution* des choses ; mais l'idée que cette loi gouverne *tout l'Univers* et que le monde lui-même n'est rien autre qu'une éternelle « évolution de la substance », cette idée puissante est fille de notre XIXe siècle. Et c'est seulement dans la seconde moitié de ce siècle qu'elle a atteint une entière clarté et une universelle application. L'immortelle gloire d'avoir donné à cette haute idée philosophique un fondement empirique et une valeur générale, revient au grand naturaliste anglais CHARLES DARWIN ; il a donné, en 1859, une base solide à cette théorie de la descendance dont le génial Français LAMARCK, philosophe et naturaliste, avait déjà posé en 1809 les traits principaux et que le plus grand de nos poètes et de nos penseurs allemands, GŒTHE, avait déjà prophétiquement entrevue en 1799. Par là nous était donnée la clef qui devait nous aider à résoudre le « problème des problèmes », la grande énigme de l'Univers, à savoir la « place de l'homme dans la Nature » et la question de son origine naturelle.

Si, en cette année 1899, nous sommes à même de reconnaître clairement l'extension universelle de la *loi d'évolution* — et de la *Genèse moniste!* — et de l'appliquer conjointement à la *loi de substance*, à l'explication moniste des phénomènes de la Nature, nous en sommes redevables en première ligne aux trois philosophes naturalistes de génie dont nous avons parlé ; aussi brillent-ils à nos yeux, parmi tous les autres grands hommes de notre siècle, pareils à trois étoiles de première grandeur (1).

---

(1) Cf. E. HAECKEL *Die Naturanschauung von Darwin, Gœthe und Lamarck.* (Conférence faite à Eisenach, Iéna 1882.)

A ces extraordinaires progrès de notre connaissance *théorique* de la nature correspondent leurs applications variées à tous les domaines de la vie civilisée. Si nous sommes aujourd'hui à « l'époque du commerce », si les échanges internationaux et les voyages ont pris une importance insoupçonnée jusqu'alors, si nous avons triomphé des limites de l'espace et du temps au moyen du télégraphe et du téléphone — nous devons tout cela en première ligne aux progrès techniques de la physique, en particulier à ceux accomplis dans l'application de la vapeur et de l'électricité. Et si, par la photographie, nous nous rendons maîtres de la lumière solaire avec la plus grande facilité, nous procurant, en un instant, des tableaux fidèles de tel objet qu'il nous plaît ; si la médecine, par le chloroforme et la morphine, par l'antiseptie et l'emploi du sérum, a adouci infiniment les souffrances humaines, nous devons tout cela à la chimie appliquée. A quelle distance, par ces découvertes techniques et par tant d'autres, nous avons laissé derrière nous les siècles précédents, c'est un fait trop connu pour que nous ayons ici besoin de nous y étendre davantage.

Progrès des institutions sociales. — Tandis que nous contemplons avec un légitime orgueil les progrès immenses accomplis par le xix° siècle dans la science et ses applications pratiques, un spectacle malheureusement tout autre et beaucoup moins réjouissant s'offre à nous si nous considérons maintenant d'autres aspects, non moins importants, de la vie moderne. A regret, il nous faut souscrire ici à cette phrase d'ALFRED WALLACE : « Comparés à nos étonnants progrès dans les sciences physiques et leurs applications pratiques, notre système de gouvernement, notre justice administrative, notre éducation nationale et toute notre organisation sociale et morale, sont restés *à l'état de barbarie.* » Pour nous convaincre de la justesse de ces graves reproches, nous n'avons qu'à jeter un regard impartial au milieu de notre vie publique, ou bien encore dans ce miroir que nous tend chaque jour notre journal, en tant qu'organe de l'opinion publique.

Administration de la justice. — Commençons notre revue par la justice, le *fundamentum regnorum* : Personne ne prétendra que son état actuel soit en harmonie avec notre connaissance avancée de l'homme et du monde. Pas une semaine ne s'écoule sans que nous ne lisions des jugements judiciaires qui provoquent de la part du « bon sens humain », un hochement de tête significatif ; nombre de décisions émanées de nos tribunaux supérieurs ou ordinaires semblent presque incroyables. Nous faisons abstraction, en traitant des énigmes de l'Univers, du fait que dans beaucoup d'États modernes, en dépit de la constitution écrite sur papier, c'est encore l'absolutisme qui règne en réalité, et que beaucoup « d'hommes de droit » jugent, non d'après la conviction de leur conscience, mais conformément au « vœu plus essentiel d'un poste proportionné ». Nous préférons admettre que la plupart des juges et des fonctionnaires jugent en toute conscience et ne se trompent qu'en qualité d'êtres humains. Alors la plupart des erreurs s'expliqueront par une insuffisante préparation. Sans doute, l'opinion courante est que les juristes sont précisément les hommes ayant la plus haute culture ; et c'est même précisément pour cela qu'ils sont choisis pour occuper les plus hauts emplois. Mais cette « culture juridique » tant vantée est presque toute *formelle*, aucunement réelle. Nos juristes n'apprennent à connaître que superficiellement l'objet propre et essentiel de leur activité : l'organisme humain et sa fonction la plus importante, l'âme. C'est ce dont témoignent, par exemple, les idées surprenantes que nous rencontrons chaque jour sur le « libre arbitre, la responsabilité » etc. Comme j'assurais un jour à un jurisconsulte éminent que la minuscule cellule sphérique aux dépens de laquelle tout homme se développe était douée de vie tout comme l'embryon de deux, de sept et même de neuf mois, il ne me répondit que par un sourire d'incrédulité. La plupart de ceux qui étudient la jurisprudence ne songent pas à s'occuper d'*anthropologie*, de *psychologie* et d'*embryologie*, qui sont cependant les conditions préalables de toute juste conception sur la nature de l'homme. Il est vrai que pour ces études, il ne reste « pas de temps » ; ce temps, malheureusement n'est que trop pris par l'étude approfondie de la bière et du vin ainsi que par l' « annoblissant » exercice qui consiste à « prendre ses mesures » (1). Le reste de ce précieux temps d'étude est nécessaire pour apprendre les centaines de paragraphes des codes, science qui met aujourd'hui le juriste à même d'occuper toutes les situations.

Organisation de l'Etat. — Nous ne ferons ici qu'effleurer en passant le triste chapitre de la politique, car l'organisation déplorable de la vie sociale moderne est connue de tous et chacun peut chaque jour en ressentir les effets. Les imperfections s'expliquent en partie par ce fait que la plupart des fonctionnaires sont précisément des juristes, des hommes d'une culture toute de forme, mais dénués de cette connaissance approfondie de la nature humaine qu'on ne puise que dans l'anthropologie comparée et la psychologie moniste, dénués de cette connaissance des rapports sociaux, dont les modèles nous sont fournis par la zoologie et l'embryologie comparées, la théorie cellulaire et l'étude des protistes. Nous ne pouvons comprendre véritablement la « Structure et la Vie du corps social », c'est-à-dire de l'*Etat*, que lorsque nous possédons la connaissance scientifique de la « Structure et de la Vie » des *individus* dont l'ensemble constitue l'Etat et des *cellules* dont l'ensemble constitue l'individu (2). Si nos « chefs d'Etat » et nos « représentants du peuple, « leurs collaborateurs, possédaient *ces inappréciables*

---

(1) L'auteur fait allusion ici, par cette expression d'escrime, à l'habitude des duels si répandue parmi les étudiants allemands, qui se font une gloire de leurs balafres.

(2) Cf. SHÆFFLE ; *Bau und Leben des socialen körpers* 1875.

connaissances préliminaires en biologie et anthropologie, nous ne trouverions pas chaque jour dans les journaux cette effrayante quantité d'erreurs sociologiques et de propos politiques de cabaret qui caractérisent, d'une façon regrettable, nos compte rendus parlementaires et plus d'un décret officiel. Le pis, c'est de voir l'*Etat*, dans un pays civilisé, se jeter dans les bras de l'*Eglise*, cette ennemie de la civilisation, et de voir aussi l'égoïsme mesquin des partis, l'aveuglement des chefs à la vue bornée, soutenir la hiérarchie. C'est alors que se produisent les tristes scènes que le Reichstag allemand nous met malheureusement sous les yeux, aujourd'hui, à la fin du xix° siècle ! les destinées de la nation allemande, nation civilisée, entre les mains du Centre ultramontain, dirigées par le papisme romain, qui est son plus acharné et son plus dangereux ennemi. Au lieu du droit et de la raison règnent la superstition et l'abêtissement. L'organisation de l'Etat ne pourra devenir meilleure que lorsqu'elle sera affranchie des chaînes de l'Eglise et lorsqu'elle aura amené à un niveau plus élevé, par une *culture scientifique* universellement répandue, les connaissances des citoyens, en ce qui touche au monde et à l'homme. D'ailleurs, la forme de gouvernement n'a ici aucune importance. Que la constitution soit monarchique ou républicaine, aristocratique ou démocratique, ce sont là des questions secondaires à côté de cette grande question capitale : L'Etat moderne, dans un pays civilisé, doit-il être ecclésiastique ou laïque? doit-il être *théocratique*, régi par des articles de foi anti-rationnels, par l'arbitraire cléricalisme, ou bien doit-il être *nomocratique*, régi par une loi raisonnable et un droit civil? Notre devoir essentiel est de former la jeunesse à la raison, d'élever des citoyens affranchis de la superstition et cela n'est possible que par une réforme opportune de l'Ecole.

L'Ecole. — Ainsi que nous venons de le voir pour l'administration de la Justice et l'organisation de l'Etat, l'éducation de la jeunesse est bien loin de répondre aux exigences que les progrès scientifiques du xix° siècle imposent à la culture moderne. Les *sciences naturelles* qui l'emportent tellement sur toutes les autres sciences et qui, à y regarder de près, ont absorbé en elles toutes les branches de la culture intellectuelle, ne sont encore considérées dans nos écoles que comme une étude secondaire ou reléguées dans un coin comme Cendrillon. Par contre, la plupart de nos professeurs regardent encore comme leur premier devoir d'acquérir une érudition surannée, empruntée aux cloîtres du moyen âge ; au premier plan figurent le sport grammatical et cette « connaissance approfondie » des langues classiques qui absorbe tant de temps, enfin l'histoire extérieure des peuples. La morale, l'objet le plus important de la philosophie pratique, est négligée et remplacée par la confession de l'Eglise. La foi doit avoir le pas sur la science ; non pas cette foi scientifique qui nous conduit à une religion moniste, mais cette superstition antirationnelle qui fait le fond d'un christianisme défiguré. Tandis que, dans nos écoles supérieures, les grandes conquêtes de la cosmologie et de l'anthropologie modernes, de la biologie et de l'embryologie contemporaines, ne sont que peu ou pas exposées, la mémoire des élèves est surchargée d'une masse de faits philologiques et historiques qui n'ont d'utilité ni pour la culture théorique, ni pour la vie pratique. Mais, d'autre part, les institutions vieillies et l'organisation des facultés, dans nos universités, répondent aussi peu que le mode d'enseignement dans les gymnases et les écoles primaires au degré d'évolution où est parvenue aujourd'hui la philosophie moniste.

L'Eglise. — L'Eglise nous offre, sans contredit, le summum du constrate avec la culture moderne et ce qui en fait la base, c'est-à-dire la connaissance approfondie de la nature. Nous ne parlerons pas ici du papisme ultramontain ou des sectes évangéliques orthodoxes qui ne le cèdent en rien au premier pour l'ignorance de la réalité et l'enseignement de la plus inique superstition. Considérons plutôt le sermon d'un pasteur libéral, lequel possèderait une bonne culture moyenne et ferait à la raison sa place à côté de la foi.

Nous y relèverons, à côté d'excellentes maximes morales parfaitement en harmonie avec notre Ethique moniste (voy. notre chap. XIX) et à côté de vues humanitaires — auxquelles nous souscrivons pleinement, — des vues sur la nature de Dieu et du monde, de l'homme et de la vie, qui sont en contradiction absolue avec les expériences des naturalistes. Rien d'étonnant à ce que les techniciens et les chimistes, les médecins et les philosophes qui ont étudié à fond la nature et réfléchi profondément sur ce qu'ils avaient observé, refusent absolument d'aller entendre de pareils sermons. Il manque à nos Théologiens comme à nos philologues, à nos politiciens comme à nos juristes, cette *connaissance indispensable de la Nature*, fondée sur la doctrine moniste de l'évolution et qui a déjà pris possession de notre science moderne.

Conflit entre la raison et le dogme. — De ces conflits regrettables, trop sommairement indiqués ici, il résulte, dans notre vie intellectuelle moderne, de graves problèmes qui, par le danger qu'ils présentent, demandent à être écartés sans retard. Notre culture moderne, résultat des progrès immenses de la science, revendique ses droits dans tous les domaines de la vie publique et privée ; elle veut voir l'humanité, grâce à la *raison*, parvenue à ce haut degré de science et, par suite, d'approximation du bonheur, dont nous sommes redevables au grand développement des sciences naturelles. Mais contre elle se dressent tout puissants, ces partis influents qui veulent maintenir notre culture intellectuelle, en ce qui concerne les problèmes les plus importants, au stade représenté par le moyen âge et de si loin dépassé ; ces partis s'entêtent à demeurer sous le joug des *dogmes* traditionnels et demandent à la raison de se courber devant cette « révélation plus haute ». C'est le cas dans le monde des théologiens, des philologues, des sociologues et des juristes. Les mobiles de ceux-ci reposent, en grande partie, non pas sur un complet égoïsme où sur des tendances intéressées, mais tant sur l'ignorance des faits réels que sur l'habitude commode de la tradition. Des trois grandes ennemies de la raison et de la science, la plus dangereuse n'est pas la méchanceté mais l'ignorance et peut-être plus encore la paresse. Contre ces deux dernières puissances les dieux eux-mêmes luttent en vain, après qu'ils ont heureusement combattu la première.

Anthropisme. — Cette philosophie arriérée puise sa plus grande force dans l'*anthropisme* ou anthropomorphisme. Par ce terme, j'entends ce « puissant et vaste complexus de notions erronées qui tendent à mettre l'organisme humain en opposition avec tout le reste de la nature, en font la fin assignée d'avance à la création organique, le tiennent pour radicalement différent de celle-ci et d'essence divine. » Une critique plus approfondie de cet ensemble de notions nous montre qu'elles reposent, en réalité, sur trois dogmes que nous distinguerons sous les noms d'erreurs *anthropocentrique*, *anthropomorphique* et *anthropolatrique* (1).

I. — *Le dogme anthropocentrique* a pour point culminant cette assertion que l'homme est le centre, le but final préalablement assigné à toute la vie terrestre, ou, en élargissant cette conception, à tout l'Univers. Comme cette erreur sert à souhait l'égoïsme humain et comme elle est intimement mêlée aux mythes des trois grandes *religions méditerranéennes* relatives à la Création : aux dogmes des doctrines *mosaïque*, *chrétienne* et *mahométane*, elle domine encore aujourd'hui dans la plus grande partie du monde civilisé.

II. — *Le dogme anthropomorphique* se rattache de même aux mythes relatifs à la Création et qu'on trouve non seulement dans les trois religions déjà nommées, mais dans beaucoup d'autres encore. Il compare la création de l'Univers

---

(1) E. HAECKEL : *Systematische Phylogénie*, « 1895, Bd. III, S. 646 bis 650 : *Anthropogenie und Anthropismus* (Anthropolatrie signifie culte divin de l'être humain.)

et le gouvernement du monde par Dieu aux créations artistiques d'un technicien habile ou d'un « ingénieur machiniste » et à l'administration d'un sage chef d'Etat. « Dieu le Seigneur », créateur, conservateur et administrateur de l'Univers est ainsi conçu, de tous points dans son mode de penser et d'agir, sur le modèle humain. D'où il résulte, réciproquement, que l'homme est conçu semblable à Dieu. « Dieu créa l'homme à son image. » La naïve mythologie primitive est un pur *homothéisme* et confère à ses dieux la forme humaine, leur donne de la chair et du sang. La récente théosophie mystique est plus difficile à imaginer lorsqu'elle adore le dieu personnel comme « invisible » — en réalité sous la forme gazeuse! — et le fait, cependant, en même temps penser, parler et agir à la façon humaine ; elle aboutit ainsi au concept paradoxal de « vertébré gazeux ».

III. — *Le dogme anthropolâtrique* résulte tout naturellement de cette comparaison des activités humaine et divine, il aboutit au *culte* religieux de l'organisme humain, au « délire anthropiste des grandeurs » d'où résulte, cette fois encore, la si précieuse « croyance à l'immortalité personnelle de l'âme », ainsi que le dogme dualiste de la double nature de l'homme, dont l'âme immortelle n'habite que temporairement le corps. Ces trois dogmes anthropistes, développés diversement et adaptés aux formes variables des différentes religions, ont pris, au cours des ans, une importance extraordinaire et sont devenus la source des plus dangereuses erreurs. La *philosophie anthropiste* qui en est issue est irréconciliablement en opposition avec notre connaissance moniste de la nature : celle-ci, par sa perspective cosmologique, en fournit la réfutation.

Perspective cosmologique. — Non seulement les trois dogmes anthropistes, mais encore bien d'autres thèses de la philosophie dualiste et de la religion orthodoxe deviennent inadmissibles, sitôt qu'on les considère du point de vue critique de notre *perspective cosmologique* moniste. Nous entendons par là l'observation si compréhensive de l'Univers telle que nous la pouvons faire en nous élevant au point le plus haut où soit parvenue notre connaissance moniste de la nature. Là nous pouvons nous convaincre des *principes cosmologiques* suivants, principes importants et, à notre avis, démontrés aujourd'hui pour la plus grande partie :

I. Le monde (Univers ou Cosmos) est éternel, infini et illimité. — II. La substance qui le compose avec ses deux attributs (matière et énergie) remplit l'espace infini et se trouve en état de mouvement perpétuel. — III. Ce mouvement se produit dans un temps infini sous la forme d'une évolution continue, avec des alternances périodiques de développements et de disparitions, de progressions et de régressions. — IV. Les innombrables corps célestes dispersés dans l'éther qui remplit l'espace sont tous soumis à la loi de la substance ; tandis que dans une partie de l'Univers, les corps en rotation vont lentement au devant de leur régression et de leur disparition, des progressions et des néoformations ont lieu dans une autre partie de l'espace cosmique. — V. Notre soleil est un de ces innombrables corps célestes passagers et notre terre est une des innombrables planètes passagères qui l'entourent. — VI. Notre planète a traversé une longue période de refroidissement avant que l'eau n'ait pu s'y former en gouttes liquides et qu'ainsi n'ait été réalisée la condition première de toute vie organique. — VII. Le processus biogénétique qui a suivi la lente formation et décomposition d'innombrables formes organiques a exigé plusieurs millions d'années (plus de cent millions !) (1). — VIII. Parmi les différents groupes d'animaux qui se sont développés sur notre terre au cours du processus biogénétique, le groupe des Vertébrés a finalement, dans la lutte pour l'évolution, dépassé de beaucoup tous les autres. — IX. Au sein du groupe des Ver-

---

(1) Durée de l'histoire organique de la terre, cf. ma conférence de Cambridge. « De l'état actuel de nos connaissances relativement à l'origine de l'homme ». 1898.

tébrés et à une époque tardive seulement (pendant la période triasique), descendant des Reptiles primitifs et des Amphibies, la classe des Mammifères a pris le premier rang en importance. — X. Au sein de cette classe, le groupe le plus parfait, parvenu au degré le plus élevé de développement, est l'ordre des Primates, apparu seulement au début de la période tertiaire (il y a au moins trois millions d'années) et issu par transformation des Placentariens inférieurs (Prochoriatidés). — XI. Au sein du groupe des Primates, l'espèce la dernière venue et la plus parfaite est représentée par l'homme, apparu seulement vers la fin de l'époque tertiaire et issu d'une série de singes anthropoïdes. — XII. D'où l'on voit que la soi-disant « histoire du monde » — c'est-à-dire le court espace de quelques milliers d'années à travers lesquelles se réflète l'histoire de la civilisation humaine, — n'est qu'un court épisode éphémère, au milieu du long processus de l'histoire organique de la terre, de même que celle-ci n'est qu'une petite partie de l'histoire de notre système planétaire. Et de même que notre mère, la terre, n'est qu'une passagère poussière du soleil, ainsi tout homme considéré individuellement n'est qu'un minuscule grain de plasma, au sein de la nature organique passagère.

Rien ne me semble plus propre que cette grandiose *perspective cosmologique* à nous fournir, dès le début, la juste mesure et le point de vue le plus large que nous devons toujours garder lorsque nous essayons de résoudre la grande énigme de l'Univers qui nous entoure. Car par là il est non seulement démontré clairement quelle est l'exacte place de l'homme dans la nature, mais, en outre, le *délire anthropiste des grandeurs*, si puissant, se trouve réfuté ; par là il est fait justice de la prétention avec laquelle l'homme s'oppose à l'Univers infini et se rend hommage comme à l'élément le plus important du Cosmos. Ce grossissement illimité de sa propre signification a conduit l'homme, dans sa vanité, à se considérer comme l' « image de Dieu », à revendiquer pour sa passagère personne une « vie éternelle » et à s'imaginer qu'il possédait un entier « libre arbitre ». Le « ridicule délire de César », dont Caligula était atteint, n'est qu'une forme spéciale de cette orgueilleuse déification de l'homme par lui-même. C'est seulement lorsque nous aurons renoncé à cet inadmissible délire des grandeurs et lorsque nous aurons adopté la perspective cosmologique naturelle, que nous pourrons parvenir à résoudre les énigmes de l'Univers.

Nombre des énigmes de l'Univers. — L'homme moderne, sans culture, tout comme l'homme primitif et grossier, se heurte à chaque pas à un nombre incalculable d'énigmes de l'Univers. A mesure que la culture augmente et que la science progresse, ce nombre se réduit. La *philosophie moniste* ne reconnaît, finalement, qu'une seule énigme, comprenant tout : le *problème de la substance*. Cependant il peut paraître utile de désigner encore de ce nom un certain nombre des problèmes les plus difficiles. Dans le discours célèbre, prononcé par lui en 1880 à l'Académie des sciences de Berlin, au cours d'une séance en l'honneur de Leibnitz, *Emile du Bois-Reymond* distinguait *sept énigmes de l'Univers* et les énumérait dans l'ordre suivant : 1° Nature de la matière et de la force ; 2° Origine du mouvement ; 3° Première apparition de la vie ; 4° Finalité (en apparence préconçue) de la nature ; 5° Apparition de la simple sensation et de la conscience ; 6° La raison et la pensée avec l'origine du langage, qui s'y rattache étroitement ; 7° La question du libre arbitre. De ces sept énigmes, le président de l'Académie de Berlin en tient *trois* pour tout à fait transcendantes et insolubles (la 1re, la 2e et la 5e) ; il en considère *trois* autres comme difficiles, sans doute, mais comme pouvant être résolues (la 3e, la 4e et la 6e) ; au sujet de la septième et dernière énigme de l'Univers, pratiquement la plus importante (à savoir le libre arbitre), l'auteur semble incertain.

Comme mon *Monisme* diffère essentiellement de celui du président berlinois, comme, d'autre part, la façon dont celui-ci conçoit les « sept énigmes de l'Univers » a trouvé le plus grand succès et s'est propagée dans tous les milieux, je considère comme opportun de prendre de suite et nettement position vis-à-vis de mon adversaire.

A mon avis, les trois énigmes « transcendantes » (1, 2, 5) sont supprimées par notre conception de la *substance* (chapitre XII); les trois autres problèmes, difficiles mais solubles (3, 4, 6) sont définitivement résolus par notre moderne *théorie de l'évolution*; quant à la septième et dernière énigme, le libre arbitre, elle n'est pas l'objet d'une explication critique et scientifique car, en tant que *dogme* pur, elle ne repose que sur une illusion et, en vérité, n'existe pas du tout.

Solution des énigmes de l'Univers. — Les moyens qui nous sont offerts, les voies que nous avons à suivre pour résoudre la grande énigme de l'Univers ne sont point autres que ceux dont se sert la science pure, en général, c'est-à-dire *l'expérience* d'abord, le *raisonnement* ensuite. L'expérience scientifique s'acquiert par l'observation et l'expérimentation, dans lesquelles interviennent en première ligne l'activité de nos organes des sens, en second lieu, celle des « foyers internes des sens » situés dans l'écorce cérébrale. Les organes élémentaires microscopiques sont, pour les premiers, les cellules sensorielles, pour les seconds des groupes de cellules ganglionnaires. Les expériences que nous avons faites du monde extérieur, grâce à ces inappréciables organes de notre vie intellectuelle, sont ensuite transformées par d'autres parties du cerveau en représentations et celles-ci, à leur tour, associées pour former des raisonnements. La formation de ces raisonnements a lieu par deux voies différentes, qui ont, selon moi, une égale valeur et sont au même degré indispensables : *l'induction et la déduction*. Les autres opérations cérébrales, plus compliquées : enchaînement d'une suite de raisonnements; abstraction et formation des concepts; le complément fourni à l'entendement, faculté de connaître, par l'activité plastique de la fantaisie; enfin la conscience, la pensée et le pouvoir de philosopher — tout cela ce sont encore autant de fonctions des cellules ganglionnaires corticales, ni plus ni moins que les fonctions précédentes, plus élémentaires. Nous les réunissons toutes sous le terme supérieur de *raison* (1).

Raison, sentiment et révélation. — Nous pouvons, par la seule raison, parvenir à la véritable connaissance de la nature et à la solution des énigmes de l'Univers. La raison est le bien suprême de l'homme et la seule prérogative qui le distingue essentiellement des animaux. Il est vrai, il n'a acquis cette haute valeur que grâce aux progrès de la culture intellectuelle, au développement de la *science*. L'homme civilisé avant d'être instruit et l'homme primitif, grossier, sont aussi peu (ou tout autant) « raisonnables » que les Mammifères les plus voisins de l'homme (les singes, les chiens, les éléphants, etc.) Cependant, c'est une opinion encore très répandue, qu'en dehors de la divine raison il y a en outre deux autres modes de connaissance (plus importants même, va-t-on jusqu'à dire !) : le *sentiment* et la *révélation*. Nous devons, dès le début, réfuter énergiquement cette dangereuse erreur. *Le sentiment n'a rien à démêler avec la connaissance de la vérité.* Ce que nous appelons « sentiment » et dont nous faisons si grand cas, est une activité compliquée du cerveau, constituée par des émotions de plaisir et de peine, par des représentations d'attraction et de répulsion, par des aspirations du désir passager. A cela peuvent s'adjoindre les activités les plus diverses de l'organisme : besoins des sens et des muscles, de l'estomac et des organes génitaux, etc. La connaissance de la vérité n'est en aucune manière ce que réclament ces complexus qui constituent la statique et la dynamique sentimentales ; au contraire, ils troublent souvent la raison, seule capable d'y atteindre et ils lui nuisent à un degré souvent sensible. Aucune des « énigmes de l'Univers »

---

(1) Sur l'induction et la déduction, cf. mon *Histoire de la création naturelle* (neuvième édition, 1898).

n'a encore été résolue ni même sa solution réclamée, par la fonction cérébrale du sentiment. Nous en pouvons dire autant de la soi-disant *révélation* et des prétendues *vérités de la foi* qu'elle nous fait connaître ; tout cela repose sur une illusion, consciente ou inconsciente, ainsi que nous le montrerons au chapitre XVI.

Philosophie et Sciences Naturelles. — Nous devons nous réjouir comme d'un des plus grands pas accomplis vers la solution des énigmes de l'Univers, de constater qu'en ces derniers temps on a de plus en plus reconnu pour les deux uniques routes conduisant à cette solution : *l'expérience et la pensée* — ou *l'empirisme et la spéculation* — enfin considérés comme ayant des droits égaux et comme des méthodes scientifiques se complétant réciproquement. Les philosophes ont graduellement reconnu que la spéculation pure, telle, par exemple, que Platon et Hegel l'employaient à la construction *idéaliste* de l'Univers, ne suffit pas à la connaissance véritable. Et de même, les naturalistes se sont convaincus, d'autre part, que la seule expérience, telle, par exemple, que Bacon et Mill la donnaient pour base à leur philosophie *réaliste*, est insuffisante à elle seule pour l'achèvement même de cette philosophie. Car les deux grands moyens de connaissance : l'expérience sensible et la pensée appliquant la raison, sont *deux fonctions différentes du cerveau* ; la première s'effectue par les organes des sens et les foyers sensoriels centraux, la seconde s'effectue grâce aux foyers de pensée interposés au milieu des précédents, ces grands « centres d'association de l'écorce cérébrale » (cf. chap. VII et X). C'est seulement de l'action combinée des deux que peut résulter la vraie connaissance. Je sais bien qu'il existe encore aujourd'hui maints philosophes qui veulent construire le monde en puisant dans leur seule tête et qui méprisent la connaissance empirique de la nature pour cette première raison qu'ils ne connaissent pas l'Univers véritable. D'autre part, aujourd'hui encore, maint naturaliste affirme que l'unique devoir de la science est la « connaissance des faits, l'étude objective des phénomènes naturels considérés isolément » ; ils affirment que « l'époque de la philosophie est passée et qu'à sa place s'est installée la science (1). Cette suprématie exclusive accordée à l'empirisme est une erreur non moins dangereuse que l'erreur opposée, qui confère cette suprématie à la spéculation. Les deux moyens de connaissance sont réciproquement indispensables l'un à l'autre. Les plus grands triomphes de l'étude moderne de la nature : la théorie cellulaire et la théorie de la chaleur, la doctrine de l'évolution et la loi de la substance, sont des *faits philosophiques*, non pas, cependant, des résultats de la pure *spéculation*, mais bien d'une *expérience* préalable, la plus étendue et la plus approfondie possible.

Au début du xix° siècle, le plus grand de nos poètes idéalistes, Schiller, s'adressant aux deux partis en lutte, celui des philosophes et celui des naturalistes, leur criait :

« La guerre soit entre vous ! l'union viendra trop tôt encore ! C'est à la seule condition que vous restiez désunis dans la recherche, que la vérité se fera connaître ! »

Depuis lors, par bonheur, la situation s'est profondément modifiée ; comme les deux partis, par des chemins différents, tendaient au même terme, ils se sont rencontrés sur ce point et, unis par la communauté du but, ils se rapprochent sans cesse de la connaissance de la vérité. Nous sommes revenus à cette heure, à la fin du xix° siècle, à cette *méthode scientifique moniste* que le plus grand de nos poètes réalistes, Goethe, au début même du siècle, avait reconnue être la seule conforme à la nature (2).

Dualisme et Monisme. — Les directions diverses de la

---

(1) R. Virchow : *Die Gründung der Berliner Universitaet und der Uebergang aus dem philosophischen in das naturwissenschaftliche Zeitalter*, Berlin, 1893.
(2) Cf. là-dessus le chapitre IV de ma *Morphologie générale*, 1866 : Critique des méthodes employées dans les sciences naturelles.

philosophie, envisagées du point de vue actuel des sciences naturelles, se séparent en deux groupes opposés : d'une part, la conception *dualiste* où règne la scission, d'autre part, la conception *moniste* où règne l'unité. A la première se rattachent généralement les dogmes téléologiques et idéalistes ; à la seconde, les principes réalistes et mécaniques. Le *Dualisme* (au sens le plus large !) sépare, dans l'Univers, deux substances absolument différentes, un monde matériel et un Dieu immatériel qui se pose en face de lui comme son créateur, son conservateur et son régisseur. Le *Monisme*, par contre (entendu également au sens le plus large du mot !) ne reconnaît dans l'Univers qu'une substance unique, à la fois « Dieu et Nature » ; pour lui, le corps et l'esprit (ou la matière et l'énergie) sont étroitement unis.

Le Dieu *supra terrestre* du dualisme nous conduit nécessairement au *théisme* ; le dieu *intracosmique* du monisme, par contre, au *panthéisme*.

Matérialisme et Spiritualisme. — Très souvent, aujourd'hui encore, on confond les expressions différentes de *monisme* et *matérialisme*, ainsi que les tendances essentiellement différentes du matérialisme théorique et du pratique. Comme ces confusions de termes et d'autres analogues ont des conséquences très fâcheuses et amènent d'innombrables erreurs, nous ferons encore, afin d'éviter tout malentendu, les brèves remarques suivantes : I. Notre *pur monisme* n'est identique, ni avec le *matérialisme* théorique qui nie l'esprit et ramène le monde à une somme d'atomes morts, ni avec le *spiritualisme* théorique (récemment désigné par Ostwald du nom d'*énergétique* (1) qui nie la matière et considère le monde comme un simple groupement d'énergies ou de forces naturelles immatérielles, ordonnées dans l'espace. II. Nous sommes bien plutôt convaincus avec Goethe que « la matière

---

(1) Wilhelm Ostwald: *Die Ueberwindung des wissenschaftlichen Materialismus*, 1895.

n'existe jamais, ne peut jamais agir sans l'esprit et l'esprit jamais sans la matière. » Nous nous en tenons fermement au monisme pur, sans ambiguïté, de Spinoza : la *matière* (en tant que substance indéfiniment étendue) et l'*esprit* ou énergie (en tant que substance sentante et pensante) sont les deux *attributs* fondamentaux, les deux propriétés essentielles de l'Etre cosmique divin, qui embrasse tout, de l'universelle *substance*. (cf. Chapitre XII.)

CHAPITRE II

Comment est construit notre corps.

Etudes monistes d'anatomie humaine et comparée. Conformité d'ensemble et de détail entre l'organisation de l'homme et celle des mammifères.

> « Nous pouvons considérer tel système d'organes que
> « nous voudrons, la comparaison des modifications
> « qu'il subit à travers la série simiesque, nous con-
> « duira toujours à cette même conclusion : Que les
> « différences anatomiques qui séparent l'homme du
> « gorille et du chimpanzé, ne sont pas si grandes
> « que celles qui distinguent le gorille d'entre les
> « autres singes. »
> « Thomas Huxley (1863). »

SOMMAIRE DU DEUXIÈME CHAPITRE

Importance fondamentale de l'anatomie. — Anatomie humaine. — Hippocrate Aristote. Galien, Vésale. — Anatomie comparée. — George Cuvier. Jean Müller. Charles Gegenbaur. — Histologie. — Théorie cellulaire. — Schleiden et Schwann. Kölliker. Virchow. — Les caractères d'un animal vertébré se retrouvent chez l'homme. — Les caractères d'un animal tétrapode se retrouvent chez l'homme.— Les caractères des Mammifères se retrouvent chez l'homme. — Les caractères des Placentaliens se retrouvent chez l'homme. — Les caractères des Primates se retrouvent chez l'homme. — Prosimiens et Simiens. — Catarrhiniens. — Papiomorphes et Anthropomorphes. — Conformité essentielle dans la structure du corps, entre l'homme et le singe anthropoïde.

LITTÉRATURE

C. Gegenbaur. — *Lehrbuch der Anatomie des Menschen.* 1883.

R. Virchow. — *Gesammelte Abhandlungen, z. wissenschaftl. Medizin.* I. Die Einheits-Bestrebungen. 1856.

J. Ranke. — *Der Mensch.* 1887.

R. Wiedersheim. — *Der Bau des Menschen als Zeugniss für seine Vergangenheit.* 1893.

R. Hartmann. — *Die menschenaehnlichen Affen und ihre Organisation im Vergleich z. menschlichen.* 1883.

E. Haeckel. — *Anthropogenie oder Entwickelungsgeschichte des Menschen* IX, Die Wirbelthier-Natur des Menschen 1874.

Th. Schwann. — *Mikroskopische Untersuchungen über die Uebereinstimmung in der Struktur und dem Wachsthum der Thiere und Pflanzen.* 1839.

A. Kölliker. — *Handbuch der gewebelehre des Menschen.* 1889.

Ph. Stöhr. — *Lehrbuch der Histologie und der mikroskopischen Anatomie des Menschen.* 1898.

O. Hertwig. — *Die Zelle und die Gewebe. Grundzüge der allgem. Anatomie und Physiologie.* 1896.

Toutes les recherches biologiques, toutes les études sur la forme et le fonctionnement des organismes, doivent avant tout s'arrêter à la considération du *corps* visible, sur lequel nous pouvons précisément observer ces phénomènes morphologiques et physiologiques. Ce principe vaut pour l'*homme* aussi bien que pour tous les autres corps animés de la nature. Cependant, les recherches ne doivent pas se borner à la considération de la forme extérieure, mais, pénétrant à l'intérieur de celle-ci, faire l'étude macroscopique et microscopique des éléments qui la constituent. La science qui a pour objet cette recherche fondamentale dans toute son étendue est l'*anatomie*.

Anatomie humaine. — La première incitation à l'étude de la structure du corps humain vint, comme c'était naturel, de la médecine. Celle-ci, chez les plus anciens peuples civilisés, étant d'ordinaire exercée par les prêtres, nous avons tout lieu de croire que dès le second siècle avant J.-C. ou plus tôt encore, ces représentants de la culture d'alors possédaient déjà des connaissances anatomiques. Mais quant à des connaissances plus précises, acquises par la dissection des mammifères et appliquées ensuite à l'homme, — nous n'en trouvons que chez les philosophes-naturalistes grecs des vi^e et viie siècles avant J.-C., chez Empédocle (d'Agrigente) et Démocrite (d'Abdère), mais avant tout chez le plus célèbre médecin de l'antiquité classique, chez Hippocrate (de Cos). C'est dans leurs écrits et dans d'autres, que puisa, au ive siècle avant J.-C. le grand Aristote, le si fameux « Père de l'histoire naturelle », aussi vaste génie dans la science que dans la philosophie. Après lui, nous ne trouvons plus qu'un anatomiste important dans l'antiquité, le médecin grec, Claude Galien (de Pergame); il eut, au IIe siècle après J.-C., à Rome, sous Marc-Aurèle, une clientèle des plus étendues. Tous ces anatomistes anciens acquéraient la plus grande partie de leurs connaissances, non par l'étude du corps humain lui-même — qui était encore à cette époque sévèrement interdite ! — mais par celle des Mammifères les plus voisins de l'homme, surtout des *singes*; ils faisaient ainsi tous, à proprement parler, de l'anatomie *comparée*.

Le triomphe du *Christianisme* avec les doctrines mystiques qui s'y rattachent, fut, pour l'anatomie comme pour les autres sciences, le signal d'une période de décadence. Les *papes* romains, les plus grands charlatans de l'histoire universelle, cherchaient avant tout à entretenir l'humanité dans l'ignorance et regardaient avec raison la connaissance de l'organisme humain comme un dangereux moyen d'information sur notre véritable nature. Pendant le long espace de temps de treize siècles, les écrits de Galien demeurèrent presque l'unique source pour l'anatomie humaine, comme ceux d'Aristote l'étaient pour l'ensemble de l'histoire naturelle.

C'est seulement lorsqu'au XIVe siècle la *Réforme* vint renverser la suprématie intellectuelle du papisme, — tandis que le système du monde de Copernic renversait la conception géocentrique étroitement liée avec lui, — que commença, pour la connaissance du corps humain, une nouvelle période de relèvement. Les grands anatomistes, Vésale (de Bruxelles), Eustache et Fallope (de Modène), par leurs propres et savantes recherches, firent faire de tels progrès à la science exacte du corps humain, qu'ils ne laissèrent à leurs nombreux successeurs (en ce qui concerne les points essentiels) que des détails à ajouter à leur œuvre.

Le hardi autant que sagace et infatigable André Vésale (dont la famille, comme le nom l'indique, était originaire de Wesel), ouvrant aux autres la voie, les devança tous; dès l'âge de 28 ans il terminait sa grande œuvre, pleine d'unité, *De humani corporis fabrica* (1543) ; il donna à l'anatomie humaine tout entière une direction nouvelle, originale et une base certaine. C'est pourquoi, plus tard, à Madrid — où Vésale fut médecin de Charles-Quint et de Philippe II — il fut poursuivi par l'Inquisition comme sorcier et condamné à mort. Il n'échappa au supplice qu'en partant pour Jérusalem ; au retour, il fit naufrage dans l'île de Zante et il y mourut misérable, malade et dénué de toute espèce de ressource.

Anatomie comparée. — Les mérites que notre xixe siècle s'est acquis dans la connaissance de la structure du corps consistent surtout dans l'extension qu'ont prise deux études nouvelles, essentiellement importantes, *l'anatomie comparée* et *l'histologie* ou anatomie microscopique. En ce qui concerne la première, elle a été, dès le début, en rapport étroit avec l'anatomie humaine, elle a même suppléé celle-ci tant que la dissection des cadavres a été tenue pour un crime punissable de mort — et c'était encore le cas au xve siècle ! Mais les nombreux anatomistes des trois siècles suivants se contentèrent presque exclusivement d'une observation exacte de l'organisme humain. Cette discipline si développée, que nous appelons aujourd'hui anatomie comparée, n'est née qu'en 1803, lorsque le grand zoologiste français Georges Cuvier (originaire de Montbéliard) publia ses remarquables « Leçons sur l'anatomie comparée », essayant par là, pour la première fois, de poser des lois précises relativement à la structure du corps humain et animal. Tandis que ses prédécesseurs — parmi lesquels Goethe en 1790 — s'étaient surtout attachés à la comparaison du squelette de l'homme avec celui des autres Mammifères, Cuvier, d'un regard plus ample, embrassa l'ensemble de l'organisation animale ; il y distingua quatre formes principales ou *Types*, indépendants l'un de l'autre : les Vertébrés, les Articulés, les Mollusques et les Radiés. Par rapport à la « question des questions, » ce progrès faisait époque en ce sens qu'il ressortait clairement de là que l'homme appartenait au type des *Vertébrés* — et, de même, qu'il différait essentiellement de tous les autres types. Il est vrai que le pénétrant Linné, dans son premier *Sytema Naturae* (1735) avait déjà fait faire à la science un progrès important en assignant d'une manière définitive à l'homme sa place dans la classe des mammifères ; il réunissait même dans l'ordre des *Primates* les 3 groupes des Prosimiens, Singes et Homme. Mais il manquait encore à cette conquête hardie de la systématique, ce fondement empirique, plus profond, que Cuvier devait lui fournir par l'anatomie comparée. Celle-ci a achevé de se développer avec les grands anatomistes de notre siècle : F. Meckel (de Halle), J. Muller (de Berlin), R. Owen et Th. Huxley (en Angleterre), C. Gegenbaur (d'Iéna, plus tard à Heidelberg). Ce dernier, dans ses *Principes d'anatomie comparée* (1870) ayant pour la première fois appliqué à cette science la théorie de la descendance, posée peu avant par Darwin l'a élevée au premier rang des disciplines biologiques.

Les nombreux travaux d'anatomie comparée de Gegenbaur, de même que son *Manuel d'anatomie humaine* partout répandu, se distinguent par une profonde connaissance empirique étendue à un nombre inouï de faits, ainsi que par l'interprétation philosophique, dans le sens de la doctrine de l'évolution, que l'auteur a su en tirer. Son « *Anatomie comparée des Vertébrés* » parue récemment (1898) pose le fondement inébranlable sur lequel se peut appuyer notre certitude de l'identité absolue de nature entre l'homme et les Vertébrés.

Histologie et Cytologie. — Suivant une tout autre direction que celle prise par l'anatomie comparée, notre siècle a vu se développer également l'*anatomie microcospique*. Déjà en 1802, un médecin français, Bichat, avait essayé au moyen du microscope, de dissocier, dans les organes du corps humain, les éléments les plus ténus et de déterminer les rapports de ces divers *tissus* (hista ou tela). Mais ce premier essai n'aboutit pas à grand'chose, car l'élément commun aux nombreuses espèces de tissus différents demeurait inconnu. Il ne fut découvert qu'en 1838 pour les plantes dans la *cellule*, par Schleiden et aussitôt après également pour les animaux par Schwann, l'élève et le préparateur de Jean Muller. Deux autres célèbres élèves de ce grand maître, encore vivants à cette heure : A. Kœlliker et R. Virchow, poursuivirent alors dans le détail, entre 1860 et 1870 à Würzbourg, la *théorie cellulaire* et, fondée sur elle, l'histologie de l'organisme humain à l'état normal et dans les états pathologiques. Ils démontrèrent que, chez l'homme comme chez tous les autres animaux, tous les tissus se composent d'éléments microscopiques identiques, les *cellules* et que ces « organismes élémentaires » sont les vrais citoyens autonomes qui, assemblés par milliards, constituent notre corps, la « république cellulaire. » Toutes ces cellules proviennent de la division répétée d'une cellule simple, unique, la *cellule souche* ou « ovule fécondé » (Cytula). La structure et la composition générale des tissus est la même chez l'homme que chez les autres *Vertébrés*. Parmi ceux-ci, les Mammifères, classe la dernière parue et parvenue au plus haut degré de perfectionnement, se distinguent par certaines particularités acquises tardivement. C'est ainsi, par exemple, que la formation microscopique des poils, des glandes cutanées, des glandes lactées, des globules sanguins, leur est tout à fait particulière et différente de ce qu'elle est chez les autres Vertébrès; l'*homme*, sous le rapport de toutes ces particularités histologiques, est un *pur Mammifère*.

Les recherches microscopiques d'A. Kœlliker et de F. Leydig (à Wurzbourg) ont non seulement élargi en tous sens notre connaissance de la structure du corps humain et animal, mais en outre elles ont pris une importance particulière en s'alliant à *l'histoire du développement de la cellule et des tissus*; elles ont, entre autres, confirmé l'importante théorie de Theodore Siebold (1845) selon laquelle les animaux inférieurs, les Infusoires et les Rhizopodes étaient considérés comme *des organismes monocellulaires*.

Caractères des Vertébrés chez l'homme. — Notre corps tout entier présente, aussi bien dans l'ensemble que dans les particularités de sa constitution, le type caractéristique des *Vertébrés*. Ce groupe, le plus important et le plus perfectionné du règne animal, n'a été reconnu dans son unité naturelle qu'en 1801 par le grand Lamarck ; celui-ci réunit sous ce terme les quatre classes supérieures de Linné : Mammifères, Oiseaux, Amphibies et Poissons. Il leur opposa comme *Invertébrés* les deux classes inférieures : Insectes et Vers. Cuvier (1812) confirma l'unité du type « Vertébré » et lui donna une base plus solide encore par son anatomie comparée. De fait, tous les caractères essentiels se retrouvent, identiques, chez tous les vertébrés depuis les poissons jusqu'à l'homme ; ils possèdent tous un squelette interne solide, cartilagineux et osseux, composé partout d'une colonne vertébrale et d'un crâne ; la complexité de celui-ci est, sans doute, très différente suivant les individus, mais elle se ramène toujours à la même forme primitive. De plus, chez tous les Vertébrés se trouve, du côté dorsal de ce squelette axial, l' « organe de l'âme », le système nerveux central, représenté par une moelle épinière et un cerveau ; et nous pouvons dire de cet important *cerveau* — instrument de la conscience et de toutes les fonctions psychiques supérieures ! — ce que nous avons dit de la capsule osseuse qui l'entoure, du *crâne* : suivant les individus, son développement et sa taille présentent les degrés les plus divers, mais, en somme, sa composition caractéristique reste la même.

Il en va de même si nous comparons les autres organes de notre corps avec ceux des autres Vertébrés : partout, par suite de l'*hérédité*, la disposition primitive et la position relative des organes restent les mêmes, bien que la taille et le développement de chaque partie diffèrent au plus haut degré en raison de l'*adaptation* à des conditions de vie très variables. C'est ainsi que nous voyons partout le sang circuler par deux vaisseaux principaux, dont l'un (l'aorte) passe au-dessus de l'intestin, l'autre (la veine principale) au-dessous, et que celui-ci, en se dilatant à un endroit précis, constitue le *cœur*; ce « cœur ventral » est aussi caractéristique des Vertébrés qu'inversement le « cœur dorsal » est typique chez les Articulés et les Mollusques. Un autre trait non moins spécial à tous les Vertébrés, c'est la précoce subdivision du tube digestif en un *pharynx* (ou « intestin branchial ») servant à la respiration, et un *intestin* auquel se rattache le foie, (d'où le nom d' « intestin hépatique »); enfin la segmentation du système musculaire, la constitution spéciale des organes urinaires et génitaux, etc. Sous tous ces rapports anatomiques, *l'homme est un véritable Vertébré*.

Caractères des Tétrapodes chez l'homme. — Sous le nom de *Quadrupèdes* (Tétrapodes), Aristote désignait déjà tous les animaux supérieurs, à sang chaud, caractérisés par la possession de deux paires de pattes. Ce terme prit, plus tard, plus d'extension et fit place au mot latin « Quadrupèdes » après que Cuvier eût montré que les oiseaux et les hommes, qui ont deux « jambes », étaient de véritables Tétrapodes. Il démontra que le squelette interne osseux des quatre jambes chez tous les Vertébrés terrestres supérieurs, depuis les Amphibies jusqu'à l'homme, était constitué originairement de la même façon, par un nombre fixe de segments. De même, les « bras » de l'homme, les « ailes » de la chauve-souris et des oiseaux nous présentent le même squelette typique que les « membres antérieurs » des animaux coureurs, des Tétrapodes.

L'*unité anatomique* du squelette si compliqué, dans les quatre membres des Tétrapodes, est un fait *très important*. Pour s'en convaincre, il suffit de comparer attentivement le squelette d'une salamandre ou d'une grenouille avec celui d'un singe ou d'un homme. On s'apercevra aussitôt que la ceinture scapulaire, en avant et la ceinture iliaque, en arrière, sont composées par les mêmes pièces principales qu'on retrouve chez les autres « Tétrapodes ». Partout, nous voyons que le premier segment de la jambe proprement dite ne renferme qu'un gros os long (en avant, l'os du bras, *humerus*; en arrière, l'os de la cuisse, *fémur*); par contre, le deuxième segment est originairement soutenu par deux os (en avant, *ulna* et *radius* ; en arrière, *fibula* et *tibia*). Considérons maintenant la structure complexe du pied proprement dit : nous serons surpris de voir que les nombreux petits os qui le constituent sont partout disposés dans le même ordre et partout en même nombre ; dans toutes les classes de Tétrapodes, il y a homologie, en avant, entre les trois groupes d'os du pied antérieur (ou de la « main ») : I. *Carpus*; II. *Metacarpus* et III. *Digiti anteriores*; de même, en arrière, entre les trois groupes d'os du pied postérieur : I. *Tarsus*; II. *Metatarsus* et III. *Digiti posteriores*. C'était une tâche très difficile que de ramener à la même forme primitive tous ces nombreux petits os, dont chacun peut présenter des aspects si divers, subir des transformations si variées, qui peuvent s'être en partie soudés ou avoir en partie disparu — et il n'était pas moins difficile d'établir partout l'équivalence (ou homologie) des diverses parties. Cette tâche n'a été pleinement résolue que par le plus grand des anatomistes contemporains, par C. GEGENBAUR. Dans ses *Etudes d'anatomie comparée chez les Vertébrés* (1864), il a montré comment cette « jambe à cinq doigts », caractéristique des Tétrapodes terrestres, dérivait originairement (fait qui ne remonte pas au delà de la période carbonifère) de la « nageoire » aux nombreux rayons (nageoire pectorale ou ventrale) des anciens poissons marins. Le même auteur, dans ses célèbres *Etudes sur le squelette céphalique des vertébrés*, 1872, avait montré que le crâne des Tétrapodes actuels dérivait de la plus ancienne forme de crâne des poissons, celle des requins (Sélaciens).

Il est encore bien digne de remarque que le nombre primitif de *cinq doigts* à chacune des quatre pattes, la *penta-*

dactylie qui apparaît pour la première fois chez les Amphibies de l'époque carbonifère, se soit transmise, par suite d'une rigoureuse *hérédité*, jusqu'à l'homme actuel. En conséquence et tout naturellement, la disposition typique des articulations et des ligaments, des muscles et des nerfs, est restée dans ses grands traits, la même chez l'homme que chez les autres « Tétrapodes »; sous ces rapports importants, encore, l'*homme est un véritable Tétrapode*.

Caractères des Mammifères chez l'homme. — Les Mammifères constituent la classe la plus récente et celle ayant atteint le plus haut degré de perfectionnement parmi les Vertébrés. Ils dérivent, sans doute, comme les Oiseaux et les Reptiles, de la classe plus ancienne des *Amphibies*; mais ils se distinguent de tous les autres Tétrapodes par un certain nombre de caractères anatomiques très frappants. Les plus saillants sont, extérieurement, le *revêtement de poils* qui couvre la peau ainsi que la présence de deux sortes de glandes cutanées : des glandes sudoripares et des glandes sébacées. Par une transformation locale de ces glandes dans l'épiderme abdominal, s'est constitué (pendant la période triasique?) l'organe qui est spécialement caractéristique de la classe et lui a valu son nom, la *mammelle*. Ce facteur important de l'élevage des jeunes, comprend les *glandes mammaires* et les « poches mammaires » (replis de la peau dans la région abdominale) dont le développement ultérieur donnera les *mamelons*, par où le jeune mammifère tétera le lait de sa mère.

Dans l'organisation interne, un trait surtout caractéristique c'est la présence d'un *diaphragme* complet, cloison musculeuse qui, chez tous les Mammifères — et chez eux *seuls!* — sépare complètement la cavité thoracique de la cavité abdominale; chez tous les autres Vertébrés, cette séparation fait défaut. Le *crâne* des Mammifères se distingue aussi par un certain nombre de transformations curieuses, principalement en ce qui concerne la constitution de l'appareil maxillaire (mâchoires supérieure et inférieure, osselets de l'oreille). Mais on trouve, en outre, des particularités spéciales, d'ensemble et de détail, dans le cerveau, l'organe olfactif, le cœur, les poumons, les organes génitaux externes et internes, les reins et autres parties du corps des mammifères. Tout cela réuni témoigne indubitablement d'une séparation entre ces animaux et les groupes ancestraux plus anciens des Reptiles et des Amphibies, séparation qui se serait effectuée de bonne heure, *au plus tard pendant la période triasique* — il y a au moins douze millions d'années de cela ! — Sous tous ces rapports importants, l'*homme est un véritable Mammifère*.

Caractères des Placentaliens chez l'homme. — Les nombreux ordres (de 12 à 33), que la zoologie systématique moderne distingue dans la classe des Mammifères, ont été répartis dès 1816, par BLAINVILLE, en trois grands groupes naturels qu'on regarde comme ayant la valeur de sous-classes : I. *Monotrèmes* ; II. *Marsupiaux* ; III. *Placentaliens*. Ces trois sous-classes, non seulement se distinguent l'une de l'autre par des caractères importants de structure et de développement, mais correspondent en outre à trois *Stades historiques* différents de l'évolution de la classe, ainsi que nous le verrons. Au groupe le plus ancien, celui des *Monotrèmes* de la période triasique, a fait suite celui des *Marsupiaux* de la période jurassique, suivi lui-même, dans la période calcaire seulement, par l'apparition des *Placentaliens*. A cette sous-classe la plus récente, appartient l'homme lui-même, car il présente dans son organisation toutes les particularités qui distinguent les Placentaliens en général, des Marsupiaux et des Monotrèmes, plus anciens encore.

Au nombre de ces particularités il faut citer en première ligne l'organe caractéristique qui a valu aux Placentaliens leur nom, le « gâteau maternel » ou *Placenta*. Celui-ci sert pendant longtemps à nourrir le jeune embryon encore enfermé dans le corps de la mère ; il est constitué par des *villosités* qui conduiront le sang et qui, produites par le chorion de l'enveloppe embryonnaire, pénètrent dans des replis correspondants, dépendant de la muqueuse de l'utérus maternel ; à cet endroit, la peau qui sépare les deux formations s'amincit à tel point que les matériaux nutritifs peuvent passer immédiatement à travers elle, du sang maternel dans le sang fœtal. Cet excellent mode de nutrition, qui n'est apparu que tardivement, permet au jeune de séjourner plus longtemps dans la matrice protectrice et d'y atteindre un degré plus complet de développement ; il fait encore défaut chez les *Implacentaliens*, c'est-à-dire chez les deux sous-classes plus primitives des Marsupiaux et des Monotrèmes. Mais les Placentaliens dépassent encore leurs ancêtres implacentaliens par d'autres caractères anatomiques, en particulier par le développement plus grand du cerveau et la disparition de l'os marsupial. Sous tous ces rapports importants, l'*homme est un véritable Placentalien.*

Caractères des Primates chez l'homme. — La sous-classe des placentaliens présente une telle richesse de formes qu'elle se divise à son tour en un grand nombre *d'ordres* ; on en admet généralement de 10 à 16 ; mais lorsqu'on considère, ainsi qu'il convient, les importantes formes disparues, découvertes en ces derniers temps, ce nombre s'élève au moins à 20 ou 26. Pour mieux passer en revue ces nombreux ordres et pour pénétrer plus avant dans leurs connexions, il importe de les réunir en grands groupes naturels dont j'ai fait des *légions*. Dans l'essai le plus récent (1) que j'ai proposé pour le classement phylogénétique du système placentalien, si compliqué, j'ai réparti les 26 ordres en 6 légions et montré que celles-ci se ramenaient à 4 groupes-souches. Ces derniers, à leur tour, se ramènent à un groupe ancestral commun à tous les Placentaliens, au *Prochoriatidés* de la période calcaire.

Ceux-ci se rattachent immédiatement aux ancêtres marsupiaux de la période jurassique. Comme représentants les

---

(1) *Systematische Phylogenie*, 1886, Theil III, O. 490.

plus importants de ces quatre groupes principaux, nous nous contenterons de citer, parmi les formes actuelles, les Rongeurs, les Ongulés, les Carnassiers et les Primates.

La légion des *Primates* comprend les trois ordres des prosimiens, simiens et des hommes. Tous les individus compris dans ces trois ordres ont en commun beaucoup de particularités importantes par où ils se distinguent des 23 autres ordres de Placentaliens. Ils sont caractérisés, surtout, par de longues jambes, primitivement adaptées au mode de vie qui consistait à grimper. Les mains et les pieds ont cinq doigts et ces longs doigts sont admirablement façonnés pour saisir et embrasser les branches d'arbres ; ils portent, soit quelques-uns, soit tous, des ongles (jamais de griffes).

La dentition est complète, comprend les quatres groupes de dents (incisives, canines, prémolaires et molaires). Par des particularités importantes, spécialement par la constitution du crâne et du cerveau, les Primates se distinguent des autres Placentaliens — et cela d'une façon d'autant plus frappante qu'ils atteignent un plus haut degré de développement et sont apparus tard sur la terre.

Sous tous ces rapports anatomiques importants, notre organisme humain est identique à celui des autres *Primates* : *L'homme est un véritable Primate.*

Caractères simiesques chez l'homme. — Une comparaison approfondie et impartiale de la structure du corps chez les différents primates, permet de distinguer de suite deux ordres dans cette légion de Mammifères parvenus à un haut degré de perfectionnement : les *Prosimiens* (ou Hémipitheci) et les *singes* (Simiens ou Pitheci). Les premiers apparaissent, sous tous les rapports, comme inférieurs et plus anciens, les seconds comme constituant l'ordre supérieur et le dernier paru. L'utérus des Prosimiens est encore double ou bicorne, comme chez tous les autres Mammifères ; chez les singes, au contraire, la corne droite et la gauche sont complètement fusionnées, elles forment un *utérus piriforme* comme celui que l'homme seul, en dehors du singe, nous présente. De même que chez celui-ci, le crâne des singes possède une cloison osseuse qui sépare complètement la capsule optique de la fosse temporale ; chez les Prosimiens, cette cloison n'est pas du tout ou très imparfaitement développée. Enfin, chez les Prosimiens les hémisphères sont encore lisses ou n'ont que peu de circonvolutions et ils sont relativement peu développés ; chez les singes ils le sont beaucoup plus, surtout l'écorce grise, l'organe des fonctions psychiques supérieures ; sa surface présente les circonvolutions et les scissures caractéristiques, lesquelles sont d'autant plus nettes qu'on se rapproche davantage de l'homme. Sous ces rapports importants et sous d'autres encore, entr'autres dans la formation du visage et des mains, *l'homme présente tous les caractères anatomiques du véritable singe.*

Caractères des Catarrhiniens chez l'homme. — L'ordre des singes, si riche en formes variées, a été, dès 1812, subdivisé par Geoffroy en deux sous-ordres naturels, division aujourd'hui encore généralement admise dans la zoologie systématique : les Singes de l'Occident (*Platyrrhiniens*) et ceux de l'Orient (*Catarrhiniens*) ; les premiers habitent exclusivement le nouveau Continent, les seconds l'ancien. Les singes d'Amérique sont appelés Platyrrhiniens (à nez plat) parce que leur nez est aplati, les narines dirigées latéralement et séparées par une large cloison. Par contre, les singes de l'Ancien Continent ont tous le « nez mince » (Catarrhiniens) ; leurs narines sont, comme chez l'homme, dirigées vers le bas, la cloison qui les sépare étant mince. Une autre différence entre les deux groupes consiste en ce que le tympan chez les Platyrrhiniens est situé superficiellement, tandis que chez les Catarrhiniens il est situé plus profondément dans l'os du rocher. Dans cette région s'est développé un conduit auditif osseux, long et étroit, tandis qu'il est encore court et large chez les singes d'Amérique, quand il ne fait pas complètement défaut. Enfin, ce qui constitue un contraste très frappant et très important entre les deux groupes, c'est que tous les Catarrhiniens ont la dentition de l'homme, à savoir 20 dents de lait et 32 dents définitives (pour chaque moitié de mâchoire 2 incisives, 1 canine, 2 prémolaires et 3 molaires) (1). Les Platyrrhiniens, au contraire, ont une prémolaire de plus à chaque moitié de mâchoire, soit en tout 36 dents.

Ces différences anatomiques entre les deux groupes de singes étant absolument générales et tranchées, et correspondant à la répartition géographique dans deux hémisphères séparés, nous sommes autorisés à poser entre elles une division systématique très nette et à en tirer cette conséquence phylogénétique que depuis fort longtemps (plus d'un million d'années) les deux sous-ordres se sont développés indépendamment l'un de l'autre, l'un dans l'hémisphère oriental, l'autre dans l'hémisphère occidental. Cela est essentiellement important pour la genèse de notre race, car l'*homme* possède tous les caractères des *véritables catarrhiniens* ; il descend de formes très anciennes et disparues de Catarrhiniens, lesquelles ont évolué dans l'ancien continent.

Groupe des Anthropomorphes. — Les nombreuses formes de Catarrhiniens, encore aujourd'hui existantes en Asie et en Afrique, ont été depuis longtemps groupées en deux sections naturelles : les singes à queue (*Cynopitheca*) et les singes sans queue (*Anthropomorpha*). Ces derniers se rapprochent beaucoup plus de l'homme que les premiers, non seulement par le manque de queue et la forme générale du corps (surtout de la tête), mais encore par certains caractères particuliers qui, insignifiants en eux-mêmes, sont importants par leur constance. Le sacrum, chez les singes anthropoïdes comme chez l'homme, est composé de cinq vertè-

---

(1) Ces chiffres fournissent ce qu'on appelle la « formule dentaire » ; celle de l'homme s'écrit d'ordinaire ainsi $\frac{2}{2}, \frac{1}{1}, \frac{2}{2}, \frac{3}{3}$ soit 8 dents à chaque moitié de mâchoire, soit en tout 32 dents (N. du Tr.).

bres soudées, tandis que chez les Cynopithèques il n'en comprend que trois, rarement quatre. Quant à la dentition, les prémolaires des Cynopithèques sont plus longues que larges, celles des Anthropomorphes, au contraire, plus larges que longues ; en outre la première molaire présente chez ceux-là quatre, chez ceux-ci cinq crochets. Enfin à la mâchoire inférieure, de chaque côté, chez les singes anthropoïdes comme chez l'homme, l'incisive externe est plus large que l'interne, tandis que c'est l'inverse qui a lieu chez les Cynopithèques. Ajoutons ce fait, qui a une importance toute spéciale et n'a été établi qu'en 1890 par SELENKA, à savoir que les singes anthropoïdes nous présentent les mêmes particularités de conformation que l'homme en ce qui concerne le *placenta* discoïde, la *Decidin reflexe* et le *cordon ombilical* (cf. chap. IV) (1). D'ailleurs, un examen superficiel de la forme du corps chez les Anthropomorphes encore existants suffit déjà à faire voir que les représentants asiatiques de ce groupe (orang-outan et gibbon) aussi bien que les africains (gorille et chimpanzé) sont plus voisins de l'homme, par l'ensemble de leur structure, que tous les Cynopithèques en général. Parmi ceux-ci, les *Papiomorphes* à tête de chien, en particulier les papious et les chats de mer, n'atteignent qu'à un degré très inférieur de développement. Les différences anatomiques entre ces grossiers papious et les singes anthropoïdes parvenus à un si haut degré de perfectionnement, sont plus grandes sous tous les rapports — et quelqu'organe que l'on compare ! — que celles qui existent entre les singes supérieurs et l'homme. Ce fait instructif a été démontré tout au long en 1883 par l'anatomiste ROBERT HARTMANN, dans son travail sur *Les singes anthropoïdes et leur organisation comparée à celle de l'homme*. Ce savant a proposé, par suite, de subdiviser autrement l'ordre des singes, à savoir en deux groupes principaux : celui des *Primaires* (Singes et Anthropoïdes) et celui des Simiens proprement dits ou *Pithèques*

---

(1) E. HAECKEL, *Anthropogenie*. 1891, IV Aufl., S. 599.

(les autres Catarrhiniens et tous les Platyrrhiniens). En tous cas, des considérations précédentes nous pouvons conclure à la *plus intime parenté entre l'homme et les singes anthropomorphes*.

L'anatomie comparée amène ainsi le chercheur impartial, qui fait œuvre de critique, en face de ce fait important : à savoir que le corps de l'homme et celui des singes anthropoïdes non seulement se ressemblent au plus haut degré mais que, sur tous les points essentiels, la conformation est la même. Ce sont les mêmes 200 os, disposés dans le même ordre et associés de la même façon, qui composent notre squelette interne ; les mêmes 300 muscles président à nos mouvements ; les mêmes poils couvrent notre peau ; les mêmes groupes de cellules ganglionnaires constituent le chef-d'œuvre artistique qu'est notre cerveau, le même cœur à quatre cavités sert de pompe centrale à la circulation de notre sang ; les mêmes 32 dents, disposées suivant le même ordre, composent notre dentition ; les mêmes glandes salivaires, hépatiques et intestinales servent à notre digestion ; les mêmes organes de reproduction rendent possible la conservation de notre espèce.

Il est vrai, à un examen plus minutieux, nous découvrons quelques petites différences de *grandeur* et de *forme* dans la plupart des organes entre l'homme et les Anthropoïdes, mais les mêmes différences, ou d'autres analogues ressortent également d'une comparaison attentive entre les races humaines les plus élevées ou les plus inférieures ; on les constate même en comparant très exactement entr'eux tous les individus de notre propre race. Nous n'y trouvons pas deux personnes qui aient tout à fait la même forme et la même grandeur de nez, d'oreilles ou d'yeux. Il suffit, dans une assemblée nombreuse, de porter son attention sur ces différentes parties du *visage*, pour se convaincre de l'étonnante variété des formes, de la très grande variabilité de l'espèce. Tout le monde sait que même des frères et sœurs sont souvent conformés si différemment qu'on a peine à les croire issus d'un même couple. Toutes ces différences individuelles ne restreignent cependant pas la portée de la loi d'*identité fondamentale de conformation corporelle*, car elles proviennent de petites divergences dans le *développement* individuel des parties.

CHAPITRE III

Notre vie.

Etudes monistes de physiologie humaine et comparée. — Identité, dans toutes les fonctions de la vie, entre l'homme et les Mammifères.

>Jamais la physiologie ne nous conduit, en étudiant les phénomènes vitaux des corps naturels, à un autre principe d'explication que ceux qu'admettent la physique et la chimie par rapport à la nature inanimée. L'hypothèse d'une *force vitale* spéciale sous toutes ses formes est non seulement tout à fait superflue, mais en outre inadmissible. Le foyer de tous les processus vitaux et de l'élément constitutif de toute substance vivante est la *cellule*. Par suite, si la physiologie veut expliquer les phénomènes vitaux élémentaires et généraux, elle ne le pourra qu'en tant que *Physiologie cellulaire*.
>
>Max Verworn (1894).

SOMMAIRE DU CHAPITRE III

Evolution de la physiologie à travers l'antiquité et le moyen âge : Galien. — Expérimentation et vivisection. — Découverte de la circulation du sang par Harvey. — Force vitale (vitalisme). Haller. — Conceptions téléologiste et vitaliste de la vie. Examen des processus physiologiques du point de vue mécaniste et moniste. — Physiologie comparée au xixe siècle : Jean Müller. — Physiologie cellulaire : Max Verworn. — Pathologie cellulaire : Virchow. — Physiologie de Mammifères. — Identité dans toutes les fonctions de la vie, entre l'homme et le singe.

LITTÉRATURE

MÜLLER. — *Handbuch der Physiologie des Menschen.* 3 Bd. IV Aufl. 1844. Traduit en français.

R. VIRCHOW. — *Die Cellular-Pathologie in ihrer Begründung auf physiologische und pathologische Gewebelehre.* IV Aufl. 1871.

J. MOLESCHOTT. — *Kreislauf des Lebens. Physiologische Antworten auf Liebig's chemische Briefe,* V Aufl. 1886.

CARL VOGT. — *Physiologische Briefe für Gebildete aller Stuende.* IV Aufl. 1874.

LUDWIG BÜCHNER. — *Physiologische Bilder.* III Aufl. 1886.

C. RADENHAUSEN. — *Isis. Der Mensch und die Welt.* 4 Bd. 1874.

A. DODEL. — *Aus Leben und Wissenschaft* (I. *Leben und Tod.* II. *Natur-Verachtung und Betrachtung.* III. *Moses oder Darwin*) Stüttgart. 1896.

MAX VERWORN. *Allgemeine Physiologie. Ein grundriss der Lehre vom Leben.* (Iéna 1894, 2 Bd Aufl. 1897).

Nos connaissances relativement à la vie humaine ne se sont élevées au rang de *science* réelle et indépendante qu'au cours du xix° siècle ; elle y est devenue une des branches du savoir humain les plus élevées, les plus importantes et les plus intéressantes. De bonne heure, il est vrai, on avait senti que la « Science des fonctions de la vie », la *physiologie*, constituait pour la médecine un avantageux préambule, bien plus même, la condition nécessaire de la réussite pratique pour ceux qui faisaient profession de guérir, en rapport étroit avec l'anatomie, science de la structure du corps. Mais la physiologie ne pouvait être étudiée à fond que bien après l'anatomie et bien plus lentement qu'elle, car elle se heurtait à des difficultés bien plus grandes.

La notion de *vie* en tant que contraire de la mort a naturellement été, de très bonne heure, un sujet de réflexion. On observait chez l'homme vivant ainsi que chez les autres animaux également vivants, un certain nombre de changements caractéristiques, des *mouvements* surtout, qui étaient absents chez les corps « morts » : le changement volontaire de lieu, par exemple, les battements du cœur, le souffle, la parole, etc. Mais la distinction entre ces « mouvements organiques » et les phénomènes analogues chez les corps inorganiques n'était pas facile et on y échouait souvent ; l'eau courante, la flamme vacillante, le vent qui soufflait, le rocher qui s'écroulait, offraient à l'homme des changements tout à fait analogues et il était tout naturel que l'homme primitif attribuât aussi à ces corps morts une vie indépendante. Et d'ailleurs on ne pouvait pas fournir, quant aux causes efficientes, une explication plus satisfaisante dans un cas que dans l'autre.

Physiologie humaine. — Nous rencontrons les premières considérations scientifiques sur la nature des fonctions vitales de l'homme (comme déjà celles relatives à la structure du corps) chez les médecins et les philosophes naturalistes grecs des vi⁰ et v⁰ siècles avant J.-C. La plus riche encyclopédie des faits alors connus, se rapportant à notre sujet, se trouve dans l'histoire naturelle d'ARISTOTE ; une grande partie de ses données lui vient probablement déjà de DÉMOCRITE et d'HIPPOCRATE. L'école de celui-ci avait déjà tenté des explications ; elle admettait comme cause première de la vie chez l'homme et les animaux un *esprit de vie* fluide (Pneuma); et déjà ERASISTRATE (280 avant J.-C.,) distinguait un esprit de vie inférieur et un supérieur : le pneuma zoticon, dans le cœur et le pneuma psychicon, dans le cerveau.

La gloire d'avoir rassemblé toutes ces connaissances éparses et d'avoir tenté le premier essai en vue de constituer la physiologie en système, — revient au grand médecin grec, GALIEN, que nous connaissons déjà comme le premier grand anatomiste de l'antiquité. Dans ses recherches sur les *organes* du corps humain, il s'interrogeait constamment au sujet des *fonctions* de ces organes, procédant ici encore par comparaison, étudiant avant tout les animaux les plus voisins de l'homme, les *singes*. Les résultats acquis en expérimentant sur eux étaient directement étendus à l'homme. Galien avait déjà reconnu la haute valeur de *l'expérimentation* en physiologie ; dans ses vivisections de singes, de chiens, de porcs, il avait fait divers essais intéressants. Les *vivisections* ont été dernièrement l'objet des plus violentes attaques non seulement de la part des gens ignorants et bornés, mais encore de la part des théologiens ennemis de la science, et de personnes à l'âme tendre ; mais ce procédé fait partie des *méthodes indispensables* à l'étude de la vie et il nous a déjà fourni des notions inappréciables sur les questions les plus importantes :

ce fait avait déjà été reconnu par Galien, il y a de cela 1700 ans.

Toutes les diverses fonctions du corps étaient par lui ramenées à trois groupes principaux, correspondant aux trois formes de *pneuma*, de l'esprit de vie ou « spiritus ». Le pneuma psychicon — l'*âme* — a son siège dans le *cerveau* et les nerfs, il est l'instrument de la pensée, de la sensibilité et de la volonté (mouvement volontaire); le pneuma zoticon — *le cœur* — accomplit les « fonctions sphygmiques », le battement du cœur, le pouls et la production de chaleur; le pneuma physicon, enfin, logé dans le *foie*, est la cause des fonctions appelées végétatives, de la nutrition et des échanges de matériaux, de la croissance et de la reproduction. L'auteur insistait, en outre, spécialement sur le renouvellement du sang dans les poumons et exprimait l'espoir qu'on parviendrait un jour à extraire de l'air atmosphérique l'élément qui, par la respiration, pénètre comme pneuma dans le sang. Plus de quinze siècles s'écoulèrent avant que ce pneuma respiratoire, — l'acide carbonique — fût découvert par Lavoisier.

Pour la physiologie de l'homme, comme pour son anatomie, le grandiose système de Galien demeura, pendant le long espace de temps de treize siècles, le *codex aureus*, la source inattaquable de toute connaissance. L'influence du christianisme, hostile à toute culture, amena ici, comme dans toutes les autres branches des sciences naturelles, d'insurmontables obstacles. Du IIIe au XVIe siècle, on ne rencontre pas un seul chercheur qui ait osé étudier de nouveau par lui-même les fonctions de l'organisme humain et sortir des limites du système de Galien. Ce n'est qu'au XVIe siècle que de modestes essais furent faits dans cette voie, par des médecins et des anatomistes éminents : Paracelse, Servet, Vésale, etc. Mais ce n'est qu'en 1628 que le médecin anglais Harvey publia sa grande découverte de la *circulation du sang*, démontrant que le cœur est une pompe foulante qui, par la contraction inconsciente et régulière de ses muscles, pousse sans cesse le flot sanguin dans le système clos des vaisseaux veines et capillaires. Non moins importantes furent les recherches d'Harvey sur la génération animale, à la suite desquelles il posa le principe célèbre : « Tout individu vivant se développe aux dépens d'un œuf » (*omne vivum ex ovo.*)

L'impulsion puissante qu'Harvey avait donnée aux observations et aux recherches physiologiques amena, aux XVIe et XVIIe siècles, un grand nombre de découvertes. Elles furent réunies pour la première fois au milieu du siècle dernier par le savant A. HALLER ; dans son grand ouvrage, *Elementa physiologiae*, il établit la valeur propre de cette science, indépendamment de ses rapports avec la médecine pratique. Mais par le fait qu'il admettait comme cause de l'activité nerveuse une « force d'impressionnabilité ou sensibilité » spéciale et pour cause du mouvement musculaire une « excitabilité ou irritabilité » spéciale, Haller préparait le terrain à la doctrine erronée d'une *force vitale* spéciale (*vis vitalis*).

Force vitale (vitalisme). — Pendant plus d'un siècle, du milieu du XVIIIe au milieu du XIXe siècle, cette idée régna dans la médecine (et spécialement dans la physiologie) que, si une partie des phénomènes vitaux se ramenaient à des processus physiques et chimiques, les autres étaient produits par une force spéciale, indépendante de ces processus : la *force vitale* (*vis vitalis*). Si différentes que fussent les théories relatives à la nature de cette force et en particulier à son rapport avec l'âme, elles étaient cependant toutes d'accord pour reconnaître que la force vitale est indépendante des forces physico-chimiques de la « matière » ordinaire, et en diffère essentiellement ; en tant que *force première* (*archeus*) indépendante, manquant à la nature inorganique, la force vitale devait, au contraire, prendre celle-ci à son service. Non seulement l'activité de l'âme elle-même, la sensibilité des nerfs et l'irritabilité des muscles, mais encore le fonctionnement des sens, les phénomènes de reproduction et de développement semblaient si merveilleux, leur cause si énigmatique, qu'on trouvait impossible de les ramener à de simples processus naturels, physiques et chimiques. L'activité de la force vitale étant libre, agissant consciemment et en vue du but, elle aboutit, en philosophie. à une parfaite *téléologie* ; celle-ci parut surtout incontestable après que le grand philosophe « critique » lui-même, Kant, dans sa célèbre critique du jugement téléologique, eût avoué que, sans doute, la compétence de la raison humaine était illimitée quand il s'agissait de l'explication mécanique des phénomènes, mais que les pouvoirs de cette raison expiraient devant les phénomènes de la vie organique ; ici, la nécessité s'imposait de recourir à un principe agissant avec finalité, ainsi surnaturel. Il va de soi que, le contraste entre les phénomènes *vitaux* et les fonctions organiques *mécaniques* se faisait plus frappant à mesure que progressait pour celles-ci l'explication physico-chimique. La circulation du sang et une partie des phénomènes moteurs pouvaient être ramenés à des processus mécaniques ; la respiration et la digestion à des actes chimiques analogues à ceux qui ont lieu dans la nature inorganique ; mais la même chose semblait impossible lorsqu'il s'agissait de l'activité merveilleuse des nerfs ou des muscles, comme, en général, de la « vie de l'âme » proprement dite ; et d'ailleurs le concours de toutes ces différentes forces, dans la vie de l'individu, ne semblait pas non plus explicable par là. Ainsi se développa un *dualisme* physiologique complet, une opposition radicale entre la nature inorganique et l'organique, entre les processus vitaux et les mécaniques, entre la force matérielle et la force vitale, entre le corps et l'âme. Au début du xixe siècle, ce vitalisme a été établi avec de nombreux arguments à l'appui, en France par L. Dumas, par Reil en Allemagne.

Un joli exposé poétique en avait été donné, dès 1795, par Alex. de Humboldt dans son récit du Génie de Rhodes (reproduit avec des remarques critiques dans les *Vues de la nature*).

Le mécanisme de la vie (physiologie moniste). — Dès la première moitié du xviie siècle, le célèbre philosophe Descartes, sous l'influence de Harvey qui venait de découvrir la circulation du sang, avait exprimé l'idée que le corps de l'homme, comme celui des animaux, n'était qu'une *machine compliquée*, dont les mouvements se produisaient en vertu des mêmes lois mécaniques auxquelles obéissaient les machines artificielles construites par l'homme dans un but déterminé. Il est vrai, Descartes revendiquait pour l'homme seul la complète indépendance de son âme immatérielle et il posait même la sensation subjective, la pensée, comme l'unique chose au monde dont nous ayons immédiatement une connaissance certaine (« *Cogito, ergo sum!* ») Pourtant, ce dualisme ne l'empêcha pas de stimuler dans diverses directions la science mécanique des phénomènes vitaux considérés en eux-mêmes. A sa suite, Borelli (1660) expliqua les mouvements du corps, chez les animaux, par des lois toutes mécaniques, tandis que Sylvius essayait de ramener les phénomènes de la digestion et de la respiration à des processus purement chimiques; le premier fonda, en médecine, une école *iatromécanique*, le second, une école *iatrochimique*. Mais ces élans de la raison vers une explication naturelle mécanique des phénomènes vitaux, ne trouvèrent pas d'application universelle, et, au cours du xviiie siècle, ils furent complètement réprimés à mesure que se développait le vitalisme téléologique. La réputation définitive de celui-ci et le retour au point de vue précédent ne furent accomplis qu'en ce siècle, lorsque, vers 1840, la physiologie *comparée* moderne s'éleva au rang de science féconde.

Physiologie comparée. — Nos connaissances relatives aux fonctions du corps humain, pas plus que celles relatives à la structure de ce corps, ne furent acquises, à l'origine, par l'observation directe de l'organisme humain mais, en grande partie, par celle des Vertébrés supérieurs les plus proches de lui, surtout des *Mammifères*.

En ce sens les débuts les plus reculés des deux sciences méritent déjà d'être appelés anatomie et physiologie *compa-*

rées. Mais la physiologie comparée proprement dite, qui embrasse tout le domaine des phénomènes vitaux depuis les animaux inférieurs jusqu'à l'homme, ne date que de ce siècle dont elle a été une difficile conquête; son grand fondateur fut JEAN MÜLLER (né en 1801 à Berlin, fils d'un cordonnier).

De 1833 à 1858, vingt-cinq années durant, ce biologiste (le plus érudit de notre temps et celui dont les aptitudes furent les plus diverses) déploya à l'Université de Berlin, tant comme professeur que dans ses recherches de savant, une activité qui n'est comparable qu'à celles réunies de HALLER et de CUVIER. Presque tous les grands biologistes qui ont enseigné en Allemagne ou exercé quelque influence sur la science pendant ces 60 dernières années, ont été directement ou indirectement les élèves de J. Müller. Parti d'abord de l'anatomie et de la physiologie humaines, celui-ci étendit bientôt ses études comparatives à tous les grands groupes d'animaux supérieurs et inférieurs. Et comme il comparait, en même temps, la structure des animaux disparus avec celle des animaux actuels, les conditions de l'organisme sain avec celles du malade, comme il faisait un effort vraiment philosophique pour synthétiser tous les phénomènes de la vie organique, Müller éleva les sciences biologiques à une hauteur qu'elles n'avaient jamais encore atteinte.

Le fruit le plus précieux de ces études si étendues de Jean Müller, ce fut son *Manuel de Physiologie humaine*; cet ouvrage classique donnait beaucoup plus que ne promettait son titre : c'est l'ébauche d'une vaste « Biologie comparée ». Au point de vue de la valeur de ce qu'il renferme et de la quantité de problèmes qu'il embrasse, ce livre, aujourd'hui encore, est sans rival. En particulier, les méthodes d'observation et d'expérimentation y sont appliquées de façon aussi magistrale que les méthodes d'induction et de déduction. MÜLLER, il est vrai, fut, au début, comme tous les physiologistes de son époque, vitaliste. Seulement, la doctrine régnante de la force vitale prit chez lui une forme spéciale et se transforma graduellement en son exact opposé. Car, dans toutes les branches de la physiologie, Müller s'efforçait d'expliquer les phénomènes vitaux mécaniquement; sa force vitale réformée ne règne pas *au-dessus* des lois physico-chimiques auxquelles est soumis tout le reste de la nature : elle est étroitement *liée* à ces lois mêmes ; ce n'est rien d'autre, en somme, que la *vie* elle-même, c'est-à-dire la somme de tous les phénomènes moteurs que nous observons chez les organismes vivants. Ces phénomènes, Müller s'efforçait partout de les expliquer mécaniquement, dans la vie sensorielle, comme dans la vie de l'âme, qu'il s'agit de l'activité musculaire, des phénomènes de la circulation, de la respiration ou de la digestion, — ou qu'il s'agit des phénomènes de reproduction et de développement. Müller provoqua les plus grands progrès en ce que, partout, partant des phénomènes vitaux les plus simples, observables chez les animaux inférieurs, il en suivait pas à pas l'évolution graduelle jusqu'aux formes les plus élevées, jusqu'à l'homme. Ici, sa méthode de *comparaison critique*, aussi bien en physiologie qu'en anatomie, se trouvait confirmée.

Jean Müller est, en outre, le seul des grands naturalistes qui ait attaché une égale importance aux diverses branches de la science et s'en soit constitué le représentant collectif. Aussitôt après sa mort, le vaste domaine de son enseignement se morcela en quatre provinces, presque toujours rattachées aujourd'hui à quatre chaires différentes (sinon davantage), à savoir : Anatomie humaine et comparée, Anatomie pathologique, Physiologie et Embryologie. On a comparé la division du travail qui s'est effectuée subitement (1858) au sein de cet immense érudition, au morcellement de l'empire autrefois constitué par Alexandre le Grand.

Physiologie cellulaire. — Parmi les nombreux élèves de Jean Müller qui, en partie de son vivant déjà, en partie après sa mort, contribuèrent puissamment aux progrès des diverses branches de la biologie, il faut citer comme l'un des plus heureux (sinon, peut-être, comme le plus important!)

Théodore Schwann. Lorsqu'en 1838 le botaniste de génie, Schleiden, reconnut dans la *cellule* l'organe élémentaire commun à toutes les plantes et démontra que tous les tissus du corps des végétaux étaient composés de cellules, J. Müller entrevit de suite l'immense portée de cette importante découverte ; il essaya lui-même de retrouver la même composition dans différents tissus du corps animal, par exemple dans la *corde dorsale* des Vertébrés, provoquant ainsi son élève Schwann à étendre cette vérification à tous les tissus animaux. Celui-ci résolut heureusement cette tâche difficile dans ses *Recherches microscopiques sur l'identité de structure et de développement chez les animaux et les plantes* (1839). Ainsi était posée la pierre angulaire de la *théorie cellulaire* dont l'importance fondamentale, tant pour la physiologie que pour l'anatomie, s'est accrue d'année en année, trouvant toujours une confirmation plus générale.

Que l'activité fonctionnelle de tous les organismes se ramenât à celle de leurs éléments histologiques, aux cellules microscopiques, c'est ce que montrèrent surtout deux autres élèves de J. Müller, le pénétrant physiologiste E. Brücke, de Vienne, et le célèbre histologiste de Würzbourg, Albert Kölliker. Le premier désigna très justement la cellule du nom d'*organisme élémentaire* et montra en elle, aussi bien dans le corps de l'homme que dans celui des animaux, le seul facteur actuel spontanément productif de la vie. Kölliker s'illustra, non seulement par le progrès qu'il fit faire à l'histologie en général, mais principalement par la preuve qu'il donna que l'œuf des animaux, ainsi que les « sphères de segmentation » qui en proviennent, sont de simples cellules.

Bien que la haute importance de la théorie cellulaire pour tous les problèmes biologiques fût universellement reconnue, cependant la *physiologie cellulaire*, qui s'est fondée sur elle, ne s'est constituée d'une manière indépendante qu'en ces derniers temps. Ici, il faut reconnaître à Max Verworn, principalement, un double mérite. Dans ses *Études psychophysiologiques sur les Protistes* (1889), s'appuyant sur d'ingénieuses recherches expérimentales, il a montré que la *Théorie de l'âme cellulaire* (1), proposée par moi en 1886, trouve une entière justification dans l'étude exacte des Protozoaires unicellulaires et que « les processus psychiques observables dans le groupe des Protistes forment le pont qui relie les phénomènes chimiques de la nature inorganique à la vie de l'âme, chez les animaux supérieurs ». Verworn a développé ces vues et les a appuyées sur l'embryologie moderne dans sa *Physiologie générale* (2e édition, 1897).

Cet ouvrage remarquable nous ramène pour la première fois au point de vue si compréhensif de Jean Müller, au contraire des méthodes étroites et exclusives de ces physiologistes modernes qui croient pouvoir établir la nature des phénomènes vitaux exclusivement au moyen d'expériences physiques et chimiques. Verworn a montré que c'est seulement par la *méthode comparative de* Müller et par une étude plus approfondie de la *physiologie cellulaire,* qu'on peut s'élever jusqu'au point de vue qui nous permet d'embrasser d'un regard d'ensemble tout le domaine merveilleux des phénomènes vitaux ; par là seulement nous nous convaincrons que les fonctions vitales de l'homme, toutes tant qu'elles sont, obéissent aux mêmes lois physiques et chimiques que celles des autres animaux.

Pathologie cellulaire. — L'importance fondamentale de la théorie cellulaire pour toutes les branches de la biologie a trouvé une confirmation nouvelle dans la seconde moitié du xixe siècle. Non seulement, en effet, la morphologie et la physiologie ont fait de grandioses progrès, mais encore et surtout nous avons assisté à la complète réforme de cette science biologique qui eut de tous temps la plus grande importance par ses rapports avec la médecine pratique : la *Pathologie.* L'idée que les maladies de l'homme, comme

---

(1) E. Haeckel : *Zellseelen und Seelenzellen. Gesammelte populaere Vortræge.* I Heft 1878.

celles de tous les êtres vivants, sont des phénomènes *naturels* qui doivent, partant, être étudiés scientifiquement au même titre que les autres fonctions vitales, était déjà une conviction profonde chez beaucoup d'anciens médecins. Au xvɪɪ^e siècle même, quelques écoles médicales, celles des *Iatrophysiciens* et des *Iatrochimistes*, avaient déjà essayé de ramener les causes des maladies à certaines transformations physiques ou chimiques. Mais le degré très inférieur de développement de la science d'alors empêchait le succès durable de ces légitimes efforts. C'est pourquoi, jusqu'au milieu du xɪx^e siècle, quelques théories anciennes qui cherchaient l'essence de la maladie dans des causes surnaturelles ou mystiques, furent-elles presque universellement admises.

C'est seulement à cette époque que Rudolf Virchow, également l'élève de Jean Müller, eut l'heureuse pensée d'appliquer à l'organisme malade la théorie cellulaire qui valait pour l'homme sain; il chercha dans des transformations imperceptibles des cellules malades et des tissus constitués par leur ensemble, la véritable cause de ces transformations plus apparentes qui, sous l'aspect de « maladies », menacent l'organisme vivant de danger et de mort. Pendant les sept années, surtout, qu'il fut professeur à Würzbourg (1849-1856), Virchow s'acquitta avec un tel succès de la tâche qu'il s'était proposée, que sa *Pathologie cellulaire* (publiée en 1858) ouvrit brusquement, devant la pathologie tout entière et devant la médecine pratique appuyée sur elle, des voies nouvelles, hautement fécondes. Quant à nous et à la tâche que nous nous sommes proposée, l'importance capitale qu'offre pour nous cette réforme de la médecine vient de ce qu'elle nous conduit à une conception purement scientifique et moniste de la maladie. L'homme malade, aussi bien que l'homme sain, sont donc soumis aux mêmes « éternelles lois d'airain » de la physique et de la chimie, que tout le reste du monde organique.

Physiologie des Mammifères. — Parmi les nombreuses

classes d'animaux (50 à 80) que distingue la zoologie moderne, les *Mammifères*, non seulement au point de vue morphologique, mais encore au point de vue physiologique, occupent une place tout à fait à part.

Et puisque l'homme, par la structure tout entière de son corps, appartient à la classe des Mammifères, nous pouvons nous attendre à l'avance à ce que le caractère spécial de ses fonctions lui soit commun avec les autres Mammifères. Et de fait, il en va bien ainsi. La circulation et la respiration s'accomplissent chez l'homme absolument en vertu des mêmes lois et sous la même forme particulière que chez tous les autres Mammifères — et chez eux seuls — ; elle résulte de la structure spéciale et très complexe de leur cœur et de leurs poumons. C'est chez les Mammifères seulement que tout le sang artériel est emporté du ventricule gauche et conduit dans le corps par un seul arc aortique — situé, partout, à gauche — tandis que chez les Oiseaux il est situé à droite et que chez les Reptiles, les deux arcs fonctionnent. Le sang des Mammifères diffère de celui de tous les autres Vertébrés par ce fait que le noyau des globules rouges a disparu (par régression). Les mouvements respiratoires, dans cette classe seulement, s'effectuent surtout grâce au *diaphragme*, parce que celui-ci ne forme que chez les Mammifères une cloison complète entre les cavités thoracique et abdominale. Mais le caractère le plus important de cette classe parvenue à un si haut degré de développement, c'est la production de *lait* dans les glandes mammaires et le mode spécial d'élevage des jeunes, conséquence du fait qu'ils sont nourris par le lait maternel. Et comme cet allaitement exerce une influence capitale sur d'autres fonctions, comme l'amour maternel des Mammifères a racine dans ce mode de rapports si étroits entre la mère et le jeune, le nom donné à la classe nous rappelle à juste titre la haute importance de l'allaitement chez les Mammifères. Des millions de tableaux, dus la plupart à des artistes de premier rang, glorifient la *Madone avec l'enfant Jésus*, comme l'image la plus pure et la plus sublime de l'amour maternel, de ce même instinct dont la forme extrême est la tendresse exagérée des mères-singes.

Physiologie des singes. — Puisqu'entre tous les Mammifères les singes se rapprochent le plus de l'homme par l'ensemble de leur conformation, on peut prévoir à l'avance qu'il en ira de même en ce qui regarde les fonctions physiologiques; et, de fait, il en va bien ainsi. Chacun sait combien les habitudes, les mouvements, les fonctions sensorielles, la vie psychique, les soins donnés aux jeunes sont les mêmes chez les singes et chez l'homme. Mais la physiologie scientifique démontre la même identité capitale également sur des points moins remarqués : le fonctionnement du cœur, la sécrétion glandulaire et la vie sexuelle. A cet égard, un détail surtout curieux, c'est que chez beaucoup d'espèces de singes les femelles, parvenues à l'âge adulte, sont régulièrement exposées à un écoulement de sang provenant de l'utérus et qui correspond à la menstruation (ou « règles mensuelles ») de la femme. La sécrétion du lait par la glande mammaire et la façon dont le jeune tète, se font encore absolument de la même manière chez la femelle du singe et chez la femme.

Enfin, un fait particulièrement intéressant, c'est que la *langue des sons* chez les singes apparait à l'examen de la physiologie comparée, comme l'étape préalable vers la langue articulée de l'homme. Parmi les singes anthropoïdes encore existants, il y en a dans l'Inde une espèce qui est musicienne : l'*hylobates syndactilus* chante et sa gamme de sons, parfaitement purs et mélodieux, progressant par demi-tons, s'étend sur un octave.

Pour un linguiste impartial, il n'y a plus moyen de douter aujourd'hui que notre « langue des concepts », si perfectionnée, ne se soit développée lentement et progressivement à partir de la « langue des sons » imparfaite de nos ancêtres, les singes du pliocène.

CHAPITRE IV

Notre Embryologie

Etudes monistes d'ontogénie humaine et comparée. — Identité de développement de l'embryon et de l'adulte, chez l'homme et chez les Vertébrés.

> L'homme est-il un être spécial? Est-il produit par un autre procédé qu'un chien, un oiseau, une grenouille ou un poisson? Donne-t-il ainsi raison à ceux qui affirment qu'il n'a pas place dans la Nature et n'a aucune parenté réelle avec le monde inférieur de la vie animale? Ou bien ne sort-il pas d'un germe identique, ne parcourt-il pas lentement et progressivement les mêmes modifications que les autres êtres? La réponse n'est pas un instant douteuse et n'a pas été l'objet du moindre doute pendant les trente dernières années. Il n'y a pas non plus moyen d'en douter : le mode de formation et les premiers stades de développement sont identiques chez l'homme et chez les animaux situés immédiatement au-dessous de lui dans l'échelle des êtres : il n'y a pas moyen d'en douter, sous ces rapports, il est plus près du singe que le singe du chien.
>
> Th. Huxley (1863).

SOMMAIRE DU CHAPITRE IV

L'embryologie à ses débuts. — **Théorie** de la préformation. — Théorie de l'emboîtement. Haller et Leibniz. — **Théorie de l'épigenèse.** C. F. Wolff. — Théorie des feuillets germinatifs. — C. E. Baer. — Découverte de l'œuf humain. Remack. Kölliker. — L'ovule et l'embryon. — Théorie gastréenne. — Protozoaires et Métazoaires. — L'ovule et le spermatozoïde humains. — Oscar Hertwig. — Conception. — Fécondation. — Ebauche de l'embryon humain. — Identité entre les embryons de tous les Vertébrés. — Les enveloppes embryonnaires chez l'homme. — Amnion, Serolemme et Allantoïde. — Formation du placenta et arrière-faix. — Membrane criblée et cordon ombilical. — Le placenta discoïde des singes et de l'homme.

LITTÉRATURE

C. E. Baer. — *Ueber Entwickelungsgeschichte der Thiere. Beobachtung und Reflexion.* 1828.
A. Kœlliker. — *Grundriss der Entwickelungsgeschichte des Menschen und der höheren Thiere* (2te Aufl. 1884).
E. Haeckel. — *Studien zur Gastræa Theorie*, Iéna, |1873-1884.
O. Hertwig. — *Lehrbuch der Entwickelungsgeschichte des Menschen und der Wirbelthiere* (Vte Aufl. 1896).
J. Kollmann. — *Lehrbuch der Entwickelungsgeschichte des Menschen* (1898).
H. Locher-Wild. — *Ueber Familien-Anlage und Erblichkeit. Eine wissenschaftliche Razzia* (Zurich, 1874).
Ch. Darwin. — *De la variabilité chez les animaux et les plantes à l'état de domestication* (trad. franç.) de E. Barbier.
E. Haeckel. — *Anthropogenie. Gemeinverständliche wissenschaftliche Vorträge ueber Entwickelungsgeschichte des Menschen*, IVte Aufl. 1891.

Plus encore que l'anatomie et la physiologie comparées, *l'ontogénie, l'histoire du développement de l'individu* est la création de notre xix⁰ siècle. Comment l'homme se développe-t-il dans la matrice? Et comment se développent les animaux en sortant de l'œuf? Comment se développe la plante en sortant de la graine? Cette question, grosse de conséquences, a sans doute fait réfléchir l'esprit humain depuis des milliers d'années; mais ce n'est que très tard, — il y a seulement 70 ans de cela — que l'embryologiste BAER nous a montré les vrais moyens de pénétrer plus avant dans la connaissance des faits mystérieux de l'embryologie. Et c'est plus tard encore, — il y a seulement 40 ans — que DARWIN, par sa théorie de la descendance réformée, nous a fourni la clef capable d'ouvrir la porte fermée, derrière laquelle l'embryologie abrite ses secrets et les moyens d'en pénétrer les causes. Ayant donné de ces faits, — du plus haut intérêt mais d'une interprétation difficile, — un exposé à la portée de tous et développé, dans mon *Embryologie de l'homme* (1ʳᵉ partie de l'anthropogénie, 4ᵉ éd., 1891), je me bornerai ici à résumer et interpréter brièvement les phénomènes principaux. Jetons d'abord un regard en arrière afin d'avoir un aperçu historique de ce que furent, dans le passé, l'*Ontogénie* et, s'y rattachant, la théorie de la préformation.

Théorie de la préformation. — L'*embryologie à ses débuts* (cf. la leçon II de mon Anthropogénie). De même que, pour l'anatomie comparée, les œuvres classiques d'ARISTOTE, du « Père de l'histoire naturelle », dans toutes ses branches.

sont encore pour l'embryologie la source scientifique la plus ancienne que nous connaissions (IVᵉ siècle avant J.-C.). Non seulement dans sa grande *Histoire des animaux*, mais encore dans un traité spécial et plus petit, *Cinq livres sur la génération et le développement des animaux*, le grand philosophe nous rapporte une masse de faits intéressants et il y joint des considérations relatives à leur interprétation ; beaucoup d'entre elles n'ont été appréciées à leur juste valeur qu'en ces derniers temps et même on peut dire qu'on les a découvertes à nouveau. Naturellement il s'y trouve aussi beaucoup de fables et d'erreurs, et quant au développement caché de l'embryon humain, on ne savait rien de précis à cette époque. Mais pendant la longue période suivante, pendant un espace de temps de deux mille ans, la science sommeilla sans faire aucun progrès. C'est seulement au début du XVIIᵉ siècle qu'on recommença à s'occuper de ces questions; l'anatomiste italien, Fabrice d'Aquapendente (de Padoue) publia en 1600 les plus anciennes figures et descriptions que nous ayons d'embryons humains et d'animaux supérieurs; tandis que le célèbre Malpighi (de Bologne), novateur en zoologie comme en botanique, donna en 1687 le premier exposé complet de la formation du jeune poulet dans l'œuf, après l'incubation.

Tous ces anciens observateurs étaient dominés par cette idée que dans l'œuf des animaux, comme dans la semence des plantes supérieures, le corps tout entier, avec toutes ses parties existait déjà préformé, mais si ténu et si transparent qu'on ne pouvait le reconnaître ; le développement tout entier n'était, par suite, rien d'autre que la croissance ou l'*évolution* (*evolutio*) des parties enveloppées (*partes involutæ*). Le meilleur nom qui convient à cette théorie erronée, qui a été presque universellement admise jusqu'au commencement de notre siècle, c'est celui de *théorie de la préformation*; on l'appelle souvent aussi « théorie de l'évolution », mais par ce terme beaucoup d'auteurs modernes entendent également la théorie, tout autre, de la transformation.

Théorie de l'emboîtement. (Théorie de la scatulation). — En rapport étroit avec la théorie de la préformation et comme sa conséquence légitime, nous rencontrons au siècle dernier une théorie plus vaste qui occupa vivement les biologistes capables de penser : c'est l'étrange « théorie de l'emboîtement ». Puisqu'on admettait que dans l'œuf, l'ébauche de l'organisme entier avec toutes ses parties existait déjà, il fallait que l'ovaire du jeune fœtus avec les œufs de la génération suivante y fût préformé et que ceux-ci, à leur tour, continssent les œufs de la génération d'après, et ainsi de suite à l'infini ! Là-dessus, le célèbre physiologiste Haller calcula qu'il y a 6.000 ans, le sixième jour de la création, le bon Dieu avait produit en même temps les germes de 200.000 millions d'hommes et les avait habilement emboîtés l'un dans l'autre dans l'ovaire de notre respectable mère Ève. Un philosophe, qui n'était rien moins que le grand Leibniz, adopta ces vues et en tira parti pour sa théorie des Monades ; et comme en vertu de celle-ci le corps et l'âme sont éternellement et indissolublement unis, Leibniz appliqua sa théorie du corps à l'âme. « Les âmes des hommes ont toujours existé sous la forme de corps organisés en la personne de leurs ancêtres jusqu'à Adam, c'est-à-dire depuis le commencement des choses !!! »

Théorie de l'épigenèse. — En novembre 1758, à Halle, un jeune médecin de 26 ans, G. Fr. Wolff (le fils d'un cordonnier de Berlin), soutenait sa thèse de doctorat, laquelle avait pour titre *Theoria generationis*. Appuyant sa démonstration sur une série d'expériences aussi laborieuses que soigneusement faites, il établissait que toute la théorie régnante de la préformation et de la scatulation était fausse.

Dans l'œuf de poule, après l'incubation, il n'y a, au début, aucune trace de ce qui sera plus tard le corps de l'oiseau avec ses différentes parties ; mais au lieu de cela nous trouvons en haut, sur la sphère jaune de vitellus, un petit disque circulaire, blanc. Ce mince *disque germinatif* devient ovale et se subdivise alors en quatre couches situées l'une au-dessus de l'autre et qui sont les ébauches des quatre systèmes les plus importants d'organes : d'abord, le plus superficiel, le système nerveux ; au-dessous, la masse charnue (système musculaire) ; puis le système vasculaire (avec le cœur) et enfin le canal intestinal. Ainsi, disait Wolff avec raison, la formation du fœtus consiste, non pas dans le développement d'organes préformés, mais dans une *chaîne de néoformations*, dans une vraie « épigenèse » ; les parties apparaissent l'une après l'autre et toutes sous une forme simple, absolument différente de celle qui se développera plus tard : celle-ci ne se produit que par une série de transformations merveilleuses. Cette grande découverte — une des plus importantes du xviii° siècle — bien qu'elle ait pu être confirmée immédiatement par la seule vérification des faits observés, et bien que la *Théorie de la génération* fondée sur elle ne fût pas à proprement parler une théorie mais un simple fait, demeura complètement méconnue pendant un demi-siècle.

La principale entrave lui venait de la puissante autorité de Haller qui la combattait avec obstination, lui opposant ce dogme : « Il n'y a pas de devenir ! aucune partie du corps n'est formée avant l'autre, toutes se produisent en même temps. » Wolff, qui avait dû partir pour Pétersbourg, était mort depuis longtemps lorsque ses découvertes, oubliées depuis, furent reproduites par Lorenz Oken, à Iéna (1806).

Théorie des feuillets germinatifs. — Après que la théorie de l'épigenèse de Wolff eût été confirmée par Oken et par Meckel (1812) et que l'important travail de celui-ci sur le développement du tube intestinal eût été traduit du latin en allemand, beaucoup de jeunes naturalistes, en Allemagne, se mirent avec le plus grand zèle à l'étude précise de l'embryologie. Le plus célèbre et le plus heureux d'entre eux fut C. E. Baer ; son fameux ouvrage parut en 1828 sous ce titre : *Embryologie des animaux. Observation et réflexion.*

Non seulement le processus de développement du germe y est décrit d'une façon complète et remarquablemet claire, mais on trouve, en outre, dans ce livre nombre de réflexions profondes au sujet des faits observés. C'est à décrire la formation de l'embryon chez l'*homme* et les *Vertébrés*, que l'auteur s'est surtout attaché, mais il examine, en outre, l'ontogénie toute différente des animaux inférieurs, invertébrés. Les deux assises en forme de feuillets qui apparaissent les premières dans le disque rond germinatif des Vertébrés supérieurs, se subdivisent d'abord chacune, selon Baer, en deux feuillets et les quatre feuillets germinatifs se transforment en quatre *tubes* qui donnent les organes fondamentaux : couche épidermique, couche musculaire, couche vasculaire et couche muqueuse. A la suite de processus d'épigenèse très compliqués, les organes définitifs se constituent et cela de la même manière chez l'homme et chez tous les Vertébrés. Il en va tout autrement dans les trois groupes principaux d'Invertébrés, qui d'ailleurs diffèrent encore à ce point de vue les uns des autres. Parmi les nombreuses découvertes particulières de Baer, l'une des plus importantes fu l'œuf humain. Jusqu'alors, chez l'homme comme chez tous les Mammifères, on avait considéré comme des ovules certaines petites vésicules, abondantes dans l'ovaire. Baer, le premier, montra en 1827 que les véritables ovules sont enfermés dans ces vésicules, les « follicules de Graaf », qu'ils sont beaucoup plus petits qu'elles, que ce sont de petites sphères n'ayant que 0,2 millimètres de diamètre, visibles à l'œil nu dans des circonstances favorables. Le premier, Baer s'aperçut encore que, chez tous les Mammifères, ces petits ovules fécondés, en se développant, donnent d'abord naissance à une vésicule germinative caractéristique, une *Sphère creuse* contenant un liquide, dont la paroi est formée par la mince enveloppe embryonnaire : le *blastoderme*.

Ovule et spermatozoïde. — Dix ans après que Baer eût donné un solide fondement à l'embryologie par sa théorie des feuillets germinatifs, une nouvelle tâche, très importante, fut imposée à cette science par la *théorie cellulaire* (1838). Quel est le rapport de l'œuf animal et des feuillets germinatifs qui en proviennent, aux tissus et aux cellules qui composent le corps adulte? La réponse à cette question capitale fut donnée au milieu de notre siècle par deux des élèves les plus distingués de J. Müller : Remak (à Berlin) et Koelliker (à Würzbourg). Ils démontrèrent que l'œuf n'est pas autre chose à l'origine qu'une *cellule* et que, de même, les nombreuses « sphères de segmentation » qui en proviennent, par divisions successives, ne sont que de simples cellules. Ces « sphères de segmentation » servent d'abord à former les feuillets germinatifs, puis, par suite de la division du travail et de la différenciation qui se produisent au sein de ceux-ci, les divers organes se constituent. Koelliker eut, en outre, le grand mérite de démontrer que le liquide spermatique muqueux des animaux mâles n'était pas autre chose qu'un amas de cellules microscopiques. Les « animalcules spermatiques » toujours en mouvement et en forme d'épingles, qui s'y trouvent, les *spermatozoïdes*, ne sont autre chose que des *cellules flagellées* spéciales, ainsi que je l'ai démontré pour la première fois, en 1866, sur les filaments spermatiques des éponges.

Ainsi, on avait démontré que les deux éléments reproducteurs essentiels, le sperme du mâle et l'ovule de la femelle, rentraient, eux aussi, dans la théorie cellulaire ; découverte dont la haute portée philosophique ne fut reconnue que plus tard, par l'étude approfondie des phénomènes de fécondation (1875).

Théorie gastréenne. — Toutes les recherches, faites jusqu'alors, sur la formation de l'embryon, concernaient l'homme et les *Vertébrés* supérieurs, mais surtout l'œuf d'oiseau : car pour l'expérimentation, l'œuf de poule est le plus gros, le plus commode et on l'a toujours en grande quantité, à sa disposition. On peut très aisément faire couver l'œuf jusqu'à éclosion dans la couveuse — aussi bien que si la poule couvait elle-même — puis suivre d'heure en heure la série de transformations qui s'effectuent en trois semaines, depuis la simple cellule œuf jusqu'à l'oiseau complet. BAER lui-même n'avait pu démontrer l'identité dans le mode de formation caractéristique de l'embryon et dans l'apparition des divers organes, que pour les différentes classes de Vertébrés. Par contre, pour les nombreuses classes d'*Invertébrés* — c'est-à-dire la plus grande majorité des animaux — la formation du jeune semblait s'effectuer de tout autre façon et chez la plupart, les feuillets germinatifs semblaient faire défaut. C'est seulement au milieu de ce siècle que leur existence fut démontrée chez les Invertébrés ; par HUXLEY (1849) pour les Méduses, par KOELLIKER (1844) pour les Céphalopodes.

Les découvertes de KOWALEWSKY (1866) prirent ensuite une importance spéciale : ce savant montra que le plus inférieur des Vertébrés, la « lancette » ou *Amphioxus* se développe exactement de la même manière — manière à vrai dire très primitive — qu'un Tunicier, Invertébré d'apparence très différent, l'« étui de mer » ou *ascidie*. Le même observateur montra, en outre, une formation analogue aux feuillets germinatifs chez différents vers, chez les Echinodermes et chez les Articulés. Je m'occupais alors moi-même, depuis 1866, du développement des éponges, des coraux, des méduses et des siphonophores et comme, dans ces classes inférieures d'organismes pluricellulaires, j'observais partout la même formation de deux feuillets primaires, j'acquis la conviction que ce processus important de germination était le même à travers toute la série animale. Ce fait me parut surtout important que chez les éponges et les Cœlentérés inférieurs (polypes, méduses) le corps n'est constitué longtemps, sinon toute la vie, que de deux simples assises cellulaires ; HUXLEY (1849), les avait déjà comparées, en ce qui concerne les méduses, aux deux feuillets primaires des Vertébrés. M'appuyant sur ces observations et ces comparaisons, je posai alors en 1872, dans ma « Philosophie des éponges calcaires », la *théorie gastréenne* dont les points essentiels sont les suivants : 1. Le règne animal tout entier se divise en deux grands groupes radicalement différents, les animaux monocellulaires (*Protozoaires*) et les animaux pluricellulaires (*Métazoaires*) ; l'organisme tout entier des *Protozoaires* (Rhizopodes et Infusoires), demeure, la vie durant, à l'état de simple cellule (plus rarement on trouve un réseau lâche de cellules qui ne forment pas encore un tissu, le *cœnobium*) ; l'organisme des *Métazoaires*, par contre, n'est unicellulaire qu'au début, plus tard il est composé de nombreuses cellules qui forment des *tissus*. II. Il s'ensuit que la reproduction et le mode de développement diffèrent aussi essentiellement dans les deux groupes ; la reproduction, chez les Protozoaires, est généralement *asexuée*, elle se fait par division, bourgeonnement ou sporulation ; ces animaux ne possèdent, à proprement parler, ni œuf ni sperme. Chez les *Métazoaires*, au contraire, les sexes masculin et féminin diffèrent, la reproduction est presque toujours *sexuée*, elle a lieu au moyen d'œufs qui sont fécondés par le sperme du mâle. III. Il s'ensuit que c'est chez les seuls Métazoaires que se forment des *feuillets germinatifs* et à leur suite des *tissus*, lesquels manquent encore totalement chez les Protozoaires. IV. Chez les Métazoaires n'apparaissent d'abord que *deux* feuillets germinatifs primaires, qui ont partout la même signification essentielle : le *feuillet épidermique*, externe, donnera le revêtement cutané externe et le système nerveux ; le *feuillet intestinal*, interne, au contraire, sera l'origine du tube intestinal et de tous les autres organes. V. Au stade qui, partout, suit celui de l'œuf fécondé et où l'on ne rencontre que les deux feuillets primitifs, j'ai donné le nom de *larve intestinale* ou de « germe en gobelet » (gastrula) ; le corps à deux assises en forme de gobelet, délimite originairement une simple cavité digestive, l'*intestin primitif* (progaster ou archenteron) dont l'unique ouverture est la *bouche primitive* (prostoma ou blastopore). Tels sont les premiers organes du corps, chez les animaux pluricellulaires, et les deux assises cellulaires de la paroi, simples épithéliums, sont les premiers tissus ; tous les autres organes et tissus n'apparaissent que plus tard (formations secondaires) et proviennent des premiers. VI. De cette identité, de cette *homologie de la gastrula* dans toutes les classes et toutes les subdivisions du groupe des Métazoaires, je tirai, en vertu de la grande loi biogénétique (cf. chap. V) la conclusion suivante : *tous les Métazoaires dérivent primitivement d'une forme ancestrale commune, la gastréa* ; de plus, cette forme ancestrale, qui remonte à une époque très reculée (période laurentienne) et a disparu depuis longtemps, possédait, dans ses traits essentiels, la forme et la composition qui se sont conservées par *hérédité* chez la gastrula actuelle. VII. Cette conclusion phylogénétique, tirée de la comparaison des faits de l'ontogénie, est en outre confirmée par ce fait qu'il existe encore aujourd'hui des individus appartenant au groupe des *Gastréadés* (Gastrémaries, Cyemaries, Physemaries) ainsi que des formes ancestrales dans d'autres groupes, dont l'organisation n'est que très peu supérieure à celle des gastréadés précédents (l'*olynthus* chez les Spongiaires ; l'*hydre*, le polype commun d'eau douce, chez les Cœlentérés ; la *convolute* et autres Cryptocèles, les plus simples des Turbellariés, chez les Plathelminthes). VIII. La suite du développement, à partir du stade gastrula, permet de diviser les Métazoaires en deux grands groupes très différents : les plus anciens, *animaux inférieurs* (Cœlentérés ou Acélomiens) ne présentent pas encore de cavité du corps et ne possèdent ni sang, ni anus ; c'est le cas des Gastréadés, des Spongiaires, des Cœlentérés et des Plathelminthes. Les plus récents, au contraire, les *animaux supérieurs* (Célomiens ou Artiozoaires) possèdent une véritable cavité du corps et, la plupart du moins, du sang et un anus ; ils comprennent les *vers* (Vermalia) et les groupes typiques supérieurs auxquels les vers ont donné naissance : Échinodermes, Mollusques, Arthropodes, Tuniciers et Vertébrés.

Tels sont les points essentiels de ma *théorie gastréenne* dont la première ébauche date de 1872 mais que j'ai reprise plus tard et développée plus longuement, m'efforçant, dans une série d'« Etudes sur la théorie gastréenne », de lui donner une base plus solide encore (1873-1884). Quoiqu'au début cette théorie ait été presque universellement repoussée et qu'elle ait été violemment combattue pendant dix ans par de nombreuses autorités, elle est aujourd'hui (depuis près de quinze ans) admise par tous les savants compétents. Voyons maintenant l'étendue des conséquences que nous pouvons tirer de la théorie gastréenne et de l'embryologie en général, par rapport au problème principal que nous nous sommes posé : « la place de l'homme dans la nature ».

Ovule et spermatozoïde de l'homme. — L'œuf de l'homme, comme celui de tous les autres Métazoaires, est une simple cellule et cette petite cellulle sphérique (qui n'a que 0,2 millimètres de diamètre) a la même structure caractéristique que chez tous les autres mammifères vivipares. La petite masse protoplasmique, en effet, est entourée d'une épaisse membrane transparente, présentant de fines stries radiales : la *zone pellucide*, la petite vésicule germinative, elle aussi (le noyau cellulaire), incluse à l'intérieur du protoplasma (corps cellulaire) présente la même grandeur et la même structure que chez les autres Mammifères. On en peut dire autant des *spermatozoïdes* ou filaments spermatiques, animés de mouvements, du mâle, de ces minuscules cellules flagellées en forme de filaments et qu'on trouve par millions dans chaque gouttelette du *sperme* muqueux du mâle ; on les avait pris autrefois, à cause de leurs mouvements rapides, pour des *animalcules spermatiques* spéciaux : les spermatozaires. L'apparition de ces deux importantes cellules sexuelles dans la *glande sexuelle* (gonade), se fait, elle aussi de la même façon chez l'homme et chez les autres Mammifères ; les œufs dans l'ovaire de la femme (*ovarium*) aussi bien que les spermatozoïdes dans le testicule de l'homme (*spermarium*) se produisent partout de la même façon : ils dérivent de cellules, provenant originairement de l'*épithélium cœlomique*, de cette assise cellulaire qui revêt la cavité du corps.

Conception. Fécondation. — Le moment le plus important dans la vie de tout homme (comme de tout autre Métazoaire) c'est celui où commence son existence individuelle ; c'est l'instant où les deux cellules sexuelles des parents se rencontrent et se fusionnent pour former une cellule unique. Cette nouvelle cellule, l'« ovule fécondé », est la *cellule souche* individuelle (cytula) dont proviendront, par des divisions successives, les cellules des feuillets germinatifs, et la gastrula. C'est seulement avec la formation de cette *cytula*, c'est-à-dire avec le processus de la fécondation lui-même, que commence l'*existence de la personne*, de l'individualité indépendante. Ce fait ontogénétique est *essentiellement important*, car de lui seul, déjà, on peut tirer des conséquences d'une portée immense. Et d'abord il s'en suit, ainsi qu'on le voit clairement, que l'homme, ainsi que tous les autres Métazoaires, tient toutes ses qualités personnelles, corporelles et intellectuelles, de ses deux parents qui les lui ont transmises en vertu de l'*hérédité* ; il s'ensuit, en outre, qu'une certitude s'impose à nous, grosse de conséquences : c'est que la nouvelle personne, qui doit son origine à ces phénomènes, ne peut absolument pas prétendre à être *immortelle*.

Les détails du processus de fécondation et de reproduction sexuée, en général, prennent par suite une importance capitale ; ils ne nous sont connus, avec toutes leurs particularités, que depuis 1875, depuis qu'Oscar Hertwig (alors mon élève et mon compagnon de voyage à Ajaccio) ouvrit la voie aux recherches ultérieures par celles qu'il fit sur la fécondation des œufs d'oursins. La belle capitale de l'île des romarins, où Napoléon naquit en 1769, est en même temps l'endroit où furent observés pour la première fois avec exactitude, et dans leurs moindres détails, les secrets de la fécondation animale. Hertwig trouva que le seul phénomène essentiel était la fusion des deux cellules sexuelles et de leurs noyaux. Parmi les millions de cellules flagellées mâles qui se pressent en essaim autour de l'ovule femelle, un seul pénètre dans le corps protoplasmique. Les noyaux des deux cellules (noyau du spermatozoïde et noyau de l'ovule), sont attirés l'un vers l'autre par une force mystérieuse considérée comme une *activité sensorielle* chimique, analogue à l'odorat : les deux noyaux s'approchent ainsi l'un de l'autre et se fusionnent. Ainsi, grâce à une impression sensible des deux noyaux sexuels et par suite d'un *chimiotropisme érotique*, il se produit une nouvelle cellule qui réunit en elle les qualités héréditaires des deux parents ; le noyau du spermatozoïde transmet les caractères paternels, celui de l'ovule les caractères maternels à la *cellule souche* aux dépens de laquelle le germe se développe ; cette transmission vaut aussi bien pour les qualités corporelles que pour ce qu'on appelle les qualités de l'âme.

Ebauche de l'embryon humain. — La formation des feuillets germinatifs par division répétée de la cellule souche, l'apparition de la gastrula et des formes embryonnaires issues d'elle, tout cela se produit chez l'homme absolument de la même manière que chez les Mammifères supérieurs, avec les mêmes détails caractéristiques qui différencient ce groupe de celui des Vertébrés inférieurs. Dans les premières périodes du développement embryologique, ces caractères propres des Placentaliens ne se distinguent pas encore. La forme très importante de la *chordula* ou « larve chordale », qui suit immédiatement le stade gastrula, présente chez tous les Vertébrés les mêmes traits essentiels : une simple baguette axiale, la chorda, s'étend tout droit suivant le grand axe du corps qui est ovale, en forme de bouclier (« bouclier germinatif ») ; au-dessus de la chorda se développe, aux dépens du feuillet externe, la moelle épinière ; au-dessous de la chorda le tube digestif. C'est alors seulement qu'apparaissent des deux côtés, à droite et à gauche de la baguette axiale, la chaine des « vertèbres primitives », et l'ébauche des plaques musculaires avec lesquelles commence la segmentation du corps. Devant, sur la face intestinale, apparaissent de chaque côté les fentes branchiales, ouvertures du pharynx par lesquelles à l'origine, chez nos ancêtres les poissons, l'eau nécessaire à la respiration et avalée par la bouche ressortait ainsi sur les côtés. Par suite de la ténacité de l'*hérédité*, ces *fentes branchiales*, qui n'avaient d'importance que chez les formes ancestrales aquatiques, c'est-à-dire chez les animaux voisins des poissons, apparaissent aujourd'hui encore chez l'homme, comme chez tous les autres Vertébrés ; elles disparaissent par la suite. Même après l'apparition, dans la région de la tête, des cinq vésicules cérébrales, après que, sur les côtés, les yeux et les oreilles se sont ébauchés, après que, dans la région du tronc, les rudiments des deux paires de membres ont fait saillie sous forme de bourgeons ronds un peu aplatis, même alors, l'embryon humain, en forme de poisson, est encore si semblable à celui de tous les Vertébrés, qu'on ne peut pas l'en distinguer.

Identité entre les embryons de tous les Vertébrés. — L'identité sur tous les points essentiels entre l'embryon humain et celui des autres Vertébrés, à ces premiers stades de la formation et tant en ce qui concerne la forme extérieure du corps que la structure interne — est un *fait embryologique de première importance* ; on en peut déduire, en vertu de la grande loi biogénétique, des conséquences capitales. Car on ne peut pas l'expliquer autrement qu'en admettant qu'il y a eu *hérédité* à partir d'une forme ancestrale commune. Lorsque nous constatons qu'à un certain stade, l'embryon de l'homme et celui du singe, celui du chien et celui du lapin, celui du porc et celui du mouton, quoiqu'on les puisse reconnaître appartenir à des Vertébrés supérieurs, ne peuvent cependant pas être distingués l'un de l'autre, le fait ne nous semble pouvoir être expliqué que par une origine commune. Et cette explication se confirme si nous observons les différences, les divergences qui surviennent ensuite entre ces formes embryonnaires. Plus deux formes animales sont voisines dans l'ensemble de leur conformation et par suite dans la classification naturelle, plus aussi leurs embryons se ressemblent longtemps, plus aussi dépendent étroitement l'un de l'autre les deux groupes de l'arbre généalogique auxquels se rattachent ces deux formes : plus est proche leur « parenté phylogénétique ». C'est pourquoi les embryons de l'homme et des singes anthropoïdes restent encore très semblables par la suite, à un degré très avancé de développement où les différences qui les distinguent des embryons des autres Mammifères sont immédiatement reconnaissables. J'ai exposé ce fait essentiel, tant dans mon *Histoire de la Création naturelle* (1898, tabl. 2 et 3) que dans mon *Anthropogénie* (1891, tabl. 6 à 9) en rapprochant, pour un certain nombre de Vertébrés, les stades correspondants du développement.

Les enveloppes embryonnaires chez l'homme. — La haute importance phylogénétique de la ressemblance dont nous venons de parler ressort non seulement de la comparaison des embryons de Vertébrés en eux-mêmes, mais aussi de celle de leurs enveloppes. Les trois classes supérieures de Vertébrés, en effet (Reptiles, Oiseaux et Mammifères) se distinguent des classes inférieures par la formation d'enveloppes embryonnaires caractéristiques : l'*amnion* (peau aqueuse) et le *sérolemme* (peau séreuse). L'embryon est inclus à l'intérieur de ces sacs pleins d'eau et il est ainsi protégé contre les chocs et les pressions. Cet appareil protecteur, qui a sa raison d'être dans l'utilité, n'est probablement apparu que pendant la période permique, alors que les premiers Reptiles, (les Proreptiles), formes originaires des *Amniotes*, se sont complètement adaptés à la vie terrestre. Chez leurs ancêtres directs, les Amphibies, comme chez les Poissons, cet appareil protecteur fait encore défaut : il était superflu chez ces animaux aquatiques. A l'acquisition de ces enveloppes se rattachent, chez tous les Amniotes, deux changements : premièrement, la disparition complète des branchies (tandis que les arcs branchiaux et les fentes qui les séparaient se transmettent sous forme d' « organes rudimentaires » et deuxièmement la formation de *l'allantoïde*. Ce sac plein d'eau, en forme de vésicule, se développe chez l'embryon de tous les Amniotes aux dépens de l'intestin postérieur et n'est pas autre chose que la vessie urinaire agrandie des Amphibies ancestraux. Ses parties interne et inférieure formeront plus tard la vessie définitive des Amniotes, tandis que la partie externe, la plus grande, entre en régression. D'ordinaire l'allantoïde joue, pendant quelque temps, un rôle important dans la respiration de l'embryon par ce fait que d'importants vaisseaux s'étalent sur sa paroi. La formation des enveloppes embryonnaires (*amnion et sérolemme*), aussi bien que celle de l'allantoïde, a lieu chez l'homme absolument de la même manière que chez tous les autres Amniotes et par les mêmes processus compliqués de développement : *l'homme est un véritable Amniote*.

Le placenta de l'homme. — La nutrition de l'embryon humain dans la matrice a lieu, on le sait, au moyen d'un organe spécial, extrêmement vascularisé, qu'on appelle *placenta* ou « gâteau vasculaire ». Cet important organe de nutrition forme un disque orbiculaire spongieux, de 16 à 20 centimètres de diamètre, 3 à 4 centimètres d'épaisseur, et pèse de 1 à 2 livres ; après la naissance de l'enfant il se détache et il est expulsé sous le nom d'arrière-faix. Le placenta comprend deux parties toutes différentes : le *gâteau fœtal* ou placenta de l'enfant (Pl. *fœtalis*) et le *gâteau maternel* ou gâteau vasculaire maternel (Pl. *uterina*). Ce dernier contient des sinus sanguins bien développés qui reçoivent le sang amené par les vaisseaux utérins. Le gâteau fœtal, au contraire, est formé de nombreuses villosités ramifiées qui se développent à la surface de *l'allantoïde* de l'enfant et tirent leur sang de ses vaisseaux ombilicaux. Les villosités creuses, remplies par le sang du gâteau fœtal, pénètrent dans les sinus sanguins du gâteau maternel et la mince cloison qui les sépare l'un de l'autre s'amincit tellement qu'un échange direct des matériaux nutritifs du sang peut avoir lieu (par osmose) à travers elle.

Dans les groupes primitifs les plus inférieurs de *Placentaliens*, la superficie tout entière de l'enveloppe externe de l'embryon est couverte de nombreuses petites villosités ; ces « villosités du chorion » pénètrent dans des excavations de la muqueuse utérine et s'en détachent aisément lors de la naissance. C'est le cas chez la plupart des Ongulés (par exemple, le porc, le chameau, le cheval) ; chez la plupart des Cétacés et des Prosimiens : on a désigné ces Malloplacentaliens du nom d'*Indécidués* (à placenta diffus, *malloplacenta*). Chez les autres Placentaliens et chez l'homme, la même disposition s'observe au début. Elle change cependant bientôt, les villosités venant à disparaître sur une partie du chorion, mais elles ne se développent que davantage sur la partie restante et se soudent très intimement à la muqueuse utérine. Une partie de celle-ci, par suite de cette soudure intime, se déchire à la naissance et son expulsion amène un flux sanguin. Cette membrane caduque ou *membrane criblée* (Décidue) est une formation caractéristique des Placentaliens supérieurs qu'on a réunis à cause de cela sous le nom de *Décidués* ; à ce groupe appartiennent principalement les Carnivores, les Onguiculés, les singes et l'homme ; chez les Carnivores et chez quelques Ongulés (par exemple l'éléphant) le placenta présente la forme d'une ceinture (*Zonoplacentaliens*) ; par contre, chez les Onguiculés, chez les Insectivores (la taupe, le hérisson) chez les singes et l'homme il a la forme d'un disque (*Discoplacentaliens*).

Il n'y a pas plus de dix ans, la plupart des embryologistes croyaient encore que l'homme se distinguait, dans la formation de son placenta, par certaines particularités, surtout par l'existence de ce qu'on appelle la *décidue reflexe* et par celle du cordon ombilical qui relie cette décidue au fœtus ; on pensait que ces organes embryonnaires spéciaux manquaient aux autres placentaliens et en particulier aux singes. Le *cordon ombilical* (*funiculus umbilicalis*), organe important, est un cordon cylindrique et mou, de 40 à 60 cm. de long et de l'épaisseur du petit doigt (11 à 13 mm.). Il sert de lien entre l'embryon et le gâteau maternel en ce qu'il conduit les vaisseaux sanguins, porteurs des matériaux nutritifs du corps de l'embryon dans le gâteau fœtal; de plus il renferme aussi l'extrémité de l'allantoïde et du sac vitellin. Mais tandis que ce sac, chez le fœtus humain de trois semaines, représente encore la plus grande moitié de la vésicule embryonnaire, il se résorbe bientôt après, si bien qu'on n'en trouve plus trace chez le fœtus parvenu à maturité; cependant il persiste à l'état rudimentaire et on le retrouve, même après la naissance, sous forme de minuscule *vésicule ombilicale*. L'ébauche de l'allantoïde, en forme de vésicule, entre elle-même de bonne heure en régression chez l'homme et ce fait est en rapport avec la formation, par l'amnion, d'un organe un peu différent, ce qu'on appelle le *pédicule ventral*. Nous ne pouvons pas, d'ailleurs, insister ici sur les relations anatomiques et embryologiques compliquées de ces organes : je les ai d'ailleurs décrites en y joignant des illustrations, dans mon *Anthropogénie* (Leçon 23).

Les adversaires de la théorie de l'évolution invoquaient encore il y a dix ans « ces particularités tout à fait caractéristiques » de la fécondation chez l'*homme*, lesquelles devaient le distinguer de tous les autres Mammifères. Mais en 1890, ÉMILE SELENKA démontra que les mêmes particularités se présentent chez les *singes anthropoïdes*, et notamment chez l'orang (*satyrus*), tandis qu'elles font défaut chez les singes inférieurs. Ainsi se justifiait, ici encore, le principe *pithecométrique* de HUXLEY : « Les différences entre l'homme et les singes anthropoïdes sont moindres que celles qui existent entre ces derniers et les singes inférieurs ». Les prétendues « preuves *contre* l'étroite parenté de l'homme et du singe » se révélaient, ici encore, à un examen plus minutieux des données réelles, comme constituant, au contraire, d'importants arguments *en faveur* de cette parenté.

Tout naturaliste qui voudra pénétrer, les yeux ouverts, plus avant dans cet obscur mais si intéressant labyrinthe de notre embryologie, s'il est en état d'en faire la comparaison critique avec celle des autres Mammifères, y trouvera les fanaux les plus importants pour la compréhension de notre phylogénie. Car les divers stades du développement embryonnaire, en vertu de la grande loi biogénétique, jettent comme phénomènes d'hérédité *palingénétiques*, une vive lumière sur les stades correspondants de notre série ancestrale. Mais, de leur côté, les phénomènes d'adaptation *cinogénétiques*, la formation d'organes embryonnaires passagers — les enveloppes caractéristiques et avant tout le placenta — nous donnent des aperçus très précis sur notre étroite *parenté originelle avec les Primates*.

CHAPITRE V

Notre généalogie.

Études monistes sur l'origine et la descendance de l'homme, tendant a montrer qu'il descend des Vertébrés et directement des Primates.

> L'esquisse générale de l'arbre généalogique des Primates, depuis les plus anciens Prosimiens de l'éocène jusqu'à l'homme, est renfermée tout entière dans la période tertiaire : il n'y a plus là de « membre manquant » important. La *descendance de l'homme* d'une *lignée de Primates* de la période tertiaire, formes aujourd'hui disparues, n'est plus une vague hypothèse mais un *fait historique*. L'importance incommensurable qu'offre cette connaissance certaine de l'origine de l'homme s'impose à tout penseur impartial et conséquent.
>
> (*Conférence faite à Cambridge sur l'état actuel de nos connaissances relativement à l'origine de l'homme*, 1898.)

SOMMAIRE DU CINQUIÈME CHAPITRE

Origine de l'homme. — Histoire mythique de la création. Moïse et Linné. — Création des espèces constantes. — Théorie des cataclysmes, Cuvier. — Transformisme, Gœthe (1790). — Théorie de la descendance, Lamarck (1809). — Théorie de la sélection, Darwin (1859). — Histoire généalogique (phylogénie) (1866). — Arbres généalogiques. — Morphologie générale. — Histoire de la création naturelle. — Phylogénie systématique. — Grande loi fondamentale biogénétique. — Anthropogénie. — L'homme descendant du singe. — Théorie « pithécoïde ». — Le pithécanthrope fossile de Dubois (1894).

LITTÉRATURE

Ch. Darwin. — *L'origine de l'homme et la sélection sexuelle.*
Th. Huxley. — *Des faits qui témoignent de la place de l'homme dans la nature.*
E. Haeckel. — *Anthropogénie.* (2 ter *Theil Stammesgeschichte oder Phylogenie*) IV·e Aufl. 1891.
C. Gegenbaur. — *Vergleichende Anatomie der Wirbelthiere mit Berücksichtigung der Wirbellosen* (2 Bde, Leipzig, 1898).
C. Zittel. — *Grundzüge der Palaeontologie* (1895).
E. Haeckel. — *Systematische Stammesgeschichte des Menschen* (7. Kapitel der *Systematischen Phylogenie der Wirbelthiere*), Berlin 1895.
L Buchner. — *Der Mensch unds eine Stellung in der Natur, in Vergangenheit, Gegenwart und Zukunft* (3·e Aufl. 1889).
J.-G. Vogt. — *Die Menschwerdung. Die Entwickelung des Menschen aus der Hauptreihe der Primaten* (Leipzig, 1892).
E. Haeckel. — *Ueber unsere gegenwaertige Kenntniss vom Ursprung des Menschen* (Vertrag in Cambridge), trad. fr. du Dr Laloy. 2e tirage 1900.

La plus jeune, parmi les grandes branches de l'arbre vivant de la biologie, c'est cette science naturelle que nous appelons *Généalogie* ou *Phylogénie*. Elle s'est développée bien plus tard encore et malgré des difficultés bien plus grandes, que sa sœur naturelle, l'embryogénie ou ontogénie. Celle-ci avait pour objet la connaissance des processus mystérieux par suite desquels les *individus* organisés, animaux ou plantes, se développent aux dépens de l'œuf. La généalogie, par contre, doit répondre à cette question beaucoup plus difficile et obscure : « Comment sont apparues les *espèces* organiques, les différents phylums d'animaux ou de plantes ? »

L'ontogénie (aussi bien l'embryologie, que l'étude des métamorphoses), pouvait adopter, pour résoudre sa tâche, sise tout proche, la voie immédiate de l'*observation* empirique ; elle n'avait qu'à suivre jour par jour et heure par heure les transformations visibles que l'embryon organisé, dans l'espace de peu de temps, subit à mesure qu'il se développe aux dépens de l'œuf. Bien plus difficile était, dès l'origine, la tâche lointaine de la *phylogénie* ; car les lents processus de transformation graduelle qui déterminent l'apparition des espèces végétales et animales, s'accomplissent insensiblement au cours de milliers et de millions de siècles ; leur observation immédiate n'est possible que dans des limites très restreintes et la plus grande partie de ces processus historiques ne peut être connue qu'indirectement : par la *réflexion* critique, en utilisant pour les comparer des données empiriques appartenant aux domaines très différents de la paléontologie, de l'ontogénie et de la morphologie.

A cela se joignait l'important obstacle que constituait pour la généalogie naturelle, en général, son rapport intime avec l' « histoire de la création », avec les mythes surnaturels et les dogmes religieux ; on conçoit dès lors aisément que ce ne soit qu'au cours de ces quarante dernières années que l'existence, en tant que science, de la véritable phylogénie ait pu être conquise et assurée, après de difficiles combats.

Histoire mythique de la création. — Tous les essais sérieux entrepris jusqu'au commencement de notre xixe siècle pour résoudre le problème de l'apparition des organismes, sont venus échouer dans le labyrinthe des légendes surnaturelles de la création. Les efforts individuels de quelques penseurs éminents pour s'émanciper, atteindre à une explication naturelle, demeurèrent infructueux. Les mythes divers, relatifs à la création se sont développés, chez tous les peuples civilisés de l'antiquité, en même temps que la religion ; et pendant le moyen âge, ce fut naturellement le christianisme, parvenu à la toute-puissance, qui revendiqua le droit de résoudre le problème de la création. Or comme la Bible était la base inébranlable de l'édifice religieux chrétien, on emprunta toute l'histoire de la création au premier livre de Moïse. C'est encore là-dessus que s'appuya le grand naturaliste suédois, LINNÉ, lorsqu'en 1735, le premier, dans son *Systema naturæ*, point de départ de la science postérieure, — il entreprit de trouver, pour les innombrables corps de la nature, une ordonnance, une terminologie et une classification systématiques. Il inaugura, comme étant le meilleur auxiliaire pratique, la double dénomination bien connue, ou « nomenclature binaire » ; il donna à chaque espèce ou phylum un nom d'espèce particulier qu'il fit précéder d'un nom plus général de genre. Dans un même *genre* (*genus*) furent réunies les *espèces* (*species*) voisines ; c'est ainsi, par exemple, que Linné réunit dans le genre chien (*canis*), comme des espèces différentes le chien domestique (*canis familiaris*), le chacal (*canis aureus*), le loup (*canis lupus*), le renard (*canis vul-*

pes), etc. Cette nomenclature parut bientôt si pratique qu'elle fut partout adoptée et qu'elle est appliquée aujourd'hui encore dans la systématique, tant en botanique qu'en zoologie.

Mais la science se heurta à un *dogme* théorique des plus dangereux, celui-là même auquel Linné avait rattaché sa notion pratique d'espèce. La première question qui devait se poser à ce savant penseur, c'était naturellement de savoir ce qui constitue proprement le *concept* d'espèce, quelles en sont la compréhension et l'extension. A cette question fondamentale, Linné faisait la plus naïve réponse, s'appuyant sur le mythe mosaïque de la création, universellement admis : *Species tot sunt diversæ, quot diversas formas ab initio creavit infinitum ens.* (Il y a autant d'espèces différentes que l'être infini a créé au début de formes différentes. Ce dogme théosophique coupait court à toute explication naturelle de l'apparition des espèces. Linné ne connaissait que les espèces actuelles végétales et animales : il ne soupçonnait rien des formes disparues, infiniment plus nombreuses, qui avaient peuplé notre globe, sous des aspects divers, pendant les périodes antérieures de son histoire.

C'est seulement au début de notre siècle que ces fossiles furent mieux connus par Cuvier. Dans son ouvrage célèbre sur les os fossiles des Vertébrés quadrupèdes (1812), il donna, le premier, une description exacte et une juste interprétation de nombreux fossiles. Il démontra en même temps qu'aux différentes périodes de l'histoire de la terre, une série de faunes très différentes s'étaient succédé. Comme Cuvier s'obstinait à maintenir la théorie de Linné de l'indépendance absolue des espèces. il crut ne pouvoir expliquer leur apparition qu'en disant qu'une série de grands cataclysmes et de créations successives s'étaient succédé sur la terre ; toutes les créatures vivantes auraient été anéanties au commencement de chaque grande révolution terrestre, tandis qu'à la fin, une nouvelle faune aurait été créée. Bien que cette théorie des cataclysmes de Cuvier conduisît aux conséquences les plus absurdes et conclût au pur miracle, elle fût bientôt universellement adoptée et régna jusqu'à Darwin (1859).

Transformisme (Gœthe). — On entrevoit aisément que les idées courantes sur l'absolue indépendance des espèces organiques et leur création surnaturelle, ne pouvaient pas satisfaire les penseurs plus profonds. Aussi trouvons-nous, dès la seconde moitié du xviiie siècle, quelques esprits éminents préoccupés de trouver une solution naturelle au « grand problème de la création ». Devançant tous les autres, le plus éminent de nos poètes et de nos penseurs, Gœthe, par ses études morphologiques prolongées et assidues, avait déjà clairement reconnu, il y a plus de cent ans, le rapport intime de toutes les formes organiques et il était déjà parvenu à la ferme conviction d'une origine naturelle commune.

Dans sa célèbre *Métamorphose des plantes* (1790), il faisait dériver les diverses formes de plantes d'une plante originelle et les divers organes d'une même plante d'un organe originel, la feuille. Dans sa théorie vertébrale du crâne, il essayait de montrer que le crâne de tous les Vertébrés — y compris l'homme ! — était constitué de la même manière par certains groupes d'os, disposés selon un ordre fixe, et qui n'étaient autre chose que des vertèbres transformées. C'était précisément ses études approfondies d'ostéologie comparée qui avaient conduit Gœthe à la ferme certitude de l'unité d'organisation ; il avait reconnu que le squelette de l'homme est constitué d'après le même type que celui de tous les autres Vertébrés, « formé d'après un modèle qui ne s'efface un peu que dans ses parties très constantes et qui, chaque jour, grâce à la reproduction, se développe et se transforme ». Gœthe tient cette transformation pour la résultante de l'action réciproque de deux forces plastiques : une force interne centripète de l'organisme, la « tendance à la spécification » et une force externe, centrifuge, la « tendance à la variation » ou « l'Idée de métamorphose » ; la première correspond à ce que nous appelons aujourd'hui l'*hérédité*, la seconde à l'*adaptation*. Combien GOETHE, par ces études de philosophie scientifique sur « la formation et la transformation des corps organisés de la nature », avait pénétré profondément dans leur essence et combien par suite, on peut le considérer comme le précurseur le plus important de Darwin et de Lamarck, c'est ce qui ressort des passages intéressants de ses œuvres que j'ai rassemblés dans la 4e leçon de mon *Histoire de la Création Naturelle* (1), (9e édition, p. 65 à 68). Cependant, ces idées d'évolution naturelle exprimées par GOETHE. comme aussi les vues analogues (cf. *op. cit.*) de KANT, OKEN, TREVIRANUS et autres philosophes naturalistes du commencement de ce siècle, ne s'étendaient pas au-delà de certaines notions générales. Il y manquait le puissant levier, nécessaire à « l'histoire de la création naturelle » pour se fonder définitivement par la critique du *dogme d'espèce*, et ce levier nous le devons à LAMARCK.

Théorie de la descendance (Lamarck 1809). — Le premier essai vigoureux en vue de fonder scientifiquement le transformisme, fut fait au début du xixe siècle par le grand philosophe naturaliste français, LAMARCK, l'adversaire le plus redoutable de son collègue CUVIER, à Paris. Déjà, en 1802, il avait exprimé dans ses *Considérations sur les corps vivants*, les idées toutes nouvelles sur l'instabilité et la transformation des espèces, d'idées qu'il a traitées à fond, en 1809, dans les deux volumes de son ouvrage profond, la *Philosophie zoologique*. LAMARCK développait là, pour la première fois, — en opposition avec le dogme régnant de l'espèce — l'idée juste que l'*espèce* organique était une *abstraction artificielle*, un terme à valeur relative, aussi bien que les termes plus généraux de genre, de famille, d'ordre et de classe. Il prétendait, en outre, que toutes les espèces étaient variables et provenaient d'espèces plus anciennes, par des

---

(1) E. HAECKEL. *Die Naturanschauung von Darwin, Gœthe und Lamarck.* (Conférence faite à Eisenach, 1882).

transformations opérées au cours de longues périodes. Les formes ancestrales communes, desquelles proviennent les espèces ultérieures, étaient à l'origine des organismes très simples et très inférieurs ; les premières et les plus anciennes s'étant produites par parthénogénèse. Tandis que par l'*hérédité*, le type se maintient constant à travers la série des générations, les espèces se transforment insensiblement par l'*adaptation*, l'habitude et l'exercice des organes. Notre organisme humain, lui aussi, provient, de la même manière, des transformations naturelles effectuées à travers une série de mammifères voisins des singes. Pour tous ces processus, comme en général pour tous les phénomènes de la vie de l'esprit aussi bien que de la nature, LAMARCK n'admet exclusivement que des processus *mécaniques*, physiques et chimiques : il ne tient pour vraies que les causes efficientes.

Sa profonde *Philosophie zoologique* contient les éléments d'un système de la nature purement moniste, fondé sur la théorie de l'évolution. J'ai exposé en détail les mérites de LAMARCK dans la 4ᵉ leçon de mon *Anthropogénie* (4ᵉ édition, p. 63) et dans la 5ᵉ leçon de ma *Création naturelle* (9ᵉ édition, p. 89).

On aurait pu s'attendre à ce que ce grandiose essai, en vue de fonder scientifiquement la théorie de la descendance, ait aussitôt ébranlé le mythe régnant de la création des espèces et frayé la voie à une théorie naturelle de l'évolution. Mais, au contraire, LAMARCK fut aussi impuissant contre l'autorité conservatrice de son grand rival CUVIER, que devait l'être, vingt ans plus tard, son collègue et émule GEOFFROY SAINT-HILAIRE. Les combats célèbres que ce philosophe naturaliste eut à soutenir en 1830, au sein de l'Académie française, contre CUVIER se terminèrent par le complet triomphe de ce dernier. J'ai déjà parlé très longuement de ces combats auxquels GOETHE prit un si vif intérêt (*H. de la Cr.*, p. 77 à 80). Le puissant développement que prit à cette époque l'étude empirique de la biologie, la quantité d'intéressantes découvertes faites, tant sur le domaine de l'anatomie que sur celui de la physiologie comparée, l'établissement définitif de la théorie cellulaire et les progrès de l'ontogénie, tout cela fournissait aux zoologistes et aux botanistes un tel surcroît de matériaux de travail productif, qu'à côté de cela la difficile et obscure question de l'origine des espèces fut complètement oubliée. On se contenta du vieux dogme traditionnel de la création. Même après que le grand naturaliste anglais Ch. Lyell (1830), dans ses *Principes de Géologie* eut réfuté la théorie miraculeuse des cataclysmes de Cuvier et eut démontré que la nature inorganique de notre planète avait suivi une évolution naturelle et continue — même alors, on refusa au principe de continuité si simple de Lyell, toute application à la nature organique. Les germes d'une phylogénie naturelle, enfouis dans les œuvres de Lamarck, furent oubliés autant que l'ébauche d'ontogénie naturelle qu'avait tracée, cinquante ans plutôt (1759), G. F. Wolff dans sa théorie de la génération. Dans les deux cas, il fallut un demi-siècle tout entier avant que les idées essentielles sur le développement naturel, parvinssent à se faire admettre. Ce fut seulement après que Darwin (1859) eut abordé la solution du problème de la création par un tout autre côté, s'aidant avec succès du trésor de connaissances empiriques acquises depuis, que l'on commença à s'occuper de Lamarck comme du plus grand parmi les devanciers de Darwin.

Théorie de la sélection (Darwin 1859). — Le succès sans exemple que remporta Darwin est connu de tous ; ce savant apparaît ainsi, à la fin du xixe siècle, sinon comme le plus grand des naturalistes qu'on y compte, du moins comme celui qui y a exercé le plus d'influence. Car, parmi les grands et nombreux héros de la pensée à notre époque, aucun, au moyen d'un seul ouvrage classique, n'a remporté une victoire aussi colossale, aussi décisive et aussi grosse de conséquences, que Darwin avec son célèbre ouvrage principal : *De l'origine des espèces au moyen de la sélection naturelle dans les règnes animal et végétal ou de la survivance des races les* *mieux organisées dans la lutte pour la vie* (1). Sans doute, la réforme de l'anatomie et la physiologie comparées, par J. Muller, a marqué pour la biologie tout entière une époque nouvelle et féconde. Sans doute, l'établissement de la théorie cellulaire par Schleiden et Schwann, la réforme de l'ontogénie par Baer, l'établissement de la loi de substance par Robert Mayer et Helmholtz ont été des hauts faits scientifiques de premier ordre : aucun, cependant, quant à l'étendue et la profondeur des conséquences, n'a exercé une action aussi puissante, transformé au même point la science humaine tout entière que ne l'a fait la théorie de Darwin, sur l'origine naturelle des espèces. Car par là était résolu le « problème mythique de la *Création* » et avec lui la grave « question des questions », le problème de la vraie nature et de l'origine de l'homme lui-même.

Si nous comparons entre eux les deux grands fondateurs du transformisme, nous trouvons chez Lamarck une tendance prépondérante à la *déduction*, à ébaucher l'esquisse d'un système moniste complet, — chez Darwin, au contraire, prédominent l'emploi de l'*induction*, les efforts prudents pour établir, avec le plus de certitude possible sur l'observation et l'expérience, les diverses parties de la théorie de la descendance. Tandis que le philosophe naturaliste français dépasse de beaucoup le cercle des connaissances empiriques d'alors et esquisse, en somme, le programme des recherches à venir — l'expérimentateur anglais, au contraire, a le grand avantage de poser le principe d'explication qui sera le principe d'unification, permettant de synthétiser une masse de connaissances empiriques accumulées jusqu'alors sans pouvoir être comprises. Ainsi s'explique que le succès de Darwin ait été aussi triomphant que celui de Lamarck a été éphémère. Darwin n'a pas eu seulement le grand mérite de faire converger les résultats généraux des différentes disciplines biologiques au foyer du principe de la descendance et de les expliquer tous

---

(1) Trad. Ed. Barbier. (Schleicher.)

par là ; il a, en outre, découvert dans le *principe de sélection*, la cause directe du transformisme qui avait échappé à Lamarck. Darwin praticien, éleveur, ayant appliqué aux organismes à l'état de nature les conclusions tirées de ses expériences de sélection artificielle et ayant découvert dans la *lutte pour la vie* le principe qui réalise la sélection naturelle, posa son importante théorie de la sélection, ce qu'on appelle proprement le *darwinisme* (1).

Généalogie (Phylogénie 1866). — Parmi les tâches nombreuses et importantes que Darwin traça à la biologie moderne, l'une des plus pressantes sembla la réforme du *système*, en zoologie comme en botanique. Puisque les innombrables espèces animale et végétale n'étaient pas « créées » par un miracle surnaturel mais avaient « évolué » par transformation naturelle, leur *système naturel* apparaissait comme leur *arbre généalogique*. La première tentative en vue de transformer en ce sens la systématique est celle que j'ai faite moi-même dans ma *Morphologie générale des organismes* (1866). Le premier livre de cet ouvrage (*Anatomie générale*) traitait de la « science mécanique des formes constituées », le second volume (*Embryologie générale*), des « formes se constituant ». Une « Revue généalogique du système naturel des organismes » servait d'introduction systématique à ce dernier volume. Jusqu'alors, sous le nom *d'embryologie*, tant en botanique qu'en zoologie, on avait entendu exclusivement celle des *individus* organisés (embryologie et étude des métamorphoses). Je soutins, par contre, l'idée qu'en face de l'embryologie (*ontogénie*) se posait, aussi légitime, une seconde branche étroitement liée à la première, la généalogie (*phylogénie*). Ces deux branches de l'histoire du développement des êtres sont entre elles, à mon avis, dans le rapport causal le plus étroit, ce qui repose sur la réciprocité d'action

---

(1) Arnold Lang : *Zur Charakteristik der Forschungswege von Lamarck und Darwin*, Iéna 1889.

des lois d'hérédité et d'adaptation et à quoi j'ai donné une expression précise et générale dans ma *loi fondamentale biogénétique*.

Histoire de la création naturelle (1868). — Les vues nouvelles que j'avais posées dans ma *Morphologie générale*, en dépit de la façon rigoureusement scientifique dont je les exposais, n'ayant éveillé que peu l'attention des gens compétents et moins encore trouvé de succès près d'eux, j'essayai d'en reproduire la partie la plus importante dans un ouvrage plus petit, d'allure plus populaire, qui fût accessible à un plus grand cercle de lecteurs cultivés. C'est ce que je fis en 1868 dans mon *Histoire de la création naturelle* (Conférences scientifiques populaires sur la théorie de l'évolution en général et celles de Darwin, Gœthe et Lamarck en particulier). Si le succès de la *Morphologie générale* était resté bien au-dessous de ce que j'étais en droit d'espérer, par contre celui de la *Création naturelle* dépassa de beaucoup mon attente. Dans l'espace de trente ans, il en parut neuf éditions remaniées et douze traductions différentes. Malgré ses nombreuses lacunes, ce livre a beaucoup contribué à faire pénétrer dans tous les milieux les grandes idées directrices de la théorie de l'évolution.

Je ne pouvais, bien entendu, indiquer là que dans ses traits généraux, la transformation phylogénétique du système naturel, ce qui était mon but principal. Je me suis rattrapé plus tard en établissant tout au long ce que je n'avais pu faire ici, le système phylogénétique et cela dans un ouvrage plus important, la *Phylogénie systématique* (Esquisse d'un système naturel des organismes fondé sur leur généalogie). Le premier volume (1894) traite des Protistes et des plantes ; le second (1896) des Invertébrés ; le troisième (1895) des Vertébrés. Les *arbres généalogiques* des groupes, petits et grands, sont étendus aussi loin que me l'ont permis mes connaissances dans les trois grandes « chartes d'origine » : paléontologie, ontogénie et morphologie.

Loi fondamentale biogénétique. — Le rapport causal étroit qui, à mon avis, unit les deux branches de l'histoire organique du développement des êtres, avait déjà été souligné par moi dans ma *Morphologie générale* (à la fin du V⁰ livre), comme l'une des notions les plus importantes du transformisme et j'avais donné à ce fait une expression précise dans plusieurs « Thèses sur le lien causal entre le développement ontogénique et le phylétique » : *L'ontogénie est une récapitulation abrégée et accélérée de la phylogénie*, conditionnée par les fonctions physiologiques de l'hérédité (reproduction) et de l'adaptation (nutrition). Déjà Darwin (1859) avait insisté sur la grande importance de sa théorie pour expliquer l'embryologie, et Fritz Muller avait essayé (1864) d'en donner la preuve en prenant pour exemple une classe précise d'animaux, les Crustacés, dans son ingénieux petit travail intitulé : *Pour Darwin*. J'ai cherché, à mon tour, à démontrer la valeur générale et la portée fondamentale de cette grande loi biogénétique, dans une série de travaux, en particulier dans *La biologie des éponges calcaires* (1872) et dans les *Etudes sur la théorie gastréenne* (1873-1884). Les principes que j'y posais de l'homologie des feuillets germinatifs, et des rapports entre la *palingénie* (histoire de l'abréviation) et la *cénogénie* (histoire des altérations) ont été confirmés depuis par les nombreux travaux d'autres zoologistes ; par eux il est devenu possible de démontrer l'*unité* des lois naturelles à travers la diversité de l'embryologie animale ; on en conclut, quant à l'histoire généalogique des animaux, à leur commune descendance d'une forme ancestrale des plus simples.

Anthropogénie (1874). — Le fondateur de la théorie de la descendance, Lamarck, dont le regard portait si loin, avait très justement reconnu, dès 1809, que sa théorie valait universellement et que, par suite, l'*homme*, en tant que Mammifère le plus perfectionné, provenait de la même souche que tous les autres et ceux-ci, à leur tour, de la même branche plus ancienne de l'arbre généalogique, que les autres Vertébrés. Il avait même déjà indiqué par quels processus pouvait être expliqué scientifiquement le fait que l'*homme descend du singe*, en tant que Mammifère le plus voisin de lui. Darwin, arrivé naturellement aux mêmes convictions, laissa avec intention de côté, dans son ouvrage capital (1859), cette conséquence de sa doctrine, qui soulevait tant de révoltes et il ne l'a développée, avec esprit, que plus tard (1871) dans un ouvrage en deux volumes sur *Les ancêtres directs de l'homme et la sélection sexuelle*. Mais, dans l'intervalle, son ami Huxley (1863) avait déjà discuté avec beaucoup de pénétration cette conséquence, la plus importante de la théorie de la descendance, dans son célèbre petit ouvrage sur *Les faits qui témoignent de la place de l'homme dans la nature*. Disposant de l'anatomie et de l'ontogénie comparées et s'appuyant sur les faits de la paléontologie, Huxley montra dans cette proposition que « l'homme descend du singe », conséquence nécessaire du darwinisme — et qu'on ne pouvait donner aucune autre explication scientifique de l'origine de la race humaine. Cette conviction était, alors déjà, partagée par C. Gegenbaur, le représentant le plus éminent de l'anatomie comparée, qui a fait faire à cette science importante d'immenses progrès par l'application conséquente et judicieuse qu'il y a faite de la théorie de la descendance.

Toujours par suite de cette *théorie pithécoïde* (ou origine simiesque de l'homme) une tâche plus difficile s'imposait : c'était de rechercher non seulement les *ancêtres de l'homme* les plus directs, parmi les Mammifères de la période tertiaire, mais aussi la longue série de formes animales qui avaient vécu à des époques antérieures de l'histoire de la Terre et qui s'étaient développées à travers un nombre incalculable de millions d'années. J'avais déjà commencé à chercher une solution hypothétique à ce grand problème historique, en 1866, dans ma *Morphologie générale* ; j'ai continué à la développer en 1874 dans mon *Anthropogénie* (Ire partie : Embryologie; IIe partie : Généalogie). La quatrième édition remaniée de ce livre (1891) contient, à mon avis, l'exposé de l'évolution de la race humaine qui, dans l'état actuel de nos connaissances des sources, se rapproche le plus du but lointain de la vérité ; je me suis constamment efforcé de recourir également et en les accordant entre elles aux trois sources empiriques de la *paléontologie*, de l'*ontogénie* et de la *morphologie* (anatomie comparée). Sans doute, les hypothèses sur la descendance, données ici, seront plus tard confirmées et complétées, chacune en particulier, par les recherches phylogénétiques à venir ; mais je suis tout aussi convaincu que la hiérarchie que j'ai tracée des ancêtres de l'homme répond en gros à la vérité. Car *la série historique des fossiles de Vertébrés* correspond absolument à la série évolutive morphologique, que nous font connaître l'anatomie et l'ontogénie comparées : aux Poissons siluriens succèdent les Poissons amphibies du dévonien (1), les Amphibies du carbonifère, les Reptiles permiques et les Mézozoïques mammifères ; parmi eux apparaissent d'abord, pendant la période du trias, les formes inférieures, les Monotrèmes, puis pendant la période jurassique les Marsupiaux, enfin pendant la période calcaire, les plus anciens Placentaliens. Parmi ceux-ci apparaissent d'abord, au début de la période tertiaire (éocène) les plus anciens des Primates ancestraux, les Prosimiens, puis, pendant le miocène les Singes véritables et parmi les Catarrhiniens tout d'abord les Cynopithèques, ensuite les Anthropomorphes ; un rameau de ces derniers a donné naissance, pendant le pliocène, à l'*homme singe* encore muet (*Pithecanthropus alalus*) et de celui-ci descend enfin l'homme doué de la parole.

On rencontre bien plus de difficulté et d'incertitude en cherchant à reconstruire la série des ancêtres invertébrés qui ont précédé nos *ancêtres vertébrés* ; car nous n'avons pas de restes pétrifiés de leurs corps mous et sans squelette ; la paléontologie ne peut nous fournir aucune preuve certaine. D'autant plus précieuses deviennent les sources de l'ana-

---

(1) Les dipneustes (N. du T.).

tomie et de l'ontogénie comparées. Comme l'embryon humain passe par le même stade « chordula » que l'embryon de tous les autres Vertébrés, comme il se développe aux dépens des deux feuillets d'une « gastrula », nous en concluons, d'après la grande loi biogénétique, à l'existence passée de formes ancestrales correspondantes (Vermaliés, Gastréadés). Mais ce qui est surtout important, c'est ce fait fondamental, que l'embryon de l'homme, comme celui de tous les autres animaux, se développe primitivement aux dépens d'une simple cellule; car cette *cellule-souche* (cytula) — « ovule fécondé » — témoigne indiscutablement d'une forme ancestrale correspondante monocellulaire, d'un antique ancêtre (période laurentienne) *Protozoaire*.

Pour notre *philosophie moniste* il importe d'ailleurs assez peu de savoir comment on établira avec plus de certitude encore, dans le détail, la série de nos ancêtres animaux. Il n'en reste pas moins ce *fait historique certain*, cette donnée grosse de conséquences, que l'*homme descend directement du singe* et par delà, d'une longue série de Vertébrés inférieurs. J'ai déjà insisté en 1866, au septième livre de ma *Morphologie générale* sur le fondement logique de ce principe pithécométrique : « Cette proposition que l'homme « descend de Vertébrés inférieurs et directement des singes « est un cas particulier de syllogisme déductif qui résulte « avec une absolue nécessité, en vertu de la loi générale d'in- « duction, de la théorie de la descendance. »

Pour l'établissement définitif et le triomphe de ce fondamental *principe pithécométrique*, les *découvertes paléontologiques* de ces trente dernières années sont d'une plus grande importance; en particulier la surprenante trouvaille de nombreux Mammifères disparus, de l'époque tertiaire, nous a mis à même d'établir clairement, dans ses grands traits, l'histoire ancestrale de cette classe la plus importante d'animaux et cela depuis les inférieurs Monotrèmes ovipares jusqu'à l'homme. Les quatre grands groupes de *Placentaliens*, les légions si riches en formes des Carnivores, Rongeurs, Ongulés et Primates, semblent séparés par un profond abîme lorsque nous ne considérons que les épigones encore vivants qui les représentent aujourd'hui. Mais ces abîmes profonds se comblent entièrement et les différences entre les quatre légions s'effacent totalement lorsque nous comparons les ancêtres tertiaires disparus et lorsque nous remontons jusqu'à l'aube de l'histoire, jusqu'à l'éocène, au début de la période tertiaire (au moins trois millions d'années en arrière !) La grande sous-classe des Placentaliens, qui compte aujourd'hui plus de 2.500 espèces n'est alors représentée que par un petit nombre de « Proplacentaliens » ; et chez ces Prochoriatidés, les caractères des quatre légions divergentes sont si mêlés et si effacés, qu'il est plus sage de ne les regarder que comme des *ancêtres communs*. Les premiers Carnivores (ictopsales), les premiers Rongeurs (esthonycales), les premiers Ongulés (condylarthrales) et les premiers Primates (lemurales) possèdent dans leurs grands traits la même conformation du squelette et la même *dentition typique* que les Placentaliens primitifs, soit 44 dents (à chaque moitié de mâchoire, 3 incisives, 1 canine, 4 prémolaires et 3 molaires (1), ils sont tous caractérisés par la petite taille et le développement imparfait du cerveau (principalement de la partie la plus importante, les hémisphères, qui ne sont constitués en « organe de la pensée » que plus tard, chez les épigones du miocène et du pliocène); ils ont tous les jambes courtes, cinq orteils aux pieds et marchent sur la plante du pied (*plantigrada*). Pour certains de ces Placentaliens primitifs de l'éocène on a d'abord hésité avant de les classer parmi les Carnivores ou les Rongeurs, les Ongulés ou les Primates ; ainsi ces quatre grandes légions de Placentaliens qui devaient tellement différer ensuite, se rapprochaient alors jusqu'à se confondre ! On en conclut indubitablement à une communauté d'origine dans un groupe unique; ces Prochoriatidés vivaient déjà dans

---

(1) Formule dentaire qui s'écrit : $\frac{3\ 1\ 4\ 3}{3'\ 1'\ 4'\ 3'}$.

la période antérieure, calcaire (il y a plus de trois millions d'années !) et sont probablement apparus pendant la période jurassique, descendant d'un groupe de *Didelphes* insectivores (amphiteria) et présentant un placenta diffus, forme primitive, la plus simple.

Mais les plus importantes de toutes les découvertes paléontologiques récentes, qui ont jeté un jour nouveau sur l'histoire généalogique des placentaliens, sont relatives à notre propre lignée, à la légion des *Primates*.

Autrefois, les fossiles en étaient très rares. Cuvier lui-même, le grand fondateur de la paléontologie, affirma jusqu'à sa mort (1832), qu'il n'existait pas de fossiles de Primates ; il avait, il est vrai, déjà décrit le crâne d'un Prosimien de l'éocène (Adapis), mais il l'avait pris à tort pour un Ongulé. Dans ces vingt dernières années, on a découvert un assez grand nombre de squelettes pétrifiés de Prosimiens et de Simiens, bien conservés ; parmi eux se trouvent les intermédiaires importants qui permettent de reconstituer la chaine continue des ancêtres, depuis le plus primitif Prosimien jusqu'à l'homme.

Le plus célèbre et le plus intéressant de ces fossiles est l'*Homme singe pétrifié de Java*, le « Pithecanthropus erectus » dont on a tant parlé et qui a été découvert en 1894 par le médecin militaire hollandais, Eugène Dubois. C'est vraiment le « missing link » tant cherché, le prétendu « membre manquant » dans la série des Primates qui, s'étend maintenant, ininterrompue, depuis les singes catarrhiniens inférieurs jusqu'à l'homme le plus élevé en organisation. J'ai exposé longuement la haute portée de cette trouvaille merveilleuse dans la conférence que j'ai faite le 26 août 1898, au quatrième Congrès international de Zoologie, à Cambridge : « De « l'état actuel de nos connaissances relativement à l'origine « de l'homme. » Le paléontologiste qui connait les conditions requises pour la formation et la conservation des fossiles, considérera la découverte du Pithécanthrope comme un hasard tout spécialement heureux. Car les singes, en tant qu'ils habitent sur les arbres (lorsqu'ils ne tombent pas par hasard dans l'eau), se trouvent rarement à leur mort dans des conditions qui permettent la conservation et la pétrification de leur squelette. Par cette trouvaille de l'homme-singe fossile, de Java, la *Paléontologie*, à son tour, nous démontre que « l'homme descend du singe » aussi clairement et sûrement que l'avaient déjà fait avant elle les disciples de l'*Anatomie* et de l'*Ontogénie comparées* : nous possédons maintenant tous les documents essentiels pour notre histoire généalogique.

CHAPITRE VI

De la nature de l'âme

Études monistes sur le concept d'ame. — Devoirs et méthodes de la psychologie scientifique. — Métamorphoses psychologiques.

> Les différences psychologiques entre l'homme et le singe anthropoïde sont moindres que les différences correspondantes entre le singe anthropoïde et le singe le plus inférieur. Et ce fait psychologique correspond exactement à ce que nous présente l'anatomie quant aux différences dans l'*écorce cérébrale*, le plus important *Organe de l'Ame*. Si, cependant, aujourd'hui encore, presque dans tous les milieux, l'âme de l'homme est considérée comme une *substance* spéciale et mise en avant comme la preuve la plus importante contre l'affirmation maudite que l'*Homme descend du singe,* cela s'explique, d'une part, par l'état si arriéré de la soi-disant « psychologie », de l'autre, par la *superstition* si répandue de l'immortalité de l'âme.
> (Conférence de Cambridge sur l'origine de l'homme, 1898).

SOMMAIRE DU CHAPITRE VI

Signification fondamentale de la psychologie. — Comment on la doit concevoir, quelles méthodes on doit lui appliquer. — Conflit des opinions sur ce point. — Psychologie dualiste et psychologie moniste. — Rapport de celle-ci à la loi de substance. — Confusion de termes. — Métamorphoses psychologiques : Kant, Virchow, Du Bois-Reymond. — Moyens de parvenir à la connaissance des faits de l'âme. — Méthode introspective (auto-observation). — Méthode exacte (psycho-physique). — Méthode comparative (psychologie animale). — Changement de principes psychologiques, Wundt. — Psychologie des peuples et ethnographie, Bastian. — Psychologie ontogénique, Preyer. — Psychologie phylogénétique, Darwin, Romanes.

LITTÉRATURE

J. LAMETTRIE. — *Histoire naturelle de l'âme.*
H. SPENCER. — *Principes de psychologie* (trad. franç.).
W. WUNDT. — *Grundriss der Psychologie.* Leipzig, 1898.
TH. ZEIHEN. — *Leitfaden der physiologischen Psychologie.* Iéna, 1891. II Aufl., 1898.
H. MUNSTERBERG. — *Ueber Aufgaben und Methoden der Psychologie.* Leipzig, 1891.
L. BESSER. — *Was ist Empfindung?* Bonn, 1891.
A. RAU. — *Empfinden und Denken. Eine physiologische Untersuchung über die Natur des menschlichen Verstandes.* Giessen, 1896.
P. CARUS. — *The soul of man. An investigation of the facts of physiological and experimental Psychology.* Chicago, 1891.
A. FOREL. — *Gehirn und Seele (Vortrag in Wien).* IV Aufl., Bonn, 1894.
A. SVOBODA. — *Der Seelenwahn. Geschichtliches und Philosophisches.* Leipzig, 1886.

Les phénomènes dont l'ensemble constitue ce qu'on appelle d'ordinaire la *Vie de l'âme* ou l'activité psychique, sont, entre tous ceux que nous connaissons, d'une part, les plus importants et les plus intéressants, de l'autre, les plus compliqués et les plus énigmatiques. La connaissance de la nature elle-même, qui a fait l'objet de nos précédentes études philosophiques, étant une partie de la vie de l'âme, et, d'autre part, l'anthropologie exigeant aussi bien que la cosmologie une exacte connaissance de l'*âme*, on peut considérer la *psychologie*, la véritable science de l'âme, comme le fondement et la condition préalable de toutes les autres sciences. Envisagée d'un autre point de vue, elle est, de plus, une partie de la philosophie ou de l'anthropologie.

La grande difficulté de son fondement naturel provient de ceci, qu'à son tour, la psychologie présuppose la connaissance exacte de l'organisme humain et avant tout du *cerveau*, l'organe le plus important de la vie de l'âme. La grande majorité des prétendus « psychologues », ignorent cependant absolument ces bases anatomiques de l'âme, ou n'en ont qu'une connaissance très imparfaite ; et ainsi s'explique ce fait regrettable que dans aucune science nous ne trouvons des idées aussi contradictoires et inadmissibles relativement à sa propre nature et à son objet essentiel, que nous n'en rencontrons en psychologie. Cette confusion est devenue d'autant plus sensible en ces trente dernières années que les progrès immenses de l'anatomie et de la physiologie ont ajouté à notre connaissance de la structure et des fonctions de l'organe le plus important de l'âme.

Méthode pour étudier l'âme. — Selon moi, ce qu'on appelle *âme* est, à la vérité, un *phénomène de la nature*. Je considère, par conséquent, la psychologie comme une branche des sciences naturelles et en particulier de la *physiologie*. Et par suite, j'insiste dès le début sur ce point que nous ne pourrons admettre, pour la psychologie, d'autres voies de recherches que pour toutes les autres sciences naturelles, c'est-à-dire, en première ligne, l'*observation* et l'*expérimentation*, en seconde ligne, l'*histoire du développement* et en troisième ligne, la *spéculation* métaphysique, laquelle, cherche à se rapprocher, autant que possible, par des raisonnements inductifs et déductifs de l'*essence* inconnue du phénomène. Quant à l'examen selon les principes de ce dernier point, il faut tout d'abord, et précisément ici, étudier de près l'opposition entre les conceptions dualiste et moniste.

Psychologie dualiste. — La conception généralement régnante du psychique et que nous combattons, considère le corps et l'âme comme deux *essences* différentes. Ces deux essences peuvent exister indépendamment l'une de l'autre et ne sont pas forcément liées l'une à l'autre.

Le *corps* organique est une essence mortelle, *matérielle*, chimiquement constituée par du plasma vivant et des composés engendrés par lui (produits protoplasmiques). L'*âme*, par contre, est une essence immortelle, *immatérielle*, un agent spirituel dont l'activité énigmatique nous est complètement inconnue. Cette plate conception est, comme telle, spiritualiste et son contraire, en principe, est en un certain sens matérialiste. La première est, en même temps, *transcendante* et *supranaturelle*, car elle affirme l'existence de forces existant et agissant sans base matérielle ; elle repose sur l'hypothèse qu'en dehors et au-dessus de la nature, il existe encore un « monde spirituel », monde immatériel dont, par l'expérience, nous ne savons rien, et par suite de notre nature, ne pouvons rien savoir.

Cette hypothèse, *monde spirituel*, qui serait complètement

indépendant du monde matériel des corps et sur lequel repose tout l'édifice artificiel de la philosophie dualiste, est un pur produit de la fantaisie poétique ; nous en pouvons dire autant de la croyance mystique en l'« immortalité de l'âme », qui s'y rattache étroitement et que nous montrerons plus tard, en traitant spécialement de la question, être inadmissible pour la science (cf. chap. XI). Si les croyances qui animent ces mythes étaient vraiment fondées, les phénomènes dont il s'agit devraient n'être *pas* soumis à la *loi de substance*. Cette exception unique à la loi suprême et fondamentale du cosmos n'aurait dû survenir que très tard au cours de l'histoire de la terre, puisqu'elle ne porte que sur « l'âme » des hommes et des animaux supérieurs. Le dogme du « libre arbitre », lui aussi, autre pièce essentielle de la psychologie dualiste, est inconciliable avec la loi universelle de substance.

Psychologie moniste. — La conception naturelle du psychique que nous défendons, voit au contraire dans la vie de l'âme une somme de phénomènes vitaux qui sont liés, comme tous les autres, à un substratum matériel précis. Nous désignerons provisoirement cette base matérielle de toute activité psychique, sans laquelle cette activité n'est pas concevable, — sous le nom de *psychoplasma* et cela parce que l'analyse chimique nous la montre partout comme un corps du groupe des *corps protoplasmiques*, c'est-à-dire un de ces composés du carbone, de ces albuminoïdes qui sont à la base de tous les processus vitaux.

Chez les animaux supérieurs, qui possèdent un système nerveux et des organes des sens, le *psychoplasma*, en se différenciant, a donné un *neuroplasma* : la substance nerveuse. C'est en *ce sens* que notre conception est matérialiste. Elle est, d'ailleurs, en même temps, *empiriste* et *naturaliste*, car notre expérience scientifique ne nous a encore appris à connaître aucune force qui soit dépourvue de base matérielle, ni aucun « monde spirituel » sis en dehors et au-dessus de la nature.

Ainsi que tous les autres phénomènes de la nature, ceux de la vie de l'âme sont soumis à la loi suprême qui gouverne tout : à la *loi de substance* ; dans ce domaine il n'y a pas plus que dans les autres une seule exception à cette loi cosmologique fondamentale (cf. chap. XII). Les processus de la vie psychique inférieure, chez les Plantes et chez les Protistes monocellulaires, — mais également chez les animaux inférieurs — leur irritabilité, leurs mouvements réflexes, leur sensibilité et leur effort pour persévérer dans l'être : tout cela a pour condition immédiate des processus psychologiques se passant dans le *plasma* cellulaire, des changements physiques et chimiques qui s'expliquent en partie par l'*hérédité*, en partie par l'*adaptation*. Mais il en faut dire tout autant de l'activité psychique supérieure, des animaux supérieurs et de l'homme, de la formation des représentations et des idées, des phénomènes merveilleux de la raison et de la conscience. Car ceux-ci proviennent, par développement phylogénétique, de ceux-là et ce qui les porte à cette hauteur, c'est seulement le degré supérieur d'intégration ou de centralisation, d'association ou de synthèse de fonctions jusqu'alors séparées.

Conception de l'âme. — On considère avec raison comme le premier devoir de chaque science la *définition* de l'objet qu'elle se propose d'étudier. Mais pour aucune science la solution de ce premier devoir n'est si difficile que pour la psychologie et le fait est d'autant plus remarquable que la *logique*, la science des définitions, n'est elle-même qu'une partie de la psychologie. Si nous rapprochons tout ce qui a été dit sur les notions essentielles de cette science par les philosophes et les naturalistes les plus remarquables de tous les temps, nous nous trouvons enserrés dans un chaos des vues les plus contradictoires. Qu'est-ce donc, en somme, que l'*âme*? Quel rapport a-t-elle avec l'*esprit*? Qu'entend-on proprement par *conscience*? Qu'est-ce qui différencie l'*impression* du *sentiment*? Qu'est-ce que l'*instinct*? Quel est son rapport avec le *libre arbitre*? Qu'est-ce qu'une *représentation*? Quelle différence y a-t-il entre l'*entendement* et la *raison*? Et qu'est-ce au fond que le *sentiment* (1)? Quelles sont les relations de tous ces « phénomènes psychiques » avec le *corps* ?

Les réponses à ces questions et à d'autres qui s'y rattachent sont aussi différentes que possible ; non seulement les plus grandes autorités ont là-dessus des manières de voir opposées, mais encore, pour une seule et même de ces autorités *scientifiques*, il n'est pas rare de trouver au cours de l'évolution psychologique les manières de voir complétement changées. Certes, cette *métamorphose psychologique* de beaucoup de penseurs n'a pas peu contribué à amener cette *confusion colossale des idées* qui règne en psychologie plus que dans tout autre domaine de la connaissance humaine.

Métamorphose psychologique. — L'exemple le plus intéressant d'un changement aussi total des vues psychologiques aussi bien objectives que subjectives, c'est celui que nous fournit le guide le plus influent de la philosophie allemande, *Kant*. Le Kant de la jeunesse, le vrai *Kant critique*, était arrivé à cette conviction que les trois *puissances du mysticisme* — « Dieu, la liberté et l'immortalité » — étaient inadmissibles pour la *raison pure* ; Kant vieilli, le *Kant dogmatique*, trouva que ces trois « fantômes capitaux » étaient des postulats de la *raison pratique* et comme tels indispensables. Et plus, de nos jours, l'école si considérée des *Néokantiens* prêche le « retour à Kant » comme l'unique salut devant l'épouvantable charivari de la métaphysique moderne ; plus clairement se révèle l'indéniable et désastreuse contra-

---

(1) Nous traduisons « Gemüth » par sentiment, le même mot qui nous a servi un peu plus haut à traduire « Gefühl ». La traduction n'est cette fois qu'approximative, le mot « Gemüth » étant un idiotisme.

diction entre les idées essentielles du jeune et du vieux *Kant* ; nous reviendrons sur ce dualisme.

Un intéressant exemple d'une variation analogue nous est fourni par deux des plus célèbres naturalistes de notre temps : R. Virchow et du Bois-Reymond ; la métamorphose de leurs idées psychologiques doit d'autant moins être négligée que les deux biologistes berlinois, depuis plus de 40 ans, jouent un rôle des plus importants dans la plus grande des universités allemandes et exercent, tant directement qu'indirectement, une influence profonde sur la pensée moderne. Virchow, à qui nous devons tant à titre de fondateur de la pathologie cellulaire, était, au meilleur temps de son activité scientifique, vers le milieu du siècle (et surtout pendant son séjour à Würzbourg, 1849-1856) un pur *moniste* ; il passait alors pour l'un des représentants les plus éminents de ce *matérialisme* naissant qui s'était introduit vers 1855, par deux œuvres célèbres parues presque en même temps : *La matière et la force*, de L. Buchner et *La foi du charbonnier et la science*, de C. Vogt. Virchow exposait alors ses idées générales sur la biologie et les processus vitaux de l'homme — conçus tout comme des phénomènes mécaniques naturels — dans une série d'articles remarquables parus dans les *Archives d'anatomie pathologique* qu'il dirigeait. Le plus important, sans contredit, de ses travaux et celui dans lequel Virchow a exposé le plus clairement ses idées monistes d'alors, c'est son écrit sur « Les tendances vers l'unité dans la médecine scientifique » (1849). Ce fut certainement après mûre réflexion et parce qu'il était convaincu de la valeur philosophique de cet ouvrage, que Virchow, en 1856, plaça cette « profession de foi médicale » en tête de ses *Etudes réunies de médecine scientifique*. Il y soutient les principes fondamentaux de notre monisme actuel, avec autant de clarté et de précision que je le fais ici en ce qui concerne la solution de l' « énigme de l'univers » ; il défend la légitimité exclusive de la science expérimentale, dont les seules sources dignes de foi sont l'activité des sens et le fonctionnement du cerveau ; il combat non moins nettement le dualisme anthropologique, toute prétendue révélation et toute « transcendance », ainsi que ses deux avenues : « la foi et l'anthropomorphisme ». Il fait ressortir avant tout le caractère moniste de l'anthropologie, le lien indissoluble entre l'esprit et le corps, la force et la matière ; à la fin de sa préface, il s'exprime ainsi (p. 4) : « Je suis convaincu que je ne serai jamais amené à nier le principe de l'*unité de la nature humaine* et ses conséquences ». Malheureusement cette « conviction » était une grave erreur ; car, 28 ans après, Virchow soutenait des idées, en principe tout opposées, cela dans le discours dont on a tant parlé, sur « La liberté de la science dans l'Etat moderne » qu'il prononça en 1877 à l'Assemblée des naturalistes, à München et dont j'ai repoussé les attaques dans mon écrit : *La science libre et l'enseignement libre* (1878).

Des contradictions analogues, en ce qui concerne les principes philosophiques les plus importants se rencontrent aussi chez du Bois-Reymond, qui a remporté ainsi un bruyant succès auprès des écoles dualistes et surtout près de l' « Ecclesia militans ». Plus ce célèbre rhéteur de l'Académie de Berlin avait défendu brillamment les principes généraux de notre monisme, plus il avait contribué à refuter le vitalisme et la conception transcendantale de la vie, d'autant plus bruyant fut le cri de triomphe des adversaires lorsqu'en 1872, dans son discours sensationnel de l'*ignorabimus,* du Bois-Reymond rétablit la conscience comme une énigme insoluble, l'opposant comme un phénomène surnaturel aux autres fonctions du cerveau. Je reviendrai plus loin là-dessus (ch. X).

Psychologie objective et Psychologie subjective. — La nature spéciale d'un grand nombre de phénomènes de l'âme et surtout de la conscience, nous oblige à apporter certaines modifications à nos méthodes de recherche scientifique. Une circonstance surtout importante ici, c'est qu'à côté de l'observation ordinaire, *objective*, *extérieure*, il faut faire place à la *méthode introspective*, à l'observation *subjective*, *intérieure* qui résulte du fait que notre « moi » se réfléchit dans la conscience. La plupart des psychologues partent de cette « certitude immédiate du moi » : *Cogito ergo sum!* « Je pense donc je suis ». Nous jetterons donc tout d'abord un regard sur ce moyen de connaissance et ensuite seulement sur les autres méthodes, complémentaires de celle-ci.

Psychologie introspective. (Auto-observation de l'âme). La plus grande partie des documents sur l'âme humaine, consignés depuis des milliers d'années dans d'innombrables écrits, provient de l'étude introspective de l'âme, c'est-à-dire de l'*auto-observation*, puis des conclusions que nous tirons de l'association et de la critique de ces « expériences internes » subjectives. Pour une grande partie de l'étude de l'âme cette voie subjective est en général la seule possible, surtout pour l'étude de la *conscience* ; cette fonction cérébrale occupe ainsi une place toute particulière et elle est devenue, plus que toute autre, la source d'innombrables erreurs philosophiques (cf. chap. X). Mais c'est un point de vue trop étroit et qui conduit à des notions très imparfaites, fausses même, que celui qui nous fait considérer cette auto-observation de notre esprit comme la source principale, sinon unique, où puiser pour le connaître, ainsi que le font de nombreux et distingués philosophes. Car une grande partie des phénomènes les plus importants de la vie de l'âme, surtout les *fonctions des sens* (vue, ouïe, odorat, etc.), puis le *langage*, ne peuvent être étudiés que par les mêmes méthodes que toute autre fonction de l'organisme, à savoir d'abord par une recherche anatomique approfondie de leurs *organes* et, secondement, par une exacte analyse physiologique des *fonctions* qui en dépendent. Mais pour pouvoir faire cette « observation extérieure » de l'activité de l'âme et compléter par là les résultats de l' « observation intérieure », il faut une connaissance profonde de l'anatomie et de l'histologie, de l'ontogénie et de la physiologie humaines. Ces données fondamentales, indispensables, de l'anthropologie n'en font pas moins défaut chez la plupart des prétendus *psychologues*, ou sont très insuffisantes ; aussi ceux-ci ne sont-ils pas en état de se faire même de leur âme, une idée suffisante. A cela s'ajoute la circonstance défavorable que cette âme, si vénérée par son possesseur, est souvent chez le psychologue une âme développée dans une direction unique (quelque haut perfectionnement qu'atteigne cette Psyché dans son sport spéculatif!), c'est en outre l'âme d'un *homme civilisé*, appartenant à une race supérieure, c'est-à-dire le dernier *terme* d'une longue série phylétique évolutive, pour l'exacte compréhension duquel la connaissance de précurseurs nombreux et inférieurs serait indispensable. Ainsi s'explique que la plus grande partie de la puissante littérature psychologique soit aujourd'hui une maculature sans valeur. La méthode introspective a certainement une immense valeur, elle est indispensable, mais elle a absolument besoin de la collaboration et du complément que lui apportent les autres méthodes.

Psychologie exacte. — Plus s'enrichissait, au cours de ce siècle, le développement des diverses branches de l'arbre de la connaissance humaine, plus se perfectionnaient les diverses méthodes des sciences particulières, plus grandissait le désir d'y apporter l'*exactitude*, c'est-à-dire de faire un examen empirique des phénomènes, aussi *exact* que possible et de donner aux lois qui s'en pourraient déduire une formule aussi nette que possible, *mathématique* quand il se pourrait. Mais ceci n'est réalisable que pour une petite partie de la science humaine, avant tout dans les sciences dont la tâche principale est la détermination de grandeurs mesurables ; en première ligne les mathématiques, puis l'astronomie, la mécanique, et en somme une grande partie de la physique et de la chimie. Aussi désigne-t-on ces sciences du nom de *sciences exactes*, au sens propre du mot. Par contre, on a tort (et c'est souvent une cause d'erreur) de considérer, ainsi qu'on le fait volontiers, *toutes* les sciences naturelles comme « exactes », pour les opposer à d'autres, en particulier aux sciences historiques et « psychologiques ». Car, pas plus que celles-ci, la plus grande partie des sciences naturelles ne sont susceptibles d'un traitement exact au sens propre ; ceci vaut surtout pour la biologie et, parmi ses branches, pour la psychologie. Celle-ci n'étant qu'une partie de la physiologie doit, en général, participer des méthodes de la première. Elle doit, par l'observation et l'expérimentation, donner un fondement *empirique*, aussi exact que possible, aux phénomènes de la vie de l'âme ; après quoi elle en doit tirer les lois de l'âme par des raisonnements inductifs et déductifs, et leur donner une formule aussi nette que possible. Mais, pour des raisons faciles à comprendre, une formule *mathématique* ne sera que très rarement possible ; on n'a pu en donner avec succès que pour une partie de la physiologie des sens ; par contre, ces formules sont inapplicables à la plus grande partie de la physiologie du cerveau.

Psycho-physique. — Une petite province de la psychologie qui semble accessible aux recherches « exactes » que l'on poursuit, a été, depuis vingt ans, étudiée avec grand soin et élevée au rang de discipline spéciale sous le nom de *psychophysique*. Ses fondateurs, les physiologistes Fechner et Weber de Leipzig, étudièrent d'abord avec exactitude la dépendance de la sensation par rapport à l'excitant externe, agissant sur l'organe sensoriel et, en particulier, le rapport quantitatif entre l'intensité de l'excitation et celle de la sensation. Ils trouvèrent que pour produire une sensation, un certain quantum précis et minimum d'excitation est nécessaire, « seuil de l'excitation », et qu'une excitation donnée doit toujours varier d'un surcroît précis : « seuil de la différence », avant que la sensation ne se modifie d'une manière sensible. Pour les sens les plus importants (la vue, l'ouïe, le sens de la pression) on peut poser cette loi que les variations des sensations sont proportionnelles à l'intensité des excitations. De cette « loi de Weber », empirique, Fechner déduisit, par des opérations mathématiques, sa « loi fondamentale psycho-physique », en vertu de laquelle l'intensité de la sensation croît selon une progression arithmétique ; celle de l'excitation, par contre, selon une progression géométrique. Néanmoins, cette loi de Fechner, ainsi que d'autres « lois » psycho-physiques, a été attaquée de divers côtés et son « exactitude » contestée. Malgré tout, la « psycho-physique » moderne n'est pas loin d'avoir satisfait à tout ce qu'on attendait d'elle, à tous les vœux de ceux qui l'acclamaient il y a vingt ans ; seulement le domaine de son application possible est très restreint. Et elle a une haute portée théorique en ce qu'elle nous démontre la valeur absolue des lois physiques sur une partie, restreinte il est vrai, du domaine de la prétendue « vie de l'âme », valeur revendiquée depuis longtemps par la psychologie matérialiste pour le domaine tout entier de la vie de l'âme. La méthode exacte s'est montrée, ici comme dans beaucoup d'autres branches de la physiologie, insuffisante et peu productive ; en principe elle est sans doute partout désirable, mais malheureusement inapplicable dans la plupart des cas. Bien plus fécondes sont les méthodes comparative et génétique.

Psychologie comparée. — La ressemblance frappante qui existe entre la vie psychique de l'homme et celle des animaux supérieurs est un fait depuis longtemps connu. La plupart des peuples primitifs, aujourd'hui encore, ne font aucune différence entre les deux séries de phénomènes psychiques, ainsi qu'en font foi les fables partout répandues, les vieilles légendes et les idées relatives à la métempsychose. La plupart des philosophes de l'antiquité classique étaient convaincus, eux aussi, de cette parenté, et entre les âmes humaine et animale, ils ne découvraient aucune différence essentielle qualitative, mais une simple différence quantitative. Platon lui-même, qui affirma le premier la distinction fondamentale de l'âme et du corps, faisait traverser successivement à une seule et même âme (Idée), par sa théorie de la métempsychose, divers corps animaux et humains. C'est seulement le christianisme qui, rattachant étroitement la foi en l'immortalité à la foi en Dieu, posa la distinction fondamentale entre l'âme humaine immortelle et l'âme animale mortelle. Dans la philosophie dualiste, c'est avant tout sous l'influence de Descartes (1643) que cette idée s'implanta ; il affirmait que l'homme seul a une « âme » véritable et avec elle la sensibilité et le libre arbitre ; qu'au contraire, les bêtes sont des automates, des machines sans volonté ni sensibilité. Depuis, la plupart des psychologues — et Kant en particulier, — négligèrent complètement l'âme des animaux et réduisirent à l'homme l'objet des études psychologiques ; la psychologie humaine, presque exclusivement introspective, fut privée de la comparaison féconde avec la psychologie animale et resta, pour cette raison, au même niveau inférieur qu'occupait la morphologie avant que Cuvier, en fondant l'anatomie comparée, ne l'élevât à la hauteur d'une « science naturelle philosophique ».

Psychologie animale. — L'intérêt scientifique ne se réveilla en faveur de l'âme animale que dans la seconde moitié du siècle dernier, parallèlement aux progrès de la zoologie et de la physiologie systématiques. L'intérêt fut stimulé surtout par l'écrit de Reimarus : *Considérations générales sur les instincts animaux* (Hambourg, 1760). Néanmoins, une étude scientifique plus sérieuse ne devint possible qu'avec la réforme fondamentale de la physiologie, dont nous sommes redevables au grand naturaliste berlinois, Müller. Ce biologiste de génie, embrassant le domaine entier de la nature organique, tout ensemble la morphologie et la physiologie, introduisit pour la première fois les *méthodes exactes* de l'observation et de l'expérimentation dans la physiologie tout entière et y rattacha en même temps, d'une manière générale, les *méthodes de comparaison*;

il les appliqua aussi bien à la vie psychique, au sens le plus large (langage, organes des sens, fonctions du cerveau), qu'à tous les autres phénomènes vitaux. Le sixième livre de son *Manuel de physiologie humaine* (1840) traite spécialement de « la vie de l'âme » et contient, en 80 pages, une quantité de considérations psychologiques des plus importantes.

En ces quarante dernières années, il a paru un grand nombre d'écrits sur la psychologie comparée des animaux, provoqués en partie par l'impulsion puissante donnée en 1859 par DARWIN dans son ouvrage sur l'origine des espèces, et aussi par l'introduction de la *Théorie de l'évolution* dans le domaine psychologique. Quelques-uns de ces écrits les plus importants sont dus à ROMANES et G. LUBBOCK, pour l'Angleterre; WUNDT, BÜCHNER, G. SCHNEIDER, FRITZ SCHULTZE et CHARLES GROOS, pour l'Allemagne; ESPINAS et JOURDAN, pour la France; TITO VIGNOLI, pour l'Italie. (J'ai donné les titres de quelques-uns des ouvrages les plus importants, au début de ce chapitre.)

En Allemagne, WUNDT passe actuellement pour l'un des plus grands psychologues; il possède, sur la plupart des philosophes, l'avantage inappréciable de connaître à fond la *zoologie*, l'*anatomie* et la *physiologie*. Autrefois préparateur et élève d'HELMHOLZ, WUNDT s'est de bonne heure habitué à appliquer les lois fondamentales de la physique et de la chimie au domaine tout entier de la physiologie et, par suite, dans l'esprit de MÜLLER, à la psychologie en tant que faisant partie de la physiologie. Placé à ce point de vue, WUNDT publia, en 1863, ses précieuses *Leçons sur l'âme chez l'homme et chez l'animal*. L'auteur y donne, comme il le dit lui-même dans la préface, la *preuve* que le théâtre des principaux phénomènes psychiques est l'*âme inconsciente* et il laisse notre regard « pénétrer dans ce *mécanisme* de l'arrière-plan inconscient de l'âme qui élabore les incitations venues des impressions extérieures ». Mais ce qui me paraît surtout important dans l'ouvrage de WUNDT et en faire surtout la valeur, c'est qu'on y trouve, « pour la première fois, la *loi de la conservation de la force étendue au domaine psychique* et, en outre, une série de faits empruntés à l'électro-physiologie utilisés pour la démonstration ».

Trente ans plus tard (1892), Wundt publia une seconde édition, mais sensiblement abrégée et complètement remaniée, de ses *Leçons sur l'âme chez l'homme et chez l'animal*. Les principes les plus importants de la première édition sont complétement abandonnés dans la seconde et le point de vue *moniste* y fait place à une conception purement dualiste. Wundt lui-même dit, dans la préface de la seconde édition, qu'il ne s'est délivré que peu à peu des erreurs fondamentales de la première et que « depuis des années, il a appris à considérer ce travail comme un *péché de jeunesse* ; son premier ouvrage pesait sur lui comme une *faute*, qu'il aspirait à expier, si bien que les choses parussent tourner pour lui ». De fait, les vues essentielles de Wundt, en psychologie, sont complètement opposées dans les deux éditions de ses *Leçons*, si répandues ; elles sont, dans la première, toutes monistes et matérialistes, dans la seconde, toutes dualistes et spiritualistes. La première fois, la *psychologie* est traitée comme une *science naturelle*, les mêmes principes lui sont appliqués qu'à la physiologie tout entière, dont elle n'est qu'une partie ; trente ans plus tard, l'étude de l'âme est devenue pour lui une pure *science de l'esprit*, dont l'objet et les principes diffèrent complètement de ceux des sciences naturelles. Cette conversion trouve son expression la plus nette dans le principe du *parallélisme psycho-physique*, en vertu duquel, sans doute, « à chaque évènement psychique correspond un évènement physique quelconque », mais tous les deux sont complètement indépendants l'un de l'autre et il *n'existe pas entre eux de lien causal naturel*. Ce parfait *dualisme* du corps et de l'âme, de la nature et de l'esprit, a naturellement trouvé le plus vif succès près de la philosophie d'école alors régnante, qui y applaudit comme à un progrès important, d'autant plus que ce dualisme est professé par un naturaliste remarquable, qui a soutenu jadis les vues opposées. Comme je soutiens moi-même ces opinions « étroites » depuis plus de 40 ans et comme, en dépit des efforts les mieux intentionnés, je n'ai pas pu m'en départir, je considère naturellement les « péchés de jeunesse » du jeune physiologiste Wundt comme des idées justes sur la nature et je les défends énergiquement contre les opinions opposées du vieux philosophe Wundt.

Il est très intéressant de constater le total *changement de principes philosophiques* dont Wundt nous offre ici l'exemple, comme autrefois Kant, Wirchow, du Bois-Reymond, ainsi que Baer et d'autres. Dans leur jeunesse, ces naturalistes, intelligents et hardis, embrassent le domaine tout entier de leurs recherches biologiques d'un vaste regard, s'efforçant ardemment d'asseoir la connaissance dans sa totalité sur une base naturelle et une ; dans leur vieillesse ils ont reconnu que ce n'était pas pleinement réalisable, aussi préfèrent-ils renoncer tout à fait à leur but.

Pour excuser cette métamorphose psychologique, ils pourront naturellement prétendre que dans leur jeunesse ils n'ont pas vu toutes les difficultés de la grande tâche entreprise et qu'ils se sont trompés sur le vrai but ; que c'est seulement après que leur esprit a mûri avec l'âge et qu'ils ont accumulé les expériences, qu'ils se sont convaincus de leurs erreurs et ont trouvé le vrai chemin qui conduit à la source de la vérité. Mais on peut aussi affirmer, inversement, que les grands savants, dans leur jeune âge, abordaient avec plus de courage et d'impartialité leur tâche difficile, que leur regard était plus libre et leur jugement plus pur ; les expériences des années postérieures n'amènent pas seulement un enrichissement, mais un trouble de la vue et avec la vieillesse survient une dégénérescence graduelle, dans le cerveau comme dans les autres organes. En tout cas, cette métamorphose, quant à la théorie de la connaissance, est en elle-même un fait psychologique instructif ; car elle montre, ainsi que tant d'autres formes de « changement d'opinions », que les plus hautes fonctions de l'âme sont soumises, au cours de la vie, à d'aussi importantes modifications individuelles que toutes les autres fonctions vitales.

Psychologie des peuples. — Il importe beaucoup, si l'on veut étudier avec fruit la psychologie comparée, de ne pas borner la comparaison critique à l'animal et à l'homme en général, mais aussi de placer l'un à côté de l'autre les divers *échelons* de la vie psychique de chacun d'eux. C'est seulement ainsi que nous parviendrons à apercevoir clairement la longue *échelle* d'évolution psychique qui va, sans interruption, des formes vivantes les plus inférieures, monocellulaires, jusqu'aux Mammifères et, à leur tête, jusqu'à l'homme. Mais au sein de la race humaine, elle-même, ces échelons sont très nombreux et les rameaux de l' « arbre généalogique de l'âme » infiniment variés. La différence psychique entre le plus grossier des hommes incultes, au plus bas degré, et l'homme civilisé le plus accompli, au plus haut degré de l'échelle est colossale, bien plus grande qu'on ne l'admet généralement. L'importance de ce fait exactement mesurée a imprimé, surtout dans la seconde moitié du XIXe siècle, un vif élan à l'*Anthropologie des peuples primitifs* (WAITZ), et donné à l'ethnographie comparée une haute importance pour la psychologie. Malheureusement, les matériaux bruts, en quantité énorme, réunis pour la constitution de cette science, n'ont pas encore subi une élaboration critique suffisante. On peut juger des idées confuses et mystiques qui règnent encore là, d'après la soi-disant « *Pensée des peuples* » du voyageur connu, ADOLPHE BASTIAN, lequel s'est rendu célèbre par la fondation, à Berlin, du « Musée d'ethnographie », mais qui, écrivain prolixe, nous présente une véritable monstruosité de compilation sans critique et de spéculation confuse.

Psychologie ontogénétique. — La plus négligée, la moins employée de toutes les méthodes, dans l'étude de l'âme, a été jusqu'à présent l'*ontogénétique* ; et pourtant ce sentier peu fréquenté est précisément celui qui nous mène le plus vite et le plus sûrement parmi la sombre forêt des préjugés, des dogmes et des erreurs psychologiques, jusqu'au point d'où nous pouvons voir clair dans beaucoup des plus importants « problèmes de l'âme ». De même que dans tout autre domaine de l'embryologie organique, je commence par poser ici l'une en face de l'autre ses deux grandes branches, que j'ai distinguées dès 1866 : l'embryologie (ontogénie) et la généalogie (phylogénie). L'*embryologie de l'âme*, la psychogénie individuelle ou biontique, étudie le développement graduel et progressif de l'âme chez l'individu et cherche à déterminer les lois qui le conditionnent. Pour une portion importante de la psychologie humaine, il y a beaucoup de fait depuis des milliers d'années; car la *pédagogie* rationnelle a déjà dû, de bonne heure, s'imposer la tâche de connaître théoriquement le progrès graduel et la capacité d'éducation de l'âme de l'enfant, dont elle avait, en pratique, à réaliser l'harmonieux développement et qu'elle devait diriger. Seulement, la plupart des pédagogues étaient des philosophes spiritualistes et dualistes qui, par suite, se mettaient à l'œuvre en y apportant d'avance les préjugés traditionnels de la psychologie spiritualiste. Depuis quelques dizaines d'années seulement, la méthode des sciences naturelles a gagné du terrain, même dans les écoles, sur cette direction dogmatique; on s'efforce aujourd'hui davantage, même quand on traite l'âme de l'enfant d'appliquer les principes de la doctrine évolutionniste. Les matériaux bruts contenus dans chaque âme individuelle d'enfant, sont déjà qualitativement donnés *à priori*, *hérités* qu'ils sont des parents et des ancêtres; l'éducation a pour tâche de les amener à maturité, de les faire s'épanouir par l'instruction intellectuelle et l'éducation morale, c'est-à-dire par l'*adaptation*. Pour la science de notre premier développement psychique, c'est W. Preyer (1882) qui en a posé les fondements dans son intéressant ouvrage : *L'âme de l'enfant, observations relatives au développement intellectuel de l'homme dans les premières années de sa vie.* En ce qui concerne les stades et les métamorphoses ultérieures de l'âme individuelle, il reste encore beaucoup à faire : l'application légitime et pratique de la grande loi biogénétique commence à apparaître, ici aussi, comme le fanal lumineux de la compréhension scientifique.

Psychologie phylogénétique. — Une époque nouvelle et féconde, une ère de développement plus grand commença, pour la psychologie comme pour toutes les sciences biologiques, lorsqu'il y a quarante ans Ch. Darwin y appliqua les principes de la théorie de l'évolution. Le septième chapitre de son ouvrage sur l'Origine des espèces (1859), ouvrage qui fit époque, est consacré à l'*instinct ;* il contient la démonstration précieuse que les instincts des animaux sont soumis, comme toutes les autres fonctions vitales, aux autres lois générales du développement historique. Les instincts spéciaux des espèces animales distinctes sont transformés par l'*adaptation* et ces « changements acquis » sont transmis par l'*hérédité* aux descendants. Dans leur conservation et leur développement, la *sélection* naturelle, au moyen de la « lutte pour la vie », joue le même rôle disciplinateur que la transformation de n'importe quelle fonction physiologique. Plus tard, dans plusieurs ouvrages, Darwin a développé cette idée et montré que les mêmes lois de « développement intellectuel » règnent dans tout le monde organique, qu'elles valent pour l'homme comme pour les animaux et pour ceux-ci comme pour les plantes. L'*unité du monde organique*, explicable par sa commune origine, s'étend ainsi au domaine tout entier de la vie de l'âme, depuis le plus simple organisme mono-cellulaire jusqu'à l'homme.

Le développement ultérieur de la psychologie de Darwin et son application aux divers domaines de la vie psychique sont dus à un remarquable naturaliste anglais, G. Romanes. Malheureusement, sa mort récente, si prématurée, l'a empêché d'achever son grand ouvrage dans lequel toutes les parties de la psychologie comparée devaient être également constituées dans le sens de la doctrine moniste de l'évolution. Les deux parties de cet ouvrage qui ont paru comptent parmi les productions les plus précieuses de la littérature psychologique tout entière. En effet, conformément aux principes monistes des sciences naturelles modernes, ces ouvrages nous offrent premièrement, réunis et ordonnés, les *faits* les plus importants qui, depuis des milliers d'années, ont été établis empiriquement, par l'observation et l'expérience, sur le domaine de la psychologie comparée. Secondement, ces faits sont ensuite examinés et groupés en vue d'une fin, par la *critique objective*; et troisièmement, il en découle en ce qui concerne les problèmes généraux les plus importants de la *psychologie*, ces raisonnements qui seuls, sont conciliables avec les principes de notre moderne doctrine moniste. Le premier volume composant l'œuvre de Romanes, porte ce titre. *L'évolution mentale chez les animaux* (1885) et nous retrace toute la longue hiérarchie des stades de l'évolution psychique dans la série animale, depuis les impressions et les instincts les plus simples des animaux inférieurs jusqu'aux phénomènes les plus parfaits de la conscience et de la raison, chez les animaux supérieurs, tout cela s'enchaînant par des liens naturels. On trouve aussi dans ce volume de nombreuses notes tirées des manuscrits posthumes de Darwin « sur l'instinct » en même temps qu'une « collection complète de tout ce que celui-ci a écrit sur la psychologie ».

La seconde et la plus importante partie de l'œuvre de Romanes, traite de l'*Evolution mentale chez l'homme et de l'origine des facultés humaines* (1) (1893). Le pénétrant psychologue y démontre d'une manière convaincante que *la barrière psychologique entre l'homme et l'animal est vaincue!* La pensée à l'aide des mots, le pouvoir d'abstraction de l'homme, se sont graduellement développés, sortis de degrés inférieurs où la pensée et la représentation ne s'aidaient pas

---

(1) Traduction française par H. de Varigny.

encore de mots, degrés réalisés chez les Mammifères les plus proches de l'homme. Les plus hautes fonctions intellectuelles de l'homme, la *raison*, le *langage* et la *conscience* ne sont que les perfectionnements des mêmes fonctions aux degrés inférieurs où elles sont réalisées dans la série des *ancêtres primates* (Simiens et Prosimiens). L'homme ne possède pas une seule « fonction intellectuelle » qui soit sa propriété exclusive. Sa vie psychique tout entière ne diffère de celles des Mammifères, ses proches, qu'en *degré*, non en *nature*, quantitativement, non qualitativement.

Je renvoie les lecteurs qui s'intéressent à cette capitale « question de l'âme », à l'ouvrage fondamental de Romanes. Je suis d'accord, sur presque tous les points et toutes les affirmations, avec lui et avec Darwin; lorsqu'il semble y avoir des différences entre l'opinion de ces auteurs et les vues que j'ai exposées précédemment, elles proviennent soit d'une expression imparfaite chez moi ou d'une différence insignifiante dans l'application des termes fondamentaux. D'ailleurs, c'est une des caractéristiques de cette « science des termes » qu'en ce qui concerne les termes fondamentaux les plus importants, les philosophes les plus marquants aient des manières de voir toutes différentes.

Place de la psychologie dans le système des sciences biologiques.

Biologie
Science de l'organisme
(Anthropologie, Zoologie et Botanique)

Morphologie
Science des formes

Biogénie
Histoire du développement

Anatomie
Science
des organes

Histologie
Science
des tissus

Ontogénie
Histoire
de l'embryon

Phylogénie
Histoire
de la race

Physiologie
Science des fonctions

Physiologie des **fonctions animales**
(Sensation et Mouvement)

Physiologie des **fonctions végétatives**
(Nutrition et Reproduction)

Esthématique
Science
de la sensation

Phoronomie
Science
du mouvement

Trophonomie
Science
des échanges
de matériaux

Gonimatique
Science
de la
génération

Psychologie
Science de l'âme

CHAPITRE VII

Degrés dans la hiérarchie de l'âme.

Etudes monistes de psychologie comparée. — L'échelle psychologique. — Psychoplasma et système nerveux. — Instinct et raison.

« Le plus merveilleux des phénomènes naturels, celui que nous appelons d'un nom légué par la tradition *esprit* ou *âme*, est une propriété absolument générale de tout ce qui vit. Dans toute matière vivante, dans tout protoplasma, il faut bien reconnaître l'existence des premiers éléments de la vie psychique, la forme rudimentaire de sensibilité au *plaisir* et à la *douleur*, la forme rudimentaire de l'*attraction* et de la *répulsion*. Mais les divers degrés de développement et de composition de cette âme varient avec les divers êtres vivants ; ils nous acheminent, depuis la muette *âme cellulaire*, à travers une longue série d'intermédiaires de plus en plus élevés, jusqu'à l'*âme humaine*, consciente et raisonnable ».

Ame cellulaire et cellule psychique (1878).

SOMMAIRE DU CHAPITRE VII

Unité psychologique de la nature organique. — Base matérielle de l'âme : le psychoplasma. — Echelle des sensations. — Echelle des mouvements. — Echelle des réflexes. — Réflexes simples et réflexes complexes. — L'acte réflexe et la conscience. — Echelle des représentations. — Représentations inconscientes et représentations conscientes. — Echelle de la mémoire. — Mémoire inconsciente et mémoire consciente. — Association des représentations. — Instincts. — Instincts primaires et instincts secondaires. — Echelle de la raison. — Langage. — Mouvements émotifs et passions. — Volonté. — Libre arbitre.

LITTÉRATURE

Ch. Darwin. — *De l'expression des émotions chez l'homme et chez les animaux.* Trad franç.

W. Wundt. — *Vorlesungen über die Menschen und Thierseele.* 2te Auflage, Leipzig, 1892.

Fritz Schultze. — *Vergleichende Seelenkunde.* Leipzig, 1897.

L. Buchner. — *Aus dem Geistesleben der Thiere, oder Staaten und Tchaten der Kleinen.* 4te Aufl., Berlin, 1897.

A. Espinas. — *Les sociétés animales.* Etudes de psychologie comparée.

Tito Vignoli. — *De la loi fondamentale de l'intelligence dans le règne animal.* Trad. allem.

C. Lloyd Morgan. — *Animal life and intelligence.* London, 1890.

W. Bolsche. — *Das Liebesleben in der Natur.* (*Etude sur l'évolution de l'amour*). Leipzig, 1898.

G. Romanes. — *L'évolution mentale dans le règne animal et chez l'homme.* Trad. franç.

Les progrès immenses que la psychologie, avec l'aide de la théorie évolutionniste, a accomplis dans la seconde moitié du xix° siècle, ont abouti à ceci : que nous reconnaissons l'*unité psychologique du monde organique*. La psychologie comparée, conjointement à l'ontogénie et à la phylogénie de l'âme, nous ont convaincus que la vie organique à tous ses degrés, depuis les plus simples protistes monocellulaires jusqu'à l'homme, est le produit des mêmes forces naturelles élémentaires, des mêmes fonctions physiologiques de sensation et de mouvement. La tâche fondamentale pour la psychologie scientifique de l'avenir ne sera donc pas, comme elle l'a été jusqu'à présent, l'analyse exclusivement subjective et introspective de l'âme à son plus haut degré de perfectionnement — de l'âme au sens où l'entendent les philosophes — mais l'étude objective et comparative de la longue série d'échelons, de la longue suite de stades inférieurs et animaux qu'a dû parcourir en se développant l'esprit humain. Distinguer les divers degrés de cette échelle psychologique et démontrer leur enchaînement phylogénétique ininterrompu, telle est la belle tâche à laquelle on ne s'est sérieusement appliqué que depuis quelques dizaines d'années et qui a surtout été abordée dans l'ouvrage remarquable de Romanes. Nous nous contenterons ici de traiter très brièvement quelques-unes des questions les plus générales auxquelles nous conduit la connaissance de cette suite d'étapes.

Base matérielle de l'âme. — Tous les phénomènes de la

vie de l'âme sans exception sont liés à des processus matériels ayant lieu dans la substance vivante du corps, dans le *plasma* ou *protoplasma*. Nous avons désigné la partie de celui-ci qui apparaît comme le support indispensable de l'âme, du nom de *psychoplasma* (« substance de l'âme », au sens moniste) c'est-à-dire que nous n'entendons par là aucune « essence » particulière, mais nous considérons *l'âme comme un concept collectif désignant l'ensemble des fonctions psychiques du plasma*. L'âme, en ce sens, est aussi bien une abstraction physiologique que les termes « écnange des matériaux » ou « génération ». Chez l'homme et les animaux supérieurs, par suite de l'extrême division du travail dans les organes et les tissus, le psychoplasma est un élément différencié du système nerveux le *neuroplasma* des cellules ganglionnaires et de leurs prolongements centrifuges, les fibres nerveuses. Chez les animaux inférieurs, par contre, qui ne possèdent pas encore de nerfs ni d'organes des sens distincts, le psychoplama n'est pas encore parvenu à se différencier pour exister d'une manière indépendante, pas plus que chez les plantes. Chez les protistes monocellulaires, enfin, le psychoplasma est, soit identique au *protoplasma* vivant tout entier qui constitue la simple cellule, soit à une partie de celui-ci. En tous cas, aussi bien à ces degrés inférieurs qu'aux degrés supérieurs de l'échelle psychologique, une certaine composition *chimique* du psychoplasma et une certaine manière d'être *physique* en lui sont indispensables dès que l' « âme » doit fonctionner ou travailler. Cela vaut aussi bien pour l'activité psychique élémentaire (sensation et mouvement plasmatiques) chez les Protozoaires, que pour les fonctions complexes des organes sensoriels et du cerveau chez les animaux supérieurs et, à leur tête, chez l'homme. Le travail du psychoplasma, que nous nommons « âme » est toujours lié à des échanges de matériaux.

Echelle des sensations. — Tous les organismes vivants, sans exception, sont sensibles ; ils distinguent les conditions du milieu extérieur environnant et réagissent sur lui par certains changements produits en eux-mêmes. La lumière et la chaleur, la pesanteur et l'électricité, les processus mécaniques et les phénomènes chimiques du milieu environnant agissent comme *excitants* sur le *psychoplasma* sensible et provoquent des changements dans sa composition moléculaire. Comme stades principaux de sa *sensibilité*, nous distinguerons les 5 degrés suivants :

I. Aux stades les plus inférieurs de l'organisation, le *psychoplasma* tout entier, comme tel, est sensible et réagit à l'action des excitants : c'est le cas des protistes les plus primitifs, de beaucoup de plantes et d'une partie des animaux supérieurs. — II. Au second stade commencent à se développer, à la surface du corps, de simples *instruments sensoriels* non différenciés, sous forme de poils protoplasmiques et de taches pigmentaires, précurseurs des organes du tact et des yeux ; c'est le cas d'une partie des protistes supérieurs, mais aussi de beaucoup d'animaux et de plantes inférieurs. — III. Au troisième stade, de ces éléments simples vont se développer, par *différenciation, des organes sensoriels spécifiques*, ayant chacun une adaptation propre ; instruments chimiques de l'odorat et du goût, organes physiques du tact et du sens de la température, de l'ouïe et de la vue. L' « énergie spécifique » de ces organes sensibles supérieurs n'est pas chez eux une qualité originelle, mais une propriété acquise graduellement par une adaptation fonctionnelle et une hérédité progressive. — IV. Au quatrième stade apparaît la centralisation, ou *intégration du système nerveux* et par là, en même temps, celle de la sensation ; par l'association des sensations auparavant isolées ou localisées, se forment les représentations qui, tout d'abord, restent encore inconscientes : c'est le cas chez beaucoup d'animaux inférieurs et supérieurs. — V. Au cinquième stade, par la réflexion des sensations dans une partie centrale du système nerveux, se développe la plus haute fonction psychique, la *sensation consciente*, c'est le cas chez l'homme et les Vertébrés supérieurs, probablement aussi chez une partie des Invertébrés supérieurs, surtout des Articulés.

Echelle des mouvements. — Tous les corps vivants de la nature, sans exception, se meuvent spontanément, à l'inverse de ce qui a lieu chez les corps inorganisés, fixés et immobiles (les cristaux, par exemple); c'est-à-dire qu'il se passe dans le *psychoplasma* vivant des changements de position des parties, par suite de causes internes, lesquelles s'expliquent par la constitution chimique de ce psychoplasma lui-même. Ces mouvements vitaux actifs peuvent être en partie perçus directement, par l'observation, tandis qu'en partie ils ne sont connus qu'indirectement, par leurs effets. Nous en distinguerons 5 degrés : I. Au degré le plus inférieur de la vie organique (chez les Chromacées, beaucoup de protophytes, et chez les métaphytes inférieurs), nous ne constatons que ces mouvements de *croissance* qui sont communs à tous les organismes. Ils se produisent d'ordinaire si lentement qu'on ne peut pas les observer immédiatement, mais par un procédé indirect, en induisant de leurs résultats, du changement de grandeur et de forme du corps en voie de développement. — II. Beaucoup de protistes, en particulier les algues monocellulaires du groupe des Diatomées et des Desmidiacées, se meuvent en rampant ou en nageant, grâce à une *secrétion*, par la simple excrétion d'une masse muqueuse. — III. D'autres organismes, flottant dans l'eau (par exemple, beaucoup de radiolaires, de Siphonophores, de Cténophores, etc.) s'élèvent ou s'enfoncent dans l'eau en modifiant leur *poids spécifique*, tantôt par osmose, tantôt en expulsant ou emmagasinant de l'air. — IV. Beaucoup de plantes, en particulier les impressionnables sensitives (mimosa) et autres Papilionacées, exécutent, avec leurs feuilles ou d'autres parties, des mouvements au moyen d'un *changement de turgescence*, c'est-à-dire qu'elles modifient la tension du protoplasma et par suite sa pression sur la paroi cellulaire élastique qui l'enveloppe. — V. Les plus importants de tous les mouvements organiques sont les *phénomènes*

de contraction, c'est-à-dire les changements de forme de la superficie du corps qui sont liés à des modifications réciproques de position dans ses parties ; ils se produisent toujours en traversant deux états différents ou phases du mouvement : la phase de *contraction* et celle d'*expansion*. On distingue comme quatre formes différentes de concentration du protoplasma :
a. les mouvements amiboïdes (chez les Rhizopodes, les globules du sang, les cellules pigmentaires, etc.) ; *b. les courants plasmiques,* analogues, à l'intérieur de cellules entourées d'une membrane ; *c. les mouvements vibratiles* (mouvement d'un flagellum ou de cils chez les Infusoires, les Spermatozoïdes, les cellules de l'épithélium à cils vibratiles) ; et enfin *d.* le *mouvement musculaire* (chez la plupart des animaux).

Echelle des réflexes (phénomènes réflexes, mouvements réflexes, etc.). — L'activité élémentaire de l'âme, produite par la liaison d'une sensation à un mouvement, est désignée par nous du nom de *réflexe* (au sens le plus large), ou de *fonction réflexe*, ou mieux encore d'*action réflexe*. Le mouvement (n'importe de quelle sorte) apparaît ici comme la suite immédiate de l'*excitation* provoquée par l'impression ; c'est pourquoi, dans le cas le plus simple (chez les protistes) on l'a désigné du simple nom de *mouvement d'excitation*. Tout protoplasma vivant est irritable. Tout changement physique ou chimique du milieu extérieur environnant peut, dans certaines circonstances, agir comme excitant sur le psychoplasma et produire ou « contrebalancer » un mouvement. Nous verrons, plus tard, comment l'importante notion physique d'*équilibre* rattache immédiatement les plus simples réflexes organiques aux mouvements mécaniques analogues dans la nature inorganique (par exemple, l'explosion de la poudre par une étincelle, de la dynamite par un choc). Nous distinguons dans l'échelle des réflexes les sept degrés suivants :

I. — Au stade le plus bas de l'organisation, chez les protistes inférieurs, les excitations du monde extérieur (lumière, chaleur, électricité, etc.), ne provoquent dans le *protoplasma* non différencié, que ces indispensables mouvements internes de croissance et d'échange qui sont communs à tous les organismes et indispensables à leur conservation. Il en va de même pour la plupart des plantes.

II. — Chez beaucoup de Protistes qui se meuvent librement (surtout chez les Amibes, les Héliozoaires et surtout les Rhizopodes) les excitations extérieures provoquent sur tous les points de la superficie du corps monocellulaire, des mouvements qui se traduisent par des changements de lieu (mouvements amiboïdes, formation de pseudopodes, contraction et extension des pseudopodes); ces prolongements mal déterminés et modifiables du protoplasma ne sont pas encore des organes constants. L'excitabilité organique générale se traduit de la même façon, par un *réflexe non différencié*, chez les impressionnables sensitives et chez les Métazoaires inférieurs; chez ces organismes pluricellulaires, les excitations peuvent être transmises d'une cellule à l'autre, puisque toutes les cellules, par leurs prolongements, sont en rapport de contiguité.

III. — Chez beaucoup de Protistes, et en particulier chez les Protozoaires ayant atteint un haut degré de développement, le corps monocellulaire se différencie déjà en deux sortes d'organes des plus rudimentaires : organes sensibles du tact et organes moteurs du mouvement; les deux instruments sont des prolongements directs et externes du protoplasma; l'excitation qui atteint le premier de ces organes est transmise immédiatement au second par le psychoplasma du corps monocellulaire et en provoque la contraction. Ce phénomène s'observe surtout clairement (ou se démontre expérimentalement) chez beaucoup d'Infusoires fixés (par exemple chez le poteriodendron parmi les Flagellés, chez la vorticelle parmi les Ciliés). La plus faible excitation qui atteint les prolongements vibratiles très impressionnables (flagellum ou cils) situés à l'extrémité libre de la cellule, produit aussitôt une contraction de l'un des bouts en forme de fil, à l'autre bout fixé. On désigne ce phénomène du nom d'*arc réflexe simple* (1).

IV. — A ces processus qui se passent dans l'organisme monocellulaire des Infusoires, se rattache immédiatement le mécanisme intéressant des *cellules neuro-musculaires,* que nous trouvons dans le corps pluri-cellulaire de beaucoup de Métazoaires inférieurs, en particulier chez les Cnidiés (polypes, coraux). Chaque cellule neuro-musculaire, prise individuellement, est *organe réflexe isolé ;* elle possède, à la surface de son corps, une partie sensible, au bout opposé et interne un filament musculaire mobile : celui-ci se contracte aussitôt que l'autre est excité.

V. — Chez d'autres Cnidiés, en particulier chez les Méduses qui nagent librement (et qui sont proches parentes des polypes fixés), — la *cellule neuro-musculaire* simple se subdivise en deux cellules différentes mais encore réunies par un filament : une *cellule sensorielle* externe (dans l'épiderme) et une *cellule musculaire* interne (sous la peau); dans cet *organe réflexe bicellulaire,* la première cellule est l'organe élémentaire de la sensation, la seconde celui du mouvement; le filament de psychoplasma qui les relie est un pont qui permet à l'excitation de passer de la première à la seconde.

VI. — Le progrès le plus important dans le développement progressif du mécanisme réflexe, c'est la différenciation de *trois* cellules ; à la place du simple pont dont nous venons de parler apparait une troisième cellule indépendante, la *cellule psychique* ou cellule ganglionnaire; en même temps survient une nouvelle fonction psychique, la *représentation* inconsciente qui a son siège précisément dans cette cellule centrale. L'excitation est transmise, de la cellule sensorielle sensible tout d'abord à cette cellule représentative intermédiaire (cellule psychique) et de celle-ci, elle passe sous forme de commandement au mouvement, à la cellule musculaire

---

(1) MAX VERWORN. *Allgemeine Physiologie*, 2te Aufl., 1897.

motrice. Ces *organes réflexes tricellulaires* prédominent chez la grande majorité des Invertébrés.

VII. — A la place de cette combinaison, on trouve chez la plupart des Vertébrés l'*organe réflexe quadricellulaire* consistant en ceci qu'entre la cellule sensorielle sensible et la cellule musculaire motrice, non plus une, mais deux cellules psychiques différentes sont intercalées. L'excitation externe passe ici de la cellule sensorielle, par voie centripète, à la *cellule sensitive* (cellule psychique sensible), puis de celle-ci à la *cellule de la volition* (cellule psychique motrice) et c'est seulement cette dernière qui la transmet à la cellule musculaire contractile. Par le fait que de nombreux organes réflexes analogues s'associent, et que de nouvelles cellules psychiques sont intercalées, se constitue le mécanisme compliqué réflexe de l'homme et des Vertébrés supérieurs.

Réflexes simples et réflexes complexes. — La différence importante que nous avons établie aux points de vue morphologique et physiologique entre les organismes monocellulaires (Protistes) et les pluricellulaires (Histones) existe de même quand il s'agit de l'activité psychique élémentaire, de l'action réflexe. Chez les *Protistes monocellulaires* (aussi bien chez les plantes primitives plasmodomes, les Protophytes, que chez les animaux primitifs plasmophages, les Protozoaires) le processus physique du réflexe tout entier se passe à l'intérieur du protoplasma d'une cellule unique ; leur « âme cellulaire » apparait encore comme une fonction unique du psychoplasma, ses diverses phases ne commençant à se différencier qu'au cours de la différenciation d'organes distincts. Déjà chez les Protistes cénobiontes, dans les *colonies cellulaires* (par exemple le volvox, le carchesium) apparaît le deuxième stade d'activité cellulaire, l'*action réflexe composée*. Les nombreuses cellules sociales qui composent ces colonies cellulaires ou cénobies, sont toujours en rapport plus ou moins étroit, souvent reliées directement les unes aux autres par des filaments, véritables ponts de plasma.

Une excitation qui atteint une ou plusieurs des cellules de cette association est communiquée aux autres par les ponts de réunion et peut provoquer chez toutes, une contraction collective. Cette association existe aussi dans les tissus des plantes et des animaux pluricellulaires. Tandis qu'on admettait autrefois, à tort, que les cellules des tissus végétaux existaient contiguës mais isolées les unes des autres, aujourd'hui on démontre partout l'existence de fins filaments protoplasmiques qui traversent les épaisses membranes cellulaires et maintiennent partout des rapports matériels et psychologiques entre leurs protoplasmas vivants. Ainsi s'explique que l'ébranlement de l'impressionnable racine du mimosa, provoqué par les pas du promeneur sur le sol, transmette aussitôt l'excitation à toutes les cellules de la plante, amenant toutes les feuilles délicates à se replier, tous les pétioles à tomber.

Action réflexe et conscience. — Un caractère important commun à tous les phénomènes réflexes, c'est le *manque de conscience*. Pour des raisons que nous exposons au chapitre X, nous n'admettons une conscience réelle que chez l'homme et les animaux supérieurs, et nous la refusons aux plantes, aux animaux inférieurs et aux Protistes ; chez ces derniers, par conséquent, *tous les mouvements d'excitation* doivent être considérés *comme des réflexes*, c'est-à-dire que tels sont tous les mouvements en général, en tant qu'ils ne sont pas produits *spontanément* ou par des causes internes (mouvements impulsifs ou automatiques) (1). Il en va autrement chez les animaux supérieurs qui présentent un système nerveux centralisé et des organes des sens parfaits. Ici, l'activité psychique réflexe a graduellement donné lieu à la conscience et l'on voit apparaître les actes volontaires conscients s'opposant aux réflexes, qui subsistent à côté d'eux. Mais nous devons ici, comme pour les instincts, distinguer

---

(1) MAX VERWORN. *Psychophysiologische Protisten-Studien* (1889). S. 135.

deux phénomènes essentiellement différents : les réflexes primaires et les secondaires. Les *réflexes primaires* sont ceux qui, phylogénétiquement, n'ont jamais été conscients, c'est-à-dire qui ont conservé leur nature originelle (héritée d'ancêtres animaux inférieurs). Les *réflexes secondaires*, au contraire, sont ceux qui furent, chez les ancêtres, des actes volontaires conscients mais qui, plus tard, par l'habitude ou la disparition de la conscience, sont devenus inconscients. On ne peut ici — pas plus qu'ailleurs — tracer une ligne de démarcation précise entre les fonctions psychiques conscientes et les inconscientes.

Echelle des représentations. (Dokèses). — Les psychologues d'autrefois (Herbart, par exemple), ont considéré la « représentation » comme le phénomène psychique essentiel d'où tous les autres dérivaient. La psychologie comparée moderne accepte cette idée en tant qu'il s'agit de la représentation *inconsciente* ; elle tient, au contraire, la représentation *consciente* pour un phénomène secondaire de la vie psychique qui fait encore entièrement défaut chez les plantes et les animaux inférieurs et ne se développe que chez les animaux supérieurs. Parmi les nombreuses définitions contradictoires qu'ont données les psychologues du terme de *représentation*, (Dokesis) la plus juste nous semble celle qui entend par là l'*image interne* de l'objet externe, lequel se transmet à nous par l'impression (« idée » en un sens particulier). Nous distinguerons, dans l'échelle croissante de la fonction de représentation, quatre degrés principaux qui sont les suivants :

I. — *Représentation cellulaire*. — Aux stades les plus inférieurs, la représentation nous apparaît comme une fonction physiologique générale du psychoplasma ; déjà chez les plus simples Protistes monocellulaires, les impressions laissent dans ce psychoplasma des traces durables qui peuvent être reproduites par la mémoire. Parmi plus de quatre mille espèces de Radiolaires que j'ai décrites, chaque espèce particulière est caractérisée par une forme de squelette spéciale, qui s'est transmise à elle par l'hérédité. La production de ce squelette spécifique, d'une structure souvent des plus compliquées, par une cellule des plus simples (presque toujours sphérique), ne peut s'expliquer que si nous attribuons au plasma, matière composante, la propriété de représentation et, de fait, celle toute spéciale de « sentiment plastique de la distance », ainsi que je l'ai montré dans ma *Psychologie des Radiolaires* (1).

II. — *Représentation histonale*. — Déjà chez les Cénobies ou colonies cellulaires de Protistes associés, mais plus encore dans les tissus des plantes et des animaux inférieurs, sans système nerveux (éponges, polypes), nous trouvons réalisé le second degré de représentation inconsciente, fondé sur une communauté de vie psychique entre de nombreuses cellules, étroitement liées. Si des excitations, qui se sont produites une seule fois, produisent non seulement un réflexe passager dans un organe (par exemple d'une feuille ou d'un bras de polype) mais laissent une impression durable qui sera reproduite spontanément plus tard, il faut bien admettre, pour expliquer ce phénomène, une représentation histonale, liée au psychoplasma des cellules associées en tissu.

III. — *Représentation inconsciente des cellules ganglionnaires*. — Ce troisième degré, plus élevé, de représentation est la forme la plus fréquente de cette fonction dans le règne animal ; elle apparaît comme une localisation de la représentation en certaines « cellules psychiques ». Dans le cas le plus simple, on ne la trouve, par conséquent, dans l'action réflexe, qu'au sixième degré de développement, lorsqu'est constitué l'organe réflexe tricellulaire ; le siège de la représentation est alors la cellule psychique moyenne, intercalée entre la cellule sensorielle et la cellule musculaire motrice. Avec le développement croissant du système nerveux dans le règne animal, avec son intégration et sa différenciation

---

(1) E. HAECKEL. *Allg. Naturgesch. der Radiolaren*, 1887. S. 122.

croissantes, le développement de ces représentations inconscientes va, lui aussi, toujours croissant.

IV. — *Représentation consciente des cellules cérébrales.* — C'est seulement aux degrés supérieurs de l'organisation animale que se développe la conscience, comme fonction spéciale d'un organe central déterminé du système nerveux. Par le fait que les représentations deviennent conscientes et que certaines parties du cerveau prennent un développement considérable tendant à l'*association* des représentations conscientes, l'organisme devient capable de ces fonctions psychiques supérieures désignées du nom de *pensée*, réflexion, entendement et *raison*. Bien que la limite phylogénétique soit des plus difficiles à tracer entre les représentations primitives, inconscientes et les secondaires, conscientes, on peut cependant admettre comme probable que celles-ci dérivent de celles-là *polyphylétiquement*. Car nous trouvons la pensée consciente et raisonnable, non seulement dans les formes supérieures de l'embranchement des Vertébrés (chez l'homme, les Mammifères, les Oiseaux, une partie des Vertébrés inférieurs) — mais encore chez les représentants les plus parfaits des autres groupes animaux (chez les fourmis et d'autres Insectes, les araignées et les Crustacés supérieurs parmi les Arthropodes, chez les Céphalopodes parmi les Mollusques).

Echelle de la mémoire. — Elle présente un rapport étroit avec celle du développement des représentations ; cette fonction capitale du psychoplasma — condition de tout développement psychique progressif — n'est au fond qu'une *reproduction de représentations*. Les empreintes que l'excitation avait produites en tant qu'impression sur le bioplasma et qui étaient devenues des représentations durables sont ranimées par la mémoire ; elles passent de l'état *potentiel* à l'état *actuel*. La « force de tension » latente dans le psychoplasma se transforme en « force vive » active. Correspondant aux quatre stades de la représentation, nous pouvons distinguer dans la mémoire quatre stades de développement progressif.

I. — *Mémoire cellulaire*. — Il y a déjà trente ans qu'Ewald Hering, dans un travail plein de profondeur, a désigné la mémoire comme une « fonction générale de la matière organisée », soulignant la haute importance de cette fonction psychique « à laquelle nous devons presque tout ce que nous sommes et ce que nous possédons » (1870). J'ai repris plus tard cette pensée (1876) et j'ai cherché à l'établir en lui appliquant avec fruit la théorie de l'évolution (voir ma *Périgenèse des plastidules, essai d'explication mécaniste des processus élémentaires de l'évolution* (1). J'ai cherché à prouver dans cette étude que la « mémoire inconsciente » était une fonction générale essentiellement importante, commune à tous les plastidules, c'est-à-dire à ces molécules ou groupes de molécules hypothétiques, que Naegeli appelle *micelles*, d'autres *bioplastes*, etc. Seuls les plastidules *vivants*, molécules individuelles du plasma actif, se reproduisent et possèdent ainsi la mémoire : c'est là la différence essentielle entre la nature organique et l'inorganique. On peut dire : « *L'hérédité est la mémoire des plastidules*, par contre la variabilité est l'intelligence des plastidules ». La mémoire élémentaire des protistes monocellulaires, se constitue à l'aide des mémoires moléculaires des plastidules ou micelles dont l'ensemble forme leur corps cellulaire vivant. Les effets les plus surprenants de cette mémoire inconsciente chez les Protistes monocellulaires sont surtout mis en lumière par l'infinie diversité et régularité de leur appareil protecteur si compliqué, le test et le squelette; une quantité d'exemples intéressants nous sont fournis, en particulier, par les *Diatomées* et les *Cosmariées* parmi les Protophytes, par les *Radiolaires* et les *Thalamophores*, parmi les Protozoaires. Dans des milliers d'espèces de ces Protistes, la forme spécifique du squelette se transmet avec une *relative constance*, témoignant ainsi de la fidélité de la mémoire inconsciente cellulaire.

II. — *Mémoire histonale*. — Quant au second degré de la

---

(1) E. Haeckel. *Gesammelte populaere Vortraege* 2 tes Heft, 1879.

mémoire, des preuves non moins intéressantes du souvenir inconscient des tissus nous sont fournies par l'hérédité des organes et des tissus divers dans le corps des plantes et des animaux inférieurs invertébrés (Spongiaires, etc.). Ce second degré nous apparaît comme une *reproduction des représentations histonales* de cette association de représentations cellulaires qui commence dès la formation des Cénobies chez les Protistes sociaux.

III. — De même on peut considérer le troisième degré, la *mémoire inconsciente* de ces animaux qui possèdent déjà un système nerveux, comme une reproduction des « représentations inconscientes » correspondantes, emmagasinées dans certaines cellules ganglionnaires. Chez la plupart des animaux inférieurs, toute la mémoire est sans doute inconsciente. Mais même chez l'homme et les animaux supérieurs auxquels nous sommes bien obligés d'attribuer de la conscience, les fonctions quotidiennes de la mémoire inconsciente sont incomparablement plus nombreuses et variées que celles de la mémoire consciente ; nous nous en convaincrons facilement par l'examen impartial de mille actions inconscientes que nous accomplissons journellement quand nous marchons parlons, écrivons, mangeons, etc.

IV. — La *mémoire consciente*, qui s'effectue chez l'homme et les animaux supérieurs au moyen de cellules cérébrales spéciales, n'apparaît par suite que comme une *réflexion intérieure*, survenue très tard, comme l'épanouissement dernier des mêmes reproductions de représentations psychiques, qui se réfléchissaient déjà chez nos ancêtres animaux inférieurs, en tant que phénomènes inconscients dans les cellules ganglionnaires.

Association des représentations. — L'*enchaînement* des représentations, qu'on désigne d'ordinaire du nom d'association des idées — ou, plus brièvement, d'association — présente également une longue échelle de degrés, des plus inférieurs aux plus supérieurs. Cette association, elle aussi, est encore à l'origine et de beaucoup le plus fréquemment *inconsciente*, « instinct » ; ce n'est que dans les groupes animaux les plus élevés qu'elle devient graduellement *consciente*, « raison ». Les conséquences psychiques de cette « association des idées » sont des plus diverses ; cependant, une très longue échelle graduée conduit sans interruption des plus simples associations inconscientes, réalisées chez les Protistes inférieurs, aux plus parfaites liaisons d'idées conscientes, réalisées chez l'homme civilisé. L'*unité de la conscience* chez celui-ci n'est regardée que comme le résultat suprême de cette association (HUME, CONDILLAC). Toute la vie psychique supérieure devient d'autant plus parfaite que l'association normale s'étend à des représentations indéfiniment plus nombreuses et que celles-ci s'ordonnent plus naturellement, conformément à la « critique de la raison pure ». Dans le *rêve*, où cette critique fait défaut, l'association des représentations reproduites se fait souvent de la manière la plus confuse. Mais également dans les créations de la *fantaisie* poétique, laquelle par des liaisons variées entre les représentations présentes en produit des groupes tout nouveaux, de même dans les hallucinations, etc., ces représentations s'ordonnent d'une manière antinaturelle et apparaissent ainsi, à qui les considère avec sang-froid, complètement *déraisonnables*. Ceci vaut tout particulièrement pour les *formes surnaturelles de la croyance*, les esprits du spiritisme et les images fantaisistes de la philosophie transcendantale et dualiste; mais précisément ces *associations anormales* dont témoignent la croyance et la prétendue « révélation » sont diversement prisées et considérées comme les « biens intellectuels » les plus précieux de l'homme (1). (Cf. ch. XVI.)

Instincts. — La psychologie surannée du moyen âge, qui néanmoins trouve encore aujourd'hui beaucoup de partisans, considérait la vie psychique chez l'homme et chez l'animal comme deux choses radicalement différentes ; elle faisait dé-

(1) ADALBERT SVOBODA. *Gestalten des Glaubens*, 1897.

river la première de la *raison*, la seconde de l'*instinct*. Conformément à l'histoire traditionnelle de la création, on admettait qu'à chaque espèce animale était inculquée, à l'instant de sa création et par son créateur, une qualité d'âme déterminée et inconsciente, et que ce *penchant naturel* (instinct) propre à chaque espèce était aussi invariable que son organisation corporelle. Après que déjà LAMARCK (1809) en fondant sa théorie de la descendance, eût montré l'inadmissibilité de cette erreur, DARWIN (1859) la réfuta complètement. Il établit, s'appuyant sur sa théorie de la sélection, les principes essentiels suivants : I. Les instincts de chaque espèce sont variables suivant les individus et, par l'*adaptation*, ils sont soumis au changement aussi bien que les caractères morphologiques de l'organisation corporelle. II. Ces variations (provenant pour la plupart d'habitudes modifiées), sont en partie transmises aux descendants par l'*hérédité*, et au cours des générations elles s'accumulent et se fixent. III. La *sélection* (naturelle ou artificielle) réalise un choix parmi ces modifications héréditaires de l'activité psychique : elle conserve celles qui sont utiles et écarte celles qui le sont moins. IV. La *divergence* de caractère psychique qui s'ensuit, amène ainsi, au cours des générations, l'apparition de nouveaux instincts, tout comme la divergence de caractère morphologique amène l'apparition de nouvelles espèces. Cette théorie de l'instinct de DARWIN est aujourd'hui admise par la plupart des biologistes ; G. ROMANES, dans son remarquable ouvrage sur l'*Evolution mentale dans le règne animal* (1885) a traité la question si à fond et en a si notablement étendu la portée, que je ne peux ici que renvoyer à cet auteur. Je remarquerai seulement que, selon moi, des instincts existent chez *tous* les organismes, chez tous les Protistes et toutes les plantes, aussi bien que chez tous les animaux et tous les hommes ; mais chez ces derniers ils entrent d'autant plus en régression que la *raison* se développe à leurs dépens.

Parmi les innombrables formes d'instincts, on en peut distinguer deux grandes classes : les primaires et les secondaires. Les *instincts primaires* sont les tendances générales inférieures inhérentes au psychoplasma et inconscientes chez lui depuis le commencement de la vie organique, par dessus tout la tendance à la conservation de l'individu (protection et nutrition) et celle à la conservation de l'espèce (reproduction et soin des jeunes). Ces deux *tendances fondamentales* de la vie organique, *la faim et l'amour*, sont à l'origine partout inconscientes, développées sans le concours de l'entendement ou de la raison ; chez les animaux supérieurs, comme chez l'homme, elles sont devenues plus tard des objets de conscience.

Il en va tout au contraire des *instincts secondaires* ; ceux-ci se sont développés à l'origine par une adaptation intelligente, par des réflexions et des raisonnements de la part de l'entendement, ainsi que par des actes conscients en vue d'une fin ; peu à peu ils sont devenus habituels au point que cette *altera natura* agit inconsciemment et, se transmettant aux descendants par l'hérédité, apparaît comme « innée ». La conscience et la réflexion, liées à l'origine à ces instincts particuliers des animaux supérieurs, se sont perdues au cours du temps et ont échappé aux plastidules (comme dans les cas d' « hérédité abrégée »). Les actes inconscients accomplis par les animaux supérieurs en vue d'une fin (par exemple les tendances artistiques) paraissent aujourd'hui des instincts innés. Ainsi se doit expliquer chez l'homme l'apparition des « connaissances *a priori* » innées, qui, à l'origine, *chez ses ancêtres*, se sont développées *a posteriori* et empiriquement (1).

Echelle de la raison. — D'après les opinions psychologiques tout à fait superficielles trahissant une complète ignorance de la psychologie animale et qui ne reconnaissent qu'à l'homme une « âme véritable », c'est à lui seul aussi que peuvent être attribuées, comme bien suprême, la conscience et la *raison*. Cette grossière erreur, qui d'ailleurs se

---

(1) E. HAECKEL. *Histoire de la création naturelle*, 9ᵉ éd. 1898.

rencontre actuellement encore dans beaucoup de manuels a été absolument réfutée par la psychologie comparée de ces quarante dernières années. Les Vertébrés supérieurs (surtout les Mammifères voisins de l'homme) possèdent une raison aussi bien que l'homme lui-même et à travers la série animale on peut tout aussi bien suivre la longue évolution progressive de la raison, qu'à travers la série humaine. La différence entre la raison d'hommes tels que Goethe, Lamarck, Kant, Darwin et celle de l'homme inculte le plus inférieur, d'un Wedda, d'un Akka, d'un nègre de l'Australie ou d'un Patagonien, est bien plus grande que la différence graduée entre la raison de ces derniers et celle des Mammifères « les plus raisonnables », des singes anthropoïdes et même des Papiomorphes, des chiens et des éléphants. Cette proposition importante, elle aussi, a été démontrée d'une manière absolument convaincante, à l'aide d'une comparaison critique approfondie, par Romanes et d'autres. Nous n'y insisterons donc pas davantage, pas plus que sur la différence entre la *raison* (ratio) et l'*entendement* (intellectus) ; de ces termes et de leurs limites, comme de beaucoup d'autres termes essentiels à la psychologie, les philosophes les plus remarquables donnent les définitions les plus contradictoires. D'une manière générale, on peut dire que la faculté de *former des concepts*, commune aux deux fonctions cérébrales, s'applique avec l'entendement au cercle plus étroit des associations concrètes et toutes proches, avec la raison, au contraire, au cercle plus vaste des groupes d'associations abstraites et plus étendues. Dans la longue échelle qui conduit des actes réflexes et des instincts réalisés chez les animaux inférieurs à la raison, réalisée chez les animaux supérieurs, l'entendement devance la raison. Le fait surtout important, pour nos recherches de psychologie générale, c'est que ces fonctions psychiques supérieures, elles aussi, sont soumises aux lois de l'hérédité et de l'adaptation, tout comme leurs organes ; ces *organes de la pensée* chez l'homme et les Mammifères supérieurs, résident, ainsi que l'ont démontré les recherches de

Flechsig (1894) dans ces parties de l'écorce cérébrale situées entre les quatre foyers sensoriels internes (cf. chap. X et XI).

Le langage. — Le haut degré de développement des concepts, de l'entendement et de la raison, qui met l'homme tellement au-dessus de l'animal, est étroitement lié au développement du langage. Mais ici comme là on peut démontrer l'existence d'une longue série ininterrompue de stades progressifs, conduisant des degrés les plus inférieurs aux supérieurs. Le langage est aussi peu que la raison l'apanage exclusif de l'homme. C'est plutôt au sens large un avantage commun à tous les animaux *sociaux supérieurs*, au moins à tous les Arthropodes et Vertébrés qui vivent en sociétés et en troupes ; il leur est nécessaire pour s'entendre, pour se communiquer leurs réprésentations. Ceci ne peut se faire que par contact, ou par signes, ou par sons désignant des concepts. Le chant des oiseaux et celui des singes anthropoïdes chantants (hylobates) rentrent, eux aussi, dans le langage des sons de même que l'aboiement du chien et le hennissement du cheval, de même enfin que le chant du grillon et le cri de la cigale. Mais chez l'homme seul s'est développé ce *langage articulé, par concepts*, qui permet à sa raison d'atteindre à de si hautes conquêtes. La *philologie comparée*, une des sciences les plus intéressantes qui soient nées en ce siècle, a montré comment les nombreuses langues, si perfectionnées, parlées par les différents peuples, se sont développées graduellement, lentement, à partir de quelques langues originelles très simples (G. de Humboldt, Bopp, Schleicher, Steinthal, etc.), Auguste Schleicher (1), d'Iéna, en particulier, a montré que le développement historique des langues s'effectue suivant les mêmes lois phylogénétiques que celui des autres fonctions physiologiques et de leurs organes. Romanes (1893) a repris cette démonstration et montré d'une manière convain-

---

(1) A. Schleicher : *Die Darwin'sche Theorie und die Sprachwissenschaft* (Weimar, 1863) ; *Ueber die Bedeutung der Sprache für die Naturgeschichte des Menschen* (Weimar, 1865).

cante que le langage de l'homme ne diffère que par le *degré* de développement, non en essence et par sa *nature*, de celui des animaux supérieurs.

Echelle des émotions. — L'important groupe de fonctions psychiques, désigné par le terme collectif de *sentiment* (1), joue un grand rôle dans la théorie de la raison, tant théorique que pratique. Pour notre manière de voir, ces phénomènes prennent une importance particulière parce qu'ici apparaît immédiatement le rapport direct de la fonction cérébrale avec d'autres fonctions physiologiques (battements du cœur, activité sensorielle, mouvement musculaire); c'est par là qu'apparaît avec la plus grande clarté ce qu'a d'anti naturel et d'inadmissible la philosophie qui veut séparer radicalement la psychologie de la physiologie.

Toutes les nombreuses manifestations de la vie émotive que nous trouvons chez l'homme s'observent aussi chez les animaux supérieurs (surtout chez les singes anthropomorphes et chez les chiens); si divers que soient leurs degrés de développement, ils peuvent se ramener tous aux deux *fonctions élémentaires de l'âme*, la sensation et le mouvement et à leur association dans le réflexe ou la représentation. C'est au domaine de la sensation, au sens large, que se rattache le *sentiment de plaisir et de peine*, qui détermine toute la manière d'être sentimentale, — et de même, c'est, d'autre part, au domaine du mouvement que se rattachent *l'attraction et la répulsion* correspondantes (amour et haine), l'effort pour obtenir le plaisir et éviter la peine.

L'attraction et la répulsion apparaissent comme la source primitive de la *volonté*, cet élément de l'âme d'une importance capitale, qui détermine le caractère de l'individu. Les *passions*, qui jouent un si grand rôle dans la vie psychique supérieure, ne sont que des grossissements des « émotions ». Et celles-ci sont communes à l'homme et aux animaux, ainsi

---

(1) *Gemüth.*

que Romanes l'a montré récemment d'une manière éclatante. Au degré le plus primitif de la vie organique, nous trouvons déjà, chez tous les Protistes, ces sentiments élémentaires de plaisir et de peine, qui se manifestent par ce qu'on appelle leurs *tropismes*, dans leur *recherche* de la lumière ou de l'obscurité, de la chaleur ou du froid, dans leur attitude variable à l'égard de l'électricité positive et négative. Au degré supérieur de la vie psychique, nous trouvons, par contre, chez l'homme civilisé, ces infimes nuances de sentiment, ces tons dégradés du ravissement et de l'horreur, de l'amour et de la haine, qui sont les ressorts de l'histoire et la mine inépuisable de la poésie. Et pourtant ces états élémentaires les plus primitifs du sentiment, réalisés dans le *psychoplasma* des Protistes monocellulaires, sont reliés par une chaîne continue, faite de tous les intermédiaires imaginables, aux formes supérieures de la passion humaine, dont le siège est dans les cellules ganglionnaires de l'écorce cérébrale. Que ces formes elles-mêmes soient soumises absolument aux lois physiques, c'est ce qu'a déjà exposé le grand Spinoza dans sa célèbre *Statique des passions*.

Echelle de la volonté. — Le terme de *volonté* est soumis, comme tous les termes psychologiques importants (ceux de représentation, d'âme, d'esprit, etc.), aux interprétations et définitions les plus variées. Tantôt la volonté, au sens le plus large, est considérée comme un attribut *cosmologique* : « le monde comme volonté et représentation » (Schopenhauer); tantôt, au sens le plus étroit, elle est considérée comme un attribut *anthropologique*, comme la propriété exclusive de l'homme; c'est le cas de Descartes pour qui les animaux sont des machines sans sensations ni volonté. Dans le langage courant, l'existence de la volonté se déduit du phénomène de mouvement volontaire et on la tient ainsi comme une forme d'activité psychique commune à la plupart des animaux. Si nous analysons la volonté à la lumière de la physiologie et de l'embryologie comparées, nous nous convaincrons —

comme dans le cas de la sensation — qu'il s'agit d'une propriété commune à tout *psychoplasma* vivant. Les mouvements automatiques, aussi bien que les réflexes, déjà observés chez les Protistes monocellulaires, nous sont apparus comme la conséquence *d'aspirations* liées indissolublement à la notion de vie. Chez les plantes et les animaux inférieurs, eux aussi, les aspirations ou *tropismes* nous sont apparus comme la résultante des aspirations de toutes les cellules réunies.

C'est seulement lorsque se développe « l'organe réflexe tricellulaire », lorsqu'entre la cellule sensorielle sensible et la cellule musculaire motrice, la troisième cellule indépendante s'intercale, « cellule psychique ou ganglionnaire », — que nous pouvons reconnaître en celle-ci un organe élémentaire indépendant de la volonté. Mais la volonté, chez les animaux inférieurs où ceci est réalisé, reste encore presque toute *inconsciente*. C'est seulement lorsque, chez les animaux supérieurs, se développe la conscience, comme une réflexion subjective des processus internes objectifs dans le neuroplasma des cellules psychiques, que la volonté atteint ce degré suprême où elle ne diffère plus qualitativement de la volonté humaine et pour lequel le langage courant revendique le prédicat de « *Liberté* ». Son libre déploiement et ses effets apparaissent d'autant plus imposants que se développent davantage, avec le mouvement libre et rapide, le système musculaire et les organes des sens et, en corrélation avec eux, les organes de la pensée, le cerveau.

Libre arbitre. — Le problème de la liberté de la volonté humaine est, de toutes les énigmes de l'univers, celle qui, de tous temps, a le plus préoccupé l'homme pensant et cela parce qu'au haut intérêt philosophique de la question s'ajoutent les conséquences les plus importantes pour la philosophie pratique, pour la morale, la pédagogie, la jurisprudence, etc. E. du Bois-Reymond qui traite de la question en tant que septième et dernière de ses « sept énigmes de l'univers » nous dit avec raison, en parlant du problème du libre arbitre : « Il concerne chacun, il semble abordable à chacun, il est étroitement lié aux conditions vitales de la société humaine, il exerce une action profonde sur les croyances religieuses, aussi le problème a-t-il joué dans l'histoire de la civilisation et de la pensée humaine un rôle d'une importance capitale et les diverses solutions qu'il a reçues reflètent-elles nettement les stades d'évolution de la pensée humaine. Peut-être n'est-il pas un objet de la méditation humaine qui ait suscité une plus longue collection d'in-folios jamais ouverts et destinés à moisir dans la poussière des bibliothèques. » L'importance de la question ressort clairement aussi de ce fait que Kant plaçait la croyance au libre arbitre immédiatement à côté de celles en « l'immortalité de l'âme » et en « l'existence de Dieu ». Il regardait ces trois grandes questions comme les trois indispensables *postulats de la raison pratique*, après avoir clairement montré que leur réalité ne pouvait se démontrer à la lumière de la raison *pure* !

Ce qu'il y a de plus remarquable dans les débats si grandioses et si obscurs auxquels a donné lieu le problème du libre arbitre, c'est peut-être que, théoriquement, l'existence de ce libre arbitre a été niée non seulement par les plus grands philosophes critiques, mais encore par les partis les plus opposés, tandis qu'en fait, pratiquement, elle est admise comme une chose toute naturelle, aujourd'hui encore, par la plupart des hommes. Des docteurs éminents de l'Eglise chrétienne, des Pères de l'Eglise comme Augustin, des réformateurs comme Calvin nient le libre arbitre aussi résolument que les chefs les plus célèbres du matérialisme pur, qu'un d'Holbach au xviiie ou qu'un Buchner au xixe siècle. Les théologiens chrétiens le nient parce qu'il est inconciliable avec leur profonde croyance en la toute-puissance de Dieu et en la prédestination : Dieu, tout-puissant et omniscient, a tout prévu et tout voulu de toute éternité, aussi a-t-il déterminé, comme le reste, les actions des hommes. Si l'homme, avec sa volonté libre, agissait autrement que Dieu ne l'a, par avance, déterminé à agir, alors Dieu n'aurait pas été tout-puissant et omniscient. Dans le même sens, Leibniz fut, lui aussi, un absolu *déterministe*. Les naturalistes monistes du siècle dernier, mais par-dessus tous Laplace, défendirent à leur tour le déterminisme en s'appuyant sur leur philosophie générale moniste et mécaniste.

La lutte ardente entre les *déterministes* et les *indéterministes*, entre les adversaires et les partisans du libre arbitre, est aujourd'hui, après plus de deux mille ans, définitivement résolue en faveur des premiers. La volonté humaine, est aussi peu libre que celle des animaux supérieurs dont elle ne diffère que par le degré, non par la nature. Tandis qu'au siècle dernier encore on combattait le dogme du libre arbitre avec des arguments généraux, philosophiques et cosmologiques, notre xix⁰ siècle, au contraire, nous a fourni, pour sa réfutation définitive, de toutes autres armes, à savoir ces armes puissantes dont nous sommes redevables à l'arsenal de la *physiologie et de l'embryologie comparées*. Nous savons aujourd'hui que tout acte de volonté est déterminé par l'organisation de l'individu voulant et sous la dépendance des conditions variables du milieu extérieur, au même titre que toute autre fonction psychique. Le caractère de l'effort est déterminé à l'avance par l'*hérédité*, il vient des parents et des ancêtres ; la décision, dans chaque acte nouveau, vient de l'*adaptation* aux circonstances momentanées, en vertu de quoi le motif le plus fort donne l'impulsion, conformément aux lois qui régissent la statistique des passions. L'*ontogénie* nous apprend à comprendre le développement individuel de la volonté chez l'enfant, la *phylogénie*, le développement historique de la volonté à travers la série de nos ancêtres vertébrés.

Coup d'œil rétrospectif sur les stades principaux du développement de la vie psychique.

Les cinq groupes psychologiques du monde organique.

V. — L'homme, les Vertébrés supérieurs, Arthropodes et Mollusques.

IV. — Vertébrés inférieurs, la plupart des Invertébrés.

III. — Invertébrés tout à fait inférieurs (polypes, éponges); la plupart des plantes.

II. — Cénobies de protistes : colonies cellulaires de Protozoaires (carchesium) et de Protophytes (volvox).

I. — Protistes mous cellulaires : Protozoaires et Protophytes solitaires.

Les cinq stades de développement des organes de l'âme.

V. — Système nerveux avec un organe central très développé : neuropsyche avec conscience.

IV. — Système nerveux avec un organe central simple : neuropsyche sans conscience.

III. — Le système nerveux manque ; âme d'un tissu pluricellulaire ; histopsyche sans conscience.

II. — Psychoplasma composé ; âme cellulaire sociale ; cytopsyche *socialis*.

I. — Psychoplasma simple ; âme cellulaire isolée, cytopsyche *solitaria*.

CHAPITRE VIII

Embryologie de l'âme.

ÉTUDES MONISTES DE PSYCHOLOGIE ONTOGÉNÉTIQUE. DÉVELOPPEMENT DE LA VIE PSYCHIQUE AU COURS DE LA VIE INDIVIDUELLE DE LA PERSONNE.

« Les faits merveilleux de la *fécondation* sont du plus haut intérêt pour la psychologie, en particulier pour la théorie de l'*âme cellulaire*, dont ils sont le fondement naturel. Car les processus importants de la conception (par lesquels le spermatozoïde mâle se fusionne avec l'ovule femelle pour former une nouvelle cellule) ne peuvent se comprendre et s'expliquer que si nous attribuons à ces deux cellules sexuelles une sorte d'activité psychique inférieure, Toutes deux, elles *sentent* réciproquement leur voisinage ; toutes deux, elles sont attirées l'une vers l'autre par une impulsion *sensible* (probablement quelque chose d'analogue à une sensation d'odeur) ; toutes deux, elles se meuvent l'une vers l'autre et ne se reposent qu'après s'être fusionnées. Le mélange particulier des deux noyaux cellulaires, parents, détermine en chaque enfant son caractère individuel, psychique »
Anthropogénie (1891).

SOMMAIRE DU CHAPITRE VIII

Importance de l'ontogénie pour la psychologie. — Développement de l'âme de l'enfant. — Commencement d'existence de l'âme individuelle. — Emboîtement de l'âme. — Mythologie de l'origine de l'âme. — Physiologie de l'origine de l'âme. — Processus élémentaires de la fécondation. — Copulation entre l'ovule femelle et le spermatozoïde mâle. — L'amour cellulaire. — Transmission héréditaire de l'âme des parents et des ancêtres. — Leur nature physiologique, mécanique du plasma. — Fusion des âmes (amphigonie psychique). — Répercussion, atavisme psychologique. — La loi fondamentale biogénétique en psychologie. — Répétition palingénétique et modification cénogénétique. — Psychogénie embryonnaire et post-embryonnaire.

LITTÉRATURE

J. ROMANES. — *L'évolution mentale chez l'homme. Origine des facultés humaines.* Trad. française.
W. PREYER. — *L'âme de l'enfant.* Observations sur l'évolution mentale de l'homme durant les premières années de sa vie. Trad. française.
E. HAECKEL. — *Bildungsgeschichte unseres Nervensystems. Anthropogénie* 4te Aufl., 1891.
J. LAMETTRIE. — *L'homme-machine.*
TH. RIBOT. — *L'hérédité psychologique. Les maladies de la mémoire.*
A. FOREL. — *Das Gedaechtniss und seine Abnormitaeten.* Zurich, 1885.
W. PREYER. — *Specielle physiologie des Embryo. Untersuchungen uber die Lebenserscheinungen vor der Geburt.* Leipzig, 1884.
E. HAECKEL. — *Zellseelen und Seelenzellen. Ursprung und Entwickelung der Sinneswerkzeuge (Gesammelte populaere Vortraege aus dem Gebiete der Entwickelungslehre.* I und II Heft). Bonn, 1878.

L'âme humaine — quelqu'idée qu'on se fasse de son « essence » subit au cours de notre vie individuelle une évolution continue. Cette *donnée ontogénétique* est d'une importance fondamentale pour notre psychologie moniste, bien que la plupart des « psychologues de profession » ne lui accordent que peu ou pas d'attention. L'embryologie individuelle étant, d'après l'expression de Baer — et conformément à la conviction générale des biologistes, — le « vrai fanal pour toutes les recherches relatives aux corps organiques », cette science seule pourra aussi éclairer d'un vrai jour les secrets les plus importants de la vie psychique de ces corps.

Quoique l' « embryologie de l'âme humaine » soit des plus importantes et des plus intéressantes, elle n'a trouvé jusqu'ici que dans une mesure restreinte l'attention qu'elle mérite. Ce sont presque exclusivement les *pédagogues* qui, jusqu'ici, se sont occupés de cette embryologie, et partiellement ; appelés par leur profession à surveiller et à diriger le développement de l'activité de l'âme chez l'enfant, ils en sont venus à trouver un intérêt théorique aux faits psychogénétiques qu'ils observaient. Cependant ces pédagogues — en tant du moins qu'ils réfléchissaient ! — aujourd'hui comme dans l'antiquité, demeuraient presque tous sous le joug de la psychologie dualiste régnante ; mais, par contre, ils ignoraient pour la plupart les faits les plus importants de la psychologie comparée, ainsi que l'organisation et les fonctions du cerveau. Leurs observations, d'ailleurs, concernaient presque toujours les enfants à l'âge où ils vont en classe ou dans les années immédiatement précédentes. Les phénomènes merveilleux que présente la psychogénie individuelle de l'enfant, précisément durant ses premières années, et que les parents intelligents admirent avec joie, n'avaient presque jamais été l'objet d'études scientifiques approfondies. C'est G. Preyer (1881) qui a frayé la voie par son intéressant ouvrage sur l'*Ame de l'enfant. Observations sur l'évolution mentale de l'homme durant les premières années de sa vie*. Au surplus, pour comprendre les choses avec une absolue clarté, il nous faut remonter plus loin encore, jusqu'à la première apparition de l'âme dans l'œuf fécondé.

Apparition de l'âme individuelle. — L'origine et la première apparition de l'*individu humain* — tant le corps que l'âme — passaient encore, au début du XIXe siècle, pour être des secrets absolus. Sans doute le grand C.-F. Wolff, dès 1759 avait révélé, dans sa *Theoria generationis* la vraie nature du développement embryonnaire et montré, s'appuyant sur l'observation critique, que dans le développement du germe aux dépens d'une simple cellule œuf, il se produisait une véritable *épigénèse*, c'est-à-dire une série de processus de néoformations des plus remarquables (1). Mais la physiologie d'alors, ayant à sa tête le célèbre Haller, écartait carrément ces données *empiriques*, qui se pouvaient immédiatement démontrer à l'aide du microscope — et s'en tenait fermement au dogme traditionnel de la *préformation* embryonnaire. Conformément à ce dogme, on admettait que dans l'œuf humain — comme dans l'œuf de tous les animaux — l'organisme avec toutes ses parties préexistait déjà, était déjà préformé; le « développement » du germe ne consistait proprement qu'en une « expansion » (*evolutio*) des parties incluses. La conséquence nécessaire de cette erreur, c'était la théorie de l'emboîtement, mentionnée plus haut; comme dans l'embryon féminin l'ovaire était déjà présent, on devait

---

(1) E. Haeckel. *Anthropologie* (4te Aufl., 1891), S. 23-38.

admettre que dans ses œufs déjà les germes de la génération suivante étaient emboîtés et ainsi de suite, *in infinitum!* A ce dogme de l'école des *ovulistes*, s'en opposait un autre, non moins erroné, celui des *Animalculistes ;* ceux-ci croyaient que le germe proprement dit résidait, non pas dans l'ovule féminin de la mère, mais dans le spermatozoïde mâle du père, et qu'il fallait chercher dans cet « animalcule spermatique » (*spermatozoon*) la série emboîtée des suites de générations.

Leibnitz appliqua très logiquement cette théorie de l'emboîtement à l'*âme* humaine ; il lui dénia un développement véritable (Epigenesis), ainsi qu'il le déniait au corps et déclara dans sa Théodicée : « Ainsi je prétends que les âmes, qui deviendront un jour des âmes humaines, étaient présentes dans le sperme, ainsi que celles des autres espèces ; qu'elles ont toujours existé, sous la forme de corps organisés, chez les ancêtres jusqu'à Adam, c'est-à-dire depuis le commencement des choses ». Des idées analogues ont persisté, tant dans la biologie que dans la philosophie, jusque vers 1830, époque où la réforme de l'embryologie par Baer leur a porté le coup mortel. Mais dans le domaine de la psychologie elles ont su se maintenir, même jusqu'à nos jours ; elles ne représentent qu'un groupe de ces nombreuses et étranges idées mystiques qu'on rencontre aujourd'hui encore dans l'ontogénie de l'âme.

Mythologie de l'origine de l'âme. — Les informations précises que nous avons acquises en ces derniers temps par l'ethnologie comparée, relativement à la manière dont les divers mythes se sont formés chez les anciens peuples civilisés et chez les peuples primitifs actuels, sont aussi d'un grand intérêt pour la psychogénie ; mais nous serions entraînés trop loin si nous voulions entrer ici dans des développements, nous renvoyons à l'ouvrage excellent de A. Svoboda : *Les formes de la croyance* (1897). Du point de vue de leur contenu scientifique ou poétique, les *mythes psychogénétiques* considérés peuvent être classés, de la manière suivante, en cinq groupes : I. Mythe de la *métempsychose* : l'âme existait auparavant dans le corps d'un autre animal et n'a fait que passer de celui-ci dans le corps de l'homme; les prêtres égyptiens, par exemple, affirmaient que l'âme humaine, après la mort du corps, errait à travers toutes les espèces animales et, après trois mille ans, rentrait dans un corps humain. II. Mythe de l'*implantation* : l'âme existait indépendante en un autre lieu, dans une chambre de réserve psychogénétique (dans une sorte de *sommeil embryonnaire* ou de vie latente); un oiseau vient la chercher (parfois représenté comme un aigle, généralement comme une « cigogne à sonnettes »), et il la transporte dans un corps humain. III. Mythe de la *création* : le Créateur divin, conçu comme « Dieu-Père » crée les âmes et les tient en réserve, tantôt dans un étang à âmes (où elles sont conçues comme formant un « Plankton » vivant), tantôt sur un arbre à âmes (elles sont alors comme les fruits d'une plante phanérogame); le Créateur les prend et les transporte (pendant l'acte de la génération), dans un germe humain. IV. Mythe de l'*emboîtement des âmes* (celui de Leibniz, mentionné plus haut). V. Mythe de la *division des âmes* (celui de R. Wagner (1855), admis aussi par d'autres physiologistes (1); pendant l'acte de la génération, une partie des deux âmes (immatérielles !) qui habitent le corps des deux parents, se détache; le morceau d'âme maternelle chevauche sur l'ovule, le morceau d'âme paternelle sur le spermatozoïde mobile : ces deux cellules venant à se fusionner, les deux fragments d'âme qui les accompagnaient se mêlent également pour former une nouvelle âme immatérielle.

Physiologie de l'origine de l'âme. — Bien que ces fantaisies poétiques sur l'origine des âmes humaines individuelles soient encore répandues et admises aujourd'hui,

---

(1) Cf. C. Vogt, *Kœhlerglaube und Wissenschaft* (1855).

leur caractère purement mythologique est cependant démontré comme certain à cette heure. Les recherches d'un si haut intérêt et si dignes d'admiration, entreprises pendant ces vingt-cinq dernières années, pour connaître en détail les processus de la fécondation et de la germination de l'œuf, ont montré que ces phénomènes mystérieux rentrent tous dans le domaine de la *Physiologie cellulaire*. Le germe féminin, l'ovule, et le corpuscule fécondant masculin, le spermatozoïde, sont de *simples cellules*. Ces cellules vivantes possèdent une somme de propriétés physiologiques que nous réunissons sous le terme d'*âme cellulaire*, absolument comme chez les protistes qui demeurent toujours monocellulaires. Les deux sortes de cellules sexuelles possèdent la propriété de sentir et de se mouvoir. Le jeune ovule, ou « œuf primitif », se meut à la façon d'une *amibe;* les minuscules spermatozoïdes, dont chaque goutte de sperme muqueux renferme des millions, sont des cellules flagellées qui se meuvent au moyen de leur flagellum vibratile et nagent au milieu du sperme aussi vite que les *Infusoires flagellés* ordinaires (flagellates).

Lorsque les deux sortes de cellules, par suite de la copulation, viennent à se rencontrer, ou lorsqu'elles sont mises en contact par une fécondation artificielle (par exemple chez les poissons), elles s'attirent réciproquement et s'accolent étroitement. La cause de cette attraction cellulaire est de nature chimique, c'est un mode d'activité sensorielle du plasma, quelque chose d'analogue à l'odorat ou au goût, à quoi nous donnons le nom de *Chimiotropisme érotique;* on peut très bien aussi (et cela aussi bien au sens de la chimie qu'au sens de l'amour romanesque) appeler cela une « affinité élective cellulaire » ou un « *amour cellulaire* sexuel ». De nombreuses cellules flagellées, incluses dans le sperme, nagent rapidement vers l'immobile ovule et cherchent à pénétrer dans son corps. Mais, ainsi que l'a montré HERTWIG (1875), il n'y a normalement qu'un seul prétendant qui soit favorisé et qui atteigne réellement le but souhaité. Aussitôt que cet « animalcule spermatique » favorisé s'est frayé avec sa « tête » (c'est-à-dire son noyau cellulaire) un chemin à travers le corps de l'ovule, celui-ci secrète une mince membrane muqueuse qui le protège contre la pénétration d'autres cellules mâles. Ce n'est qu'au moyen d'une température basse, en stupéfiant l'ovule par le froid ou en l'insensibilisant par des narcotiques (chloroforme, morphine, nicotine), que HERTWIG a pu empêcher la formation de cette membrane protectrice; alors survenait la *surfécondation* ou *polyspermie* et de nombreux filaments spermatiques pénétraient dans le corps de l'inconsciente cellule (Cf. mon *Anthropogénie*, p. 147). Ce fait merveilleux prouvait un faible degré d' « *instinct cellulaire* » (ou du moins de sensation vive, spécifique) dans les deux sortes de cellules sexuelles, non moins clairement que les processus importants appelés à se jouer aussitôt après dans les deux cellules. Les deux sortes de noyaux cellulaires, en effet, celui de l'ovule femelle et celui du spermatozoïde mâle, s'attirent réciproquement, se rapprochent et se fusionnent complètement lorsqu'ils arrivent au contact l'un de l'autre. C'est ainsi que provient, de l'ovule fécondé, cette importante cellule nouvelle que nous appelons *cellule souche* (Cytula) laquelle engendre, par des divisions répétées, l'organisme pluricellulaire tout entier. Les conséquences psychologiques qui ressortent de ces faits merveilleux de la fécondation, lesquels n'ont été bien constatés que pendant ces 25 dernières années, sont d'une importance capitale et n'ont pas été jusqu'ici, à beaucoup près, appréciées en raison de leur portée générale. Nous résumerons les conclusions essentielles dans les cinq propositions suivantes : I. Tout être humain, comme tout autre animal supérieur, est, au début de son existence, une cellule simple. II. Cette cellule souche (Cytula) se produit partout de la même manière, par la fusion ou copulation de deux cellules séparées, d'origine différente, l'ovule femelle (ovulum) et le spermatozoïde mâle (spermium). III. Les deux cellules sexuelles possèdent chacune une « âme cellulaire » différente, c'est-à-dire que chacune est caractérisée par une forme spéciale de sensation et de mouvement. IV. Au moment de la fécondation ou de la conception, il y a fusion non seulement entre les corps protoplasmiques des deux cellules sexuelles et leurs noyaux, mais aussi entre leurs « âmes », c'est-à-dire que les forces de tension contenues dans chacune des deux et liées indissolublement à la matière du plasma, s'unissent pour fournir une nouvelle force de tension, l' « embryon d'âme » de la cellule souche qui vient d'être ainsi formée. V. Ainsi chaque personne possède des qualités de corps et d'esprit, qu'elle tient de ses deux parents ; en vertu de l'hérédité, le noyau de l'ovule transmet une partie des qualités maternelles ; celui du spermatozoïde, une partie des qualités paternelles.

Ces phénomènes de la conception, constatés empiriquement, fondent en outre la certitude de ce fait des plus importants, à savoir que pour tout homme, comme pour tout animal, *l'existence individuelle a un commencement* ; la complète copulation des deux noyaux cellulaires sexuels détermine, avec une précision mathématique, l'instant où se produit non seulement le corps de la nouvelle *cellule souche*, mais aussi son « âme ». Déjà par ce seul fait le vieux mythe de *l'immortalité de l'âme* est réfuté, mais nous y reviendrons plus loin. Une superstition encore très répandue se trouve encore réfutée par là : c'est celle qui nous fait croire que l'homme doit son existence individuelle à la « grâce du bon Dieu ». La cause de cette existence est bien plutôt et uniquement l'*Eros* de ses deux parents, ce puissant instinct sexuel commun à toutes les plantes et tous les animaux pluricellulaires et qui les conduit à s'accoupler. Mais l'essentiel, dans ce processus physiologique, n'est pas, comme on l'admettait jadis, l' « étreinte » ou les jeux de l'amour qui s'y rattachent, mais uniquement l'introduction du sperme mâle dans les conduits sexuels féminins. C'est seulement ainsi que, chez les animaux terrestres, la semence fécondante et l'ovule détaché peuvent se rencontrer (ce qui a généralement lieu chez l'homme, à l'intérieur de l'utérus.) Chez les animaux inférieurs, aquatiques (par exemple les poissons, les coquillages, les méduses), les produits sexuels, parvenus à maturité, tombent simplement dans l'eau et là leur rencontre est abandonnée au hasard ; il n'y a pas d'accouplement au sens propre et par suite on ne trouve plus ces fonctions psychiques complexes de la « vie de l'amour » qui jouent un si grand rôle chez les animaux supérieurs. C'est pourquoi manquent, chez tous ces animaux inférieurs, où la copulation n'existe pas, ces organes intéressants, que DARWIN a désignés du nom de « caractères sexuels secondaires » et qui sont des produits de la sélection sexuelle : la barbe de l'homme, les bois du cerf, le superbe plumage des oiseaux de paradis et de beaucoup de Gallinacés ainsi que bien d'autres signes distinctifs des mâles qui manquent aux femelles.

Hérédité de l'âme. — Parmi les conséquences de la *physiologie de la conception* que nous venons d'énumérer, celle qui importe surtout pour la psychologie, c'est l'*hérédité des qualités de l'âme transmises par les deux parents*. Chaque enfant reçoit en héritage de ses *deux* parents certaines particularités de caractère, de tempérament, de talent, d'acuité sensorielle, d'énergie de la volonté : ce sont des faits connus de tous. Il en est de même de ce fait que souvent (ou même généralement) les qualités psychiques des grands-parents se transmettent par l'hérédité ; bien plus, l'homme ressemble très souvent plus, sous certains rapports, à ses grands-parents qu'à ses parents et cela est vrai des particularités mentales aussi bien que des corporelles. Toutes ces merveilleuses *lois de l'hérédité* que j'ai énoncées, d'abord dans la Morphologie générale (1866) et que j'ai traitées sous une forme populaire dans l'*Histoire de la Création Naturelle*, valent d'une manière générale et aussi bien pour les phénomènes de l'activité psychique que pour les détails de structure du corps ; que dis-je ? elles nous apparaissent bien souvent d'une manière plus surprenante et avec plus de clarté quand il s'agit du psychique que quand il s'agit du physique.

Cependant, pris en soi, le grand domaine de l'*hérédité*, dont DARWIN le premier (1859) nous a fait entrevoir l'incomparable portée et qu'il nous a, le premier, appris à étudier scientifiquement, abonde en énigmes obscures et en difficultés physiologiques ; nous ne pouvons pas prétendre que, dès maintenant, au bout de 40 ans, tous les aspects du problème nous soient clairs. Mais ce que nous avons déjà acquis définitivement c'est que l'*hérédité* est par nous considérée comme une *fonction physiologique de l'organisme*, indissolublement liée à sa fonction de reproduction et il nous faut finalement ramener celle-ci, comme toutes les autres fonctions vitales, à des processus physico-chimiques, à une *mécanique du plasma*. Mais nous connaissons maintenant avec exactitude le processus de la fécondation lui-même ; nous savons que le noyau du spermatozoïde apporte à la cellule souche, qui vient d'être formée, les qualités paternelles, tandis que le noyau de l'ovule lui apporte les qualités maternelles. La fusion des deux noyaux cellulaires est proprement le fait essentiel de l'hérédité ; par là, les qualités individuelles de l'âme comme celles du corps passent à l'individu qui vient d'être formé. A ces faits ontogénétiques, la psychologie dualiste et mystique, qui règne aujourd'hui encore dans les écoles, s'oppose en vain, tandis que notre psychogénie moniste les explique avec la plus grande simplicité.

Fusion des âmes (amphigonie psychique). — Le fait physiologique qui importe avant tout pour l'exacte appréciation de la psychogénie individuelle, c'est la *continuité de l'âme* dans la suite des générations. Si, en fait, au moment de la conception, un nouvel individu est produit, il ne constitue cependant pas une formation nouvelle, ni au point de vue des qualités intellectuelles ni à celui des qualités corporelles, mais c'est le simple produit de la fusion des deux facteurs représentés par les parents, l'ovule maternel et le spermatozoïde paternel. Les âmes cellulaires de ces deux cellules sexuelles se fusionnent aussi complètement dans l'acte de la fécondation, pour former une nouvelle *âme cellulaire*, que le font les deux noyaux, porteurs matériels de ces forces de tension psychique, pour former un nouveau *noyau cellulaire*. Puisque nous voyons des individus de la même espèce — même des frère et sœur issus d'un même couple de parents — présenter toujours quelques différences, quoique peu importantes, il nous faut bien admettre que ces différences existent déjà dans la composition chimique du plasma des deux cellules germes unies dans la copulation. (Loi de la variation individuelle. *Histoire de la Création Naturelle*, p. 215.)

Ces faits déjà nous permettent de comprendre l'infinie diversité des formes physiques et psychiques dans la nature organique. Une conséquence extrême, mais trop exclusive, est celle que Weisman a tirée de ce qui précède, considérant l'*amphimixis*, la fusion des plasmas germinatifs dans la génération sexuée, comme la cause générale et unique de la variabilité individuelle. Cette conception exclusive, qui se rattache à sa théorie de la continuité du plasma germinatif, est, à mon avis, exagérée ; je suis bien plutôt convaincu que les lois importantes de l'*hérédité progressive* et de l'*adaptation fonctionnelle* qui s'y rattache, valent pour l'âme exactement comme pour le corps. Les qualités nouvelles que l'individu s'est acquises pendant sa vie peuvent avoir un contre-coup partiel sur la composition moléculaire du plasma germinatif, dans l'ovule et le spermatozoïde et peuvent ainsi, dans certaines conditions, être transmises à la génération suivante (naturellement, en tant que simple force de tension latente).

Atavisme psychologique. — Dans la fusion des âmes qui se produit au moment de la conception, ce qui se transmet surtout, héréditairement, par la fusion des deux noyaux cellulaires, c'est, sans doute, la force de tension des deux âmes des parents ; mais, en outre, il peut s'y joindre une influence psychique héréditaire, remontant souvent en arrière jusqu'à des générations éloignées, car les lois de l'*hérédité latente* ou *atavisme* valent pour l'âme comme pour l'organisation anatomique. Les phénomènes merveilleux que produit ce *recul* nous apparaissent, sous une forme bien simple et bien instructive, dans les « générations alternantes » des polypes et des méduses. Nous voyons là deux générations très différentes alterner régulièrement, de telle sorte que la première reproduit la troisième, la cinquième, etc., tandis que la seconde se répète dans la quatrième, la sixième, etc.. (*Histoire Naturelle*, p. 185.)

Chez l'homme, comme chez les animaux et les plantes supérieures, où, par suite d'une hérédité continue, chaque génération ressemble à l'autre, cette alternance régulière des générations fait défaut, mais néanmoins nous observons, ici encore, divers phénomènes de *recul* ou d'atavisme qu'il faut ramener à la même loi d'hérédité latente.

C'est précisément dans les traits de détail de leur vie psychique, dans le fait qu'ils possèdent certaines dispositions ou talents artistiques, par l'énergie de leur caractère ou leur tempérament passionné, que des hommes éminents ressemblent souvent plus à leurs grands-parents qu'à leurs parents; parfois aussi apparaît tel trait frappant de caractère que ne possédaient ni les uns ni les autres, mais qui s'était manifesté chez quelque membre éloigné de la série des ancêtres, longtemps auparavant. Dans ces merveilleux traits d'atavisme, les mêmes lois d'hérédité applicables à l'âme valent aussi pour la physionomie, pour la qualité individuelle des organes des sens, les muscles, le squelette et autres parties du corps. Nous pouvons suivre cela dans un cas où le phénomène est surtout frappant : dans les dynasties régnantes et les familles d'ancienne noblesse qui, par le rôle marquant qu'elles ont joué dans l'Etat nous ont valu une exacte peinture historique des individus formant la chaîne de générations, ainsi par exemple chez les Hohenzollern, Hohenstaufen, la famille d'Orange, les Bourbons, etc., et mieux encore dans l'antiquité, chez les Césars.

La loi fondamentale biogénétique en psychologie (1866). — Le *lien causal* entre l'évolution *biontique* (individuelle) et la *phylétique* (historique), que, dans ma *Morphologie générale*, j'avais déjà placé, comme la loi suprême, en tête de toutes les recherches biogénétiques, a la même valeur générale pour la *psychologie* que pour la *morphologie*. J'ai insisté sur son importance toute spéciale pour l'homme sous ce double rapport (1874) dans la première leçon de mon *Anthropogénie*, intitulée : « La loi fondamentale de l'évolution organique ». Chez l'homme comme chez tous les autres organismes, *l'embryogénie est une récapitulation de la phylogénie*. Cette récapitulation accélérée et abrégée est d'autant plus complète que, grâce à une hérédité constante, la *répétition évolutive* originelle (palingenesis) est mieux conservée; au contraire, elle est d'autant plus incomplète que, grâce à une adaptation variée, la *modification évolutive* ultérieure (cenogenesis) a été introduite (*Anthropogénie*, p. 11).

En appliquant cette loi fondamentale à l'évolution de l'âme, nous ne devons surtout pas oublier de tenir toujours nos regards fixés sur les *deux* aspects de cette loi. Car chez l'homme, comme chez toutes les plantes et les animaux supérieurs, au cours des millions d'années de l'évolution phylétique, des modifications si importantes (*cénogénèses*) se sont produites que, par suite, l'image originelle et pure de la *palingénèse* (ou « répétition historique »), s'est trouvée très altérée et modifiée. Tandis que, d'une part, en vertu des lois de l'hérédité dans le même temps et dans le même lieu, la récapitulation *palingénétique* est conservée, d'autre part, en vertu des lois de l'hérédité simplifiée et abrégée, la récapitulation *cénogénétique* est sensiblement modifiée (*Histoire de la création Naturelle*, p. 190). Cela est surtout nettement visible dans l'histoire du développement des organes psychiques, du système nerveux, des muscles et des organes des sens. Mais il en va exactement de même de l'activité de l'âme, indissolublement liée au développement normal de ces organes. L'histoire de leur développement chez l'homme comme chez tous les autres animaux vivipares, subit déjà une profonde modification cénogénétique par ce fait que le développement du germe a lieu ici, pendant un temps assez long, à l'intérieur du corps de la mère. Nous devons donc distinguer l'une de l'autre, comme deux grandes périodes de la psychogénie individuelle : 1° l'histoire du développement embryonnaire et 2° celle du développement post-embryonnaire de l'âme.

Psychogénie embryonnaire. — Le germe humain ou embryon, dans les conditions normales, se développe dans le corps maternel pendant une durée de neuf mois (ou 270 jours). Pendant cet espace de temps, il est complètement séparé du monde extérieur, protégé non seulement par l'épaisse paroi musculaire de l'utérus maternel, mais encore par les enveloppes embryonnaires spéciales (embryolemmes) caractéristiques des trois classes supérieures de Vertébrés : Reptiles, Oiseaux et Mammifères. Dans les trois classes d'Amniotes, ces enveloppes embryonnaires (amnion ou membrane aqueuse, serolemme ou membrane séreuse) se développent exactement de la même manière. Ce sont des organes de protection que les premiers reptiles (proreptiles), formes ancestrales communes à tous les Amniotes, ont acquis pendant la période permique (vers la fin de l'époque paléozoïque), — alors que ces Vertébrés supérieurs s'adaptaient à la vie exclusivement terrestre et à la respiration aérienne. Leurs ancêtres immédiats, les Amphibies de la période houillère, vivaient et respiraient encore dans l'eau, comme leurs ancêtres plus lointains, les Poissons.

Chez ces Vertébrés primitifs, inférieurs et aquatiques, l'embryologie présentait encore à un haut degré le caractère palingénétique, ainsi que c'est encore le cas chez la plupart des Poissons et des Amphibies actuels. Les têtards bien connus, les larves de salamandres et de grenouilles possèdent, aujourd'hui encore, dans les premiers temps de leur libre vie aquatique, un corps dont la forme rappelle celui de leurs ancêtres les Poissons ; ils leur ressemblent aussi par leur mode de vie, leur respiration branchiale, le fonctionnement de leurs organes sensoriels et de leurs autres organes psychiques. C'est seulement lorsque survient l'intéressante métamorphose des têtards nageurs et alors qu'ils s'adaptent à la vie terrestre, que leur corps, pareil à celui des Poissons se transforme en celui d'un Amphibie rampant et quadrupède; à la place de la respiration branchiale aquatique, apparaît la respiration aérienne, au moyen de poumons et, avec le genre de vie modifié, l'appareil psychique (système nerveux et organes des sens) acquiert un plus haut degré de développement. Si nous pouvions suivre complètement, depuis le commencement jusqu'à la fin, la psychogénie des têtards, nous pourrions à bien des reprises, appliquer la loi fondamentale biogénétique, au développement de leur âme. Car ils se développent immédiatement dans les circonstances les plus variées du monde extérieur et doivent de bonne heure y adapter leur sensation et leur mouvement. Le têtard nageur ne possède pas seulement l'organisation, mais aussi le mode de vie des Poissons et ce n'est que par la transformation de l'un et de l'autre qu'il arrive à posséder ceux de la grenouille.

Chez l'homme, pas plus que chez les autres Amniotes, ce n'est le cas; les embryons, du fait de leur inclusion dans les membranes protectrices, sont complètement soustraits à l'influence directe du monde extérieur et désaccoutumés de la réciprocité d'action entre ce monde et eux. Mais, en outre, le *soin des jeunes*, si particulier chez les Amniotes, fournit aux embryons des conditions bien plus favorables à l'abréviation cénogénétique de l'évolution palingénétique. Avant tout, à ce point de vue, il convient de signaler l'excellent mode de nutrition de l'embryon; elle se fait chez les Reptiles, Oiseaux et Monotrêmes (les Mammifères ovipares) par le vitellus nutritif, le grand jaune de l'œuf qui lui adhère; chez les autres Mammifères, par contre (Marsupiaux et Placentaliens), elle se fait par le sang de la mère qui est conduit à l'embryon par les vaisseaux sanguins du sac vitellin et de l'allantoïde. Chez les *placentaliens* les plus élevés, ce mode utile de nutrition atteint, par la formation d'un placenta maternel, le plus haut degré de perfection ; aussi l'embryon est-il ici complètement développé avant la naissance. Son âme, cependant, demeure pendant toute cette période dans un état de *sommeil embryonnaire,* état de repos que Preyer a comparé avec raison au sommeil hibernal des animaux. Nous trouvons un sommeil analogue, long et prolongé, dans l'état larvaire des insectes qui traversent une métamorphose complète (papillons, mouches, cafards, abeilles, etc.). Ici, le *sommeil larvaire,* pendant lequel s'effectuent les transformations les plus importantes dans les organes et les tissus, est d'autant plus intéressant que, pendant la période précédente, où la larve vit libre (chenille, larve de hanneton ou ver), l'animal possède une vie psychique très développée, de beaucoup inférieure, pourtant, à ce que sera le stade ultérieur (après le sommeil larvaire) alors que l'insecte sera complet, ailé et aura atteint sa maturité sexuelle.

Psychogénie post-embryonnaire. — L'activité psychique de l'homme traverse, pendant sa vie individuelle, ainsi que cela a lieu chez la plupart des animaux supérieurs, une série de stades évolutifs ; nous distinguerons, comme les plus importants d'entre eux, les cinq degrés suivants : 1° l'âme du nouveau-né, jusqu'à l'éveil de la conscience personnelle et l'acquisition du langage ; 2° l'âme du petit garçon ou de la petite fille jusqu'à la puberté (à l'éveil de l'instinct sexuel) ; 3° l'âme du jeune homme ou de la jeune fille jusqu'à ce que survienne la liaison sexuelle (période de l' « idéal ») ; 4° l'âme de l'homme fait et de la femme mûre (période de maturité complète, où se fonde la famille : s'étendant, en général chez l'homme jusque vers la soixantaine, chez la femme jusque vers la cinquantaine, jusqu'à ce que survienne l'involution ; 5° l'âme du vieillard ou de la vieille femme (période de régression). La vie psychique de l'homme parcourt ainsi les mêmes stades évolutifs de développement progressif, de pleine maturité et de régression, que toutes les autres fonctions de l'organisme.

CHAPITRE IX

Phylogénie de l'Ame.

ETUDES MONISTES DE PSYCHOLOGIE PHYLOGÉNÉTIQUE. EVOLUTION DE LA VIE PSYCHIQUE DANS LA SÉRIE ANIMALE DES ANCÊTRES DE L'HOMME.

> Les fonctions physiologiques de l'organisme, réunies sous le terme d'activité psychique, ou plus brièvement *d'âme*, ont pour instrument chez l'homme les mêmes processus mécaniques (physiques ou chimiques) que chez les autres *Vertébrés*. Les organes de ces fonctions psychiques, eux aussi, sont les mêmes chez les uns et les autres : cerveau et moelle épinière comme organes centraux, nerfs périphériques et organes sensoriels. De même que ces *organes psychiques* se développent chez l'homme lentement et progressivement à partir des degrés inférieurs réalisés chez les ancêtres vertébrés, de même il en va, naturellement de leurs *fonctions* c'est-à-dire de l'âme elle-même. »

(*Phylogénie systématique des Vertébrés*, 1895.)

SOMMAIRE DU CHAPITRE IX

Evolution historique progressive de l'âme humaine, à partir de l'âme animale. — Méthodes de la psychologie phylogénétique. — Quatre étapes principales dans la phylogénie de l'âme : I. Ame cellulaire (cytopsyche) des Protistes (Infusoires, ovule, psychologie cellulaire); II. Ame d'une colonie cellulaire (cénopsyche), psychologie de la Morula et de la Blastula ; III. Ame des tissus (histopsyche); sa duplicité. Ame des plantes. Ame des animaux inférieurs dépourvus de système nerveux. Ame double des Siphonophores (âme personnelle et âme cormale); IV. Ame du système nerveux (neuropsyche) des animaux supérieurs. — Trois parties dans l'appareil psychique : organes sensoriels, muscles et nerfs. — Formation typique du centre nerveux dans les divers groupes animaux. — Organe de l'âme chez les Vertébrés : Canal médullaire (cerveau et moelle épinière). —Histoire de l'âme chez les Mammifères.

LITTÉRATURE

J. ROMANES. — *L'évolution mentale dans le règne animal.* Trad. fr. par de Varigny.

C. LLOYD MORGAN. — *The law of psychogenesis* (London 1892).

G. H. SCHNEIDER. — *Der Thierische Wille* (Leipzig 1880). *Der menschliche Wille* (Berlin 1882).

TH. RIBOT. — *Psychologie contemporaine*, 1870-79

FRITZ SCHULZE. — *Stammbaum der Philosophie. Tabellarisch-schematischer Grundriss der Geschichte der Philosophie* (Iéna 1890).

W. WURM. — *Thier und Menschenseele* (Frankf. 1896).

F. HANSPAUL. — *Die Seelentheorie und die Gesetze des natürlichen Egoïsmus und der Anpassung*, Berlin 1899.

J. LUBBOCK. — *Les débuts de la civilisation et l'état primitif de l'espèce humaine.*

M. VERWORN. — *Psychophysiologische Protisten-Studien* (experimentelle Untersuchungen), Iéna 1889.

E. HAECKEL. — *Systematische Phylogenie* (3ter Teil), Berlin 1895.

La théorie de la descendance, appuyée sur l'anthropologie, nous a fourni la conviction que l'organisme humain provient d'une longue série d'ancêtres animaux et qu'il s'est développé par des transformations progressives, effectuées lentement au cours de plusieurs millions d'années. Comme, en outre, nous ne pouvons pas séparer la vie psychique de l'homme de ses autres fonctions vitales, mais qu'au contraire nous nous sommes convaincus de l'évolution uniforme du corps et de l'esprit, la tâche s'impose à notre moderne *Psychologie moniste* de suivre l'évolution historique de l'âme humaine à partir de l'âme animale. C'est la solution de cette tâche que nous entreprenons dans notre *Phylogénie de l'âme*; on peut la désigner aussi, en tant que rameau de la science générale de l'âme, du nom de *psychologie phylogénétique* ou encore — par opposition à la *biontique* (individuelle) — du nom de *psychogénie phylétique*. Bien que cette science nouvelle vienne à peine d'être abordée sérieusement, bien que son droit à l'existence soit même contesté par la plupart des psychologues de profession, nous devons néanmoins revendiquer pour elle une importance de premier rang et le plus grand intérêt. Car, d'après notre ferme conviction, elle est appelée plus que tout autre à résoudre la grande « Énigme de l'Univers », relative à son essence et à son apparition.

Méthodes de la psychogénie phylétique. — Les voies et les moyens qui nous doivent conduire au but, encore si lointain, de la *psychologie phylogénétique*, à peine discernables pour beaucoup d'yeux dans le brouillard de l'avenir, ne diffèrent pas des voies et des moyens utilisés dans les autres recherches phylogénétiques. C'est, avant tout, ici encore, l'anatomie comparée, la physiologie et l'ontogénie qui sont du plus grand prix. Mais la paléontologie, elle aussi, nous fournit un certain nombre de points d'appui solides ; car l'ordre dans lequel se succèdent les débris fossiles des classes de Vertébrés appartenant aux diverses périodes de l'histoire organique de la terre, nous révèle en partie, en même temps que leur enchaînement phylétique, le développement progressif de leur activité psychique. Sans doute, nous sommes forcés ici, comme dans toutes les recherches phylogénétiques, de construire de nombreuses hypothèses destinées à combler les notables lacunes de nos données empiriques ; mais celles-ci jettent un jour si lumineux et d'une telle importance, sur les stades principaux de l'évolution historique, que nous sommes à même d'en suivre assez clairement le cours général.

Principaux stades de la psychogénie phylétique. — La psychologie comparée de l'homme et des animaux supérieurs nous permet, dès l'abord, de reconnaître dans les groupes les plus élevés des Mammifères placentaliens, chez les *Primates*, les progrès importants qui ont marqué le passage de l'âme du singe anthropoïde à l'âme de l'homme. La phylogénie des *Mammifères* et, en remontant encore, celle des Vertébrés inférieurs, nous montre la longue suite d'ancêtres éloignés des Primates ayant évolué, au sein de ce groupe, depuis l'époque silurienne.

Tous ces *Vertébrés* se ressemblent quant à la structure et au développement de leur organe psychique caractéristique, le *canal médullaire*. Que ce canal médullaire provienne d'un *acroganglion* dorsal ou *ganglion cérébroïde* des ancêtres invertébrés, c'est ce que nous apprend l'anatomie comparée des *Vers*. Remontant plus loin encore, nous découvrons, par l'ontogénie comparée, que cet organe psychique très simple dérive de la couche cellulaire du feuillet germinatif externe de l'ectoderme des *Platodariés* ; chez ces Plathelminthes primitifs, qui ne possédaient pas encore de système nerveux spécial, le revêtement cutané externe fonctionnait comme organe universel, à la fois sensoriel et psychique.

Enfin, par l'embryologie comparée nous nous convaincrons que ces Métazoaires, les plus simples, proviennent par gastrulation des *Blastéadés*, c'est-à-dire de *sphères creuses* dont la paroi était formée par une simple couche cellulaire, le *blastoderme*; et cette science nous apprend en même temps, à comprendre, avec l'aide de la loi fondamentale biogénétique, comment ces cénobies de Protozoaires proviennent d'animaux primitifs monocellulaires, des plus simples.

L'interprétation critique de ces diverses formes embryonnaires, dont on peut suivre la filiation immédiate par l'*observation* microscopique, nous fournit, au moyen de la loi fondamentale biogénétique, les aperçus les plus importants sur les stades principaux de la phylogénie de notre vie psychique ; nous en pouvons distinguer huit : 1. Protozoaires monocellulaires avec une simple *âme cellulaire* : *Infusoires*; 2. Protozoaires pluricellulaires avec une *âme cénobiale* : *Catallactes*; 3. Premiers Métazoaires avec une *âme épithéliale*: *Platodariés*; 4. Ancêtres invertébrés avec un simple *ganglion cérébroïde* : *Vers* ; 5. Vertébrés acraniens avec un simple *canal médullaire* sans cerveau : *Acraniotes* ; 6. Craniotes avec un *cerveau* (formé par cinq vésicules cérébrales) : *Crâniotes*; 7. Mammifères avec développement proéminent de *l'écorce cérébrale des hémisphères* : *Placentaliens*; 8. Singes anthropoïdes supérieurs et homme, avec des *organes de la pensée* (dans le cerveau proprement dit) : *Anthropomorphes*. Dans ces huit groupes historiques de la phylogénie de l'âme humaine, on peut encore distinguer, avec plus ou moins de clarté, un certain nombre de stades évolutifs secondaires. Bien entendu, quand il s'agit de leur reconstruction, nous sommes réduits aux témoignages très incomplets de la psychologie empirique, que nous fournissent l'anatomie et la physiologie comparées de la faune actuelle. Comme des Craniotes du sixième stade, et même des vrais Poissons se trouvent déjà à l'état fossile dans le système silurien, nous sommes bien forcés d'admettre que les ancêtres des cinq stades précédents (qui n'ont pu parvenir à se fossiliser !) ont évolué à une époque antérieure, pendant la période présilurienne.

I. **L'âme cellulaire (Cytopsyche)**; *premier des stades principaux de la psychogénèse phylétique*. — Les premiers ancêtres de l'homme, comme de tous les autres animaux, étaient des *animaux primitifs* monocellulaires (Protozoaires). Cette hypothèse fondamentale de la phylogénie rationnelle se déduit, en vertu de la grande loi biogénétique, de ce *fait* embryologique bien connu, que tout homme, comme tout autre *Métazoaire* (tout « animal à tissus », pluricellulaire), est, au début de son existence individuelle, une simple cellule, la *cellule souche* (cytula) ou « ovule fécondé ». Comme celle-ci, depuis le premier moment, a été *animée*, ainsi faut-il admettre qu'il en a été pour cette *forme ancestrale monocellulaire* qui, dans la série des premiers ancêtres de l'homme, a été représentée par toute une suite de *Protozoaires* différents.

Nous sommes renseignés sur l'activité psychique de ces organismes monocellulaires par la physiologie comparée des Protistes encore vivants aujourd'hui ; tant, d'une part, l'observation exacte, que de l'autre, l'expérimentation bien conduite, nous ont ouvert, durant la seconde moitié du xixe siècle, un nouveau domaine fécond en phénomènes du plus haut intérêt. Le meilleur exposé en a été donné en 1889 par MAX VERWORN, dans ses profondes *Etudes*, appuyées sur des expériences personnelles, études sur la *Psychophysiologie des Protistes*. Les quelques observations antérieures sur la « vie psychique des Protistes » sont réunies à ces études. VERWORN a acquis la ferme conviction que, chez tous les Protistes, les processus psychiques sont encore *inconscients*, que ceux de la sensation et du mouvement se confondent encore ici avec les processus vitaux moléculaires du plasma lui-même, et que les causes premières en doivent être cherchées dans les propriétés des *molécules de plasma* (des plastidules).

« Les processus psychiques, chez les Protistes, forment ainsi le pont qui réunit les processus chimiques de la nature inorganique à la vie psychique des animaux supérieurs; ils représentent l'embryon des phénomènes psychiques les plus élevés, qu'on observe chez les Métazoaires et chez l'homme ».

Les observations soigneuses et les nombreuses expériences de Verworn, jointes à celles de W. Engelmann, W. Preyer, R. Hertwig et autres savants adonnés à l'étude des Protistes, fournissent une preuve concluante à ma *théorie moniste de l'âme cellulaire* (1866). M'appuyant sur des recherches poursuivies pendant de longues années sur divers Protistes, surtout des Rhizopodes et des Infusoires, j'avais déjà, il y a 33 ans, formulé cette affirmation que toute cellule vivante possède des propriétés psychiques et que, par suite, la vie psychique des plantes et des animaux pluricellulaires n'est que le résultat des fonctions psychiques des cellules composant leur corps. Dans les groupes inférieurs (par exemple les algues et les éponges) *toutes* les cellules du corps y contribuent pour une part égale (ou avec de très petites différences); au contraire, dans les groupes supérieurs, en vertu de la loi de la division du travail, ce rôle n'incombe qu'à une partie des cellules, les élues, les « cellules psychiques ». Les conséquences de cette *psychologie cellulaire*, de la plus haute importance, ont été exposées en partie (1876) dans mon travail sur la « Périgenèse des plastidules », en partie enfin (1877) dans mon discours de Münich sur « la Théorie de l'évolution actuelle dans son rapport avec l'ensemble de la science ». On en trouvera un exposé plus populaire dans mes deux conférences de Vienne (1878), sur « l'Origine et l'évolution des instruments sensoriels » et sur « l'Ame cellulaire et la cellule psychique » (1).

La simple *âme cellulaire* présente déjà, d'ailleurs, au sein du groupe des Protistes, une longue suite de stades évolutifs, depuis des états d'âme primitifs, très simples jusqu'à d'autres très parfaits et élevés. Chez les plus anciens et les plus simples des Protistes, la sensation et le mouvement sont répartis également sur le plasma tout entier du corpuscule homogène ; dans les formes supérieures, par contre, des « instruments sensoriels spéciaux » se différencient en organes physiologiques : ce sont des *Organelles*. Comme parties cellulaires motrices analogues, nous citerons les pseudopodes des Rhizopodes, les cils vibratiles, les flagellums et les cils des Infusoires. On considère, dans la vie cellulaire, comme un organe central interne le noyau, qui fait encore défaut chez les plus anciens et les plus inférieurs des Protistes. Au point de vue physiologico-chimique, ce qu'il faut surtout signaler, c'est que les Protistes originels les plus anciens étaient des *Plasmodomes* qu'ils échangeaient des matériaux nutritifs avec les plantes, par suite que c'était des *Protophytes* ou « plantes originelles » ; c'est d'elles que proviennent, secondairement, par métasitisme, les premiers *plasmophages*, qui échangeaient des matériaux nutritifs avec les animaux, par suite étaient des *Protozoaires* ou « animaux originels » (2). Ce *métasitisme*, l' « inversion des matériaux nutritifs » marque un important progrès psychologique, car c'est le point de départ de l'évolution des traits caractéristiques de « l'âme animale » qui font encore défaut à « l'âme végétale ».

Le plus haut degré de développement de l'âme cellulaire animale est réalisé dans la classe des *Ciliés* ou *Infusoires ciliés*. Lorsque nous comparons ce que nous observons chez eux avec les fonctions psychiques correspondantes d'animaux

---

(1) E. HAECKEL, *Gesammelte populaere Vortraege aus dem Gebiete der Entwickelungslehre*. Bonn, 1878.

(2) E. HAECKEL : *Systematische Phylogenie*, Bd. 1 (1894), § 38.

pluricellulaires, plus élevés, il ne semble presque pas y avoir de différence psychologique ; les organelles sensibles et moteurs de ces Protozoaires paraissent accomplir les mêmes fonctions que les organes sensoriels, les nerfs et les muscles des Métazoaires. On a même regardé le *gros noyau cellulaire* (meganucleus) des Infusoires comme un organe central d'activité psychique, qui jouerait, dans leur organisme monocellulaire, un rôle analogue à celui du cerveau dans la vie psychique des animaux supérieurs. Au reste, il est très difficile de décider dans quelle mesure ces comparaisons sont légitimes ; les opinions des savants qui ont étudié d'une manière spéciale les Infusoires diffèrent beaucoup sur ce point. Les uns considèrent, chez ces animaux, tous les mouvements spontanés du corps comme automatiques ou impulsifs, tous les mouvements d'excitation comme des réflexes ; les autres voient là en partie des mouvements volontaires et intentionnels. Tandis que ces derniers auteurs attribuent déjà aux Infusoires une certaine conscience, une représentation d'un moi synthétique — les premiers se refusent à les leur reconnaître. De quelque façon qu'on résolve cette difficile question, ce qui est en tous cas certain, c'est que ces Protozoaires monocellulaires nous présentent une *âme cellulaire* des plus développées qui est du plus haut intérêt pour l'appréciation exacte de ce qu'était l'âme chez nos premiers ancêtres monocellulaires.

II. **Ame d'une colonie cellulaire** ou âme cénobiale (Cenopsyche) ; *deuxième des stades principaux de la psychogénèse phylétique*. — L'évolution individuelle commence chez l'homme, comme chez tous les autres animaux pluricellulaires, par des divisions répétées chez une simple cellule. La *cellule souche* (Cytula) ou « ovule fécondé » se divise, d'après le processus de la division indirecte ordinaire, tout d'abord en deux cellules filles ; ce processus venant à se répéter, il se produit (par des « sillons équatoriaux »), successivement 4, 8, 16, 32,

64 « cellules par sillonnement, ou blastomères » identiques. D'ordinaire, chez la plupart des animaux, survient, plus ou moins tard, à la place de cette division primitive régulière, un accroissement irrégulier. Mais dans tous les cas le résultat est le même : formation d'une masse (le plus souvent sphérique), d'un ballot de cellules non différenciées, toutes identiques au début. Nous appelons ce stade *Morula* (cf. *Anthropogénie*, p. 159).

D'ordinaire s'amasse alors à l'intérieur de cet agrégat cellulaire, en forme de petite mûre, un liquide, par suite de quoi la morula se transforme en une petite vésicule sphérique ; toutes les cellules se portent à la surface et s'ordonnent en une simple couche cellulaire, le *blastoderme*. La *sphère creuse* ainsi constituée est le stade le plus important de la *blastula* ou *blastosphère* (*Anthropogénie*, p. 150).

Les *phénomènes psychologiques* que nous pouvons constater immédiatement, dans la formation de la blastula, sont en partie des mouvements, en partie des sensations de cette colonie cellulaire. Les *mouvements* se répartissent en deux groupes : I. Mouvements internes, qui se répètent partout suivant un mode essentiellement analogue, dans le phénomène de la division cellulaire ordinaire (indirecte) : formation du fuseau nucléaire, mytose, caryokinèse, etc. ; II. mouvements externes, qui apparaissent dans le changement normal de position des cellules assemblées et dans leur groupement pour former le blastoderme. Nous tenons ces mouvements pour *héréditaires* et inconscients, parce qu'ils sont partout conditionnés de la même manière, grâce à l'hérédité transmise à eux par les premières séries ancestrales de Protistes. Quant aux *sensations*, on en peut distinguer également deux groupes : I. Sensations des cellules isolées, qu'elles expriment par l'affirmation de leur indépendance individuelle et par leur attitude à l'égard des cellules voisines (avec lesquelles elles sont en contact, reliées même en partie directement par des ponts de plasma). II. La sensation synthétique de la colonie cellulaire ou *cénobium* tout entier, qui se manifeste par la formation individuelle de la *blastula* en *sphère creuse* (*Anthropogénie*, p. 491).

La compréhension de la cause de la formation de la *blastula* nous est facilitée par la *loi fondamentale biogénétique*, qui en explique les phénomènes immédiatement observables par l'*hérédité*, et les ramène à des processus historiques analogues qui se seraient accomplis à l'origine, lors de l'apparition des premières cénobies de Protistes, des *Blastéadés* (*Pylog. Syst.*, III, 22-26). Mais ces processus physiologiques et psychologiques importants ayant eu leur siège dans les premières *associations cellulaires*, nous deviennent clairs par l'observation et l'expérimentation faites sur les cénobies encore aujourd'hui vivantes. Ces *colonies cellulaires* stables ou hordes cellulaires (désignées encore des noms de « communautés cellulaires », « pied de cellules » sont aujourd'hui encore très répandues, tant parmi les *plantes originelles plasmodomes* (paulotomées, diatomées, volvocinées) que parmi les *animaux originels plasmophages* (Infusoires et Rhizopodes). Dans toutes ces cénobies nous pouvons déjà distinguer, à côté l'un de l'autre, deux stades divers d'activité psychique : I. *L'âme cellulaire* des individus cellulaires isolés (en tant qu'« organismes élémentaires ») et II *l'âme cénobiale* de la colonie cellulaire tout entière.

III. **Ame des tissus** (**Histopsyche**) ; *troisième des stades principaux ae la psychogénèse phylétique*. — Chez toutes les plantes pluricellulaires possédant des tissus (métaphytes ou *plantes à tissus*), de même que chez les *animaux à tissus* (Métazoaires) inférieurs, dépourvus de système nerveux, nous pouvons distinguer de suite deux formes différentes d'activité psychique, à savoir : A. l'âme des *cellules* isolées qui composent les tissus, et B. l'âme des *tissus* eux-mêmes ou de la « république cellulaire » constituée par les cellules. Cette *âme des tissus* est partout la fonction psychologique la plus élevée, celle qui nous révèle dans l'organisme pluricellulaire complexe, un *bion* synthétique, un *individu physiologique*, une véritable « république cellulaire ». Elle gouverne toutes les « âmes cellulaires » isolées des cellules sociales qui, en tant que « citoyens » indépendants, constituent la république cellulaire unifiée. Cette *duplicité fondamentale de la psyche* chez les Métaphytes et chez les Métazoaires inférieurs, dépourvus de système nerveux, est chose très importante ; on en démontre l'existence immédiatement par une observation impartiale et des expériences bien conduites : tout d'abord, chaque cellule isolée possède sa sensation et son mouvement et ensuite chaque tissu et chaque organe, composé d'un certain nombre de cellules identiques, témoigne d'une excitabilité spéciale et d'une unité psychique (par exemple, le pollen et les étamines).

III. A. **L'âme des plantes (phytopsyche).** — C'est pour nous le terme qui résume toute l'activité psychique des *plantes pluricellulaires*, possédant des tissus (Métaphytes, à l'exclusion des Protophytes monocellulaires) ; elle a été l'objet des opinions les plus diverses jusqu'à ce jour. On trouvait autrefois une différence fondamentale entre les plantes et les animaux en ce qu'on attribuait d'ordinaire à ceux-ci une « âme » qu'on refusait à celles-là. Cependant, une comparaison impartiale de l'excitabilité et des mouvements, chez diverses plantes supérieures et chez des animaux inférieurs, avait convaincu, dès le commencement du siècle, quelques chercheurs isolés, que les uns et les autres devaient être pareillement animés.

Plus tard, Fechner, Leitgeb entre autres, défendirent vivement l'hypothèse d'une *Ame des plantes*. On n'en comprit mieux la nature qu'après que la *théorie cellulaire* (1838) eût démontré, dans les plantes et les animaux, l'identité de structure élémentaire, et surtout depuis que la *théorie du plasma* de Max Schulze (1859) eût reconnu, chez les uns et les autres, la même attitude du plasma actif et vivant. La physiologie comparée récente (en ces 30 dernières années) a montré, en outre, que l'attitude physiologique, en réaction aux diverses excitations (lumière, électricité, chaleur, pesanteur, frottement, influences chimiques) était absolument la même dans les parties *sensibles* du corps de beaucoup de plantes et d'animaux, — que les *mouvements réflexes*, enfin, provoqués par les excitations, se produisaient absolument de la même manière. Si donc on attribue ces modes d'activité chez les Métazoaires inférieurs, dépourvus de système nerveux (éponges, polypes, à une « âme » particulière, on est autorisé à admettre la présence de cette même âme chez beaucoup de Métaphytes (même chez tous), au moins chez les très « sensibles » plantes impressionnables (mimosa), chez les attrape-mouches (dionaea, drosera) et chez les nombreuses plantes grimpantes.

Il est vrai, la physiologie végétale récente a donné de ces « mouvements d'excitation » ou *tropismes* une explication toute physique, les ramenant à des rapports particuliers de croissance, à des oscillations de tension, etc. Mais ces causes mécaniques ne sont ni plus ni moins *psychophysiques* que les « mouvements réflexes » analogues chez les éponges, les polypes et autres Métazoaires dépourvus de système nerveux, même si le mécanisme était ici tout différent. Le caractère de l'histopsyche ou *âme cellulaire* se manifeste également dans les deux cas par ce fait que les cellules du tissu (de l'association cellulaire régulièrement ordonnée) conduisent les excitations reçues en un point et provoquent ainsi des mouvements en d'autres points ou dans tout l'organe. Cette *conduction de l'excitation* peut aussi bien être regardée comme une « activité psychique », que la forme plus parfaite qu'elle présente chez les animaux pourvus de système nerveux ; elle s'explique anatomiquement parce que les cellules sociales du tissu (ou association cellulaire), loin d'être, comme on le supposait autrefois, séparées les unes des autres, sont partout reliées entre elles par de fins filaments ou ponts de plasma. Lorsque les plantes impressionnables nuisibles (mimosa), qu'on vient à toucher ou ébranler, replient leurs feuilles étalées et laissent pencher leurs pétioles — lorsque les excitables attrape-mouches (dionaea) au contact imprimé à leurs feuilles, les referment vivement et attrapent la mouche, — la sensation semble, certes, plus vive, la conduction de l'excitation plus rapide et le mouvement plus énergique que la réaction réflexe d'une éponge officinale (ou d'autres éponges) excitée.

III. *B*. **Ame des Métazoaires dépourvus de système nerveux**. — L'activité psychique de ces *Métazoaires inférieurs* qui possèdent, il est vrai, des tissus et souvent même des organes différenciés, mais ni nerfs ni organes des sens spéciaux, est d'un intérêt tout particulier pour la psychologie comparée en général, et pour la phylogénie de l'âme animale en particulier. On distingue, parmi eux, quatre groupes différents de *Cœlentérés* primitifs, à savoir : 1. Les *Gastréadés*; 2. les *Platodariés*; 3. les *Eponges*; 4. les *Hydropolypes*, formes inférieures des Cnidiés.

Les Gastréadés ou animaux à intestin primitif forment ce petit groupe des Cœlentérés les plus inférieurs qui présente une haute importance, comme étant le groupe originel commun de tous les Métazoaires. Le corps de ces petits animaux nageurs a la forme d'une vésicule (le plus souvent ovoïde) contenant une simple cavité avec une ouverture (intestin primitif et bouche primitive). La paroi de la cavité digestive est constituée par deux assises cellulaires simples, dont l'interne (feuillet intestinal) remplit les fonctions végétatives de nutrition et l'externe (feuillet épidermique), les fonctions animales de sensation et de mouvement. Les cellules sensibles, toutes pareilles, de ce feuillet épidermique, portent de fins flagellums, de longs cils dont les vibrations effectuent le mouvement volontaire de natation. Les quelques seules formes encore vivantes de Gastréadés, les *Gastrémariés* (trichoplacides) et les *Cyémariés* (orthonectides) sont très intéressantes par ce fait qu'elles restent, leur vie durant, à ce stade de développement que traversent, au début de leur évolution embryonnaire, les germes de tous les autres Métazoaires, depuis les éponges jusqu'à l'homme.

Ainsi que je l'ai montré dans ma *Théorie gastréenne* (1872), chez tous les animaux à tissus, la *blastula,* dont nous avons déjà parlé, donne naissance tout d'abord à une forme embryonnaire des plus caractéristiques, la *gastrula*. Le blastoderme, représenté par la paroi de la sphère creuse, forme d'un côté une excavation en forme de fosse qui devient bientôt une invagination si profonde que la cavité interne de la vésicule disparaît. La moitié invaginée (interne) du blastoderme s'accole étroitement à la moitié non invaginée (externe); celle-ci forme le *feuillet épidermique* ou feuillet germinatif externe (ectoderme, épiblaste), la première, par contre, forme le *feuillet intestinal* ou feuillet germinatif interne (entoderme, hypoblaste). L'espace vide ainsi constitué dans le corps en forme de gobelet est la cavité digestive, l'*intestin primitif* (progaster), son ouverture, la *bouche primitive* (prostoma) (1). Le feuillet épidermique ou ectoderme est, chez tous les Métazoaires, le premier *organe de l'âme*; car il donne naissance, chez tous les animaux pourvus de système nerveux, non seulement au revêtement cutané externe et aux organes des sens, mais aussi au système nerveux. Chez les Gastréadés, où ce dernier n'existe pas encore, toutes les cellules qui composent l'assise épithéliale simple de l'ectoderme sont à la fois des organes de sensation et de mouvement : l'âme des tissus se manifeste ici sous sa forme la plus simple.

La même formation primitive semble aussi exister chez les *Platodariés*, formes les plus anciennes et les plus simples des *Platodes*. Quelques-uns de ces Cryptocèles (convoluta, etc.), n'ont pas encore de système nerveux distinct, tandis que chez leurs proches épigones, les *Turbellariés*, le système nerveux se distingue déjà de l'épiderme et un ganglion cérébroïde apparaît.

---

(1) Cf. *Anthropogenie*, p. 161, 497; *Nat. Schopf-Gesch.*, p. 300.

Les Spongiaires représentent un groupe indépendant du règne animal qui diffère de tous les autres Métazoaires par son organisation caractéristique; les très nombreuses espèces de cette classe vivent presque toutes fixées au fond de la mer. La forme la plus simple, l'olynthus, n'est en somme qu'une Gastrea dont la paroi du corps est percée, à la façon d'une passoire, de petits pores qui laissent entrer le courant d'eau, porteur des matériaux nutritifs. Chez la plupart des éponges (entre autres chez la plus connue, l'éponge officinale), le corps, en forme de bosse, forme un pied composé de milliers de ces Gastréadés (corbeilles vibratiles) et traversé par un système de canaux nutritifs. La sensation et le mouvement n'existent qu'à un très faible degré chez les Spongiaires; les nerfs, les organes sensoriels et les muscles n'y existent pas. Il est donc très naturel que l'on ait autrefois considéré ces animaux fixés, informes et insensibles, comme des « plantes ». Leur vie psychique (pour laquelle il n'y a pas d'organe spécial différencié), est bien inférieure à celle des mimosas et des autres plantes sensibles.

L'âme des Cnidiés présente une importance tout à fait capitale pour la psychologie comparée et phylogénétique. Car c'est au sein de ce groupe, aux formes si riches, que s'accomplit, sous nos yeux, le passage de l'*âme des tissus* à l'*âme du système nerveux*. A ce groupe appartiennent les classes si variées des Polypes et des Coraux fixés, des Méduses et des Siphonophores libres. On peut regarder en toute certitude comme la forme originelle commune à tous les Cnidiés, un hypothétique *Polype* des plus simples, rappelant, dans ses traits essentiels, le Polype vulgaire d'eau douce actuelle, l'hydre. Mais ces hydres, de même que les *Hydropolypes* fixés qui s'en rapprochent beaucoup, ne possèdent ni nerfs ni organes des sens supérieurs, bien qu'elles soient très sensibles. Au contraire, les Méduses qui nagent librement et qui dérivent des animaux précédents (auxquels elles restent liées aujourd'hui encore par le fait des générations alternantes), ces Méduses possèdent déjà un système nerveux indépendant et des organes des sens distincts.

Nous pouvons donc constater ici l'origine historique de l'*âme du système nerveux* (neuropsyche), provenant immédiatement par ontogénèse de l'âme des tissus (histopsyche), en même temps que nous apprenons à en comprendre la phylogénèse. Ces connaissances sont d'autant plus intéressantes que ces processus fort importants sont *polyphylétiques*, c'est-à-dire qu'ils se sont accomplis plusieurs fois (au moins deux) indépendamment l'un de l'autre.

Ainsi que je l'ai démontré, les *Hydroméduses* (craspédotes) dérivent des *Hydropolypes* selon un autre mode que les *Skyphoméduses* (ou acraspédotes) des *Skyphopolypes*; le mode de bourgeonnement est terminal chez ceux-ci, latéral chez les autres. Les deux groupes présentent, en outre, des différences héréditaires caractéristiques dans la structure microscopique de leurs organes psychiques. Une classe très intéressante aussi pour la psychologie est celle des *Siphonophores*. Dans ces magnifiques colonies animales, nageant librement, dérivées des Hydroméduses, nous pouvons observer une *double âme* : l'âme individuelle (*âme personnelle*) des nombreuses personnes qui la constituent et l'âme commune synthétique et active de la colonie tout entière (*âme cormale*).

IV. **Ame du système nerveux (neuropsyche)**; *quatrième des stades principaux de la psychogénèse phylétique.* — La vie psychique de tous les animaux supérieurs, comme celle de l'homme, s'effectue au moyen d'un *appareil psychique* plus ou moins compliqué et celui-ci comprend toujours trois parties principales : les *organes des sens* qui rendent possibles les diverses sensations ; les *muscles* qui permettent les mouvements ; les *nerfs* qui établissent une communication entre les premiers et les seconds à l'aide d'un organe central spécial, *cerveau* ou ganglion (nœud de nerfs).

On compare d'ordinaire la disposition et le fonctionnement de cet appareil psychique à un télégraphe électrique; les nerfs sont les fils de fer conducteurs, le cerveau la station centrale, les muscles et les organes des sens les stations locales secondaires. Les fibres nerveuses motrices conduisent les ordres de la volonté ou impulsions, suivant une direction centrifuge, de ce centre nerveux aux muscles et, par la contraction de ceux-ci, produisent des mouvements; les fibres nerveuses sensibles, au contraire, conduisent les diverses impressions, suivant une direction centripète, des organes sensoriels périphériques au cerveau et y rendent compte des impressions reçues du monde extérieur. Les cellules ganglionnaires ou « cellules psychiques », qui constituent l'organe nerveux central, sont les plus parfaites de toutes les parties élémentaires organiques, car elles rendent possibles, non seulement les rapports entre les muscles et les organes des sens, mais aussi les plus hautes fonctions de l'âme animale, la formation de représentations et de pensées et, au-dessus de tout, la conscience.

Les grands progrès de l'anatomie et de la physiologie, de l'histologie et de l'ontogénie en ces derniers temps, ont enrichi nos connaissances relatives à l'appareil psychique d'une foule de découvertes intéressantes. Si la philosophie spéculative s'était emparée, ne fût-ce que des principales de ces importantes conquêtes de la biologie empirique, elle présenterait dès aujourd'hui une tout autre physionomie qu'elle ne le fait malheureusement. Aborder ce sujet d'une manière approfondie nous entrainerait trop loin, aussi me contenterai-je de souligner seulement les faits essentiels.

Chacun des groupes animaux supérieurs possède son organe psychique propre; chez chacun, le système nerveux central est caractérisé par une forme, une situation et une constitution spéciales. Parmi les *Cnidiés* rayonnés, les Méduses présentent un anneau nerveux, au bord de l'ombrelle, pourvu le plus souvent de quatre ou huit ganglions. Chez les *Echinodermes* à cinq rayons, la bouche est entourée d'un anneau nerveux duquel partent cinq troncs nerveux. Les *Platodes* à symétrie bilatérale et les *Vers* possèdent un ganglion cérébroïde ou acroganglion, composé d'une paire de ganglions situés dorsalement, au-dessus de la bouche ; de ces « ganglions sus-œsophagiens » partent latéralement deux troncs nerveux qui se rendent à la peau et aux muscles. Chez une partie des Vers et chez les *Mollusques* s'ajoutent à cela une paire de « ganglions sous-œsophagiens » ventraux reliés aux autres par un anneau qui entoure l'œsophage. Cet « anneau œsophagien » reparaît chez les *Arthropodes* (Articulata, mais se continue ici du côté ventral du corps allongé par une « moelle ventrale », un double cordon en forme d'échelle, qui se renfle à chaque segment en un double ganglion. Les *Vertébrés* nous présentent une disposition toute contraire de l'organe psychique ; chez eux, on trouve toujours, du côté dorsal du corps, dont la segmentation n'est plus qu'interne, une moelle dorsale ; c'est un renflement de sa partie antérieure qui formera plus tard le cerveau caractéristique, en forme de vésicule (1).

Bien que les organes psychiques, ainsi qu'on le voit, présentent, dans les groupes animaux supérieurs, des différences très caractéristiques de situation, de forme et de constitution — cependant l'anatomie comparée est à même de démontrer, dans la plupart des cas, une origine commune qu'il faut chercher dans le *ganglion cérébroïde* des *Platodes* et des *Vers ;* et tous ces organes divers ont cela de commun qu'ils dérivent de la couche cellulaire la plus externe de l'embryon, du *feuillet épidermo-sensoriel* (ectoderme). De même nous retrouvons, dans toutes les formes d'organes nerveux centraux, la même structure essentielle : un mélange de cellules ganglionnaires ou *cellules psychiques* (organes élémentaires proprement actifs, de la *psyche*) et de *fibres nerveuses*, qui établissent des connexions et sont les instruments de l'action.

---

(1) Cf. mon *Hist. de la Créat. Nat.*, 9ᵉ éd. (1898), tabl. 18 et 19, p. 512.

Organe de l'âme chez les Vertébrés. — La première chose qui nous frappe, dans la psychologie comparée des Vertébrés et qui devrait être le point de départ empirique de toute étude scientifique de l'âme humaine, c'est la structure caractéristique de leur système nerveux central. De même que cet organe psychique central présente, dans chacun des groupes animaux supérieurs, une position, une forme et une constitution spéciales, propres à ce groupe, de même il en va chez les Vertébrés. Partout, ici, nous trouvons une *moelle dorsale*, un gros cordon nerveux cylindrique, situé sur la ligne médiane du dos, au-dessus de la colonne vertébrale (ou de la corde dorsale qui y supplée). Partout nous voyons partir, de cette moelle dorsale, de nombreux troncs nerveux qui se distribuent d'une façon régulière et segmentaire, toujours une paire par segment. Partout nous voyons ce « canal médullaire » se produire chez l'embryon suivant le même mode : sur la ligne médiane de l'épiderme dorsal se forme un fin sillon, une gouttière ; les deux bords parallèles de cette *gouttière médullaire* se soulèvent, se courbent l'un vers l'autre et s'accolent sur la ligne médiane pour former un canal.

Le long canal médullaire dorsal et cylindrique, ainsi formé, est tout à fait caractéristique des *Vertébrés*; il est partout le même au début, chez l'embryon, et il est le point de départ commun de toutes les différentes formes d'organes psychiques auxquels il donnera naissance par la suite. Un petit groupe d'Invertébrés présente seul une disposition analogue ; ce sont les étranges *Tuniciers* marins, les *Copélates*, les *Ascidies* et les *Thalidies*. Ils présentent, en outre, par d'autres particularités importantes de leurs corps (en particulier par la présence de la chorda et de l'intestin branchial), des différences frappantes avec les autres Invertébrés et des analogies avec les Vertébrés. Nous admettons donc que ces deux groupes animaux, les *Vertébrés* et les *Tuniciers*, proviennent d'un groupe ancestral commun et plus ancien qu'il faut chercher parmi les *Vers* : les *Prochordoniens* (1). Une différence importante entre les deux groupes, c'est que le corps des Tuniciers ne se segmente pas et conserve une organisation très simple (la plupart se fixent plus tard au fond de la mer et entrent en régression). Chez les Vertébrés, au contraire, survient de bonne heure une *segmentation interne* du corps, très caractéristique, la *première formation des Vertébres* (Vertebratio). Celle-ci permet le développement morphologique et physiologique beaucoup plus élevé de l'organisme, qui finit par atteindre chez l'homme le degré suprême de perfection. Elle se révèle, de très bonne heure déjà, dans la structure plus fine du canal médullaire, dans le développement d'un plus grand nombre de paires segmentaires de nerfs qui, sous le nom de nerfs de la moelle dorsale ou de « nerfs spinaux », se rendent à chacun des segments du corps.

Stades de développement phylétique du canal médullaire. — La longue histoire phylogénétique de notre « âme des Vertébrés » commence avec le développement du simple canal médullaire chez les premiers Acraniotes ; elle nous conduit, lentement et graduellement, à travers un espace de temps de plusieurs millions d'années jusqu'à cette merveille compliquée qu'est le cerveau humain, merveille qui semble autoriser la forme la plus perfectionnée des Primates à revendiquer dans la Nature une place tout à fait exceptionnelle. Une idée claire de cette marche lente et continue de notre psychogénie phylétique étant la première condition d'une *psychologie conforme à la nature*, il nous a paru utile de subdiviser ce vaste espace de temps en un certain nombre de grandes phases ; dans chacune de celles-ci, en même temps que la structure du système nerveux central, sa fonction, la « psyche » est allée se perfectionnant. Je dis-

---

(1) HAECKEL. *Anthropogenie*, 4te Aufl. 1891, Vortrag 16 und 17 (*Korperbau und keimesgesch. der Amphioxus und der Ascidie*).

tingue donc huit *périodes dans la phylogénie du canal médullaire*, caractérisées par huit groupes principaux de Vertébrés ; se sont : I. les Acraniotes ; II. les Cyclostomes ; III. les Poissons ; IV. les Amphibies ; V. les Mammifères implacentaliens (Monotrêmes et Marsupiaux) ; VI. les premiers Mammifères placentaliens, en particulier les Prosimiens ; VII. les Primates plus récents, les vrais Singes ou Simiens ; VIII. les Singes anthropoïdes et l'homme (Anthropomorphes).

I. Premier stade : les *Acrâniens*, représentés aujourd'hui encore par l'amphioxus ; l'organe psychique reste au stade de simple canal médullaire, nous trouvons une moelle épinière régulièrement segmentée, sans cerveau. — II. Deuxième stade : les *Cyclostomes*, le groupe le plus ancien des Crâniotes, représenté aujourd'hui encore par les petromyzontes et les myxinoïdes ; l'extrémité antérieure de la moelle épinière se renfle en une vésicule qui se différencie en cinq vésicules cérébrales situées l'une derrière l'autre (cerveau antérieur, cerveau intermédiaire, cerveau moyen, cervelet et arrière-cerveau) ; ces cinq vésicules sont le point de départ commun d'où sortira le cerveau de tous les Craniotes, depuis le pétromyzonte jusqu'à l'homme. — III. Troisième stade : *Poissons primitifs* (Sélaciens) analogues aux requins actuels ; chez ces poissons primitifs, desquels dérivent tous les Gnathostoma, commence à s'accentuer la différenciation des cinq vésicules cérébrales d'abord pareilles. — IV. Quatrième stade : *Amphibies*. Dans cette classe des plus anciens Vertébrés terrestres, apparus pour la première fois pendant la période houillère, commence à apparaître la forme du corps caractéristique des *Tétrapodes*, en même temps que se transforme le cerveau hérité des Poissons ; les modifications se poursuivent chez les Epigones de la période permique, les *Reptiles* dont les plus anciens représentants, les *Tocosauriens*, sont les formes ancestrales communes à tous les Amniotes (les Reptiles et les Oiseaux, d'une part ; les Mammifères de l'autre). — V à VIII. du cinquième au huitième stade : les Mammifères.

L'histoire de la formation de notre système nerveux et la phylogénie de notre âme, qui s'y rattache, ont été exposées en détail dans mon *Anthropogénie* et rendues plus claires par de nombreuses figures (1). Je dois donc y renvoyer, ainsi qu'aux notes dans lesquelles j'ai insisté particulièrement sur quelques-uns des faits les plus importants. Cependant, j'ajouterai, ici encore, quelques remarques relatives à la dernière et la plus intéressante partie de ces faits, au développement de l'âme et de ses organes au sein de la *Classe des Mammifères* : je rappellerai surtout que *l'origine monophylétique* de cette classe, le fait que tous les Mammifères descendent d'une forme ancestrale commune (de la période triasique) est maintenant bien établi.

Histoire de l'âme chez les Mammifères. — La conséquence la plus importante qui ressorte de l'origine monophylétique des Mammifères, c'est que *l'âme de l'homme* dérive forcément d'une longue série évolutive d'autres *âmes de Mammifères*. Un profond abîme sépare anatomiquement et physiologiquement la structure du cerveau et la vie psychique qui en découle, chez les Mammifères supérieurs, de ce qu'elles sont chez les Mammifères inférieurs et pourtant ce profond abîme est comblé par une longue série de stades intermédiaires. Car un espace de temps d'au moins quatorze millions d'années (selon d'autres calculs plus de cent millions!) qui se sont écoulées depuis le commencement de l'époque triasique, suffit complètement à rendre possibles les plus grands progrès psychologiques. Les résultats généraux des recherches approfondies faites en ces derniers temps sur ce sujet sont les suivants : I. Le cerveau des Mammifères se distingue de celui des autres Vertébrés par certaines particularités, communes à tous les membres de la classe, surtout par le développement proéminent de la première et de la quatrième vésicule du cerveau antérieur et du cervelet, tandis que la

---

(1) *Anthropogénie.* 4º éd., 1891, p. 621-688.

troisième, le cerveau moyen, entre en régression. — II. Cependant il y a un lien étroit entre la forme du cerveau chez les Mammifères inférieurs les plus anciens (Monotrèmes, Marsupiaux, Prochoriates) et chez leurs ancêtres paléozoïques, les Amphibies du carbonifère (Stegocéphales) et les Reptiles du permique (Tocosauriens). — III. C'est seulement à l'époque tertiaire que s'accomplit la complète et typique transformation du cerveau antérieur, qui distingue si nettement les Mammifères récents des plus anciens. — IV. Le développement spécial du cerveau antérieur (quantitatif et qualitatif) qui caractérise l'homme et auquel celui-ci doit l'apanage de ses facultés psychiques, ne se retrouve que chez une partie des Mammifères les plus perfectionnés de la fin de l'époque tertiaire, surtout chez les singes anthropoïdes. — V. Les différences qui existent dans la constitution du cerveau et dans la vie psychique entre l'homme et les singes anthropoïdes sont moindres que les différences correspondantes entre ceux-ci et les Primates inférieurs (les Singes les plus anciens et les Prosimiens). — VI. Par suite, il nous faut considérer, comme un fait scientifiquement démontré, que l'âme humaine provient, par une évolution historique progressive, d'une longue chaine d'âmes de Mammifères, d'abord grossières puis plus perfectionnées — et cela en vertu des lois phylétiques partout valables, de la Théorie de la Descendance.

CHAPITRE X

Conscience de l'âme.

ETUDES MONISTES SUR LA VIE PSYCHIQUE CONSCIENTE ET INCONSCIENTE. — EMBRYOLOGIE ET THÉORIE DE LA CONSCIENCE

> « C'est seulement chez les animaux supérieurs et chez l'homme, que la conscience s'élève jusqu'à prendre une importance qui en rend possible un examen particulier, en tant que d'une faculté spéciale de l'âme. Mais cela n'a pas lieu tout d'un coup : bien au contraire, très lentement et progressivement, en raison d'une meilleure organisation du cerveau et du système nerveux, en raison aussi d'une richesse croissante des impressions et des représentations suscitées à leur suite. — La conscience est précisément, plus que toute autre qualité intellectuelle, sous la dépendance de conditions ou de circonstances matérielles. Elle vient, va, s'évanouit et revient en raison directe d'un grand nombre d'influences matérielles agissant sur l'organe de l'esprit. »
>
> L. BÜCHNER (1898).

SOMMAIRE DU CHAPITRE X

La Conscience, phénomène de la nature. Cette notion. — Difficultés de l'appréciation. — Rapport de la conscience à la vie psychique. — La conscience humaine. — Théories diverses : I. Théorie anthropistique (Descartes). — II. Théorie neurologique (Darwin). — III. Théorie animale (Schopenhauer). — IV. Théorie biologique (Fechner). — V. Théorie cellulaire (Fritz Schulze). — VI. Théorie atomistique. — Théories moniste et dualiste. — Transcendance de la conscience. — Ignorabimus (Du Bois Reymond). — Physiologie de la conscience. — Découverte de l'organe de la pensée (Flechsig). — Pathologie. — Conscience double et intermittente. — Ontogénie de la conscience. — Changements aux différents âges de la vie. — Phylogénie de la conscience. — Formation de ce terme.

LITTÉRATURE

P. Flechsig. — *Gehirn und Seele* (Leipzig 1894). — Localisation des processus cérébraux, en particulier des sensations de l'homme (1896) trad. française.
A. Mayer. — *Die Lehre von der Erkenntniss*, Leipzig 1875.
M. L. Stern. — *Philosophischer und Naturwissenschaftlicher Monismus. Ein Beitrag zur Seelenfrage.* Leipzig 1885.
Ed. Hartmann. — *Philosophie de l'Inconscient* (trad. fr.).
Fr. Lange. — *Histoire du matérialisme* (trad. fr.).
B. Carneri. — *Gefühl, Bewusstsein, Wille. Eine psychologische Studie* (Wien, 1876).
G. C. Fischer. — *Das Bewusstsein*, Leipzig 1874.
L. Büchner. — *Force et matière ou principes de l'ordre naturel de l'univers mis à la portée de tous* (trad. fr. par A. Regnard).

Parmi toutes les manifestations de la vie psychique, il n'en est aucune qui semble si merveilleuse et soit si diversement jugée que la *conscience*. Les opinions les plus contradictoires sont encore aux prises, aujourd'hui comme il y a des milliers d'années, non seulement sur la question de la nature propre de cette fonction psychique et de son rapport avec le corps, mais aussi quant à son extension dans le monde organique, quant à son apparition et son évolution. Plus que tout autre fonction psychique, la conscience a donné lieu à l'idée erronée d'une « âme immatérielle » et, s'y rattachant, à la superstition d'une « immortalité personnelle »; beaucoup des grossières erreurs qui dominent encore aujourd'hui notre vie intellectuelle ont là leur origine. C'est pourquoi j'ai déjà appelé autrefois la conscience, le *mystère central psychologique*; c'est la résistante citadelle de toutes les erreurs dualistes et mystiques contre les remparts de laquelle les assauts de la plus solide raison sont en danger d'échouer. Ces faits, à eux seuls, nous autorisent déjà à consacrer à la conscience un examen critique spécial du point de vue de notre monisme. Nous verrons que la conscience est un *phénomène naturel* ni plus ni moins que toute autre fonction psychique et qu'elle est soumise, comme tous les autres phénomènes naturels, à la *loi de substance*.

Notion de conscience. — Déjà, quand il s'agit de définir le terme élémentaire de cette fonction psychique, son extension et sa compréhension, les opinions des philosophes et des naturalistes les plus éminents divergent complètement. La meilleure définition, peut-être, qu'on puisse donner de la conscience c'est de l'appeler une *intuition interne* et de la comparer à une *réflexion*. On y peut distinguer deux domaines principaux : la conscience objective et la subjective, la conscience de l'univers et la conscience du moi.

La plus grande partie de l'activité psychique consciente, de beaucoup, se rapporte, ainsi que Schopenhauer l'a très justement reconnu, à la conscience du monde extérieur, des « autres choses ». Cette *conscience de l'Univers* comprend tous les phénomènes possibles du monde extérieur, que notre connaissance peut atteindre. Beaucoup plus restreinte est notre *conscience du Moi*, la réflexion interne de notre propre activité psychique tout entière, de toutes nos représentations, sensations et efforts volontaires.

Conscience et vie psychique. — Beaucoup de penseurs et des plus éminents, surtout des physiologistes (Wundt et Ziehen) regardent les termes de conscience et de fonctions psychiques comme identiques : *Toute activité psychique est consciente* ; le domaine de la vie psychique n'excède pas celui de la conscience. A notre avis, cette définition accroît illégalement l'importance de celle-ci et donne lieu à des erreurs et des malentendus nombreux. Nous sommes bien plutôt de l'avis d'autres philosophes (Romanes, Fritz Schulze, Paulsen) qui pensent qu'à la vie psychique appartiennent, en outre, les représentations, sensations et efforts volontaires inconscients ; de fait, le domaine de ces actions psychiques inconscientes (réflexes, etc.) est même beaucoup plus étendu que celui des actions conscientes. Les deux domaines sont d'ailleurs étroitement associés et ne sont séparés par aucune frontière nette ; à tout instant, une représentation inconsciente peut nous devenir consciente ; si l'attention que nous lui portions est attirée par un autre objet, elle peut aussi rapidement s'évanouir pour notre conscience.

Conscience de l'homme. — Notre unique source, quand il s'agit de connaître la conscience, est celle-ci elle-même et c'est là, en première ligne, ce qui fait l'extraordinaire difficulté de son étude et de son interprétation scientifiques. *Sujet* et *objet* se confondent ici en une même unité; le sujet connaissant se réfléchit dans son propre être intérieur, qui doit devenir objet de connaissance.

Relativement à la conscience d'autres individus, nous ne pouvons donc jamais rien conclure avec une entière certitude objective, nous sommes toujours réduits à comparer leurs états d'âme avec les nôtres. Tant que cette comparaison ne porte que sur des *individus normaux*, nous pouvons, sans doute, relativement à leur conscience, tirer quelques conclusions dont nul ne contestera la validité. Mais déjà quand il s'agit de personnes *anormales* (génies ou excentriques, idiots ou déments) ces raisonnements par analogie sont, ou incertains ou faux. C'est encore bien pis quand nous comparons la conscience de l'homme avec celle des animaux (d'abord des animaux supérieurs, puis des inférieurs). Nous rencontrons là des difficultés matérielles si grandes que les opinions des physiologistes et des philosophes les plus éminents se trouvent sur ce point aux antipodes. Nous nous contenterons ici de mettre, en regard les unes des autres, les opinions les plus importantes émises sur ce sujet.

I. **Théorie anthropistique de la conscience.** — *Elle est le propre de l'homme.* Cette idée très répandue que la conscience et la pensée sont exclusivement propres à l'homme et que lui seul possède en même temps une « âme immortelle », remonte à Descartes (1643). Ce profond philosophe et mathématicien français (élevé dans un collège de *Jésuites!*) posa une séparation complète entre l'activité psychique de l'homme et celle de l'animal. L'âme de l'homme, substance pensante et immatérielle, est, selon lui, complètement distincte de son corps, substance étendue et matérielle. Cependant, il faut qu'elle soit unie au corps en un point du cerveau (la glande pinéale!) pour y recueillir les impressions venues du monde extérieur et, à son tour, agir sur le corps. Les *animaux*, par contre, n'étant pas des substances pensantes, ne doivent pas posséder d'âme, mais être de purs *automates*, des machines construites avec infiniment d'art dont les sensations, représentations et volitions se produisent tout mécaniquement et obéissent aux lois physiques. Pour la psychologie de *l'homme*, Descartes soutenait donc le pur *dualisme*, pour celle des *animaux* le pur *monisme*. Cette contradiction manifeste, chez un penseur si clair et si pénétrant, doit paraître bien extraordinaire; pour l'expliquer, on est en droit d'admettre que Descartes a tu sa propre pensée, laissant aux penseurs indépendants le soin de la deviner. Comme élève des Jésuites, Descartes avait été élevé de bonne heure à taire la vérité, quand il la voyait plus clairement que d'autres; peut-être craignait-il aussi la puissance de l'Eglise et ses bûchers. D'autre part déjà, son principe sceptique que tout effort vers la connaissance vraie doit partir d'un doute au sujet du dogme traditionnel, lui avait attiré de fanatiques accusations de scepticisme et d'athéisme. La profonde action que Descartes exerça sur la philosophie ultérieure fut très remarquable et conforme à sa « tenue de livres en partie double ». Les *Matérialistes* des xviie et xviiie siècles, pour poser leur psychologie moniste, se réclamèrent de la théorie cartésienne de l'âme des bêtes et de leur activité toute mécanique de machines. Les *Spiritualistes*, au contraire, affirmèrent que leur dogme de l'immortalité de l'âme et de son indépendance à l'égard du corps avait été irréfutablement fondé par la théorie cartésienne de l'âme humaine. Cette opinion est encore aujourd'hui celle qui prévaut dans le camp des théologiens et des métaphysiciens dualistes. La conception scientifique du xixe siècle a complètement triomphé de la précédente, avec l'aide des progrès empiriques accomplis dans le domaine de la psychologie physiologiste et comparée.

II. **Théorie neurologique de la conscience.** — *Elle*

n'existe que chez l'homme et les animaux supérieurs qui possèdent un système nerveux centralisé et des organes des sens. La conviction qu'une grande partie des animaux — au moins les Mammifères supérieurs, — possèdent une âme pensante et une conscience, tout comme l'homme, a conquis toute la zoologie exacte et la psychologie moniste. Les progrès grandioses accomplis en ces derniers temps dans divers domaines de la biologie ont tous convergé pour nous amener à reconnaître cette importante vérité. Nous nous bornerons, pour l'apprécier, à l'examen des *Vertébrés* supérieurs et, avant tout, des Mammifères. Que les représentants les plus intelligents de ces Vertébrés plus perfectionnés, — les singes et les chiens surtout — se rapprochent énormément de l'homme dans toute leur activité psychique, c'est un fait qui, depuis des milliers d'années est bien connu et a excité l'admiration. Leur mode de représentation, d'activité sensorielle, leurs sensations et leurs désirs se rapprochent tant de ceux de l'homme que nous n'avons pas besoin de prouver ce que nous avançons. Mais la fonction supérieure d'activité cérébrale, la formation de jugements, leur enchaînement en raisonnements, la pensée et la conscience au sens propre, sont développés chez les animaux tout comme chez l'homme — la différence n'est que dans le degré, non dans la nature. En outre, l'anatomie comparée et l'histologie nous apprennent que la structure si complète du cerveau (aussi bien macroscopique que microscopique) est au fond la même chez les *Mammifères* supérieurs et chez l'homme. L'ontogénie comparée nous montre la même chose quant à l'apparition de ces organes de l'âme. La physiologie comparée nous enseigne que les divers états de conscience se comportent, chez les plus élevés des Placentaliens, de la même manière que chez l'homme et l'expérience démontre qu'ils réagissent de la même manière aux actions externes. On peut anesthésier les animaux supérieurs par l'alcool, le chloroforme, l'éther, etc.; on peut, en s'y prenant comme il faut, les hypnotiser tout comme l'homme. Mais, par contre, il n'est pas possible de préciser nettement la *limite* à laquelle, aux degrés inférieurs de la vie animale, la conscience apparaît pour la première fois comme telle. Certains zoologistes la font remonter très haut dans la série animale, d'autres tout à la fin. Darwin, qui distingue très exactement les divers stades de la conscience, de l'intelligence et du sentiment chez les animaux supérieurs et les explique par une évolution croissante, remarque en même temps qu'il est très difficile et même impossible de fixer les débuts de ces fonctions psychiques supérieures chez les animaux inférieurs. Pour moi, entre les diverses théories contradictoires, celle qui me semble le plus vraisemblable est celle qui rattache la formation de la conscience à la *centralisation du système nerveux*, laquelle fait encore défaut chez les animaux inférieurs. La présence d'un organe nerveux central, d'organes des sens très développés et d'une association très étendue entre les groupes de représentations, me semblent les conditions nécessaires pour rendre possible la conscience *synthétique*.

III. **Théorie animale de la conscience**. — *Elle existe chez tous les animaux et chez eux seuls*. D'après cela, il y aurait une différence profonde entre la vie psychique des animaux et celle des plantes; c'est ce qui a été admis par beaucoup d'auteurs anciens et nettement formulé par Linné dans son capital *Systema Naturæ* (1735); les deux grands règnes de la nature organique se distinguent, selon lui, par cela que les animaux ont la sensation et la conscience, les plantes pas. Plus tard, Schopenhauer, en particulier, a beaucoup insisté sur cette différence : « La conscience ne nous « est absolument connue que comme la propriété des êtres « *animaux*. Quand même elle s'élève et progresse à travers « toute la série animale pour atteindre jusqu'à l'homme et sa « raison, l'inconscience de la plante, d'où la conscience est « sortie, reste toujours le point de départ fondamental ». L'inadmissibilité de cette opinion est apparue dès le milieu du siècle, alors qu'on a étudié de plus près la vie psychique chez les animaux inférieurs, surtout chez les *Célentérés* (Spongiaires et Cnidiés) : animaux véritables, qui pourtant présentent aussi peu de traces d'une conscience claire que la plupart des plantes. La ligne de démarcation entre les deux règnes s'est encore plus effacée à mesure qu'on examinait plus soigneusement, dans chacun d'eux, les formes vitales monocellulaires. Les *animaux primitifs* plasmophages (Protozoaires) et les *plantes primitives* plasmodomes (Prosophytes) ne présentent pas de différences psychologiques, pas plus au point de vue de la conscience qu'à d'autres.

IV. **Théorie biologique de la conscience**. — *Elle est commune à tous les organismes*, elle existe chez tous les animaux et toutes les plantes, tandis qu'elle fait défaut chez tous les corps inorganiques (cristaux, etc.). Cette opinion va d'ordinaire de pair avec celle qui regarde tous les organismes (par opposition aux corps inorganiques) comme animés ; les trois termes : vie, âme, conscience marchent d'ordinaire de front. Selon une modification de cette manière de voir, les trois phénomènes de la vie organique, sans doute seraient liés indissolublement, mais la conscience ne serait qu'une *partie* de l'activité psychique, de même que celle-ci n'est qu'une *partie* de l'activité vitale.

Que les plantes possèdent une « âme » au même sens que les animaux, c'est ce que Fechner en particulier s'est efforcé de montrer et beaucoup d'auteurs attribuent à l'âme végétale une conscience de même nature que celle de l'âme animale. De fait, on trouve chez les *sensitives* très impressionnables (mimosa, drosera, dionaea) d'étonnants mouvements d'excitation des feuilles ; chez d'autres plantes (trèfle, pain de coucou, mais surtout l'hedysarum) des mouvements autonomes ; chez les « plantes dormeuses » (et aussi chez quelques Papilionacées) des mouvements pendant le sommeil, qui ressemblent étrangement à ceux des animaux inférieurs ; celui qui attribue à ces derniers la conscience ne peut la refuser aux autres.

V. Théorie cellulaire de la conscience. — *C'est une propriété vitale de toute cellule*. L'application de la théorie cellulaire à toutes les branches de la biologie exige aussi qu'on la rattache à la psychologie. Aussi légitimement qu'en anatomie et en physiologie on considère la cellule vivante comme l' « organisme élémentaire » d'où l'on dérivera la connaissance du corps pluricellulaire des plantes et des animaux supérieurs — de même et aussi légitimement on peut considérer « *l'âme cellulaire* » comme l'élément psychologique et l'activité psychique complexe des organismes supérieurs, comme le résultat de la réunion des vies psychiques cellulaires constituantes de l'organisme. J'ai déjà esquissé cette *psychologie cellulaire* en 1866 dans ma *Morphologie générale* et j'ai repris la question plus en détails, par la suite, dans mon travail sur les *Ames cellulaires et cellules psychiques* (1). J'ai été conduit par mes longues recherches sur les organismes monocellulaires, à pénétrer plus avant dans cette « psychologie élémentaire ». Beaucoup de ces petits Protistes (la plupart microscopiques) donnent des marques de sensation et de volonté, trahissent des instincts et des mouvements semblables à ceux qu'on observe chez les animaux supérieurs ; cela est vrai en particulier des impressionnables et remuants Infusoires. Tant dans l'attitude de ces minuscules et excitables cellules à l'égard du monde extérieur, que dans beaucoup d'autres manifestations de vie de leur part (par exemple la merveilleuse formation de l'habitacle chez les Rhizopodes, les Thalamophores et les Infusoires) on pourrait croire discerner des marques nettes d'activité psychique consciente. Si maintenant on accepte la théorie biologique de la conscience (n° 4) et si l'on tient chaque fonction psychique pour accompagnée d'un peu de conscience, on devra alors attribuer aussi la conscience à chaque cellule protiste, considérée individuellement. Le principe matériel de la conscience serait, en ce cas, ou le *plasma* tout entier de la cellule, ou son noyau, ou une partie de celui-ci. Dans la *Théo-*

---

(1) E. HAECKEL. *Gesammelte populäre Vortraege*, Bonn, 1878.

rie des Psychades de Fritz Schulze, la conscience élémentaire de la psychade se comporte vis-à-vis de la cellule individuelle de la même manière que, chez les animaux supérieurs et chez l'homme, la conscience personnelle vis-à-vis de l'organisme pluricellulaire de la personne. Cette hypothèse, que j'ai défendue autrefois, ne se peut refuter définitivement. Aujourd'hui, je me range à l'avis de Max Verworn qui admet, dans ses remarquables *Etudes psychophysiologiques sur les Protistes* qu'il leur manque probablement à tous la « conscience du moi » développée et que leurs sensations, comme leurs mouvements, ont un caractère d'*inconscience* ».

VI. **Théorie atomistique de la conscience**. — *C'est une propriété élémentaire de tout atome.* Parmi toutes les différentes manières de voir relatives à l'extension de la conscience, c'est cette hypothèse atomistique qui pousse les choses le plus loin. Elle est sans doute née principalement de la difficulté qu'ont rencontrée beaucoup de philosophes et de biologistes en abordant la question de la première *apparition* de la conscience. Ce phénomène, en effet, présente un caractère si particulier, qu'il paraît des plus douteux qu'on le puisse dériver d'autres fonctions psychiques ; on a cru par suite que le moyen le plus aisé de surmonter la difficulté était d'admettre que la conscience était une propriété élémentaire de la matière analogue à l'attraction de la masse ou aux affinités chimiques. Il y aurait dès lors, autant de formes de conscience élémentaire qu'il y a d'éléments chimiques ; chaque atome d'hydrogène aurait sa « conscience d'hydrogène », chaque atome de carbone sa « conscience de carbone », etc. Beaucoup de philosophes ont attribué aussi la conscience aux quatre anciens éléments d'Empédocle, dont le mélange, sous l'influence de « l'amour et de la haine », engendrait le devenir des choses.

Pour ma part, je n'ai *jamais* adopté cette hypothèse d'une *conscience des atomes* ; je suis obligé de le déclarer ici, parce que du Bois Reymond m'attribue faussement cette opinion.

Dans la vive polémique que celui-ci a engagée avec moi (1880) par son discours sur les « Sept énigmes de l'Univers », il combat violemment ma « Philosophie de la nature, fausse et corruptrice » et il affirme que j'ai posé, comme un axiome métaphysique, dans mon travail sur la Périgenèse des plastidules, cette « hypothèse que les atomes ont une conscience individuelle ». J'ai, au contraire, déclaré expressément que je me représentais comme *inconscientes* les fonctions psychiques élémentaires de sensation et de volonté qu'on peut attribuer aux atomes, aussi inconscientes que la mémoire élémentaire, qu'à l'exemple du distingué physiologiste Ewald Hering (1870), je considère comme « une fonction générale de la matière organisée (ou mieux » de la substance vivante »). Du Bois Reymond confond ici très évidemment « Ame » et « Conscience »; je laisserai en suspens la question de savoir s'il ne commet cette confusion que par mégarde. Puisqu'il considère lui-même la conscience comme un phénomène transcendant (ainsi que nous allons le voir) tandis qu'une partie des autres fonctions de l'âme (par exemple l'activité sensorielle) ne le serait pas, — je dois admettre qu'il tient les deux termes pour différents. Le contraire, il est vrai, semble ressortir d'autres passages de ses élégants discours, mais ce célèbre rhéteur, précisément en ce qui touche aux importantes questions de principes, se contredit souvent de la façon la plus manifeste. Je répète ici encore une fois que pour moi la conscience ne constitue *qu'une partie* des phénomènes psychiques, observables chez l'homme et les animaux supérieurs, tandis que de beaucoup la plus grande partie de ces phénomènes sont inconscients.

Théories moniste et dualiste de la conscience. — Si divergentes que soient les diverses opinions relatives à la nature et à l'apparition de la conscience, elles se laissent pourtant ramener toutes, en fin de compte — si l'on traite la question clairement et logiquement — à deux conceptions fondamentales opposées : la *transcendante* (*dualiste*) et la *physiologique (moniste)*. J'ai toujours, quant à moi, soutenu cette dernière, éclairé par la *théorie de l'évolution* et cette manière de voir est aujourd'hui partagée par un grand nombre de naturalistes éminents, bien qu'il s'en faille de beaucoup qu'elle le soit par tous. La première conception est la plus ancienne et de beaucoup la plus répandue ; elle s'est acquis de nouveau, en ces derniers temps un grand renom, grâce à Du Bois-Reymond et à son célèbre *Discours de l'Ignorabimus* lequel a fait de cette question une de celles dont on parle le plus de nos jours dans les « Discussions sur les énigmes de l'Univers ». Vu l'extraordinaire importance de cette capitale question, nous ne pouvons faire autrement que de revenir ici sur ce qui en constitue le cœur.

Transcendance de la conscience. — Dans le célèbre discours « sur les limites de la connaissance de la Nature », que Du Bois-Reymond fit le 14 août 1872 au Congrès des naturalistes à Leipzig, il posa deux *limites absolues* à notre connaissance de la nature, limites que l'esprit humain, au degré le plus avancé de sa connaissance de la nature, ne peut jamais franchir — *jamais*, selon le mot final souvent cité de ce discours, concluant emphatiquement sur notre impuissance : « *Ignorabimus* ! » L'une de ces absolues et insolubles « énigmes de l'Univers », c'est « le lien entre la matière et la force » et l'essence propre de ces phénomènes fondamentaux de la nature ; nous traiterons à fond de ce « *problème de la substance* » au chapitre XII du présent ouvrage. Le second obstacle insurmontable à la philosophie, serait le problème de la *conscience*, cette question : comment notre activité intellectuelle peut-elle s'expliquer par des conditions matérielles, par des mouvements ? Comment la « substance (qui fait le fond commun de la matière et de la force) dans certaines conditions, sent-elle, désire-t-elle et pense-t-elle ? »

Pour être bref et en même temps pour caractériser d'un mot décisif la nature du discours de Leipzig, je l'ai désigné du nom de *Discours de l'Ignorabimus*. Cela m'est d'autant mieux permis que Du Bois-Reymond lui-même, huit ans plus tard (1880, dans le Discours sur les sept énigmes du monde) se louant avec un légitime orgueil du succès extraordinaire qu'il avait remporté, ajoutait : « La critique a fait entendre tous les sons, depuis le joyeux éloge approbateur jusqu'au blâme qui rejette tout et le mot *Ignorabimus* qui couronnait mes recherches, est devenu une sorte de parole symbolique pour la philosophie naturelle ». Il est vrai de dire que les sons retentissants « des joyeux éloges approbateurs » partaient des amphithéâtres de la philosophie spiritualiste et moniste, surtout du camp retranché de l'*Ecclesia militans* (de l' « Internationale noire ») ; mais tous les spiritistes, également, toutes les natures crédules, qui pensèrent que l'*Ignorabimus* sauverait l'immortalité de leur chère « âme » furent ravis du discours. Le « blâme qui rejette tout » ne vint, par contre, au brillant discours de l'*Ignorabimus* que de la part de quelques naturalistes et philosophes (au début du moins) ; de la part des quelques esprits possédant à la fois une connaissance suffisante de la philosophie naturelle et le courage moral exigé pour tenir tête aux arrêts sans appel du dogmatique et tout puissant secrétaire et dictateur de l'Académie des Sciences de Berlin.

Le remarquable succès du discours de l'*Ignorabimus* (que l'orateur lui-même a plus tard justifié d'illégitime et d'exagéré) s'explique par deux raisons, l'une externe, l'autre interne. Considéré extérieurement, ce discours était incontestablement « un remarquable chef-d'œuvre de rhétorique, un *joli sermon*, d'une haute perfection de forme et offrant une variété surprenante d'images empruntées à la philosophie naturelle. C'est un fait connu, que la majorité — et surtout le « beau sexe ! » — jugent un joli sermon non pas d'après sa richesse réelle en idées, mais d'après la valeur esthétique de l'entretien ». (*Monisme*, p. 44). Analysé au point de vue interne, par contre, le discours de l'*Ignorabimus* contient très net, le programme du *dualisme métaphysique* ; le monde est « *doublement* incompréhensible : d'abord en tant que monde matériel dans lequel la « matière et la force » déploient leur essence — et ensuite, en regard et tout à fait séparé du précédent, le monde en tant que monde immatériel de l' « esprit » dans lequel « la pensée et la conscience sont inexplicables par des conditions matérielles » ainsi que l'étaient les phénomènes du premier monde. Il était tout naturel que le dualisme et le mysticisme régnants se saisissent ardemment de cet aveu qu'il existait deux mondes différents, car cela leur permettait de démontrer la double nature de l'homme et l'immortalité de l'âme. Le ravissement des spiritualistes était d'autant plus pur et plus légitime que Du Bois-Reymond avait passé jusqu'alors pour un des défenseurs redoutés du matérialisme scientifique le plus absolu ; et cela il l'avait, en effet, été et l'est encore resté (malgré ses « beaux discours »?) tout comme les autres naturalistes contemporains, comme tous ceux qui sont versés dans leur science, dont la *pensée est nette et qui restent conséquents avec eux-mêmes.*

D'ailleurs, l'auteur du Discours de l'*Ignorabimus* soulevait en terminant, la question de savoir si les deux « énigmes de l'Univers », opposées l'une à l'autre : le problème général de la substance et le problème particulier de la conscience ne se confondaient pas. Il dit en effet : « Sans doute cette idée est la plus simple et doit être préférée à celle qui nous ferait apparaître le monde comme double et incompréhensible. Mais il est inhérent à la nature des choses que nous ne parvenions pas sur ce point à la clarté, et tout autre discours ci-dessus reste vain ». — C'est à cette dernière opinion que je me suis, dès le début, opposé énergiquement, m'efforçant de montrer que les deux grandes questions indiquées plus haut ne constituaient pas deux énigmes de l'Univers différentes. *Le problème neurologique de la conscience n'est qu'un cas particulier du problème cosmologique universel, celui de la substance* (Monisme, 1892, p. 23).

Ce n'est pas ici le lieu de revenir sur la polémique engagée à ce sujet ni sur la littérature très riche qui en est résultée.

J'ai déjà, il y a vingt-cinq ans, dans la préface de la première édition de mon *Anthropogénie*, protesté énergiquement contre le Discours de l'*Ignorabimus*, ses principes dualistes et ses sophismes métaphysiques et j'ai justifié explicitement mon attitude dans mon écrit sur : *La science libre et l'enseignement libre*. (Stuttgart, 1878). J'ai effleuré de nouveau le sujet dans le *Monisme* (p. 23 à 44). Du Bois-Reymond, touché là à son point sensible, répondit par divers discours où perçait l'irritation (1) ; ceux-ci, comme la plupart de ses Discours si répandus, sont éblouissants par leur style, d'une élégance toute française et captivants par la richesse des images et les surprenantes tournures de phrases. Mais la façon superficielle dont les choses sont envisagées ne fait point faire de progrès essentiel à notre connaissance de l'Univers. Il en est ainsi, du moins, pour le *Darwinisme*, dont le physiologiste de Berlin s'est déclaré plus tard conditionnellement l'adhérent, quoiqu'il n'ait *jamais fait la moindre chose* pour en étendre les conquêtes ; les remarques par lesquelles il conteste la valeur de la loi fondamentale biogénétique, le fait qu'il rejette la phylogénie. etc., montrent assez que notre auteur n'est ni assez familier avec les faits empiriques de la morphologie et de l'embryologie comparées, ni capable d'apprécier philosophiquement leur importance théorique.

Physiologie de la conscience. — La nature particulière du phénomène naturel qu'est la conscience n'est pas, comme l'affirment Du Bois Reymond et la philosophie dualiste, un problème complètement et « absolument transcendant » ; mais elle constitue, ainsi que je l'ai déjà montré il y a trente ans, un *problème physiologique*, ramenable, comme tel, aux phénomènes qui ressortissent à la physique et à la chimie. Je l'ai désigné plus tard, d'une manière encore plus précise, du nom de *problème neurologique*, parce que je suis d'avis que la vraie conscience (la pensée et la raison) ne se trouve que

---

(1) Du Bois-Reymond. *Darwin Versus Galiani* 1876. *Die sieben Weltraetsel.*

chez les animaux supérieurs qui possèdent un *système nerveux centralisé* et des organes des sens ayant atteint un certain degré de perfectionnement. Cette proposition peut s'affirmer avec une absolue certitude en ce qui concerne les Vertébrés supérieurs et par-dessus tout les Mammifères Placentaliens, tronc dont est issue la race humaine elle-même. La conscience chez les plus perfectionnés d'entre les singes, les chiens, les éléphants, etc., ne diffère de celle de l'homme qu'en degré, non en nature et les différences graduelles de conscience entre ces Placentaliens « raisonnables » et les plus inférieures des races humaines (Weddas, nègres de l'Australie) sont moindres que les différences correspondantes entre celles-ci et ce qui existe chez les hommes raisonnables les plus supérieurs (Spinoza, Goethe, Lamarck, Darwin, etc.). La conscience n'est ainsi qu'une *partie de l'activité psychique supérieure* et comme telle elle dépend de la structure normale de l'organe de l'âme auquel elle est liée, du *cerveau*.

L'observation physiologique et l'expérience nous ont, depuis vingt ans, fourni la preuve certaine que l'étroite région du cerveau des Mammifères, que l'on désigne en ce sens comme le *siège* (ou mieux l'*organe*) de la conscience, est une partie des *hémisphères*, à savoir cette « écorce grise » ou « écorce cérébrale », qui se développe très tardivement et aux dépens de la partie dorsale convexe de la première vésicule primaire, du cerveau antérieur. Mais la preuve *morphologique* de ces faits physiologiques a pu être établie grâce aux progrès merveilleux de l'*anatomie microscopique du cerveau*, dont nous sommes redevables aux méthodes de recherches perfectionnées de ces derniers temps (Kölliker, Flechsig, Golgi, Edinger, Weigert).

Le plus important de ces faits et de beaucoup c'est, sans contredit, la découverte qu'a faite P. Flechsig des *organes de la pensée*; il a démontré l'existence, dans l'écorce grise du cerveau, de quatre régions d'organes sensoriels centraux — de quatre « sphères internes de sensation » : sphère de sensation du corps dans le lobe pariétal, sphère olfactive dans le lobe frontal, sphère visuelle dans le lobe occipital, sphère auditive dans le lobe temporal. Entre ces quatre *foyers sensoriels* sont les quatre grands *foyers de la pensée* ou centres d'association, *organes réels de la vie de l'esprit*; ce sont ces instruments les plus parfaits de l'activité psychique qui sont les instruments de la *pensée* et de la *conscience* : en avant, le cerveau frontal ou centre d'association frontal, en arrière et au-dessus de lui, le cerveau pariétal ou centre d'association pariétal, en arrière et au-dessous, le cerveau principal ou « grand centre d'association occipito-temporal » (le plus important de tous!) et enfin, tout à fait en bas, caché à l'intérieur, le cerveau insulaire ou « îlot de Reil », centre d'association insulaire.

Ces quatre foyers de la pensée qui se distinguent par une structure nerveuse particulière et des plus compliquées, des foyers sensoriels intercalés entre eux sont les véritables *organes de la pensée*, les seuls organes de notre conscience. Tout dernièrement, FLECHSIG a démontré qu'une partie de ces organes présentent, chez l'homme, une structure tout particulièrement compliquée, qu'on ne rencontre pas chez les autres Mammifères et qui explique la supériorité de la conscience humaine.

Pathologie de la conscience. — Cette découverte capitale de la physiologie moderne que les hémisphères sont, chez l'homme et les Mammifères supérieurs, l'organe de la vie psychique et de la conscience, est confirmée d'une manière lumineuse par la Pathologie, par l'étude des *maladies* de cet organe. Quand les parties en question des hémisphères sont détruites, leur fonction disparaît et l'on peut même ainsi obtenir une démonstration partielle de la *localisation* des fonctions cérébrales ; lorsque des points isolés de cette région sont malades, on constate la suppression des éléments de la pensée et de la conscience qui étaient liés aux parties concernées. L'expérimentation pathologique donne les mêmes résultats : la destruction de tel point connu (par exemple le centre du langage) détruit la fonction (le langage). D'ailleurs, il suffit de rappeler les phénomènes bien connus qui se produisent journellement dans le domaine de la conscience, pour acquérir la preuve qu'ils sont sous la dépendance absolue des changements *chimiques* de la substance cérébrale. Beaucoup d'aliments de luxe (café, thé) stimulent notre pensée ; d'autres (le vin, la bière) nous mettent d'humeur gaie ; le musc et le camphre, en tant qu' « excitants » raniment la conscience faiblissante ; l'éther et le chloroforme la suspendent, etc. Comment tout cela serait-il possible si la conscience était une essence immatérielle, indépendante des organes anatomiques dont nous avons parlé ? Et où résidera la conscience de « l'âme immortelle » quand elle ne possèdera plus ces organes ?

Tous ces faits et d'autres bien connus démontrent que la conscience chez l'homme (et absolument de même chez les Mammifères proches de lui) est *changeante* et que son activité peut être modifiée à tout instant par des causes internes (échanges nutritifs, circulation sanguine) et des causes externes (blessure du cerveau, excitation). Très instructifs sont aussi ces phénomènes merveilleux de *conscience double* ou alternante, qui rappellent les « générations alternantes de représentations » ; le même homme manifeste, à des jours différents, dans des circonstances variées, une conscience toute différente ; il ne sait plus aujourd'hui ce qu'il a fait hier ; hier il pouvait dire : je suis moi ; — aujourd'hui il est obligé de dire : je suis un autre. Ces intermittences de la conscience peuvent durer non seulement des jours, mais des mois et des années ; ils peuvent même devenir définitifs (1).

Ontogénie de la conscience. — Ainsi que chacun sait, l'enfant nouveau-né n'a encore aucune conscience et, ainsi que Preyer l'a montré, celle-ci ne se développe que tardivement, après que le petit enfant a commencé à parler ; longtemps il parle de lui-même à la troisième personne. C'est

---

(1) L. Büchner. *Force et Matière* et *Physiologische Bilder* (2ter Band).

seulement au moment très important où il dit pour la première fois *Moi*, où le *Sentiment du Moi* lui devient clair, que commence à germer sa conscience personnelle en même temps que son opposition au monde extérieur. Les progrès rapides et profonds que fait l'enfant en connaissance, grâce à l'instruction qu'il reçoit de ses parents et à l'école pendant ses dix premières années, se rattachent étroitement aux innombrables progrès que fait en croissance et en développement sa *conscience* et à ceux du *cerveau*, organe de celle-ci. Et même lorsque l'écolier a obtenu son « Certificat de maturité », il s'en faut, à la vérité, de beaucoup que sa conscience soit mûre, et c'est seulement alors que, grâce à la diversité des rapports avec le monde extérieur, la *Conscience de l'Univers* commence vraiment à se développer. C'est seulement alors, dans les années qui précèdent la trentaine, que s'accomplit dans toute sa maturité le complet déploiement de la pensée raisonnable et de la conscience, qui donneront ensuite, dans les conditions normales, pendant les trente années suivantes, des fruits réellement mûrs. Et c'est alors, après la soixantaine (tantôt avant, tantôt après), que commence d'ordinaire cette lente et graduelle régression des facultés psychiques supérieures qui caractérise la vieillesse. La mémoire, les facultés réceptives, celle de s'intéresser à des sujets spéciaux décroissent de plus en plus ; par contre, les facultés productrices, la conscience mûre et l'intérêt philosophique pour les sujets généraux se conservent souvent longtemps encore. L'évolution individuelle de la conscience dans la première jeunesse confirme la valeur générale de la *loi fondamentale biogénétique* ; mais dans les dernières années, on en trouve encore bien des marques. En tous cas, l'ontogénèse de la conscience nous convainc clairement de ce fait qu'elle n'est point une « essence immatérielle », mais une fonction physiologique du cerveau et qu'elle ne constitue pas, par conséquent, une exception à la loi de substance.

Phylogénie de la conscience. — Le fait que la conscience, comme toutes les autres fonctions psychiques, est liée au développement normal d'organes déterminés et que, chez l'enfant, cette conscience se développe graduellement, parallèlement à ces organes cérébraux — nous permet déjà de conclure qu'elle s'est développée historiquement pas à pas à travers la série animale. Pour certaine que soit, en principe, cette *phylogénie naturelle de la conscience*, nous ne sommes malheureusement pas en état, néanmoins, de la poursuivre fort avant ni d'édifier sur elle des hypothèses précises. Pourtant, la paléontologie nous fournit d'intéressants points de repère qui ne sont pas sans importance. Un fait très frappant, par exemple, c'est l'énorme développement (quantitatif et qualitatif) du cerveau chez les Mammifères placentaliens, pendant l'*époque tertiaire*. La cavité crânienne de beaucoup de crânes fossiles de cette époque, nous est exactement connue et nous fournit de précieux documents sur la grandeur, et en partie aussi sur la structure du cerveau qui y était renfermé. On constate là, dans une seule et même légion (par exemple celle des Ongulés, celle des Carnivores, celle des Primates) un important progrès entre les représentants d'un même groupe, au début, pendant la période de l'éocène et de l'oligocène, et plus tard pendant la période du miocène et du pliocène ; chez ces derniers, le cerveau (par rapport à la grandeur du corps) est de six à huit fois plus grand que chez les premiers.

Et ce point culminant de l'évolution de la conscience, qu'atteint seul l'*homme civilisé*, ne résulte, lui aussi, que d'un développement graduel — accompli grâce aux progrès de la culture elle-même — à partir d'états inférieurs que nous trouvons réalisés, aujourd'hui encore, chez les peuples primitifs. C'est ce que nous montre déjà la comparaison de leurs *langues*, liée étroitement à celle de leurs *idées*. Plus se développe, chez l'homme civilisé qui pense, la formation des idées, plus il devient capable d'abstraire les caractères communs à plusieurs objets divers pour les exprimer par un terme général, et plus, en même temps, sa conscience devient claire et intense.

CHAPITRE XI

Immortalité de l'âme

ETUDES MONISTES SUR LE THANATISME ET L'ATHANISME. — IMMORTALITÉ COSMIQUE ET IMMORTALITÉ PERSONNELLE. — AGRÉGATION QUI CONSTITUE LA SUBSTANCE DE L'AME.

> Une des accusations perpétuelles de l'Eglise contre la science, c'est que celle-ci est matérialiste. Je voudrais faire remarquer, en passant, que la conception ecclésiastique de la vie future a toujours été, et est encore, le matérialisme le plus pur. Le corps matériel doit ressusciter et habiter un ciel matériel.
>
> M. J. SAVAGE.

SOMMAIRE DU CHAPITRE XI

La citadelle de la superstition. — Athanisme et Thanatisme. — Caractère individuel de la mort. — Immortalité des Protozoaires (Protistes). — Immortalité cosmique et immortalité personnelle. — Thanatisme primitif (chez les peuples sauvages). — Thanatisme secondaire (chez les philosophes de l'antiquité et des temps modernes). — Athanisme et religion. — Comment est née la croyance en l'immortalité. — Athanisme chrétien. — La vie éternelle. — Le jugement dernier. — Athanisme métaphysique. — L'âme-substance. — L'âme-éther. — L'âme-air. — Ames liquides et âmes solides. — Immortalité de l'âme animale. — Preuves pour et contre l'athanisme. — Illusions athanistiques.

LITTÉRATURE

D. STRAUSS. — *Gesammelte Schriften. Auswahl in sechs Baenden* (herausg. von Ed. Zeller), 1890.

L. FEUERBACH. — *Gottheit Freiheit und Unsterblichkeit vom Standpunkt der Anthropologie*, 2te Aufl. 1890.

L. BUCHNER. — *Das künftige Leben und die moderne Wissenschaft-Zehn Briefe an eine Freundin*, Leipzig, 1889.

C. VOGT. — *Kœhlerglaube und Wissenschaft*. 1855.

G. KUHN. — *Naturphilosophische Studien, frei von Mysticismus* 1895.

P. CARUS ET HEGELER. — *The Monist. A quarterly magazine*. Vol. I-IX, Chicago, 1890-1899.

M. J. SAVAGE. — *Die Unsterblichkeit* (Kap. XII *in Die Religion im Licht der Darwinschen Lehre*), 1886.

AD. SVOBODA. — *Gestalten des Glaubens*, 2 Bde, Leipzig, 1897.

En passant de l'étude génétique de l'âme à la grande question de son « immortalité », nous abordons ce suprême domaine de la superstition qui constitue en quelque sorte la citadelle indestructible de toutes les idées dualistes et mystiques. Car lorsqu'il s'agit de cette question cardinale, plus que dans tout autre problème, se joint à l'intérêt purement philosophique l'intérêt égoïste de la personne qui veut à tout prix se voir garantie l'immortalité individuelle au delà de la mort. Ce « suprême besoin de l'âme » est si puissant qu'il rejette par dessus bord tous les raisonnements logiques de la raison critique. Consciemment, ou inconsciemment chez la plupart des hommes, toutes les autres idées générales et toute la conception de la vie elle-même sont influencées par le dogme de l'immortalité personnelle et à cette erreur théorique se rattachent des conséquences pratiques dont la portée est immense. Nous nous proposons donc d'examiner, du point de vue critique, tous les aspects de ce dogme important et de démontrer qu'il est inadmissible en face des données empiriques de la biologie moderne.

Athanisme et Thanatisme. — Afin d'avoir une expression courte et commode pour désigner les deux attitudes opposées dans la question de l'immortalité, nous appellerons la croyance en « l'immortalité personnelle de l'homme » l'*Athanisme* (de Athanes ou Athanatos : immortel). Par contre, nous appellerons *Thanatisme* (de Thanatos : mort) la conviction qu'avec la mort de l'homme, non seulement toutes les autres fonctions vitales physiologiques s'éteignent, mais que *l'âme*, elle aussi, disparaît — en entendant par là cette somme de fonctions cérébrales que le dualisme psychique considère comme une « essence » spéciale, indépendante des autres manifestations vitales du corps vivant.

Puisque nous abordons ici le problème physiologique de la *mort*, faisons remarquer une fois de plus le caractère *individuel* de ce phénomène de la nature organique. Nous entendons par « mort » exclusivement la cessation définitive des fonctions vitales chez l'*individu* organique, n'importe à quelle catégorie l'individu considéré appartient ou à quel degré d'individualité il s'est élevé. L'homme est mort quand sa personne meurt, qu'importe qu'il ne laisse pas de postérité ou qu'il ait donné le jour à des enfants dont les descendants se succéderont pendant plusieurs générations. On dit, il est vrai, en un certain sens que « l'esprit » des grands hommes (par exemple dans une dynastie de souverains éminents, dans une famille d'artistes pleins de talent) se perpétue à travers plusieurs générations ; on dit, de même, que l' « âme » des femmes supérieures se survit en leurs enfants et petits-enfants. Mais dans ces cas il s'agit toujours de phénomènes complexes d'*hérédité*, en vertu desquels une cellule microscopique détachée du corps (spermatozoïde du père, ovule de la mère), transmet aux descendants certaines propriétés de la substance. Les *personnes* elles-mêmes qui produisent ces cellules sexuelles par milliers, demeurent néanmoins mortelles et avec leur mort cesse leur activité psychique individuelle, de même que tout autre fonction physiologique.

Immortalité des Protozoaires. — Il s'est trouvé, en ces dernières années, plusieurs zoologistes éminents — surtout Weismann (1882) — pour soutenir cette opinion que seuls les plus inférieurs des organismes, les *Protistes* monocellulaires, étaient *immortels*, à l'inverse de tous les autres animaux et plantes pluricellulaires, dont le corps était constitué par des tissus. A l'appui de cette étrange idée, on invoquait surtout cet argument que la plupart des Protistes se reproduisent presque exclusivement par génération asexuée, par division ou sporulation. Le corps tout entier de l'être monocellulaire se subdivise en deux parties (ou plus) ayant même valeur (cellules filles), puis chacune de ces parties se complète par la croissance jusqu'à ce qu'elle soit redevenue semblable, en grandeur et en forme, à la cellule mère. Mais par le processus de division lui-même, l'*individualité* de l'organisme monocellulaire est déjà anéantie, il a perdu aussi bien l'unité physiologique que la morphologique.

Le terme d'*individu* lui-même, d'« indivisible » est la réputation logique de la conception de Weismann; car ce mot signifie une *unité* que l'on ne peut diviser sans supprimer son essence. En ce sens, les plantes primitives monocellulaires (Protophytes) et les animaux primitifs monocellulaires (Protozoaires) sont, leur vie durant, des *biontes* ou *individus physiologiques* au même titre que les plantes et les animaux pluricellulaires, dont le corps est constitué par des tissus. Chez ceux-ci aussi existe la reproduction asexuée, par simple division (par exemple chez beaucoup de Cnidiés, chez les Coraux, les Méduses); l'animal-mère, dont les deux animaux-filles proviendront par division, cesse ici aussi d'exister par le fait qu'il se sépare en deux. Weismann déclare : « Il n'existe pas chez les Protozoaires d'individus ni de générations au sens qu'ont ces mots chez les *Métazoaires*. » Voilà une affirmation à laquelle je m'oppose nettement. Ayant moi-même, le premier, donné la définition des *Métazoaires* et opposé ces animaux pluricellulaires, dont le corps est constitué par des tissus, aux *Protozoaires* monocellulaires (Infusoires, Rhizopodes), ayant, en outre, moi-même montré le premier la différence radicale qui existait dans le mode de développement de ces deux groupes (aux dépens de feuillets germinatifs pour les premiers, pas pour les seconds), — je dois déclarer d'autant plus nettement que je considère les *Protozoaires* pour tout aussi *mortels* au sens physiologique (c'est-à-dire aussi au sens psychologique) que les *Métazoaires*;

dans ces deux groupes, ni le corps ni l'âme ne sont immortels. Les autres conclusions erronées de Weismann ont déjà été réfutées (1884) par Moebius, qui fait remarquer avec raison que « tous les événements du monde sont *périodiques* et qu'il « n'existe pas de source d'où des individus organiques immortels aient pu jaillir ».

Immortalité cosmique et immortalité personnelle. — Si l'on prend le terme d'immortalité en un sens tout à fait général et qu'on l'étende à l'ensemble de la nature connaissable, il prend une valeur scientifique ; il apparaît alors, pour la philosophie moniste, non seulement acceptable, mais tout naturel et clair par lui-même. Car la thèse de l'indestructibilité et de l'éternelle durée de tout ce qui est coïncide alors avec notre suprême loi naturelle, la *loi de substance* (chapitre XII). Comme nous aurons plus tard, quand nous chercherons à établir la doctrine de la conservation de la force et de la matière, à discuter longuement cette immortalité cosmique, nous ne nous y arrêterons pas plus longtemps pour l'instant. Abordons plutôt de suite la critique de cette « croyance en l'immortalité », la seule qu'on entende d'ordinaire par ce mot, celle en l'immortalité de l'*âme personnelle*. Étudions d'abord la façon dont s'est formée et propagée cette idée mystique et dualiste et insistons ensuite et surtout sur la propagation de son contraire, de l'idée *moniste*, du *thanatisme* fondé empiriquement. Je distinguerai, comme deux formes absolument différentes de celui-ci, le thanatisme *primitif* et le *secondaire* ; dans le premier, l'absence du dogme de l'immortalité est un phénomène originel (chez les peuples sauvages) ; le thanatisme secondaire, par contre, est le résultat tardif d'une connaissance de la nature conformément à la raison, il existe chez les peuples ayant atteint un haut degré de civilisation.

Thanatisme primitif (absence originelle de l'idée d'immortalité). — Dans beaucoup d'ouvrages philosophiques et surtout théologiques, nous lisons aujourd'hui encore l'affirmation que la croyance en l'immortalité personnelle de l'âme humaine est commune, à l'origine, à tous les hommes ou du moins à tous les « hommes raisonnables ». Cela est faux. Ce dogme n'est pas une idée originelle de la raison humaine et jamais il n'a été universellement admis. Sous ce rapport, un fait surtout important, aujourd'hui certain mais qui n'a été établi qu'en ces derniers temps par l'ethnologie comparée, c'est celui-ci, à savoir que plusieurs peuples primitifs, au degré de culture le plus rudimentaire, ont aussi peu l'idée d'une immortalité que celle d'un Dieu. C'est le cas, en particulier, de ces Weddas de Ceylan, de ces Pygmées primitifs que nous pouvons considérer, en nous appuyant sur les remarquables recherches des messieurs Sarasin, comme un reste des premiers « hommes primitifs de l'Inde. » (1) C'est encore le cas de diverses branches des plus anciennes parmi les Dravidas, très proches parents des Weddas, — enfin des Seelongs indiens et de quelques branches parmi les nègres de l'Australie. De même, plusieurs peuples primitifs de race américaine (dans l'intérieur du Brésil, dans le haut cours du fleuve, etc.), ne connaissent ni dieux ni immortalité. Cette absence *originelle* de la croyance en Dieu et en l'immortalité est un fait des plus importants ; il convient naturellement de le distinguer de l'absence *secondaire* des mêmes croyances acquises par l'homme parvenu à un haut degré de civilisation, tardivement et avec peine, à la suite d'études faites dans l'esprit de la philosophie critique.

Thanatisme secondaire. (Absence acquise de l'idée d'immortalité.) — A l'inverse du thanatisme primaire, qui existait sûrement dès l'origine chez les tout premiers hommes et fut toujours très répandu, l'absence secondaire de croyance en l'immortalité n'est apparue que tard ; c'est le fruit mûr d'une réflexion profonde sur « la vie et la mort », par

---

(1) E. Haeckel, *Lettres d'un voyageur dans l'Inde*. Trad. fr. du Dr Letourneau.

conséquent le produit d'une réflexion philosophique pure et indépendante. Comme telle, elle nous apparaît dès le vie siècle avant Jésus-Christ, chez une partie des philosophes naturalistes ioniens, plus tard chez les fondateurs de la vieille philosophie matérialiste, chez Démocrite et Empédocle, mais aussi chez Simonide et Epicure, chez Sénèque et Pline et le plus complètement développée chez Lucrèce. Alors, lorsqu'après la chute de l'antiquité classique, le christianisme se fut propagé et qu'avec lui l'*Athanisme,* comme un de ses plus importants articles de foi, eût conquis la suprématie, — alors, en même temps que d'autres superstitions, celle relative à l'immortalité personnelle prit la plus grande importance.

Durant la longue nuit intellectuelle que fut le moyen-âge chrétien, il était naturellement rare qu'un penseur hardi osât exprimer des convictions s'écartant de l'orthodoxie ; les exemples de Galilée, de Giordano Bruno et autres philosophes indépendants qui furent livrés à la torture et au bûcher par les « successeurs du Christ » terrifiaient suffisamment ceux qui eussent été tentés de s'exprimer librement. Cela ne redevint possible qu'après que la Réforme et la Renaissance eurent brisé la toute-puissance du papisme. L'histoire de la philosophie moderne nous montre les diverses voies par lesquelles la raison humaine, parvenue à maturité, a cherché à échapper à la superstition de l'immortalité. Néanmoins, le lien étroit qui unissait celle-ci au dogme chrétien lui conférait une telle puissance jusque dans les milieux protestants, plus libres, que même la plupart des libres penseurs convaincus, gardaient pour eux leur manière de voir sans en rien dire. Il était rare que quelques hommes éminents, isolés, se risquassent à confesser librement leur conviction de l'impossibilité pour l'âme de continuer à exister par delà la mort. Cela s'est surtout produit dans la seconde moitié du xviiie siècle, en France, avec Voltaire, Danton, Mirabeau et d'autres, puis avec les chefs du matérialisme d'alors, Holbach, Lamettrie. Ces convictions étaient partagées par le spirituel ami de Voltaire, le plus grand prince de la maison des Hohenzollern, le « philosophe de Sans-Souci », moniste lui aussi. Que dirait Frédéric le Grand, ce *thanatiste et athéiste couronné*, s'il pouvait aujourd'hui comparer ses convictions monistes avec celles de ses successeurs ?

Parmi les *médecins penseurs*, la conviction qu'avec la mort de l'homme cesse aussi l'existence de son âme est très répandue depuis des siècles, mais eux aussi se sont gardé le plus souvent de l'exprimer. D'ailleurs, même au siècle dernier, la connaissance empirique du cerveau était encore si imparfaite, que l'« âme », pareille à un habitant mystérieux, pouvait continuer d'y poursuivre son existence indépendante. Elle n'a été définitivement écartée que par les progrès gigantesques qu'a faits la biologie en notre siècle, particulièrement dans la dernière moitié. La théorie de la descendance et la théorie cellulaire à jamais établies, les surprenantes découvertes de l'ontogénie et de la physiologie expérimentale, mais avant tout les merveilleux progrès de l'anatomie microscopique du cerveau ont graduellement sapé tous les fondements de l'Athanisme, si bien qu'aujourd'hui il est rare qu'un biologiste versé dans sa science et loyal soutienne encore l'immortalité de l'âme. Les philosophes monistes du xixe siècle (Strauss, Feuerbach, Buchner, Spencer, etc.) sont tous *Thanatistes*.

Athanisme et religion. — Le dogme de l'immortalité personnelle ne s'est tant propagé et n'a pris une telle importance que par suite de son rapport étroit avec les articles de foi du *christianisme* ; et c'est celui-ci également qui a donné lieu à cette idée erronée, encore aujourd'hui très répandue, que cette croyance à l'immortalité constituait un des éléments essentiels de toute *religion* pure. Ce n'est aucunement le cas ! La croyance en l'immortalité de l'âme fait complètement défaut dans la plupart des religions les plus élevées de l'Orient ; elle est inconnue au *Bouddhisme*, qui est, encore aujourd'hui, la religion que professent les 30 0/0 de la population de la terre ; elle est aussi inconnue à la vieille religion populaire des Chinois qu'à cette religion réformée par Confucius et qui a pris plus tard la place de la première, et ce qui est plus important que tout le reste, elle est inconnue à la religion primitive et pure des juifs ; ni dans les cinq livres de Moïse, ni dans les écrits antérieurs du Nouveau-Testament, écrits avant l'exil de Babylone, on ne trouve ce dogme d'une immortalité individuelle après la mort.

Comment s'est formée la croyance à l'immortalité. — L'idée mystique que l'âme de l'homme survit à la mort, pour vivre ensuite éternellement, a certainement une origine *polyphylétique*; elle n'existait pas chez le premier homme doué déjà du langage, chez l'*homme primitif* (*homo primigenius* hypothétique de l'Asie) pas plus que chez ses ancêtres, le pithecanthropus et le prothylobates, pas plus que chez ses descendants actuels, moins perfectionnés que lui, les Weddas de Ceylan, les Seelongs de l'Inde et autres peuples sauvages vivant au loin. C'est seulement avec les progrès de la raison, à la suite des réflexions plus profondes sur la vie et la mort, le sommeil et le rêve, que se développèrent, chez diverses races humaines — indépendamment les unes des autres — des idées mystiques sur la composition dualiste de notre organisme. Des motifs très divers doivent avoir concouru à amener cet événement polyphylétique : culte des ancêtres, amour des proches, joie de vivre et désir de prolonger la vie, espoir d'une situation meilleure dans l'au-delà, espoir que les bons seront récompensés et les méchants punis, etc. La psychologie comparée nous a fait connaître, en ces derniers temps, un grand nombre de ces poèmes relatifs aux croyances (1) ; ils se rattachent étroitement, pour la plus grande partie, aux formes les plus anciennes de la croyance en Dieu et de la religion en général. Dans la plupart des religions modernes, l'*Athanisme* est intimement lié au *théisme*, et

---

(1) Cf. Ad. Svoboda *Gestalten des Glaubens* 1897.

la conception mystique que la plupart des croyants se font de leur « Dieu personnel », est étendue par eux à « leur âme immortelle ». Cela vient surtout de la religion qui domine le monde civilisé moderne, du christianisme.

Croyance chrétienne en l'immortalité. — Ainsi que chacun sait, le dogme de l'immortalité de l'âme a pris, depuis longtemps, dans la religion chrétienne, cette forme précise exprimée ainsi dans l'article de foi : « Je crois à la résurrection de la chair, à la vie éternelle. » Le Christ lui-même ressuscité d'entre les morts, le jour de Pâques pour être désormais dans l'Eternité, « fils de Dieu assis à la droite du Père », ce sont là des idées que nous ont rendues sensibles d'innombrables tableaux et légendes. De même, l'homme lui aussi, « ressuscitera au jour du jugement » et recevra la récompense qu'il aura méritée par sa vie terrestre. Toute cette conception chrétienne est d'un bout à l'autre *matérialiste* et anthropistique ; elle ne s'élève pas beaucoup au-dessus des idées grossières que bon nombre de peuples inférieurs et incultes peuvent se faire sur les mêmes sujets. Que la « résurrection de la chair » soit impossible, c'est ce que savent tous ceux qui ont la moindre connaissance de l'anatomie et de la physiologie. La résurrection du Christ, que des millions de chrétiens croyants célèbrent à chaque Pâques, est un pur mythe, exactement comme la « Résurrection des morts », que le Christ est censé avoir accompli plusieurs fois. Pour la raison pure, ces articles de foi mystiques sont aussi inadmissibles que l'hypothèse d'une « vie éternelle » qui s'y rattache.

La vie éternelle. — Les notions fantaisistes que l'Eglise chrétienne nous enseigne relativement à la vie éternelle de l'âme immortelle après la mort du corps sont aussi purement matérialistes que le dogme de la « résurrection de la chair » qui s'y rattache. SAVAGE, dans son intéressant ouvrage : *La religion étudiée à la lumière de la doctrine darwiniste* (1886), fait à ce sujet la très juste remarque suivante : « Une des accusations perpétuelles de l'Eglise contre la science, c'est que celle-ci est matérialiste. Je voudrais faire remarquer en passant *que la conception ecclésiastique de la vie future a toujours été et est encore le matérialisme le plus pur.* Le corps matériel doit ressusciter et habiter un ciel matériel ». Pour s'en convaincre, il suffit de lire avec impartialité un de ces innombrables sermons ou un de ces discours si pleins de belles phrases et si goûtés en ces derniers temps, dans lesquels sont vantées la splendeur de la vie éternelle, bien suprême des chrétiens, et la croyance en elle, fondement de la morale.

Ce qui attend les pieux croyants spiritualistes dans le « Paradis », ce sont toutes les joies de la vie civilisée, avec tous les raffinements d'une culture avancée — tandis que les matérialistes athées sont martyrisés éternellement dans les tortures de l'Enfer, par leur « Père au cœur aimant ».

Croyance métaphysique en l'immortalité. — En face de l'athanisme matérialiste, qui domine le christianisme et le mahométanisme, il semble que l'*athanisme métaphysique*, tel que l'ont enseigné la plupart des philosophes dualistes et spiritualistes, représente une forme de croyance plus pure et plus élevée. Le plus marquant parmi ceux qui ont contribué à la fonder est PLATON ; il enseignait déjà, au IV° siècle avant Jésus-Christ, ce complet dualisme entre le corps et l'âme, qui est devenu ensuite, dans la croyance chrétienne, un des articles les plus importants en théorie et les plus gros de conséquences pratiques.

Le corps est mortel, matériel, physique ; l'âme est immortelle, immatérielle, métaphysique. Tous deux ne sont associés que passagèrement, pendant la vie individuelle. Comme PLATON admettait une vie éternelle de l'âme autonome aussi bien avant qu'après cette alliance temporaire, ce fut aussi un adepte de la *métempsychose* ; les âmes existent en tant que telles, en tant qu'« idées éternelles », avant qu'elles ne passent dans un corps humain. Après avoir quitté celui-ci, elles se mettent en quête d'un autre corps à habiter, lequel soit aussi approprié que possible à leur nature ; les âmes des tyrans terribles passent dans les corps des loups et des vautours, celles des travailleurs vertueux dans les corps des abeilles et des fourmis, et ainsi de suite.

Ce qu'il y a d'enfantin et de naïf dans ces théories de l'âme saute aux yeux ; un examen plus approfondi nous montre qu'elles sont complètement inconciliables avec les connaissances psychologiques, autrement certaines, que nous devons à l'anatomie et à la physiologie modernes, aux progrès de l'histologie et de l'ontogénie. Nous les mentionnons seulement ici parce que, malgré leur absurdité, elles ont exercé la plus grande influence sur l'histoire de la pensée. Car, d'une part, à la théorie de l'âme platonicienne, se rattache la mystique des Néoplatoniciens, qui pénétra dans le Christianisme ; d'autre part, elle devint plus tard un des piliers principaux de la philosophie spiritualiste. L' « *idée* » platonicienne se transforma par la suite en la notion de *substance* de l'âme, à vrai dire aussi métaphysique et impossible à saisir, mais qui gagna à revêtir parfois un aspect physique.

Ame-substance. — La conception de l'âme en tant que « *substance* » est, chez beaucoup de psychologues, fort peu claire ; tantôt elle est considérée, au sens abstrait et idéal, comme un « être immatériel » d'une espèce toute particulière, tantôt au sens concret et réaliste, tantôt, enfin, comme une chose peu claire, hybride tenant des deux. Si nous nous arrêtons à la notion moniste de substance, telle que nous la prendrons (chap. XII) comme la base la plus simple sur laquelle s'édifiera notre philosophie tout entière, l'*énergie* et la *matière* nous y apparaîtront indissolublement unies. Il nous faudra alors distinguer dans « l'âme substance », l'*énergie psychique* proprement dite (sensation, représentation, volition) qui nous est seule connue — et la *matière psychique*, au seul moyen de laquelle la première peut se produire, c'est-à-dire le *plasma* vivant. Chez les animaux supérieurs, la « matière-âme » est ainsi constituée par une partie du système nerveux ; chez les animaux inférieurs et les plantes, dépourvus de système nerveux, par une partie de leur corps pluricellulaire ; chez les Protistes monocellulaires, par une partie de leur corps cellulaire. Nous revenons ainsi aux *organes de l'âme* et nous sommes conduits à cette conclusion, conforme à la nature, que ces organes matériels de l'âme sont indispensables à l'activité psychique ; quant à l'âme elle-même, elle est *actuelle*, c'est la somme de ses fonctions physiologiques.

Le concept de l'âme substance spécifique prend un tout autre sens chez les philosophes dualistes qui en admettent l'existence. L' « âme » immortelle est matérielle, sans doute, mais cependant invisible et toute différente du corps visible dans lequel elle habite. L'*invisibilité* de l'âme est ainsi considérée comme un de ses attributs essentiels. Quelques-uns, par suite, comparent l'âme avec l'éther et pensent qu'elle est comme lui, une matière essentiellement mobile, des plus subtiles et légères ou bien encore un agent impondérable qui circule partout entre les particules pondérables de l'organisme vivant. D'autres, par contre, comparent l'âme au vent et lui attribuent par suite un état gazeux ; et c'est cette comparaison, faite d'abord par les peuples primitifs, qui a conduit plus tard à la conception dualiste, devenue si générale. Quand l'homme mourait, son corps demeurait, dépouille morte, mais l'âme immortelle « s'envolait avec le dernier souffle ».

Ame-éther. — La comparaison de l'âme humaine avec l'éther physique, comme étant qualitativement de même nature, a pris en ces derniers temps une forme plus concrète, grâce aux progrès immenses de l'optique et de l'électricité (accomplis surtout en ces dix dernières années) ; car ceux-ci nous ont appris à connaître l'énergie de l'éther et par là nous ont fourni certains aperçus sur la nature matérielle de cette substance qui remplit l'espace. Devant parler plus longuement de ces importants rapports (chap. XII) je ne m'y arrêterai pas plus longuement ici, je ferai seulement remarquer en deux mots que l'hypothèse d'une *âme-éther* est devenue, par suite, absolument inadmissible. Une telle « âme éthérée », c'est-à-dire une substance-âme qui serait pareille à l'éther physique et circulerait, ainsi que lui, entre les parties pondérables du plasma vivant ou des molécules cérébrales, serait à jamais incapable de produire une vie psychique individuelle. Ni les conceptions mystiques qui ont fait, à ce sujet, l'objet de vives discussions vers le milieu du siècle, ni les tentatives du *Néovitalisme* moderne pour établir un lien entre la mystique « force vitale » et l'éther physique — ne méritent plus aujourd'hui d'être réfutées.

Ame air. — Une conception bien plus répandue et encore aujourd'hui en haute estime, c'est celle qui attribue à la substance-âme une nature *gazeuse*. De toute antiquité on a comparé le souffle de la respiration humaine à celui du vent; les deux furent, à l'origine, tenus pour identiques et désignés par un même nom.

Anemos et *Psyche* chez les Grecs, *Anima* et *Spiritus* chez les Romains désignent originairement le souffle du vent; de là ces termes ont été appliqués ensuite au souffle de l'homme. Plus tard ce « souffle vivant » fut identifié avec la « force vitale » et finalement considéré comme l'essence même de l'âme, ou, en un sens plus restreint, comme celle de sa suprême manifestation, l' « esprit ».

De là, la fantaisie dériva ensuite la conception mystique des esprits individuels, *fantômes* (« Spirits »); ceux-ci sont encore conçus aujourd'hui, la plupart du temps, comme des « êtres de forme aérienne » — mais doués des fonctions physiologiques de l'organisme! — dans maint cercle spirite célèbre, les esprits sont néanmoins photographiés!

Ames liquides et âmes solides. — La physique expérimentale est parvenue, dans les dix dernières années de notre xixᵉ siècle, à faire passer tous les corps gazeux à l'état liquide — et même la plupart à l'état d'agrégat solide. Il ne faut pour cela rien d'autre que des appareils appropriés qui compriment fortement les gaz, sous une très forte pression et avec une température très basse. Non seulement des éléments analogues à l'air (oxygène, hydrogène, azote) ont pu ainsi passer de l'état gazeux à l'état liquide, mais en outre des gaz composés (acide carbonique) et des mélanges de gaz (air atmosphérique). Mais par là ces corps *invisibles* sont devenus pour tous *visibles* et, en un certain sens, il est possible de les « toucher du doigt ». Avec ce changement de densité s'est évanoui le nimbe mystique qui enveloppait autrefois, dans l'opinion courante, la nature des gaz tenus pour des corps invisibles produisant cependant des effets visibles. Si la substance-âme était réellement, comme beaucoup de « savants » le croient aujourd'hui encore, de la même nature que les gaz, on devrait être en état, en employant une haute pression et une température très basse, de la recueillir dans un flacon, sous le titre de *liquide d'immortalité* (*fluidum animæ immortale*). En poursuivant le refroidissement et la condensation on devrait aussi parvenir à faire passer l'âme liquide à l'état solide (« neige d'âme »). Jusqu'ici l'expérience n'a pas encore réussi.

Immortalité de l'âme animale. — Si l'athanisme était vrai, si réellement l'« âme » de l'homme devait éternellement subsister, on devrait soutenir absolument la même chose relativement à l'âme des animaux supérieurs, au moins des Mammifères les plus proches de l'homme (Singes, Chiens). Car l'homme ne se distingue pas d'eux par une nouvelle *sorte* de fonction psychique spéciale, n'appartenant qu'à lui, — mais uniquement par un *degré* supérieur d'activité psychique, par le plus grand perfectionnement du stade d'évolution atteint. Ce qui est surtout plus perfectionné chez beaucoup d'hommes (mais pas chez tous!), c'est la *conscience*, la faculté d'associer des idées, la pensée et la raison. D'ailleurs, la différence n'est, à beaucoup près, pas aussi grande qu'on se l'imagine et elle est, sous tous les rapports, bien moindre que la différence correspondante entre l'âme des animaux supérieurs et celles des animaux inférieurs, ou même que la différence entre le plus haut et le plus bas degré de l'âme humaine. Si donc on accorde à celle-ci une « immortalité personnelle », il faut l'attribuer aussi à l'âme des animaux supérieurs.

Cette conviction de l'immortalité individuelle des animaux se rencontre, ainsi qu'il était naturel, chez beaucoup de peuples anciens et modernes ; même aujourd'hui encore elle est soutenue par beaucoup de penseurs qui revendiquent pour eux-mêmes une « vie éternelle » et, d'autre part, possèdent une connaissance empirique très approfondie de la vie psychique des animaux. J'ai connu un vieil inspecteur des forêts qui, veuf et sans enfants, avait vécu plus de trente ans absolument seul, dans une splendide forêt de la Prusse orientale.

Il n'avait de rapports qu'avec quelques domestiques, avec lesquels il n'échangeait que les paroles indispensables, et avec une nombreuse meute de chiens de toute espèce, avec lesquels il vivait dans la plus grande communauté d'âmes. Après plusieurs années d'éducation et de dressage, ce fin observateur et ami de la Nature avait su pénétrer profondément dans l'âme individuelle de ses chiens et il était aussi persuadé de leur immortalité personnelle que de la sienne propre et quelques-uns, parmi les plus intelligents de ses chiens, lui semblaient, d'après une comparaison objective, parvenus à un stade psychique plus élevé que sa vieille et stupide servante ou que son grossier domestique à l'esprit borné. Tout observateur impartial qui étudiera pendant des années la vie psychique consciente et intelligente de chiens supérieurs, qui suivra attentivement les processus physiologiques de leur pensée, de leur jugement, de leur raisonnement, devra reconnaître que ces chiens peuvent revendiquer l' « immortalité » avec autant de droit que l'homme.

Preuves en faveur de l'Athanisme. — Les motifs que l'on invoque depuis deux mille ans en faveur de l'immortalité de l'âme et que l'on fait encore valoir aujourd'hui, proviennent en grande partie, non de l'effort pour connaître la vérité, mais bien plutôt du soi-disant « besoin de l'âme », c'est-à-dire de la fantaisie et de l'invention. Pour parler comme KANT, l'immortalité de l'âme n'est pas un objet de connaissance de la raison *pure*, mais un « postulat de la raison pratique ». Mais celle-ci et les « besoins de l'âme, de l'éducation morale », etc., qui s'y rattachent, doivent être laissés absolument de côté si nous voulons sincèrement et sans parti pris parvenir à la pure connaissance de la *vérité* ; car celle-ci n'est exclusivement possible qu'au moyen des raisonnements logiques et clairs, fondés empiriquement, de la raison *pure*. Nous pouvons donc redire ici de l'*Athanisme* ce que nous avons dit du *théisme* : ce ne sont tous deux que des objets de fantaisie mystique, de « croyance » transcendante, non de science, laquelle procède de la raison.

Si nous analysions l'une après l'autre toutes les raisons qu'on a fait valoir en faveur de la croyance à l'immortalité, il en ressortirait que pas une seule n'est vraiment *scientifique* ; il n'en est pas une seule qui se puisse concilier avec les notions claires que nous avons acquises, depuis quelques dizaines d'années, par la psychologie physiologique et la théorie de l'évolution. L'argument *théologique* selon lequel un créateur personnel aurait mis en l'homme une âme immortelle (le plus souvent conçue comme une partie de sa propre âme divine) est un pur mythe. L'argument *cosmologique* selon lequel « l'ordre moral du monde » exigerait l'éternelle durée de l'âme humaine, est un dogme qui ne s'appuie sur rien. L'argument *téléologique*, selon lequel la « destinée suprême » de l'homme exigerait un complet développement dans l'au-delà de son âme si incomplète pendant la vie terrestre, repose sur un anthropisme erroné. L'argument *moral* selon lequel les privations, les souhaits insatisfaits durant la vie terrestre devraient être satisfaits dans l'au delà par une « justice distributive », est un pieux souhait, mais rien de plus.

L'argument *ethnologique* selon lequel la croyance en l'immortalité, comme celle en Dieu, serait une vérité innée, commune à tous les hommes, est nettement une erreur. L'argument *ontologique*, selon lequel l'âme, « substance simple, immatérielle et indivisible » ne saurait disparaître avec la mort, repose sur une conception absolument fausse des phénomènes psychiques : c'est une erreur spiritualiste. Tous ces « arguments en faveur de l'athanisme » et d'autres analogues sont surannés ; ils ont été *définitivement réfutés* par la critique scientifique de cette fin de siècle.

Preuves contraires à l'Athanisme. — En regard des arguments cités, tous inadmissibles, *en faveur* de l'immortalité de l'âme, il convient, vu la haute importance de cette question, de résumer brièvement ici les arguments scientifiques, bien fondés, *contraires* à cette croyance. L'argument *physiologique* nous enseigne que l'âme humaine, pas plus que celle des animaux supérieurs, n'est une substance immatérielle, indépendante, mais un terme collectif désignant une somme de fonctions cérébrales ; celles-ci sont conditionnées, comme toutes les autres fonctions vitales, par des processus physiques et chimiques, par suite soumis, eux aussi, à la loi de substance. L'argument *histologique* s'appuie sur la structure microscopique si compliquée du cerveau et nous apprend à chercher dans les cellules ganglionnaires de celui-ci les véritables « organes élémentaires de l'âme ». L'argument *expérimental* nous fournit la conviction que les diverses fonctions de l'âme sont liées à des territoires déterminés du cerveau et sont impossibles sans l'état normal de ceux-ci ; si ces territoires sont détruits, la fonction qui y était attachée disparaît en même temps ; cette loi vaut, en particulier, pour les « organes de la pensée », uniques instruments centraux de la « vie de l'esprit ». L'argument *pathologique* complète le physiologique ; lorsque des régions cérébrales déterminées (centre du langage, sphère visuelle, sphère auditive) sont détruites par la maladie, leur travail n'est plus effectué, le langage, la vue, l'ouïe disparaissent; la nature réalise ici l'expérience physiologique la plus décisive. L'argument *ontogénétique* nous met immédiatement sous les yeux les faits de l'évolution individuelle de l'âme ; nous voyons comment, dans l'âme de l'enfant, les diverses facultés se développent peu à peu ; elles atteignent leur pleine maturité chez le jeune homme, elles portent leurs fruits chez l'homme ; dans la vieillesse se produit une graduelle régression de l'âme, correspondant à la dégénérescence sénile du cerveau. L'argument *phylogénétique* s'appuie sur la paléontologie, l'anatomie comparée et la physiologie du cerveau ; se complétant réciproquement, ces sciences réunies nous fournissent la certitude que le cerveau de l'homme (et en même temps sa fonction, l'âme) s'est développé graduellement et par étapes à partir de celui des Mammifères, et, en remontant plus loin, des vertébrés inférieurs.

Illusions athanistiques. — Les recherches précédentes, qui pourraient être complétées par beaucoup d'autres résultats de la science moderne, ont démontré l'absolue inadmissibilité du vieux dogme de l'immortalité de l'âme. « Celui-ci ne peut plus, au XIXe siècle, faire l'objet d'une étude scientifique, sérieuse, mais seulement celui de *la croyance* transcendante. Mais la « critique de la raison pure » a démontré que cette croyance, dont on fait tant de cas, envisagée au grand jour, est une pure *superstition*, tout comme la croyance qu'on y rattache si souvent, en un « Dieu personnel ». Et cependant, aujourd'hui encore, des millions de « croyants » — non seulement dans les basses classes, dans le peuple sans culture, mais aussi dans les milieux les plus élevés — tiennent cette superstition pour leur bien le plus cher, pour leur « plus précieux trésor ». Il est donc nécessaire de pénétrer un peu plus avant dans le cercle d'idées auquel celle-là se rattache et — en la supposant vraie — de soumettre sa valeur réelle à un examen critique. La critique objective découvrira alors que cette valeur repose en grande partie sur l'imagination, sur l'absence de jugement clair et de pensée conséquente. La renonciation définitive à ces *illusions athanistiques*, j'en ai la profonde et sincère conviction, non seulement ne serait pas pour l'humanité une *perte* douloureuse, mais constituerait un inappréciable *gain* positif. Le *besoin de l'âme* humaine s'attache à la croyance en l'immortalité surtout pour deux motifs : premièrement, l'espoir d'une vie meilleure dans l'au-delà, secondement l'espoir d'y revoir nos amis et tous ceux qui nous sont chers, et que la mort nous a enlevés ici-bas. En ce qui concerne la première espérance, elle provient d'un sentiment naturel de rémunération, légitime il est vrai subjectivement, mais objectivement sans fondement. Nous prétendons être dédommagés d'innombrables déceptions, des tristes expériences de cette vie terrestre, sans y être autorisés par aucune perspective réelle ou aucune garantie. Nous réclamons la durée illimitée d'une vie éternelle dans laquelle nous ne voulons éprouver que plaisir et joie, ni déplaisir ni douleur. La façon dont la plupart des hommes se représentent cette « vie bienheureuse dans l'Au delà » est des plus surprenantes, et d'autant plus étonnante que d'après cela, « l'âme immatérielle » goûterait des jouissances on ne peut plus matérielles. La fantaisie de chaque croyant, *façonne* cette félicité permanente conformément à ses désirs personnels. L'Indien d'Amérique, dont Schiller nous a si vivement dépeint l'Athanisme dans sa « plainte funèbre » espère trouver dans son Paradis les plus superbes chasses avec une quantité énorme de bufles et d'ours ; l'Esquimeau, s'attend à y voir des nappes de glaces éclairées par le soleil avec une quantité énorme d'ours polaires, de phoques et autres animaux polaires; le doux Singhalais conçoit son Paradis d'après la merveilleuse île paradisiaque de Ceylan, avec ses jardins et ses forêts splendides; mais il admet tacitement qu'il y trouvera toujours à profusion le riz et le curry, les noix de coco et autres fruits; l'Arabe mahométan est convaincu que son Paradis sera couvert de jardins ombragés, pleins de fleurs, où bruiront partout de fraîches sources et qu'habiteront les plus belles filles; le pêcheur catholique, en Sicile, s'attend à avoir chaque jour une profusion des plus fins poissons et du meilleur macaroni et une indulgence éternelle, pour tous les péchés que, même dans la vie éternelle, il pourra commettre chaque jour; le chrétien du Nord de l'Europe espère une cathédrale gothique dont on ne pourra pas mesurer la hauteur et dans laquelle retentiront des « louanges éternelles au Dieu des armées. » Bref, chaque croyant attend en somme de la vie éternelle qu'elle soit un prolongement direct de son existence terrestre individuelle, mais qu'elle en soit une édition considérablement « revue et augmentée ».

Il nous faut faire ressortir, ici encore, le caractère d'absolu *matérialisme* que présente l'*Athanisme chrétien*, lié étroitement au dogme absurde de la « résurrection de la chair ». D'après ce que nous montrent des milliers de toiles de Maîtres célèbres, les « corps ressuscités » avec leurs âmes « nées à nouveau » vont se promener là-haut dans le ciel tout comme ici-bas dans la vallée de misères terrestres; ils voient Dieu avec leurs yeux, ils entendent sa voix avec leurs oreilles, ils chantent en son honneur des cantiques avec leur larynx, etc. Bref, les modernes habitants du Paradis chrétien sont aussi bien des êtres doubles, composés d'un corps et d'une âme, ils sont aussi bien en possession de tous les organes du corps terrestre, que nos vieux devanciers au Walhalla, dans la salle d'Odin, que les « immortels » turcs et arabes dans les plaisants jardins du Paradis de Mahomet, que les demi-dieux et les héros de l'ancienne Grèce dans l'Olympe, à la table de Zeus, se délectant avec le nectar et l'ambroisie.

Quelque merveilleuse peinture qu'on se fasse de cette « vie éternelle » au Paradis, à la longue elle doit devenir infiniment ennuyeuse. Et penser que c'est pour l'*éternité*! Sans interruption poursuivre cette éternelle existence individuelle! Le mythe profond du *Juif errant*, l'infortuné Ahasverus cherchant en vain le repos, devrait nous éclairer sur la valeur d'une pareille « vie éternelle ». La meilleure chose que nous puissions souhaiter, après une vie bien remplie où nous avons fait de notre mieux, en toute conscience, c'est la paix éternelle du tombeau ; *Seigneur donnez-leur le repos éternel*!

Toute personne instruite, raisonnable, qui connaît le *système chronologique de la géologie* et qui a refléchi sur la longue suite de millions d'années que compte l'histoire organique de la terre, devra avouer, si son jugement est impartial, que la banale pensée de la « vie éternelle », loin d'être même pour le meilleur homme une admirable *consolation*, est plutôt une terrible *menace*. Pour contester cela il faut manquer d'un jugement clair et d'une pensée conséquente.

Le meilleur motif et le plus légitime qu'invoque l'Athanisme, c'est l'espérance de revoir dans la « vie éternelle » nos amis et tous ceux qui nous sont chers et dont un sort cruel nous a trop tôt séparés ici-bas. Mais ce bonheur qu'on se promet, si l'on y regarde de plus près, apparaîtra encore illusoire ; et en tous cas il serait fortement troublé par la perspective de retrouver en même temps là-haut tant de personnes peu sympathiques et même les ennemis odieux qui ont empoisonné notre vie ici-bas. Sans compter que les rapports de famille seraient encore la source de bien des difficultés! Beaucoup d'hommes renonceraient sûrement à toutes les splendeurs du Paradis, s'ils avaient la certitude de s'y retrouver *éternellement* à côté de « leur meilleure moitié » ou de leur belle-mère! Il est douteux, également, que le roi Henri VIII d'Angleterre s'y plairait éternellement entre ses six femmes ; c'est douteux aussi pour le roi de Pologne, Auguste le Fort, qui aima cent femmes et en eut 352 enfants! Celui-ci, ayant été au mieux avec le pape, « vicaire de Dieu », devrait habiter le Paradis, malgré toutes ses fautes et bien que ses guerres aveutureuses et folles aient coûté la vie à plus de cent mille Saxons.

D'insolubles difficultés attendent aussi les athanistes croyants sur le point de savoir à quel *stade de leur évolution individuelle* l'âme vivra sa « vie éternelle »? Les nouveau-nés développeront-ils leur âme au ciel, aux prises avec la « même lutte pour la vie » qui façonne, par un traitement si dur, l'homme ici-bas? Le jeune homme plein de talent qui tombe, victime du meurtre en masse de la guerre, va-t-il développer au Walhalla les riches dons inemployés de son esprit? Le vieillard affaibli par les ans, tombé en enfance, mais qui, dans la force de l'âge, avait rempli le monde du bruit de ses exploits, vivra-t-il éternellement en vieillard gâteux? ou bien reviendra-t-il en arrière à un état de maturité antérieure? Mais si les âmes immortelles doivent vivre dans l'Olympe, rajeunies et comme des êtres *parfaits*, le charme et l'intérêt de la *personnalité* sont complètement perdus pour eux.

Tout aussi inadmissible nous apparaît aujourd'hui, à la lumière de la raison pure, le mythe anthropistique du *Jugement dernier*, de la séparation des âmes humaines en deux grands tas, l'un contenant celles destinées aux *éternelles* joies du Paradis, l'autre celles destinées aux tortures *éternelles* de l'Enfer et cela par un Dieu personnel qui serait le « Père de l'Amour! » C'est cependant ce Père tout amour qui a « créé » lui-même les conditions d'hérédité et d'adaptation dans lesquelles devaient *fatalement* évoluer, d'une part, les élus favorisés pour devenir des Bienheureux innocents, d'autre part, non moins *fatalement*, les pauvres malheureux pour devenir de coupables damnés.

Une comparaison critique des innombrables tableaux variés, fantaisistes, engendrés depuis des milliers d'années suivant les divers peuples et les diverses religions, par la croyance en l'immortalité, nous fournit un spectacle des plus curieux ; une description des plus intéressantes, témoignant de recherches puisées à des sources nombreuses, nous en a été donnée par Ad. Svoboda dans ses remarquables ouvrages : *Les délires de l'âme* (1886) et les *Formes de la croyance* (1897). Si absurdes que la plupart de ces mythes puissent nous sembler, si inconciliables qu'ils soient tous avec les progrès de la science moderne, ils n'en jouent pas moins, aujourd'hui encore, un rôle important, et comme « postulat de la raison pratique », ils exercent la plus grande influence sur la conception que se font de la vie les individus et sur les destinées des peuples.

La philosophie idéaliste et spiritualiste du présent, il est vrai, conviendra que ces formes matérialistes de la croyance en l'immortalité sont insoutenables et qu'elles doivent faire place à l'idée épurée d'une essence immatérielle de l'âme, à une idée platonicienne ou à une substance transcendante. Mais la conception naturaliste idéaliste du présent ne peut absolument pas admettre ces notions insaisissables ; elles ne satisfont ni le besoin de causalité de notre entendement ni les désirs de notre âme. Si nous réunissons tout ce que les progrès de l'anthropologie, de la psychologie et de la cosmologie modernes ont élucidé relativement à l'Athanisme, nous en viendrons à cette conclusion précise : « La croyance à l'immortalité de l'âme humaine est un dogme, qui se trouve en contradiction insoluble avec les données expérimentales les plus certaines de la science moderne. »

CHAPITRE XII

La loi de substance.

Etudes monistes sur la loi fondamentale cosmologique. Conservation de la matière et de l'énergie. Concepts de substance kynétique et de substance pyknotique.

―――

> La loi de la conservation de la force montre que l'énergie répandue dans l'Univers représente une grandeur fixe et constante. La loi de la conservation de la matière prouve de même que la matière du Cosmos représente une grandeur fixe et constante. Ces deux grandes lois : la loi fondamentale physique de la conservation de l'énergie et la loi fondamentale chimique de la conservation de la matière peuvent être réunies et désignées par *un seul* terme philosophique, sous le nom de *loi de la conservation de la substance* ; car, d'après notre conception moniste, la force et la matière sont inséparables, ce ne sont que des formes diverses, inaliénables, d'une seule et même essence cosmique, la *substance*.
>
> *Le monisme, lien entre la Religion et la Science* (1899).
>
> Trad. franç. de Vacher de Lapouge.

SOMMAIRE DU CHAPITRE XII

La loi fondamentale chimique de la conservation de la matière (constance de la matière). — La loi fondamentale physique de la conservation de la force (constance de l'énergie). — Union des deux lois fondamentales dans la loi de substance. — Notions de substance kinétique, pyknotique et dualiste. — Monisme de la matière. — Masse ou matière corporelle (matière pondérable). — Atomes et éléments. — Affinités électives des éléments. — Atome-Ame (Sensation et tendance de la masse). — Existence et essence de l'éther. — Ether et masse. — Force et énergie. — Force de tension et force vive. — Unité des forces naturelles. — Toute-puissance de la loi de substance.

LITTÉRATURE

SPINOZA. — *Ethica*; *Tractatus theologico politicus*.
M. GRUNWALD. — *Spinoza in Deutschland* (ouvrage couronné. Berlin, 1897).
A. LAVOISIER. — *Principes de chimie* (1789).
G. DALTON. — *Nouveau système de philosophie chimique*.
G. WENDT. — *Die Entwickelung der Elemente* (1891).
FR. MOHR. — *Allgemeine Theorie der Bewegung und Kraft als Grundlage der Physik und Chemie* (1869).
R. MAYER. — *Die Mechanik der Waerme* (1842).
H. HELMHOLZ. — *Ueber die Erhaltung der Kraft* (Berlin, 1847).
H. HERTZ. — *Ueber die Beziehungen zwischen Licht und Elektrizität* (9ter Aufl, 1895).
J.-G. VOGT. — *Das Wesen der Elektrizität und der Magnetismus auf Grund eines einheitlichen Substanz Begriffs* (Leipzig, 1897).

Je considère comme la suprême, la plus générale des lois de la nature, la véritable et unique *loi fondamentale cosmologique*, la *loi de substance*; le fait de l'avoir découverte et définitivement établie est le plus grand événement intellectuel du XIXe siècle, en ce sens que toutes les autres lois naturelles connues s'y subordonnent. Par le terme de *loi de substance*, nous entendons à la fois deux lois extrêmement générales, d'origine et d'âge très différents : la plus ancienne est la loi *chimique* de la « conservation de la matière », la plus récente, la loi *physique* de la « conservation de la force » (1). Ces deux lois fondamentales des sciences exactes sont inséparables dans leur essence, ainsi que cela apparaîtra de soi-même à beaucoup de lecteurs et que cela a été reconnu par la plupart des naturalistes modernes. Cependant cet axiome fondamental est très combattu d'autre part, aujourd'hui encore et on doit avant tout le démontrer. Il nous faut donc commencer par jeter un regard rapide sur chacune de ces deux lois en particulier.

Loi de la conservation de la matière (ou de la « constance de la matière ») LAVOISIER (1789). — *La somme de matière qui remplit l'espace infini est constante.* Quand un corps semble disparaître, il ne fait que changer de forme. Quand le carbone brûle, il se transforme, en se mélangeant à l'oxygène de l'air, en acide carbonique gazeux : lorsqu'un morceau de sucre se dissout dans l'eau, il passe de la forme solide à la

---

(1) E. HAECKEL, *Monisme* (1892), 8e éd. (trad. franç.).

forme liquide. De même, la matière ne fait que changer de forme lorsqu'un nouveau corps semble se produire; lorsqu'il pleut, la vapeur d'eau de l'air tombe sous forme de gouttes de pluie; quand le fer se rouille, la couche superficielle du métal s'allie à l'eau et à l'oxygène de l'air pour former ainsi la rouille ou oxyde de fer hydraté. Nulle part dans la nature nous ne voyons de la matière nouvelle se produire ou « être créée »; nulle part nous ne voyons que la matière existante vienne à disparaître ou à être anéantie. Ce principe expérimental est aujourd'hui le premier et inébranlable axiome fondamental de la chimie et peut être à tout instant immédiatement démontré à l'aide d'une *balance*. Mais c'est là l'immortel service qu'a rendu le grand chimiste français LAVOISIER, d'avoir le premier fourni cette preuve au moyen de la balance. Aujourd'hui, tous les naturalistes qui, pendant de longues années, se sont occupés de l'étude des phénomènes naturels et qui ont réfléchi, sont si profondément convaincus de l'absolue constance de la matière, qu'ils ne peuvent plus même concevoir le contraire.

Loi de la conservation de la force (ou de la « constance de l'énergie »), ROBERT MAYER, (1842). — *La somme de force qui agit dans l'espace infini et produit tous les phénomènes est constante.* Quand la locomotive entraîne le train, la force de tension de la vapeur d'eau échauffée se transforme en la force vive du mouvement mécanique; lorsque nous entendons le sifflet de la locomotive, les ondes sonores de l'air ébranlé sont recueillies par notre tympan et conduites, par la chaîne des osselets, au labyrinthe de l'oreille interne, puis, de là, par le nerf auditif aux cellules ganglionnaires acoustiques qui constituent la sphère auditive dans le lobe temporal de l'écorce cérébrale. L'innombrable profusion de formes merveilleuses qui animent le globe terrestre ne sont, en dernière instance, que de la lumière solaire transformée. Chacun sait comment les progrès merveilleux de la technique actuelle nous ont permis de transformer l'une en l'autre les diverses forces de la nature : la chaleur devient mouvement, celle-ci lumière ou son, celle-ci électricité ou inversement. La *mesure* exacte de la somme de force qui agit lors de cette transformation a montré que cette force, elle aussi, demeure constante. Il n'y a pas dans l'Univers une particule de force motrice qui se perde ; aucune particule nouvelle ne s'ajoute à ce qui existait. Déjà, en 1837, F. Mohr, à Bonn, s'était beaucoup approché de cette découverte fondamentale ; elle a été faite en 1842, par le remarquable médecin souabe, Robert Mayer ; indépendamment de lui et presque en même temps, le célèbre physiologiste H. Helmholz arrivait à poser le même principe ; il en démontrait, cinq ans plus tard, l'applicabilité générale et les conséquences fécondes dans tous les domaines de la *physique*. Nous devrions pouvoir dire aujourd'hui que le même principe domine aussi le domaine entier de la *physiologie* — c'est-à-dire de la « physique organique ! » — si nous n'étions pas contredits par les biologistes vitalistes et par les philosophes dualistes et spiritualistes. Ceux-ci voient dans les « forces intellectuelles » de l'homme un groupe particulier de « libres » manifestations de la force non soumises à la loi de l'énergie ; cette conception dualiste puise surtout sa force dans le dogme du libre arbitre. Nous avons déjà vu, en parlant de celui-ci, qu'il était inadmissible. En ces derniers temps la physique a distingué la notion de *force* de celle d'*énergie*. Pour les considérations générales que nous nous sommes proposées, cette distinction est négligeable.

Unité de la loi de substance. — Ce qui importe bien davantage, pour notre conception moniste, c'est de nous convaincre que les deux grandes doctrines cosmologiques : la loi chimique de la conservation de la matière et la loi physique de la conservation de la force, forment un tout indissoluble ; les deux théories sont aussi étroitement liées l'une à l'autre que les deux objets, la *matière* et la *force* (ou énergie). A beaucoup de philosophes et de naturalistes monistes, cette *unité fondamentale* des deux lois apparaîtra d'elle-même, puisqu'elles ne sont que deux aspects différents d'un seul et même objet, le *Cosmos* ; néanmoins cette conviction toute naturelle est bien loin de jouir de l'adhésion universelle. Elle est, au contraire, énergiquement combattue par toute la philosophie dualiste, par la biologie vitaliste, par la psychologie paralléliste ; — et même par beaucoup de monistes (inconséquents!) qui croient trouver une preuve du contraire dans la « conscience », ou dans l'activité intellectuelle supérieure de l'homme, ou encore dans d'autres phénomènes de la « libre vie de l'esprit ».

J'insiste donc tout particulièrement sur l'importance fondamentale d'une loi de substance *unique*, comme expression du lien indissoluble entre ces deux lois que semblent séparer deux noms distincts. Qu'à l'origine, les deux n'aient pas été conçues ensemble et qu'on n'ait pas reconnu leur unité, c'est ce qui ressort déjà du seul fait que les deux lois ont été découvertes à des époques différentes. La plus ancienne, plus aisément constatable, la loi fondamentale chimique de la « constance de la matière », fut posée dès 1789, par Lavoisier et grâce à l'emploi général de la balance elle s'éleva au rang de « base de la chimie exacte ». Par contre, la plus récente, beaucoup plus cachée, la loi fondamentale de la « constance de l'énergie », ne fut découverte qu'en 1832, par Robert Mayer et ne devint qu'avec Helmholz la « base de la physique exacte ». L'unité des deux lois fondamentales, encore souvent contestée aujourd'hui, est exprimée par beaucoup de naturalistes convaincus, sous cette dénomination de « Loi de la conservation de la force et de la matière ».

J'ai depuis longtemps proposé d'exprimer cette loi fondamentale par la formule plus courte et plus commode de *loi de substance* ou de « loi fondamentale cosmologique » ; on pourrait l'appeler aussi *loi universelle* ou loi de constance ou encore « axiome de constance de l'univers » ; au fond, elle dérive nécessairement du *principe de causalité* (1).

---

(1) E. Haeckel, *Monisme* (1892); *Ursprung des Menschen* (1898).

Notion de substance. — Le premier penseur qui introduisit dans la science la « notion de substance », terme tout *moniste* et qui en reconnut la partie fondamentale, ce fut le grand philosophe Spinoza ; son ouvrage principal parut peu après sa mort précoce en 1677, juste cent ans avant que Lavoisier, au moyen du grand instrument chimique, la balance, démontrât expérimentalement la constance de la matière. Dans la grandiose conception panthéiste de Spinoza la notion du *Monde* (*universum*, Cosmos) s'identifie avec la notion totale de *Dieu* ; cette conception est en même temps le plus pur et le plus raisonnable *monisme*, et le plus intellectuel, le plus abstrait *monothéisme*. Cette *universelle substance* ou ce « divin être cosmique » nous montre deux aspects de sa véritable essence, deux *attributs* fondamentaux : la *matière* (la substance-matière est infinie et *étendue*) et l'*esprit* (la substance-énergie comprenant tout et *pensante*). Toutes les fluctuations qu'a subies plus tard la notion de substance, proviennent, par une analyse logique, de cette suprême notion fondamentale de Spinoza que je considère, d'accord avec Goethe, comme une des pensées les plus hautes, les plus profondes et les plus vraies de tous les temps. Tous les objets divers de l'Univers, que nous pouvons connaître, toutes les formes individuelles d'existence ne sont que des formes spéciales et passagères de la substance, des *accidents* ou des *modes*. Ces *modes* sont des objets corporels, des corps matériels, lorsque nous les considérons sous l'attribut de l'*étendue* (comme « remplissant l'espace ») ; au contraire, ce sont des forces ou des idées lorsque nous les considérons sous l'attribut de la *pensée* (de l'« énergie »). C'est à cette conception fondamentale de Spinoza que notre monisme épuré revient après deux cents ans ; pour nous aussi la *matière* (ce qui remplit l'espace) et l'*énergie* (la force motrice) ne sont que deux attributs inséparables d'une seule et même substance.

La notion de substance kinétique (principe originel de la vibration). — Parmi les diverses modifications que la notion fondamentale de substance, par son alliance avec l'atomistique régnante, a traversée, dans la physique moderne, indiquons seulement brièvement deux théories qui divergent à l'extrême : la kinétique et la pyknotique. Ces deux théories de la substance s'accordent à reconnaître que toutes les diverses forces de la nature peuvent être ramenées à une force primitive commune : pesanteur et chimisme, électricité et magnétisme, lumière et chaleur, etc., ne sont que divers modes de manifestations, divers modes de force ou *dynamodes* d'une *force primitive* unique (prodynamis). Cette unique force primitive générale est la plupart du temps conçue comme un mouvement oscillatoire des plus petites parties de la masse, comme une *vibration des atomes*. Les atomes eux-mêmes, d'après la « notion de substance kinétique » courante, sont des particules corporelles, mortes, discrètes, qui vibrent dans l'espace vide et agissent à distance. Le véritable et illustre fondateur de cette théorie kinétique de la substance est le grand mathématicien Newton, à qui l'on doit la découverte de la *loi de gravitation*. Dans son principal ouvrage, *Philosophiae naturalis principia mathematica* (1687), il démontra que l'Univers tout entier était régi par une seule et même loi fondamentale, celle de l'*attraction de la masse*, d'où il suit que la gravitation reste constante ; l'attraction des deux particules de matière est toujours en rapport direct de leur masse et en rapport inverse du carré de leur distance. Cette *force de pesanteur* générale provoque aussi bien la chute de la pomme et le flux de la mer que la rotation des planètes autour du soleil et les mouvements cosmiques de tous les corps de l'univers. L'immortel mérite de Newton c'est d'avoir établi définitivement cette loi de gravitation et d'en avoir trouvé une formule mathématique inattaquable. Mais cette *formule mathématique morte* à laquelle les naturalistes, ici comme dans beaucoup d'autres cas, s'attachent par dessus tout, nous donne simplement la démonstration *quantitative* de la théorie ; elle ne nous fait pas entrevoir le moins du monde la nature *qualitative* des phénomènes. L'immédiate *action à distance* que Newton déduisit de sa loi de gravitation et qui est devenue un des dogmes les plus importants et les plus dangereux de la physique ultérieure, ne nous fournit pas le moindre aperçu sur les vraies causes de l'attraction des masses; bien plus, elle nous barre le chemin qui pourrait nous conduire vers ces causes. Je présume que les spéculations de Newton sur sa mystérieuse action à distance n'ont pas peu contribué à entraîner le pénétrant mathématicien anglais dans l'obscur labyrinthe de rêverie mystique et de superstition théiste, dans lequel il a passé les 34 dernières années de sa vie; il a même fini par construire des hypothèses métaphysiques sur les prophéties de Daniel et sur les stupides fantaisies de la révélation de saint Jean.

La notion de substance pyknotique (Principe originel de condensation ou pyknose). — La théorie moderne de la *densation* ou théorie de la substance pyknotique est en contradiction radicale avec la théorie courante de la *vibration* ou théorie de la substance kinétique. La première a été exposée le plus explicitement par J. G. Vogt, dans son ouvrage fécond en aperçus, sur *La nature de l'électricité et du magnétisme fondée sur la notion d'une substance unique* (1891). Vogt admet comme force originelle générale du Cosmos, comme *prodynamie* universelle, non pas la *vibration* des particules de matière, se mouvant dans l'espace vide, mais la *condensation* ou densation individuelle d'une substance unique qui remplit continuellement tout l'espace infini, c'est-à-dire ininterrompu et sans intervalles vides; la seule forme d'action mécanique (*agens*) inhérente à cette substance consiste en ce que, par l'effort de condensation (ou contraction), il se produit d'infiniment petits centres de condensation, qui peuvent, il est vrai, varier de densité et par suite de volume, mais qui, en eux-mêmes, demeurent constants. Ces minuscules parties individuelles de l'universelle substance, ces centres de condensation qu'on pourrait appeler pyknatomes correspondent, d'une façon générale, aux atomes primitifs ou dernières particules, discrètes, de la matière dans la notion de substance kinétique, mais ils s'en distinguent essentiellement en ce qu'ils possèdent sensation et tendance (ou mouvement volontaire sous sa forme la plus primitive), c'est-à-dire qu'en un certain sens ils ont une *âme* — souvenir de la doctrine du vieil Empédocle sur « l'amour et la haine des éléments ». De plus, ces « atomes animés » n'errent pas dans l'espace vide, mais dans cette substance intermédiaire, continue, infiniment subtile qui constitue la partie non condensée de la substance primitive. Grâce à certaines « *constellations*, centres de troubles ou systèmes déformateurs », des masses de centres de condensation marchent rapidement les uns vers les autres pour constituer une grande étendue et arrivent à l'emporter en poids sur les masses environnantes. Par là, la substance qui, à l'état de repos primitif, possédait partout la même densité moyenne, se sépare ou se différencie en deux éléments principaux : les centres de déformation qui dépassent la densité moyenne *positivement*, par la pyknose, constituent les *masses* pondérables des corps cosmiques (ce qu'on appelle la « matière pondérable ») ; la substance intermédiaire plus subtile, à son tour, qui en dehors des centres remplit l'espace et la densité moyenne *négativement*, constitue *l'éther* (matière impondérable). La conséquence de cette séparation entre la masse et l'éther est une lutte sans trêve entre ces deux partis antagonistes de la substance et cette lutte est la cause de tous les processus physiques. La *masse* positive, véhicule du sentiment de plaisir, s'efforce toujours davantage de compléter le processus de condensation commencé et réunit les plus hautes valeurs d'énergie *potentielle*; l'éther *négatif*, au contraire, s'oppose dans la même proportion, à toute élévation de sa tension et du sentiment de déplaisir qui y est attaché ; il réunit les plus hautes valeurs d'énergie *actuelle*.

Nous serions entraînés trop loin si nous voulions exposer plus à fond la profonde théorie de la condensation de J. G. Vogt ; le lecteur que la question intéresserait devra chercher à comprendre les groupes d'idées dont la difficulté tient au sujet lui-même, dans l'extrait populaire, écrit avec clarté, qui résume le second volume de l'ouvrage cité. Je suis, quant à moi, trop peu familier avec la physique et les mathématiques pour pouvoir séparer leurs bons et leurs mauvais côtés ; je crois pourtant que cette notion de la substance *pyknotique*, pour tous les biologistes convaincus de *l'unité de la nature*, pourra paraître à maints égards plus acceptable que la notion de substance *kinétique* actuellement régnante. Un malentendu pourra aisément résulter de ceci : que Vogt pose son processus cosmique de condensation, en contradiction radicale avec le phénomène général du *mouvement*, entendant par là la *vibration* au sens de la physique moderne. Mais son hypothétique « condensation » (pyknosis), implique aussi bien le *mouvement* de la substance que l'hypothétique « vibration » ; seulement le mode de mouvement et l'attitude des particules de substance qui se meuvent, sont tout autres dans la première hypothèse que dans la seconde. D'ailleurs, la théorie de la condensation ne supprime aucunement la théorie de la vibration dans son ensemble, elle en écarte seulement une importante partie.

La physique moderne, à l'heure qu'il est, s'en tient encore presque toute, timidement, à l'ancienne théorie de la vibration, à la notion de l'action immédiate à distance et de l'éternelle vibration des atomes morts dans l'espace vide ; elle rejette, par suite, la théorie pyknotique. Quand même cette dernière serait encore très imparfaite et quand bien même les spéculations originales de Vogt seraient souvent des erreurs, je regarderais cependant comme un grand mérite de la part de ce philosophe naturaliste, qu'il ait éliminé les principes inadmissibles de la théorie de la substance kinétique. D'après ma manière de voir personnelle, et d'après celle aussi de beaucoup d'autres naturalistes penseurs, je voudrais maintenir, dans la théorie de la substance pyknotique de Vogt, les principes suivants qui y sont contenus et que je tiens pour indispensables à toute conception de la substance vraiment *moniste*, comprenant vraiment tout le domaine de la nature organique et inorganique : I. Les deux éléments principaux de la substance, la masse et l'éther, ne sont pas morts et mus seulement par des forces extérieures, mais ils possèdent la sensation et la volonté (naturellement au plus bas degré !) ; ils éprouvent du plaisir dans la condensation, du déplaisir dans la tension ; ils tendent vers la première et luttent contre la seconde. II. Il n'y a pas d'espace vide ; la partie de l'espace infini que n'occupent pas les atomes-masses est remplie par l'éther. III. Il n'y a pas d'action immédiate à distance à travers l'espace vide ; toute action des masses corporelles l'une sur l'autre résulte soit d'un contact immédiat, par rapprochement des masses, soit d'une transmission par l'éther.

La notion dualiste de substance. — Les deux théories de la substance que nous venons d'opposer l'une à l'autre, sont, en principe, toutes deux *monistes*, puisque la différence entre les deux éléments principaux de la substance (masse et éther) n'est pas primitive ; il faut en outre admettre un contact et une réciprocité d'action directs et permanents entre les deux substances. Il en est tout autrement dans les théories *dualistes* de la substance qui prévalent, aujourd'hui encore, dans la philosophie idéaliste et spiritualiste ; elles sont d'ailleurs soutenues par l'influente théologie, en tant du moins que celle-ci intervient dans ces spéculations métaphysiques. D'après ces théories, il faudrait distinguer dans la substance deux éléments principaux tout à fait différents : l'un *matériel*, l'autre *immatériel*. La *substance matérielle* constitue le *monde des corps*, dont l'étude est l'objet de la physique et de la chimie : c'est pour elle seule que vaut la loi de la conservation de la matière et de l'énergie (en tant, du moins, qu'on ne la croit pas « tirée du néant » ou qu'on n'invoque pas de miracle quelconque !) La *substance immatérielle*, au contraire, constitue le *monde des esprits* dans lequel cette loi n'a pas cours ; ici, les lois de la physique et de la chimie,

ou bien sont sans valeur ou bien sont subordonnées à la
« force vitale », ou à la « volonté libre », à la « toute-puissance
divine » ou autres fantômes qui n'ont rien à voir avec la
science critique. A vrai dire, ces erreurs absolues n'ont plus
besoin aujourd'hui d'être réfutées ; car jusqu'à ce jour l'expérience ne nous a appris à connaître aucune *substance immatérielle*, aucune force qui ne soit pas liée à une matière, aucune
forme d'énergie qui ne s'effectue pas au moyen de mouvements de la matière, soit de la masse, soit de l'éther, soit des
deux éléments à la fois. Même les formes d'énergie les plus
compliquées et les plus parfaites que nous connaissons, la
vie psychique des animaux supérieurs, la pensée et la raison
humaines, reposent sur des processus matériels, sur des
changements dans le neuroplasma des cellules ganglionnaires ; on ne peut pas les concevoir sans cela. J'ai déjà
démontré (chap. XI) que l'hypothèse physiologique d'une
« substance âme » spéciale, immatérielle, était inadmissible.

Masse ou matière corporelle (matière pondérable). — La
science de cette partie *pondérable* de la matière fait avant
tout l'objet de la *chimie*. Les extraordinaires progrès théoriques accomplis par cette science au cours du xixe siècle, et
l'influence inouïe qu'ils ont exercée dans tous les domaines
de la vie pratique, — sont connus de tous. Nous nous contenterons donc de quelques remarques à propos des plus
importantes questions théoriques touchant la nature de la
masse. La chimie analytique est parvenue, on le sait, à ramener les innombrables corps de la nature, en les dissociant, à
un petit nombre de substances premières ou *éléments*, c'est-à-dire de corps simples qu'on ne peut plus dissocier. Le
nombre de ces éléments s'élève environ à soixante-dix. Il n'y
en a qu'une petite fraction (en somme, quatorze), qui soient
répandus sur toute la terre et qui sont d'une grande importance ; la majeure partie consiste en éléments rares et peu
importants (c'est le cas pour la plupart des métaux). La *parenté*
entre certains de ces éléments qui constituent des *groupes* et

les rapports remarquables qui existent entre leurs poids atomiques (ainsi que l'ont démontré L. Meyer et Mendelejeff, dans leur *système périodique des éléments*), rendent très vraisemblable que ces éléments ne sont pas des *espèces absolument fixes de la matière*, qu'ils ne sont pas des grandeurs éternellement constantes. Dans ce système, on a réparti les soixante-dix éléments en huit groupes principaux et on les a ordonnés, à l'intérieur de ceux-ci, d'après la grandeur de leurs poids atomiques, de sorte que les éléments chimiques analogues forment des séries de familles. Les rapports entre corps d'un même groupe dans le système naturel des éléments rappellent, d'une part, les phénomènes analogues que présentent les divers composés du carbone ; d'autre part, les rapports entre groupes parallèles que nous observons dans le système naturel des espèces végétales et animales. De même que, dans ce dernier cas, la « parenté » entre formes analogues provient de la descendance commune de formes ancestrales plus simples — de même, il est très probable que la même explication vaut pour les familles et les ordres d'éléments. Nous pouvons donc admettre que les « éléments empiriques » actuels ne sont pas véritablement des *espèces fixes de la matière*, simples et constantes, mais qu'elles sont, dès l'origine, composées d'atomes primitifs simples, tous identiques, dont le nombre et la position varient seuls. Les spéculations de G. Wendt, W. Preyer, W. Crookes et d'autres, ont montré de quelle manière on pouvait concevoir que tous les éléments se soient différenciés à partir d'une seule et unique *matière première*, le *prothyl*.

Atomes et éléments. — Il faut bien distinguer la *théorie des atomes* actuelle, telle qu'elle apparaît à la chimie comme un auxiliaire indispensable, de l'ancien *atomisme* philosophique, tel que l'enseignaient déjà, il y a plus de deux mille ans, les philosophes monistes éminents de l'antiquité : Leucippe, Démocrite et Lucrèce : cet atomisme se compléta et prit plus tard une nouvelle direction, grâce à Descartes, Hobbes,

Leibnitz et autres philosophes éminents. Il n'a été donné de l'*empirisme moderne* une conception précise et acceptable, un *fondement empirique* qu'en 1808, par le chimiste anglais Dalton qui posa la « loi des proportions simples et multiples » dans la formation des combinaisons chimiques. Il détermina d'abord les *poids atomiques des divers éléments*, posant ainsi la *base exacte*, inébranlable, sur laquelle reposent les nouvelles théories chimiques ; celles-ci sont toutes *atomistes* en tant qu'elles admettent que les éléments sont composés de particules identiques, minuscules, discrètes, qu'on ne peut dissocier. Le problème de la *nature* propre des atomes, de leur forme, de leur grandeur, la question de savoir s'ils sont animés restent d'ailleurs hors de cause ; car ces qualités sont hypothétiques ; au contraire, le *chimisme* des atomes ou leurs « affinités chimiques », c'est-à-dire la proportion constante dans laquelle ils se combinent avec les atomes d'autres éléments (1), — est tout empirique.

Affinités électives des éléments. — L'attitude variable des éléments isolés à l'égard les uns des autres, ce que la chimie désigne du nom d' « affinité », est une des propriétés les plus importantes de la masse et se manifeste par les divers rapports de quantité ou proportions dans lesquelles s'effectue leur combinaison, et dans l'intensité avec laquelle elle se produit. Tous les degrés d'inclination, depuis la plus complète indifférence, jusqu'à la plus violente passion, s'observent dans l'attitude chimique des divers éléments à l'égard les uns des autres, de même que dans la psychologie de l'homme et en particulier dans l'inclination des deux sexes l'un pour l'autre, le même phénomène joue un grand rôle. Gœthe a rapproché, comme on sait, dans son roman classique les *Affinités électives*, les rapports entre deux amoureux des phénomènes de même nature, qui interviennent dans les combinaisons chimiques. L'irrésistible passion qui entraîne

---

(1) E. Haeckel. *Le Monisme*, 1892, traduction française.

Edouard vers la sympathique Ottilie, Pâris vers Hélène, et qui triomphe de tous les obstacles de la raison et de la morale est la même puissante force d'attraction « inconsciente » qui, lors de la fécondation des œufs animaux ou végétaux, pousse le spermatozoïde vivant à pénétrer dans l'ovule ; c'est encore le même mouvement violent par lequel deux atomes d'hydrogène et un atome d'oxygène s'unissent pour former une molécule d'eau. Cette foncière *Unité des affinités électives dans toute la nature*, depuis le processus chimique le plus simple, jusqu'au plus compliqué des romans d'amour, a été reconnue dès le v⁰ siècle avant Jésus-Christ, par le grand philosophe naturaliste grec, Empédocle, dans sa doctrine de *l'amour et de la haine des éléments*. Elle est confirmée par les intéressants progrès de la *psychologie cellulaire*, dont la haute importance n'a été entrevue qu'en ces trente dernières années. Nous appuyons là-dessus notre conviction que les *atomes*, déjà, possèdent sous leur forme la plus simple, la sensation et la volonté — ou plutôt : le *sentiment* (Aesthesis) et l'*effort* (tropesis) — c'est-à-dire une *âme* universelle sous sa forme la plus primitive. Mais on en peut dire autant des molécules ou particules de matière constituées par la réunion de deux ou plusieurs atomes. Par la combinaison, enfin, de diverses de ces molécules se produisent d'abord les combinaisons chimiques simples, puis les plus complexes, dans lesquelles le même jeu se répète sous une forme plus compliquée.

Ether (*Matière impondérable*). — L'étude de cette partie *impondérable* de la matière est avant tout l'objet de la *physique*. Après avoir depuis longtemps admis l'existence d'un médium infiniment subtil, remplissant l'espace en dehors de la matière et avoir invoqué cet « éther » pour expliquer divers phénomènes (la *lumière* surtout) — ce n'est qu'en la seconde moitié du xix⁰ siècle qu'on est parvenu à connaître plus exactement cette merveilleuse substance et ce progrès se rattache aux surprenantes découvertes empiriques faites dans le domaine de l'*électricité*, à leur connaissance expérimentale, à leur compréhension théorique et à leur application pratique. Signalons en premier lieu ici, comme ayant frayé les voies, les recherches célèbres d'Henri Hertz, à Bonn (1888) ; on ne saurait trop déplorer la mort précoce de ce jeune physicien de génie qui donnait les plus grandes espérances ; c'est là, comme la mort trop prématurée de Spinoza, de Raphael, de Schubert et de tant d'autres jeunes gens de génie, un de ces *faits brutaux* dans l'histoire de l'humanité qui, par eux-mêmes, suffisent déjà complètement à réfuter le mythe inadmissible d'une « Sage Providence » et d'un « Père céleste qui ne serait qu'amour ».

L'existence de l'éther ou de l'*éther cosmique*, comme matière réelle, est aujourd'hui (depuis douze ans) un *fait positif*. On peut, il est vrai, lire aujourd'hui encore que l'éther est une « pure hypothèse » ; cette affirmation erronée est répétée, non seulement par des philosophes et des écrivains populaires qui ne sont pas au courant des faits, mais encore par quelques « prudents physiciens exacts ». Mais on devrait, tout aussi légitimement, nier l'existence de la matière pondérable, de la masse. Sans doute, il y a aujourd'hui encore des métaphysiciens qui en viennent là et dont la suprême sagesse consiste à nier (ou du moins à révoquer en doute) la réalité du monde extérieur ; d'après eux, il n'existe, en somme, qu'un seul être réel, à savoir leur chère personne ou plutôt l'âme immortelle qu'elle renferme. Quelques physiologistes éminents ont même, en ces derniers temps, accepté ce point de vue ultra idéaliste qui avait déjà été développé dans la métaphysique de Descartes, Berkeley, Fichte et autres ; ils affirment dans leur *psychomonisme* : « Il n'existe qu'une chose et c'est mon âme ». Cette affirmation spiritualiste hardie nous semble reposer sur une déduction fausse tirée de la remarque très juste de Kant : à savoir que nous ne pouvons connaître du monde extérieur que les phénomènes rendus possibles par nos *organes* humains de connaissance, le cerveau et les organes des sens. Mais si, par leur fonctionnement, nous ne pouvons atteindre qu'à une connaissance imparfaite et limitée du monde des corps, cela ne nous donne pas le droit d'en nier l'existence. Pour moi du moins, l'éther *existe* aussi certainement que la masse, aussi certainement que moi-même lorsque je réfléchis et que j'écris sur ces questions. Si nous nous convainquons de la réalité de la *matière* pondérable, par la mesure et le poids, par des expériences mécaniques et chimiques, nous pouvons tout aussi bien nous convaincre de l'existence de l'*éther* impondérable, par les expériences d'optique et d'électricité.

Nature de l'éther. — Bien qu'aujourd'hui presque tous les physiciens considèrent l'existence réelle de l'éther comme un fait positif, et bien que nous connaissions très exactement, grâce à d'innombrables expériences (surtout d'optique et d'électricité) les nombreux *effets* de cette matière merveilleuse, — cependant nous ne sommes pas encore parvenus à connaître avec clarté et certitude sa vraie *nature*. Au contraire, aujourd'hui encore, les opinions des physiciens les plus éminents, qui ont spécialement étudié la question, divergent profondément ; elles se contredisent même sur les points les plus importants. Chacun est donc libre d'adopter, parmi les hypothèses contradictoires, celle qui sera le plus conforme à son degré de connaissance et à la force de son jugement (qui tous deux resteront toujours très imparfaits). L'opinion à laquelle j'en suis venu après avoir mûrement réfléchi (et bien que je ne sois qu'un *dilettante* sur ce terrain), peut être résumée dans les huit propositions suivantes :

I. L'éther remplit, sous forme de *matière continue*, tout l'espace cosmique, en tant que celui-ci n'est pas occupé par la masse (ou matière pondérable) ; il comble en outre tous les intervalles laissés entre les atomes de celle-ci ; II. L'éther ne possède probablement encore *aucun chimisme* et n'est pas encore composé d'atomes, comme la masse ; si l'on admet qu'il est composé d'atomes identiques, infiniment petits (par exemple de petites sphères d'éther de même grandeur), on doit alors admettre aussi qu'entre celles-ci, il existe encore quelque chose d'autre, soit l'« espace vide », soit un troisième médium tout à fait inconnu, un *Interéther* tout hypothétique ; le problème de son essence soulèverait les mêmes difficultés que lorsqu'il s'agissait de l'éther (*in infinitum*) ; III. L'hypothèse d'un espace vide et d'une action à distance immédiate, n'étant plus guère possible dans l'état actuel de la science (ou du moins, ne conduisant à aucune claire conception moniste), j'admets une *structure particulière de l'éther* qui ne serait pas atomistique comme celle de la masse pondérable et qu'on pourrait provisoirement concevoir (sans définition plus précise), comme une structure *éthérique* ou *dynamique*. IV. L'*état d'agrégat* de l'éther, par suite de cette hypothèse, serait également particulier et différent de celui de la masse ; il ne serait ni gazeux, ni solide, comme le soutiennent certains physiciens ; la meilleure façon de se le représenter, c'est peut-être de le comparer à une gelée infiniment ténue, élastique et légère. V. L'éther est une *matière impondérable*, en ce sens que nous ne possédons aucun moyen de déterminer expérimentalement son poids ; s'il en a réellement un, ce qui est très vraisemblable, ce poids est infiniment petit et échappe à la mesure de nos plus fines balances. Quelques physiciens ont essayé de calculer le poids de l'éther d'après l'énergie des ondes lumineuses ; ils ont trouvé qu'il était quinze trillions de fois plus petit que celui de l'air atmosphérique ; en tous cas, une sphère d'éther du même volume que la terre pèserait *au moins* 250 livres (?). VI. L'état d'agrégat de l'éther peut probablement (en vertu de la théorie pyknotique), dans des conditions déterminées par une condensation croissante, passer à l'état gazeux de la masse, de même que celui-ci, par un refroidissement croissant, pourra redevenir liquide et ensuite solide. VII. Ces *états d'agrégat de la matière* s'ordonnent par conséquent (ce qui est très important pour la *Cosmogénie* moniste), suivant une série génétique continue, nous en distinguerons cinq moments : 1° L'état éthérique ; 2° le gazeux ; 3° le liquide ;

4° le liquide-solide (dans le plasma vivant); 5° l'état solide.
VIII. L'éther est infini et incommensurable tout comme l'espace qu'il remplit; il est éternellement en mouvement. Ce *motus propre de l'éther* (qu'on le conçoive comme une vibration, une tension, une condensation, etc.), en réciprocité d'action avec les mouvements de la masse (gravitation), est la cause dernière de tous les phénomènes.

Ether et masse. — « La colossale question de la nature de l'éther » ainsi qu'Hertz la nomme avec raison, comprend celle de ses rapports avec la masse; car ces deux éléments principaux de la matière sont non seulement partout en contact extérieur très intime, mais encore en continuelle *réciprocité d'action* dynamique. On peut répartir les phénomènes naturels les plus généraux, désignés par la physique sous le nom de forces naturelles ou de « fonctions de la matière », en deux groupes, dont l'un comprend *surtout* (mais pas exclusivement) les fonctions de l'éther, l'autre celles de la masse; on obtient alors le schéma suivant que j'ai donné (1892) dans le *Monisme* :

Univers (= Nature = Substance = Cosmos)

I. **Éther** (Imponderabile substance a l'état de tension)	II. **Masse** (Ponderabile, substance a l'état de condensation)
1. *Etat d'agrégat* : éthérique (ni gazeux, ni liquide, ni solide).	1. *Etat d'agrégat* : pas éthérique (mais gazeux, liquide ou solide).
2. *Structure* : pas atomique, continue, composée de particules discrètes (atomes).	2. *Structure* : atomique, discontinue, composée d'infiniment petites particules (atomes) discrètes.
3. *Fonctions principales* : lumière, chaleur rayonnante, électricité, magnétisme.	3. *Fonctions principales* : pesanteur, inertie, chaleur latente, chimisme.

Les deux groupes de fonctions de la matière, opposés l'un à l'autre dans ce schéma, peuvent en quelque mesure être regardés comme résultant de la première division du travail de la matière, comme l'*ergonomie primaire de la matière*. Mais cette distinction ne marque pas une séparation absolue entre les deux groupes opposés ; au contraire, tous deux restent unis, conservent un lien et demeurent partout en constante réciprocité d'action. Les processus optiques et électriques de l'éther sont, comme on sait, étroitement liés aux changements mécaniques et chimiques de la masse ; la chaleur rayonnante de celui-là passe directement à l'état de chaleur latente ou chaleur mécanique de celle-ci ; la gravitation ne peut agir sans que l'éther ne serve d'intermédiaire à l'attraction des atomes séparés, puisque nous ne saurions admettre d'action à distance. La transformation d'une des formes de l'énergie en l'autre, démontrée par la loi de la conservation de la force confirme en même temps la constante réciprocité d'action entre les deux parties essentielles de la substance, l'*éther* et la *masse*.

Force et énergie. — La grande loi fondamentale de la nature, que nous plaçons sous le nom de loi de substance en tête de toutes les considérations d'ordre physique, a été désignée originellement, par R. Meyer qui la formula (1842) et par Helmholz qui la développa (1847), sous le nom de *loi de la conservation de la force*. Dix ans auparavant, déjà, un autre naturaliste allemand, Fr. Mohr, de Bonn, en avait clairement exposé l'essentiel (1837). Plus tard, la physique moderne sépara l'ancienne notion de *force* de celle d'*énergie*, dont elle ne se séparait pas à l'origine. Aussi cette même loi est-elle ordinairement désignée aujourd'hui du nom de loi de la *constance de l'énergie*. Pour l'étude générale, dont je dois me contenter ici et pour le grand principe de la « conservation de la substance », cette distinction subtile n'entre pas en ligne de compte. Le lecteur que cette question intéresserait en trouverait une explication très claire, par exemple, dans le travail remarquable du physicien anglais TYNDALL, sur « la loi fondamentale de la nature » (1). La portée universelle de cette grande loi cosmologique y est bien mise en lumière, de même que son application aux problèmes les plus importants, dans les domaines les plus différents. Nous nous contenterons de relever ici le fait important qu'aujourd'hui le « principe de l'énergie » et la certitude de l'unité des forces naturelles qui s'y rattache, ainsi que leur origine commune, sont reconnus par tous les physiciens compétents et considérés comme le progrès le plus important de la physique au xixe siècle. Nous savons aujourd'hui que la chaleur est une forme de *mouvement* au même titre que le son, l'électricité au même titre que la lumière et le chimisme au même titre que le magnétisme. Nous pouvons, par des procédés appropriés, transformer une de ces forces en l'autre et nous convaincre ainsi, en mesurant avec exactitude, que jamais il ne se perd la plus petite particule de leur somme totale.

Force de tension et force vive (*énergie potentielle et énergie actuelle*). — La somme totale de la force ou énergie dans l'univers reste constante, quels que soient les phénomènes qui nous frappent; elle est éternelle et infinie comme la matière, à laquelle elle est liée indissolublement. Tout le jeu de la nature consiste en l'alternance du repos apparent avec le mouvement; mais les corps immobiles possèdent une quantité indestructible de force, tout comme les corps en mouvement. Dans le mouvement lui-même, la force de tension des premiers se transforme en la force vive des seconds. « Le principe de la conservation de la force concernant aussi bien la répulsion que l'attraction, énonce l'affirmation que la valeur mécanique des forces de tension et des forces vives dans le monde matériel, est une quantité constante. En un mot, le capital de force de l'univers se compose de deux parties qui, d'après un rapport de valeur déterminé, peuvent se

---

1) JOHN TYNDALL : *Fragments d'histoire naturelle.*

transformer l'une en l'autre. La diminution de l'une entraîne l'augmentation de l'autre ; la valeur totale de la somme reste cependant immuable ». La *force de tension* ou *énergie potentielle* et la *force vive* ou *énergie actuelle* se transforment continuellement l'une en l'autre, sans que la somme totale infinie de force, dans l'univers infini, éprouve jamais la moindre perte.

Unité des forces de la nature. — Après que la physique moderne eût posé la loi de substance à propos des rapports très simples des corps inorganiques, la physiologie en démontra la valeur générale dans le domaine tout entier de la nature organique. Elle montra que toutes les fonctions vitales de l'organisme — sans exception ! — reposent sur un continuel *échange de forces* et sur l' « échange de matériaux » qui s'y rattache, aussi bien que les processus les plus simples de ce qu'on appelle la « nature inanimée ». Non seulement la croissance et la nutrition des plantes et des animaux, mais encore leurs fonctions de sensation et de mouvement, leur activité sensorielle et leur vie psychique, — ont pour base la transformation de la force de tension en force vive et inversement. Cette loi suprême régit encore les phénomènes les plus parfaits du système nerveux qu'on désigne, chez les animaux supérieurs et chez l'homme, sous le nom de *vie intellectuelle*.

Toute-puissance de la loi de substance. — Notre ferme conviction moniste, que la loi fondamentale cosmologique vaut universellement dans la *nature entière*, est de la plus haute importance. Car non seulement elle démontre *positivement* l'unité foncière du Cosmos et l'enchaînement causal de tous les phénomènes que nous pouvons connaître, mais elle réalise, en outre, *négativement*, le suprême progrès intellectuel, la chute définitive des *trois dogmes centraux de la métaphysique* : « Dieu, la liberté et l'immortalité ». En tant que la loi de substance nous démontre que partout les phénomènes ont des causes mécaniques, elle se rattache à la *loi générale de causalité*.

La loi de substance ou loi nouvelle

A LA LUMIÈRE DE LA PHILOSOPHIE DUALISTE ET DE LA PHILOSOPHIE MONISTE

Dualisme (CONCEPTION TÉLÉOLOGIQUE)	Monisme (CONCEPTION MÉCANISTE)
1. *Le monde* (Cosmos) comprend deux domaines distincts, celui de la *nature* (des corps matériels) et celui de l'*esprit* (du monde psychique immatériel).	1. *Le monde* (Cosmos) ne comprend qu'un seul et unique domaine : le *royaume de la substance*; ses deux attributs inséparables sont la *matière* (substance étendue) et l'*énergie* (la force efficiente).
2. Par suite, le royaume de la science se divise en deux domaines distincts : *sciences naturelles* (théorie empirique des processus mécaniques) et *sciences de l'esprit* (théorie transcendentale des processus psychiques).	2. Par suite, le royaume tout entier de la science, forme un domaine, unique ; les sciences dites *de l'esprit* ne sont que certaines parties des *sciences naturelles* universelles ; toute véritable science repose sur l'empirisme, non sur la transcendance.
3. La connaissance des *phénomènes naturels* s'acquiert par la méthode *empirique*, par l'observation, l'expérience et l'association des représentations. La connaissance des *phénomènes de l'esprit*, au contraire, n'est possible que par des procédés surnaturels, par la *révélation*.	3. La connaissance de *tous* les phénomènes (aussi bien de la *nature* que de la vie de l'*esprit*) s'acquiert exclusivement par la méthode *empirique* (par le travail de nos organes des sens et de notre cerveau). Toute prétendue *révélation* ou transcendance repose sur une *illusion*, consciente ou inconsciente.
4. La *loi de substance* avec ses *deux* parties (Conservation de la matière et de l'énergie) n'a de valeur que dans le domaine de la *nature*; c'est ici seulement que la matière et la force sont indissolublement liées. Dans le domaine de l'*esprit*, par contre, l'activité de l'âme est libre et n'est pas liée à des changements physico-chimiques dans la substance de ses organes.	4. La *loi de substance* a une valeur absolument *universelle*, aussi bien dans le domaine de la *nature* que dans celui de l'*esprit* — sans exception ! — Même dans les plus hautes fonctions intellectuelles (représentation et pensée) le travail des cellules nerveuses efficientes est aussi nécessairement lié aux changements matériels de leur substance (plasma nerveux), que dans tout autre processus naturel la force et la matière sont liées l'une à l'autre.

CHAPITRE XIII

Histoire du développement de l'Univers.

Etudes monistes sur l'éternelle évolution de l'Univers. — Création, commencement et fin du monde. — Cosmogénie créatiste et cosmogénie génétique.

———

> La dernière énigme de l'Univers ne sera certes pas résolue par les libres esprits de la philosophie moniste à venir. Mais ils ne se contenteront plus de prendre l'apparence pour la réalité, et l'illusion pour la vérité. La grande loi de l'*évolution* prendra la place de l'hypothèse de la création, la croyance à un ordre naturel du monde, la place du miracle, la vive et gaie réalité, celle de la phrase et de l'imagination, le *monisme* conforme à la nature, celle du faux dualisme, l'idéal positif (pratique), celle du fol idéal (théorique).
> L. Büchner (1898).

SOMMAIRE DU CHAPITRE XIII

Notion de création. — Miracle. — Création de l'Univers en général et des choses particulières. — Création de la substance (créatisme cosmologique). — Déisme : Un jour de la création. — Création des choses particulières. — Cinq formes du créatisme ontologique. — Notion d'évolution (*genesis, evolutio*). — I. Cosmogénie moniste. — Commencement et fin du monde. — Infinité et éternité de l'Univers. Espace et temps. — *Universum perpetuum mobile*. Entropie de l'Univers. — II. Géogénie moniste. — Histoire de la terre inorganique et histoire organique. — III. Biogénie moniste. Transformisme et théorie de la descendance. Lamarck et Darwin. — IV. Anthropogénie moniste. — Descendance de l'homme.

LITTÉRATURE

KANT. — *Allgemeine Naturgeschichte und Theorie des Himmels*. 1755.
ALEX. HUMBOLDT. — *Kosmos. Entwurf einer physischen Weltbeschreibung*. 4 Bd. 1845-1854.
W. BÖLSCHE. — *Entwicklungsgechichte der Natur*. 1896.
CARUS STERNE (E. KRAUSE). — *Werden und Vergehen. Eine Entwicklungsgesch des Naturganzen in gemeinverst. Fassung* (4 te Aufl). Berlin, 1899.
H. WOLFF. — *Kosmos. Die Weltentwickl. nach monistisch. psychol. Prinzipien auf Grundlage der exacten Naturforsch. dargestellt* (2 Bd.) Leipzig, 1890.
K. A. SPECHT. — *Populäre Entwicklungsgeschichte der Welt*.
L. ZEHNDER. — *Die Mechanik des Weltalls*. 1897.
M. NEUMAYR. — *Erdgeschichte* (2 te Aufl. von V. Uhlig). 1895.
J. WALTHER. — *Einleit. In die Geologie als historische Wissenschaft*.
C. RADENHAUSEN. — *Osiris. Weltgesetze in der Erdgeschichte*.
L. NOIRÉ. — *Die Welt als Entwickl. des Geistes. Bausteine zu einer monistichen Weltanschauung*. 1874.

Entre toutes les énigmes de l'Univers, la plus grande, la plus difficile à résoudre, celle qui embrasse le plus de problèmes, c'est celle de l'apparition et du développement de l'Univers, appelée d'ordinaire d'un mot la *question de la création*. A la solution de cette énigme, difficile entre toutes, notre xixe siècle, une fois encore, a plus contribué que tous ses prédécesseurs ; il a même, jusqu'à un certain point, réussi à la donner. Du moins voyons-nous que toutes les diverses questions particulières, relatives à la création sont liées entre elles inséparablement, qu'elles ne forment toutes qu'un unique et total *problème cosmique universel* — et que la clef qui donne la solution de cette « question cosmique » nous est fournie par un seul mot magique : *évolution*! Les grandes questions de la création de l'homme, de celle des animaux et des plantes, de celle de la terre et du soleil, etc., ne sont toutes que des parties de cette question universelle : Comment l'Univers tout entier est-il apparu ? A-t-il été *créé* par des procédés surnaturels, ou bien s'est-il *graduellement produit* par des procédés naturels ? De quelle nature sont les causes et les procédés de cette évolution ? Si nous parvenons à trouver une réponse certaine à ces questions en ce qui concerne l'un de ces problèmes *partiels*, nous aurons alors, d'après notre conception moniste de la nature, trouvé en même temps un flambeau qui nous éclairera et nous montrera la réponse à ces questions en ce qui concerne le problème cosmique *tout entier*.

Création (*creatio*). — L'opinion presque partout admise, aux siècles passés, relativement à l'origine du monde, c'était la *croyance à sa création*. Cette croyance a trouvé des expressions différentes dans des milliers de légende et de poëmes intéressants, plus ou moins fabuleux, dans les *cosmogonies* et dans les *mythes relatifs à la création*. Seuls, quelques grands philosophes restèrent réfractaires à cette croyance, surtout ces admirables libres penseurs de l'antiquité classique qui, les premiers, conçurent l'idée d'une *évolution* naturelle. A l'inverse, tous les mythes relatifs à la création portaient le caractère du *surnaturel*, du merveilleux ou du transcendant. Incapable de saisir l'essence du monde en elle-même et d'expliquer l'apparition de ce monde par des causes naturelles, la raison encore peu développée devait naturellement recourir au *miracle*. Dans la plupart des légendes relatives à la création, le miracle s'allie à l'*anthropisme*. De même que l'homme crée ses œuvres avec une intention et en faisant preuve d'art, de même le « Dieu » créateur devait avoir produit le monde conformément à un plan ; l'idée de ce Dieu était presque toujours tout anthropomorphique ; il s'agissait manifestement d'un *créatisme anthropistique*. Le « tout-puissant créateur du ciel et de la terre », d'après le premier livre de Moïse et d'après le catéchisme encore aujourd'hui admis, est conçu créant d'une façon aussi purement humaine que le créateur moderne d'Agassiz ou de Reinke ou que l'intelligent « ingénieur-machiniste » d'autres biologistes contemporains.

Création de l'Univers en général et des choses particulières (*Création de la substance et de ses accidents*). — Pénétrant plus avant dans la notion merveilleuse de *création*, nous y pouvons distinguer comme deux actes essentiellement différents, la création totale de l'Univers en général et la création particelle des choses particulières, correspondant à la notion, chez Spinoza, de la *substance* (*Universum*) et des *accidents* (ou modes, « formes phénoménales » isolées de la substance). Cette distinction est foncièrement importante ; car il y a eu beaucoup de philosophes et des plus distingués (et il en est encore aujourd'hui) qui admettent la première création, mais qui rejettent la seconde.

Création de la substance (*Créatisme cosmologique*). — D'après cette théorie de la création, « Dieu a créé le monde en le tirant du néant ». On se représente le « Dieu éternel » (être raisonnable mais immatériel) comme ayant seul existé, de toute éternité (dans l'espace) sans monde, jusqu'à ce qu'un beau jour il lui soit venu à l'idée « de créer le monde ». Quelques partisans de cette croyance restreignent à l'extrême cette activité créatrice de Dieu, la limitant à un acte unique, ils admettent que le Dieu extra mondain (dont l'activité, en dehors de cela, reste une énigme !) a créé, à un instant donné, la substance, qu'il lui a conféré la capacité de se développer à l'extrême et puis qu'il ne s'est plus jamais occupé d'elle. Cette idée très répandue a été, en particulier, reprise sous diverses formes par le *déisme* anglais ; elle se rapproche, jusqu'à y toucher, de notre théorie moniste de l'évolution et ne l'abandonne que dans ce seul instant (celui de l'éternité !) où est venu à Dieu la pensée de créer. D'autres partisans du créatisme cosmologique admettent, au contraire, que « le Seigneur Dieu », non seulement a créé une fois la substance, mais en tant que « conservateur et régisseur du monde », continue d'agir sur ses destinées. Plusieurs variations de cette croyance se rapprochent tantôt du *Panthéisme*, tantôt du *théisme* conséquent. Toutes ces formes (et autres semblables) de la croyance à la création sont inconciliables avec la loi de la conservation de la force et de la matière ; celle-ci ne connaît pas de « commencement du monde ».

Il est particulièrement intéressant de voir que E. du Bois-Reymond, dans son dernier discours (sur le *Néovitalisme*, 1894), a embrassé ce créatisme cosmologique (comme solution de la grande énigme de l'Univers) ; il dit : « La seule conception digne de la *toute-puissance divine*, c'est celle qui consiste à penser qu'elle a, de temps immémorial, créé, par *un seul acte de création*, toute la matière, de telle sorte qu'en vertu des lois inviolables qui lui sont inhérentes, partout où les conditions d'apparition et de durée de la vie seraient présentes, par exemple ici-bas sur terre, les êtres les plus simples apparaîtraient, desquels, sans autre intervention, sortirait la nature actuelle, depuis le bacille primitif jusqu'à la forêt de palmes, depuis le micrococcus originel jusqu'aux gracieuses attitudes d'une Suleima, jusqu'au cerveau d'un Newton ! Ainsi nous sortirions de toutes les difficultés par *un jour de création* (!) et laissant de côté l'ancien et le nouveau vitalisme, nous admettrions que la Nature s'est produite mécaniquement. » Ici, comme lorsqu'il s'agissait de la question de la conscience, dans le discours de l'*Ignorabimus*, Du Bois-Reymond trahit, de la façon la plus éclatante, le peu de profondeur et de logique inhérents à sa conception moniste.

Création des choses particulières (*Créatisme ontologique*). — D'après cette théorie individuelle de la création, encore aujourd'hui prédominante, Dieu n'a pas seulement produit le monde tout entier (« de rien ») mais encore toutes les choses particulières qui y sont renfermées. Dans le monde civilisé chrétien, c'est la légende primitive et sémitique de la Création, empruntée au premier livre de Moïse, qui prévaut aujourd'hui encore ; même parmi les naturalistes modernes, elle trouve encore ici et là de croyants adeptes. Je l'ai critiquée en détail dans le premier chapitre de mon *Histoire de la Création naturelle*. On pourrait relever, comme d'intéressantes modifications de ce créatisme ontologique, les théories suivantes :

1. *Création dualiste*. — Dieu s'est borné à *deux actes de création* ; d'abord il a créé le monde inorganique, la substance morte à laquelle seule s'applique la loi de l'énergie, aveugle et agissant sans but dans le mécanisme du monde corporel et des formations géologiques ; plus tard, Dieu

acquit l'intelligence et la communiqua aux dominantes, à ces forces intelligentes, s'efforçant vers un but, qui produisent et dirigent le développement des organismes (Reinke) (1).

II. *Création trialistique.* — Dieu a créé le monde en *trois actes principaux* : A. Création du Ciel (cas du monde supraterrestre) ; B. Création de la terre (comme centre du monde) et de ses organismes ; C. Création de l'homme (comme image de Dieu) ; ce dogme est encore aujourd'hui très répandu parmi les théologiens chrétiens et autres « savants » ; on l'enseigne comme une vérité dans beaucoup d'écoles.

III. *Création heptamérale.* — La Création en sept jours, de *Moïse*. Bien que peu de savants, aujourd'hui, croient encore à ce mythe mosaïque, il se grave pourtant profondément, dès la première jeunesse, en même temps que l'enseignement de la Bible, dans l'esprit de nos enfants. Les divers essais, tentés surtout en Angleterre, pour mettre ce mythe d'accord avec la théorie de l'évolution, ont complètement échoué. Pour les sciences naturelles, ce mythe a pris une grande importance en ce que Linné, lorsqu'il fonda son système de la nature, l'adopta et l'employa pour définir la notion d'*espèce* organique (tenue par lui pour fixe) : « Il y a autant d'espèces différentes d'animaux et de plantes, qu'au commencement du monde l'Être infini a créé d'espèces différentes » (2). Ce dogme a été admis assez généralement jusqu'à Darwin (1859), bien que, dès 1809, Lamarck en ait exposé l'inadmissibilité.

IV. *Création périodique.* — Au commencement de chaque période géologique, toute la population animale et végétale est créée à nouveau, et à la fin de chaque période elle est anéantie par une catastrophe générale ; il y a autant d'actes de création générale qu'il s'est succédé de périodes géologiques distinctes (théorie des catastrophes de Cuvier (1818) et Agassiz (1858). La paléontologie qui, lors de ses débuts,

---

(1) J. Reinke, *Die Welt als That.* 1899. S 451, 477.
(2) E. Haeckel, *Histoire de la Créat. nat.*, 9ᵉ édit.

encore très incomplète (dans la première moitié du XIXᵉ siècle), semblait prêter appui à cette théorie des créations successives du monde organique, l'a complètement réfutée par la suite.

V. *Création individuelle.* — Chaque homme, en particulier — de même que chaque animal et chaque plante en particulier — ne provient pas d'un acte naturel de reproduction, mais est créé par la grâce de Dieu (« qui connaît toutes choses et qui a compté les cheveux sur notre tête »). On lit souvent, aujourd'hui encore, cette conception chrétienne de la Création, dans les journaux, en particulier aux annonces de naissance (« Hier, Dieu, dans sa bonté, nous a fait cadeau d'un fils qui se porte bien », etc.) Même dans les talents individuels, dans les avantages de nos enfants, nous constatons souvent, avec reconnaissance, les « dons spéciaux de Dieu » (mais nous ne le faisons pas, d'ordinaire, quand il s'agit des défauts héréditaires !).

Evolution (*Genesio, Evolutio*). — Ce qu'avaient d'inadmissible les légendes relatives à la Création et la croyance au miracle qui s'y rattache a dû frapper de bonne heure les hommes capables de penser; aussi trouvons-nous, remontant à plus de deux mille ans, de nombreuses tentatives pour remplacer ces mythes par une théorie raisonnable et expliquer l'apparition du monde par des causes naturelles. Au premier rang, nous retrouvons ici les grands penseurs de l'école naturaliste ionienne, puis Démocrite, Héraclite, Empédocle, Aristote, Lucrèce et autres philosophes de l'antiquité. Leurs premiers essais, encore imparfaits, nous surprennent en partie par leurs intuitions lumineuses, tant ils semblent les précurseurs des idées modernes. Cependant, il manquait à l'antiquité ce terrain solide de la spéculation scientifique qui n'a été conquis que par les innombrables observations et expériences des temps modernes. Pendant le moyen âge — et surtout sous la suprématie du papisme — la recherche scientifique est restée stationnaire. La torture et les bûchers de l'Inquisition veillaient à ce que la foi inconditionnée en la mythologie hébraïque de Moïse demeurât la réponse définitive aux questions concernant la Création. Même les phénomènes qui invitaient à l'observation immédiate des *faits* embryologiques : le développement des animaux et des plantes, l'embryologie de l'homme, passaient inaperçus ou n'excitaient çà et là que l'intérêt de quelques observateurs ayant soif de savoir ; mais leurs découvertes furent ignorées ou perdues. D'ailleurs, le chemin était à l'avance barré à toute vraie science du développement naturel, par la théorie régnante de la *préformation,* par le dogme que la forme et la structure caractéristiques de chaque espèce animale ou végétale sont déjà préformés dans le germe.

Théorie de l'évolution (*Génétisme, Evolutisme, Evolutionnisme*). — La science que nous appelons aujourd'hui évolutionnisme (au sens le plus large) est, aussi bien dans son ensemble que dans ses diverses parties, l'enfant du xixe siècle ; elle est au nombre de ses créations les plus importantes et les plus brillantes. De fait, la notion d'évolution, encore presque inconnue au siècle dernier, est déjà devenue une pierre angulaire, solide, de notre conception de l'Univers. J'en ai exposé explicitement les principes dans des écrits antérieurs, surtout dans ma *Morphologie générale* (1866), puis, sous une forme plus populaire, dans mon *Histoire de la création naturelle* (1868), enfin, en ce qui concerne spécialement l'homme, dans mon *Anthropogénie* (1874, 4e éd. 1891). Je me contenterai donc ici de passer rapidement en revue les progrès les plus importants accomplis par la doctrine de l'évolution au cours de notre siècle ; elle se divise, d'après son objet, en quatre parties principales : elle étudie l'apparition naturelle : 1° du Cosmos, 2° de la terre, 3° des organismes vivants et 4° de l'homme.

I. **Cosmogénie moniste**. — Le premier qui ait essayé d'expliquer d'une manière simple la constitution et l'origine mécanique de tout le système cosmique, d'après les principes de Newton — c'est-à-dire par des lois physiques et mathématiques, — c'est Kant, dans son œuvre de jeunesse, si célèbre : *Histoire naturelle générale et théorie du ciel* (1755). Malheureusement, cette œuvre grandiose et hardie demeura 90 ans presque inconnue ; elle ne fut tirée du tombeau qu'en 1845 par A. de Humboldt qui lui donna droit de cité dans le premier volume de son *Cosmos*. Dans l'intervalle, le grand mathématicien français, Laplace, était arrivé, de son côté, à des théories analogues à celles de Kant et les avait développées, les appuyant sur les mathématiques, dans son *Exposition du système du monde* (1796). Son œuvre principale, la *Mécanique céleste*, parut il y a cent ans. Les principes de la Cosmogénie de Kant et de Laplace, qui sont les mêmes, reposent sur une explication mécanique du mouvement des planètes et sur l'hypothèse qui en découle, que tous les mondes proviennent originairement de nébuleuses qui se sont condensées. L'*Hypothèse des Nébuleuses* ou *Théorie cosmologique des gaz* a été très retouchée et complétée depuis, mais elle reste inébranlable, aujourd'hui encore, comme la meilleure des tentatives d'explication mécaniste et moniste de tout le système cosmique (1). Elle a trouvé, en ces derniers temps, un important complément en même temps qu'une confirmation dans l'hypothèse que ce *processus cosmogonique* n'aurait pas seulement eu lieu une fois, mais se serait reproduit périodiquement. Tandis que, dans certaines parties de l'espace infini, des nébuleuses en rotation donneraient naissance à de nouveaux mondes qui évolueraient, dans d'autres parties, au contraire, des mondes refroidis et morts venant à s'entrechoquer, se dissémineraient en poussière et retourneraient à l'état de nébuleuses diffuses.

Commencement et fin du monde. — Presque toutes les cosmogénies anciennes et modernes et la plupart aussi de

---

(1) Cf. W. Bolsche, *Entwickelungsgeschichte der Natur*. Bd, 1894.

celles qui se rattachent à Kant et à Laplace, partaient de l'opinion régnante, que le monde avait eu un *commencement*. Ainsi, d'après une forme très répandue de l'hypothèse des « Nébuleuses », une énorme nébuleuse, faite d'une matière infiniment subtile et légère, se serait formée « au commencement », puis à un moment déterminé du temps (« il y a de cela infiniment longtemps »), un mouvement de rotation aurait commencé dans cette nébuleuse. Le « premier commencement » de ce mouvement cosmogène une fois donné, les processus ultérieurs de formation des mondes, de différenciation des systèmes planétaires, etc., se déduisent alors avec certitude des principes mécaniques et il devient alors aisé de les fonder mécaniquement. Cette première *origine du mouvement* est la seconde des « énigmes de l'Univers » de du Bois-Reymond ; il la déclare *transcendante*.

Beaucoup d'autres naturalistes et philosophes ne peuvent pas davantage sortir de cette difficulté et se résignent en avouant qu'il faut admettre ici une première « impulsion surnaturelle », c'est-à-dire « un miracle ».

D'après nous, cette « seconde énigme de l'Univers » est résolue par l'hypothèse que le *mouvement* est une propriété de la substance aussi immanente et *originelle* que la *sensation*. Ce qui légitime cette hypothèse moniste, c'est d'abord la loi de substance et ensuite les grands progrès que l'astronomie et la physique ont faits dans la seconde moitié du xixe siècle. Par *l'analyse spectrale* de Bunsen et de Kirchhoff (1860), nous avons non seulement acquis la preuve que les millions de mondes qui remplissent l'espace infini sont faits de la même matière que notre soleil et notre terre — mais encore qu'ils se trouvent à des stades différents d'évolution ; nous avons même, grâce à l'auxiliaire de l'analyse spectrale, acquis des connaissances sur les mouvements et les distances des astres, que le télescope seul était impuissant à nous fournir. Enfin le *télescope* lui-même a été très perfectionné et, avec l'aide de la *photographie*, nous a permis de faire une masse de découvertes astronomiques, qu'on ne pouvait même pas soupçonner au début du siècle. En particulier, nous avons appris à comprendre la grande importance des petits corps célestes semés par milliards dans l'espace entre les étoiles plus grandes, en apprenant à mieux connaître les comètes et les étoiles filantes, les agglomérations d'étoiles et les nébuleuses.

Nous savons également aujourd'hui que les *orbites* tracées par des millions de corps célestes sont *variables* et en partie irrégulières, tandis qu'on admettait, autrefois, que les systèmes planétaires étaient constants et que les sphères en rotation décrivaient leurs courbes avec une éternelle régularité. L'astrophysique doit aussi d'importants aperçus aux progrès immenses accomplis dans d'autres domaines de la physique, surtout en optique et en électricité, ainsi qu'à la théorie de l'éther, amenée par ces progrès. Enfin, et avant tout, réapparaît ici, comme constituant le plus grand progrès accompli vers la connaissance de la nature, *l'universelle loi de substance*. Nous savons maintenant que partout, dans les espaces les plus lointains, cette loi a la même valeur absolue que dans notre système planétaire, qu'elle vaut dans le plus petit coin de notre terre comme dans la plus petite cellule de notre corps. Nous avons le droit (et nous sommes logiquement forcés) d'admettre cette importante hypothèse, que la conservation de la matière et de l'énergie a existé de tous temps aussi universellement qu'elle régit tout aujourd'hui sans exception. *De toute éternité, l'Univers infini a été, est et restera soumis à la loi de substance.*

De tous ces immenses progrès de l'astronomie et de la physique qui s'éclairent et se complètent l'un l'autre, une série de conclusions infiniment importantes découlent relativement à la composition et à l'évolution du Cosmos, à la stabilité et à la variabilité de la substance. Nous les résumerons brièvement dans les thèses suivantes : I. L'*espace* est infiniment grand et illimité ; il n'est jamais vide mais partout rempli de substance. II. Le *temps* est de même infini et illimité ; il n'a ni commencement ni fin, c'est l'éternité. III. La *substance* se trouve partout et en tous temps dans un état de mouvement et de changement ininterrompu ; nulle part ne règne le repos parfait ; mais en même temps la quantité infinie de matière demeure aussi invariable que celle de l'énergie éternellement changeante. IV. Le mouvement éternel de la substance dans l'espace est un cercle éternel, avec des phases d'évolution se répétant périodiquement. V. Ces phases consistent en une alternance périodique de *conditions d'agrégat*, la principale étant la différenciation primaire de la masse et de l'éther (l'ergonomie de la matière pondérable et impondérable). VI. Cette différenciation est fondée sur une *condensation* croissante de la matière, la formation d'innombrables petits centres de condensation dont les causes efficientes sont les propriétés originelles immanentes à la substance : le sentiment et l'effort. VII. Tandis que dans une partie de l'espace, par ce processus pyknotique, de petits corps célestes, puis de plus grands, se produisent et que l'éther qui est entre eux augmente de tension — dans l'autre partie de l'espace, le processus inverse se produit en même temps : la *destruction* des corps célestes qui viennent à s'entrechoquer. VIII. Les sommes inouïes de chaleur produites, dans ces processus mécaniques par le choc des corps célestes en rotation, sont représentées par les nouvelles forces vives qui amènent le mouvement des masses de poussière cosmique engendrées, ainsi que la *néoformation* de sphères en rotation : le jeu éternel recommence à nouveau. Notre mère, la Terre, elle aussi, issue il y a des millions de milliers d'années d'une partie du système solaire en rotation, — après que de nouveaux millions de milliers d'années se seront écoulés, se glacera à son tour, et après que son orbite aura toujours été se rétrécissant, elle se précipitera dans le soleil.

Pour comprendre clairement l'universel processus d'évolution cosmique, ces aperçus modernes sur l'alternance périodique de la disparition et de la néoformation des mondes, que nous devons aux immenses progrès de la physique et de l'astronomie moderne, — me paraissent particulièrement importants, à côté de la loi de substance. Notre mère, la *Terre*, se réduit alors à la valeur d'une minuscule « poussière de soleil », pareille aux autres incalculables millions de ces poussières qui se pourchassent dans l'espace infini : Notre propre *Etre humain* qui, dans son délire de grandeur anthropistique, s'adore comme l'image de Dieu, retombe au rang de mammifère placentalien, lequel n'a pas plus de valeur pour l'Univers tout entier, que la fourmi ou l'éphémère, que l'infusoire microscopique ou le plus infime bacille. Nous autres, hommes, nous ne sommes encore que des stades d'évolution passagers de l'éternelle substance, des formes phénoménales individuelles de la matière et de l'énergie, dont nous comprenons le néant quand nous nous plaçons en regard de l'espace infini et du temps éternel.

Espace et Temps. — Depuis que KANT a fait, des notions d'Espace et de Temps, de simples « formes de l'intuition » — de l'espace, la forme externe, du temps l'interne — une lutte ardente s'est élevée au sujet de ces importants problèmes de la connaissance, qui dure encore aujourd'hui. Une grande partie des métaphysiciens modernes se sont convaincus de cette opinion, qu'on devait attribuer à l' « acte critique » de Kant, comme point de départ d'une « théorie de la connaissance purement idéaliste », la plus grande importance et qu'elle réfutait l'opinion naturelle du bon sens humain qui croit à la *réalité de l'espace et du temps*. Cette conception exclusive et ultra-idéaliste des deux notions capitales est devenue la source des plus grosses erreurs ; elle ne voit pas que KANT, dans sa proposition, n'abordait qu'un côté du problème, le côté *subjectif*, mais reconnaissait l'autre, le côté *objectif* comme tout aussi légitime ; il dit : « L'espace et le temps possèdent la *réalité empirique*, mais l'*idéalité transcendentale* ». Notre monisme moderne peut fort bien accepter cette proposition de KANT, mais non pas la prétention exclusive de certains à ne relever que le côté subjectif du problème ;

car la conséquence logique de ceci, c'est l'absurde idéalisme qui atteint son comble avec cette proposition de BERKELEY : « Les corps ne sont que des représentations ; leur existence réelle consiste à être perçus ». Cette proposition devrait s'énoncer ainsi : « Les corps ne sont, pour ma conscience personnelle, que des représentations ; leur existence est aussi réelle que celle des organes de ma pensée, à savoir des cellules ganglionnaires des hémisphères qui recueillent les impressions faites par les corps extérieurs sur mes organes sensoriels et en les associant, forment les représentations ». De même que je révoque en doute, ou même que je nie la « réalité de l'espace et du temps », de même je peux nier celle de ma propre conscience ; dans le délire fébrile, l'hallucination, le rêve, les cas de double conscience, je tiens pour vraies des représentations qui ne sont pas réelles, mais ne sont que des « imaginations » ; je prends même ma propre personne pour une autre ; le célèbre *cogito ergo sum* n'a plus ici de valeur. Par contre, la *réalité de l'espace et du temps* est aujourd'hui définitivement prouvée par le progrès même de notre conception, que nous devons à la loi de substance et à la cosmogénie moniste. Après avoir heureusement dépouillé l'inadmissible notion d'un « espace vide », il nous reste comme infini *médium emplissant l'espace*, la *matière* et cela sous ses deux formes : « l'*éther* et la *masse* ». Et, de même, nous considérons comme le « *devenir emplissant le temps* », le mouvement éternel ou *énergie* génétique, qui s'exprime par l'*évolution* ininterrompue de la substance, par le *perpetuum mobile* de l'*Univers*.

Universum perpetuum mobile. — Puisque tout corps qui se meut continue de se mouvoir tant qu'il n'en est pas empêché par des obstacles extérieurs, il était naturel que l'homme eût l'idée, depuis des milliers d'années, de construire des appareils qui, une fois mis en mouvement, continuassent à se mouvoir toujours de même. On ne voyait pas que tout mouvement rencontre des obstacles extérieurs et s'éteint graduellement si une nouvelle impulsion ne survient pas du dehors, si une nouvelle force ne s'ajoute pas qui l'emporte sur les obstacles. C'est ainsi, par exemple, qu'un pendule oscillant se mouvrait éternellement de droite à gauche avec la même vitesse, si la résistance de l'air et le frottement au point de suspension n'éteignaient graduellement la force vive, mécanique, de son mouvement pour la transformer en chaleur. Nous devons lui imprimer une nouvelle force mécanique par une nouvelle impulsion (ou, s'il s'agit de l'horloge à pendule, en remontant le poids). C'est pourquoi la construction d'une machine qui, sans secours extérieur, produirait un surplus de travail, par lequel elle se maintiendrait d'elle-même toujours en marche, est chose impossible. Toutes les tentatives faites pour créer un pareil *perpetuum mobile*, étaient d'avance condamnées à échouer ; la connaissance de la loi de substance démontrait d'ailleurs, théoriquement, l'impossibilité de cette entreprise.

Mais il n'en va plus de même quand nous envisageons le *cosmos* comme un Tout, l'infini Tout cosmique, conçu éternellement en mouvement. Nous nommons la matière infinie qui, objectivement le remplit, d'après notre conception subjective, *espace*; son éternel mouvement qui, objectivement, représente une évolution périodique revenant sur elle-même, est ce que nous appelons subjectivement le *temps*. Ces deux « formes de l'intuition » nous convainquent de l'infinité et de l'éternité du Cosmos. Mais par là nous reconnaissons en même temps que l'*Univers* tout entier, lui-même, est un *perpetuum mobile* embrassant tout. Cette infinie et éternelle « machine du Cosmos » se maintient dans un mouvement éternel et ininterrompu parce que l'infiniment grande *somme* d'énergie actuelle et potentielle reste éternellement la même. La loi de la conservation de la force démontre donc que l'idée du *perpetuum mobile* est aussi vraie et d'une importance aussi fondamentale, en ce qui concerne le cosmos *tout entier*, qu'elle est impossible en ce qui concerne l'action isolée d'une *partie* de celui-ci. Par là se trouve encore refutée la théorie de l'*entropie*.

Entropie du Cosmos. — Le pénétrant fondateur de la *Théorie mécanique de la Chaleur* (1850), CLAUSIUS, résumait ce qu'il y avait de plus essentiel dans cette importante théorie dans deux propositions principales. La première est celle-ci : *L'énergie du Cosmos est constante* ; cette proposition forme la moitié de notre loi de substance, le « principe de l'énergie ». La seconde affirme : *L'entropie du Cosmos tend vers un maximum*; cette seconde proposition est, à notre avis, aussi erronée que la première était juste. D'après CLAUSIUS, l'énergie totale du Cosmos se compose de deux parties, dont l'une (en tant que chaleur à une haute température, énergie mécanique, électrique, chimique, etc.) est encore partiellement convertible en travail, tandis que l'autre, au contraire, ne l'est pas ; celle-ci, qui est déjà de l'énergie transformée en chaleur et accumulée dans des corps plus froids, est perdue sans retour pour la production ultérieure du travail. Cette partie d'énergie inemployée, qui ne peut plus être transformée en travail mécanique, est ce que CLAUSIUS appelle *entropie* (c'est-à-dire la force employée à l'intérieur) ; elle croît continuellement aux dépens de l'autre partie. Mais comme journellement, une partie de plus en plus grande de l'énergie mécanique du Cosmos se transforme en chaleur et que celle-ci ne peut pas, réciproquement, revenir à sa première forme, — alors la quantité totale (infinie) de chaleur et d'énergie doit se disperser et diminuer de plus en plus. Toutes les différences de température devraient, en fin de compte, s'évanouir, et la chaleur, toute à l'état fixé, devrait être répartie également dans un unique et inerte morceau de matière congelée; toute vie et tout mouvement organiques auraient cessé lorsque serait atteint ce *maximum d'entropie* ; ce serait la vraie « fin du monde ». Si cette théorie de l'entropie était exacte, il faudrait qu'à cette *fin du monde* qu'on admet, correspondît aussi un *commencement*, un *minimum d'entropie* dans lequel les différences de température des parties distinctes de l'Univers eussent atteint leur maximum. Ces deux idées, d'après notre conception moniste et rigoureusement logique du processus cosmogénétique éternel, sont aussi inadmissibles l'une que l'autre; toutes deux sont en contradiction avec la loi de substance. Le monde n'a pas plus commencé qu'il ne finira. De même que l'univers est infini, de même il restera éternellement en mouvement ; la force vive se transforme en force de tension et inversement, par un processus ininterrompu ; et la somme de cette énergie potentielle et actuelle reste toujours la même. La seconde proposition de la théorie mécanique de la chaleur contredit la première et doit être sacrifiée.

Les défenseurs de l'entropie la soutiennent, par contre, à juste titre, tant qu'ils n'ont en vue que des processus *particuliers* dans lesquels, *dans certaines conditions*, la chaleur fixée ne peut plus être transformée en travail. C'est ainsi, par exemple, que dans la machine à vapeur, la chaleur ne peut être transformée en travail mécanique que lorsqu'elle passe d'un corps plus chaud (la vapeur) à un plus froid (l'eau fraîche), mais non inversement. Mais dans le grand *Tout* du Cosmos, les choses se passent bien autrement ; des conditions sont données, cette fois, qui permettent aussi la transformation inverse de la chaleur latente en travail mécanique. C'est ainsi, par exemple, que lorsque deux corps célestes viennent à s'entrechoquer, animés chacun d'une vitesse inouïe, des quantités énormes de chaleur sont mises en liberté, tandis que les masses, réduites en poussière, sont disséminées et répandues dans l'espace. Le jeu éternel des masses en rotation avec condensation des parties, grossissement en forme de sphères de nouveaux petits météorites, réunion de ceux-ci pour en constituer de plus grosses, etc., recommence alors à nouveau (1).

---

(1) ZEHNDER. *Die Mechanik des Weltalls*, 1897.

II. **Géogénie moniste.** — L'histoire de l'évolution de la terre, sur laquelle nous allons jeter ici un rapide coup d'œil, ne forme qu'une infiniment petite partie de celle du Cosmos. Elle a été, il est vrai, comme cette dernière, depuis des milliers d'années, l'objet des spéculations philosophiques et, plus encore, de la fantaisie mythologique; mais elle n'est devenue objet de science que beaucoup plus récemment et date, presque tout entière, de notre XIXᵉ siècle. En principe, la nature de la terre, en tant que planète tournant autour du soleil, était déjà déterminée par le système de Copernic (1543); Galilée, Képler et autres grands astronomes ont fixé mathématiquement sa distance du soleil, la loi de son mouvement, etc. Déjà, d'ailleurs, la cosmogénie de Kant et de Laplace s'était engagée dans la voie qui montrait comment la terre provenait de la mère-soleil. Mais l'histoire ultérieure de notre planète, les transformations de sa superficie, la formation des continents et des mers, des montagnes et des déserts : tout cela, à la fin du XVIIIᵉ siècle et dans les vingt premières années du XIXᵉ, n'avait fait que bien peu l'objet de sérieuses recherches scientifiques ; on se contentait, le plus souvent, de suppositions assez incertaines ou bien on admettait les traditionnelles légendes relatives à la création ; c'était surtout, ici encore, la croyance en l'histoire mosaïque de la création qui barrait, par avance, la route qui eût conduit les recherches indépendantes à la connaissance de la vérité.

Ce n'est qu'en 1822 que parut une œuvre importante, dans laquelle était employée, pour l'étude scientifique de l'histoire de la terre, cette méthode qu'on reconnut bientôt après être de beaucoup la plus féconde, *la méthode ontologique* ou *le principe de l'actualisme* (1). Elle consiste à étudier minutieusement les phénomènes du *présent* et à s'en servir pour expliquer les processus historiques analogues du *passé*. La Société des sciences de Göttingue avait en outre (1818) promis

---

(1) J. Walther, *Einleit. in die Geologie als historische Wissenschaft*, 1893. S. XIV.

un prix à « l'étude la plus approfondie et la plus compréhen-
« sive sur les changements de la surface de la terre dont on
« peut trouver la preuve dans l'histoire et sur l'application
« qu'on peut faire des données ainsi acquises à l'étude
« des révolutions terrestres qui échappent au domaine de
« l'histoire. » Cette importante question de concours fut
résolue par K. HOFF de Gotha, dans son excellent ouvrage :
*Histoire des changements naturels de la surface de la terre,
démontrés par la tradition* (4 vol. 1822-1834). La *méthode
ontologique* ou *actualiste*, fondée par lui, fut appliquée
avec une portée plus vaste et un immense succès au domaine
tout entier de la *géologie* par le grand géologue anglais
C. LYELL; *les Principes de géologie* (1830) de celui-ci furent la
base solide sur laquelle l'histoire ultérieure de la terre con-
tinua de construire avec un si éclatant succès (1). Les importantes recherches géogénétiques d'AL. HUMBOLDT et L. BUCH,
de G. BISCHOF et E. SUSS, ainsi que celles de beaucoup d'autres géologues modernes, s'appuient sur les solides bases empiriques et sur les principes spéculatifs, dont nous sommes
redevables aux recherches de H. KOFF et de CH. LYELL qui ont
frayé la voie; ils ont dégagé la voie à la science pure, fondée
sur la raison, dans le domaine de l'histoire de la terre; ils ont
éloigné les puissants obstacles qu'ici aussi la fantaisie mythologique et la tradition religieuse avaient entassés, surtout la
Bible et la mythologie chrétienne fondée sur elle. J'ai déjà
parlé, dans la sixième et la quinzième leçon de mon *Histoire
de la Création naturelle*, des grands mérites de CH. LYELL et
des rapports qui existaient entre lui et son ami CH. DARWIN;
quant à une étude plus approfondie de l'histoire de la terre et
des immenses progrès que la géologie dynamique et historique
a faits en notre siècle, je renvoie aux ouvrages connus de
SUSS, NEUMAYR, CREDNER et J. WALTHER.

Il faut avant tout distinguer deux parties principales dans

---

(1) Cf. M. NEUMAYR, *Erdgeschichte*, 2 te Aufl. 1895.

l'histoire de la terre : la *géogénie anorganique* et l'*organique* ; cette dernière commence avec la première apparition des êtres vivants à la surface du globe. L'*histoire anorganique* de la terre, période la plus ancienne, s'est écoulée pareille à celle des autres planètes de notre système solaire ; tous ils se sont détachés de l'équateur du corps solaire en rotation, sous forme d'anneaux nébuleux qui se condensèrent graduellement en mondes indépendants. De la nébuleuse gazeuse est sortie, par refroidissement, la terre en ignition, après quoi s'est produite à sa superficie, par un progressif rayonnement de chaleur, la mince *écorce* solide que nous habitons. C'est seulement après qu'à la surface la température se fût abaissée jusqu'à un certain degré, que la première goutte d'eau liquide put se former au milieu de l'enveloppe vaporeuse qui l'entourait : c'était la condition la plus importante pour l'apparition de la vie organique. Bien des millions d'années se sont écoulés — en tous cas plus de cent — depuis que cet important processus de la formation de l'eau s'est produit, nous conduisant ainsi à la troisième partie de la cosmogénie, à la *biogénie*.

III. Biogénie moniste. — La troisième phase de l'évolution du monde commence avec la première apparition des organismes sur notre globe terrestre et se prolonge depuis lors, sans interruption, jusqu'à nos jours. Les grandes énigmes de l'Univers qui se posent à nous, dans cette intéressante partie de l'histoire de la terre, passaient encore, au commencement du xixe siècle, pour insolubles, ou du moins pour si difficiles que leur solution semblait reculer dans un lointain avenir ; à la fin du siècle, nous pouvons dire, avec un orgueil légitime, qu'elles sont résolues en *principe* par la *biologie* moderne et son *transformisme* ; et même, beaucoup de phénomènes isolés de ce merveilleux « royaume de la vie », s'expliquent aujourd'hui physiquement d'une manière aussi parfaite que n'importe quel phénomène physique très connu, de la nature inorganique. Le mérite d'avoir fait le premier pas, si gros de conséquences, sur cette route difficile et d'avoir montré la route vers la solution moniste de tous les problèmes biologiques, — revient au profond naturaliste français J. Lamarck ; il publia en 1809, l'année même où naissait Ch. Darwin, sa *Philosophie zoologique* si riche en aperçus. Cette œuvre originale est non seulement un essai grandiose d'explication de tous les phénomènes de la vie organique d'un point de vue unique et physique, c'est, en outre, un chemin frayé, le seul qui puisse conduire à la solution de la plus difficile énigme de ce domaine : du problème de l'apparition naturelle des espèces organiques. Lamarck, qui possédait des connaissances empiriques aussi étendues en zoologie qu'en botanique, ébaucha ici, pour la première fois les principes de la *théorie de la descendance* ; il montra comment les innombrables formes des règnes animal et végétal proviennent, par transformations graduelles, de formes ancestrales communes, des plus simples, et comment les changements graduels de forme, produits par l'action de l'*adaptation* contrebalancée par celle de l'*hérédité*, ont amené cette lente transmutation.

Dans la cinquième leçon de mon *Histoire de la Création naturelle*, j'ai apprécié les mérites de Lamarck comme ils méritaient de l'être, dans la sixième et la septième, j'en ai fait autant pour ceux de Ch. Darwin (1859). Grâce à lui, cinquante ans plus tard, non seulement tous les principes importants de la théorie de la descendance étaient posés irréfutablement, mais, en outre, grâce à l'introduction de la *Théorie de la sélection*, les lacunes laissées par son devancier étaient comblées par Darwin. Le succès que, malgré tous ses mérites, Lamarck n'avait pu obtenir, échut libéralement à Darwin ; son ouvrage qui fait époque, sur *l'Origine des Espèces au moyen de la sélection naturelle* a révolutionné de fond en comble toute la biologie moderne en ces quarante dernières années, et l'a élevée à une hauteur qui ne le cède en rien à celle des autres sciences naturelles. Darwin *est devenu le*

Copernic du monde organique, ainsi que je m'exprimais déjà en 1868 et ainsi que E. du Bois-Reymond le faisait quinze ans après, répétant mes paroles (Cf. *Monisme*).

IV. **Anthropogénie moniste.** — Nous pouvons considérer, nous autres hommes, comme la quatrième et dernière période de l'évolution cosmique, celle pendant laquelle notre propre race a évolué. Déjà Lamarck (1809) avait clairement reconnu que cette évolution ne se pouvait raisonnablement concevoir que par une solution naturelle, la *descendance du Singe* en tant que Mammifère le plus proche. Huxley montra ensuite (1863), dans son célèbre mémoire sur *La place de l'homme dans la nature* — que cette importante hypothèse était une conséquence nécessaire de la théorie de la descendance et qu'elle s'appuyait sur des faits très probants de l'anatomie, de l'embryologie et de la paléontologie ; il tenait cette « question essentielle entre toutes les questions » pour résolue en principe. Darwin la traita ensuite, de divers points de vue et de façon remarquable dans son ouvrage sur *La descendance de l'homme et la sélection sexuelle* (1871). J'avais moi-même, dans ma *Morphologie générale*, (1866), consacré un chapitre spécial à cet important problème de la descendance. En 1874 je publiai mon *Anthropogénie* dans laquelle, pour la première fois, est menée à bonne fin la tentative de suivre la descendance de l'homme à travers la série entière de ses aïeux, jusqu'aux plus anciennes formes archigones de Monères ; je me suis appuyé également sur les trois grandes branches de la phylogénie : l'anatomie comparée, l'ontogénie et la paléontologie (4ᵉ éd. 1891). Ce que nous avons encore acquis en ces dernières années, grâce aux nombreux et importants progrès des études anthropogénétiques, — j'ai essayé de le montrer dans la conférence que j'ai faite, en 1898, au Congrès international de zoologie tenu à Cambridge, sur l'état actuel de nos connaissances relativement à l'origine de l'homme. (Bonn 7ᵉ, éd. 1899, trad. franç. par le Dʳ Laloy.)

CHAPITRE XIV

Unité de la nature.

Etudes monistes sur l'unité matérielle et énergétique du Cosmos. — Mécanisme et vitalisme. — But, Fin et Hasard.

> Tous les corps naturels connus, animés ou inanimés, concordent dans toutes leurs propriétés essentielles. Les différences qui existent entre ces deux grands groupes de corps (les organiques et les inorganiques), quant à la forme et aux fonctions, sont simplement la suite nécessaire de leur différente composition chimique. Les phénomènes caractéristiques de mouvement et de forme de la vie organique ne sont pas la manifestation d'une *force vitale* spéciale, mais simplement les modes d'activité (immédiate ou médiate) des corps albuminoïdes (combinaisons du *plasma*) et autres combinaisons plus compliquées du *carbone*.
> *Morphologie générale* (1866).

SOMMAIRE DU CHAPITRE XIV

Monisme du Cosmos. — Unité foncière de la nature organique et de l'inorganique. — Théorie carbogène. — Hypothèse de la procréation primitive (archigonie). — Causes mécaniques et causes finales. — Mécanique et téléologie chez Kant. — La fin dans la nature organique et dans l'inorganique. — Vitalisme, force vitale, néovitalisme, dominantes. — Dystéléologie. — Théorie des organes rudimentaires. — Absence de finalité et imperfection de la nature. — Tendance vers un but, chez les corps organiques. — Son absence dans l'ontogénèse et dans la psychogénèse. — Idées platoniciennes. — Ordre moral du monde : on n'en peut démontrer l'existence ni dans l'histoire organique de la terre, ni dans celle des Vertébrés, ni dans celle des peuples. — Providence. — But, fin et hasard.

LITTÉRATURE

P. HOLBACH. — *Système de la nature.* Paris, 1770.
H. HELMHOLZ. — *Populaere wissensch. Vortraege.* I-III, Heft.
W. R. GROVE. — *Die Verwandschaft der Naturkraefte.* 1871.
PH. SPILLER. — *Die Entstehung der Welt und die Einheit der Naturkraefte. Populaere Kosmogenie.* Berlin, 1870.
PH. SPILLER. — *Die Urkraft des Weltalls nach ihrem Wesen und Wirken auf allen Naturgebieten.* 1876.
C. NAEGELI. — *Mechanisch-physiologische Theorie der Abstammungslehre.* München, 1884.
L. ZEHNDER. — *Die Entstehung des Lebens, aus mechanischen Grundlagen entwickelt.* 1899.
E. HAECKEL. — *Allgem. Untersuchungen über die Natur und erste Entstehung der Organismen, ihr Verhaeltniss zu den Anorganen und ihre Eintheilung in Thiere und Pflanzen.* 2tes Buch der *Generellen Morphologie*, Bd. 1. S. 109-238, 1866.
KOSMOS. — *Zeitschrift für einheitliche Weltanschauung auf Grund der Entwicklungslehre.* Unter Mitwirkung von Ch. Darwin und E. Haeckel, heraus gegeben von E. Krause. Bd. I-XIX, 1877-1886.

La loi de substance nous fournit avant tout la preuve de ce fait fondamental que toute la force de la nature peut être, médiatement ou immédiatement transformée en une autre. L'énergie mécanique et la chimique, le son et la chaleur, la lumière et l'électricité, sont convertibles l'un en l'autre et ne nous apparaissent que comme des aspects phénoménaux différents d'une seule et même force originelle, l'*énergie*. Il s'en déduit le principe important de l'*Unité de toutes les forces de la Nature* ou du *Monisme de l'énergie*. Dans tout le domaine des sciences physico-chimiques, ce principe fondamental est universellement adopté, en tant qu'il s'applique aux corps naturels inorganiques.

Il semble en aller autrement dans le monde organique, dans le domaine riche et varié de la vie. Sans doute, il est visible ici aussi qu'une *grande partie* des phénomènes vitaux sont ramenables immédiatement à l'énergie mécanique ou chimique, à des effets d'électricité ou d'optique. Mais pour une autre partie de ces phénomènes, la chose est contestée aujourd'hui encore, surtout en ce qui concerne l'énigme de la *vie psychique*, en particulier de la conscience. Le grand mérite de la théorie moderne de l'*évolution*, c'est précisément d'avoir jeté un pont entre ces deux domaines, en apparence distincts. Nous en sommes venus, maintenant, à la conviction nette que tous les phénomènes de la vie *organique*, eux aussi, sont soumis à la loi universelle de substance, tout comme les phénomènes anorganiques qui se passent dans l'infini Cosmos.

L'Unité de la Nature qui s'en déduit, la défaite du dualisme d'autrefois, est certainement une des plus belles conquêtes de notre moderne *génétique*. J'ai déjà cherché, il y a trente-trois ans, à démontrer très explicitement ce *Monisme du Cosmos*, cette foncière « unité de la Nature organique et de l'inorganique », en soumettant à un examen critique et à une comparaison minutieuse, la concordance que présentent les deux grands règnes quant aux matériaux premiers, aux formes et aux forces (1). J'ai donné un court extrait des résultats obtenus dans la quinzième leçon de mon *Histoire de la Création naturelle*. Tandis que les idées exposées là sont admises aujourd'hui par la plus grande majorité des philosophes, de plusieurs côtés on a voulu essayer, en ces derniers temps, de les combattre et de rétablir l'ancienne opposition entre deux domaines distincts de la Nature. Le plus rigoureux de ces essais est l'ouvrage récemment paru du botaniste REINKE : *Le monde comme action* (2). L'auteur y défend, avec une clarté et une rigueur logique dignes d'éloges, le *pur dualisme cosmologique* et démontre en même temps lui-même combien la conception téléologique qu'on y veut rattacher, est insoutenable. Dans le domaine tout entier de la Nature inorganique n'agiraient que des forces physiques et chimiques, tandis que dans celui de la Nature organique se joindraient aux précédentes des « forces intelligentes », les forces directrices ou *dominantes*. La loi de substance n'aurait de valeur que dans le premier groupe, non dans le second. Au fond, il s'agit encore ici de la vieille opposition entre la conception *mécanique* et la *téléologique*. Avant d'aborder celle-ci, indiquons brièvement deux autres théories qui sont, à mon avis, très précieuses pour résoudre ces importants problèmes : la théorie carbogène et la théorie de la procréation primitive.

---

(1) HAECKEL. *Generelle Morphologie der Organismen*. 1866. 2tes Buch, 5tes Kap.
(2) F. REINKE. *Die Welt als That*, Berlin 1899.

Théorie carbogène. — La chimie physiologique, par d'innombrables analyses, a établi au cours de ces quarante dernières années, les cinq faits suivants : I. Dans les corps naturels organiques il n'entre pas d'éléments qui ne soient pas inorganiques ; II. Les combinaisons d'éléments, particulières aux organismes et qui déterminent leurs « phénomènes vitaux », consistent toutes en composés de plasma, du groupe des albuminoïdes ; III. La vie organique elle-même est un processus physico-chimique, fondé sur des échanges nutritifs entre ces plasmas albuminoïdes ; IV. L'élément qui seul est capable de construire ces albuminoïdes complexes en se combinant à d'autres éléments (oxygène, hydrogène, azote, soufre), c'est le carbone ; V. Ces combinaisons de plasma à base de carbone se distinguent de la plupart des autres combinaisons chimiques par leur structure moléculaire très complexe, par leur instabilité et par l'état gonflé de leurs agrégats. M'appuyant sur ces cinq faits fondamentaux, j'avais posé, il y a trente-trois ans, la *Théorie carbogène* suivante : « Seules, les propriétés caractéristiques, physico-chimiques du carbone — et principalement son état d'agrégat semi-liquide, ainsi que la facilité avec laquelle se détruisent ses combinaisons, ses très complexes albuminoïdes, — sont les causes mécaniques de ces phénomènes moteurs particuliers qui distinguent les organismes des corps inorganisés, ensemble de phénomènes qu'on désigne du nom de « vie » (*Hist. de la Créat. Nat.*, p. 357). Bien que cette « théorie carbogène » ait été violemment attaquée par divers biologistes, aucun cependant n'a pu jusqu'ici proposer à sa place une meilleure théorie moniste. Aujourd'hui que nous connaissons bien mieux et plus à fond les conditions physiologiques de la vie cellulaire, la physique et la chimie du plasma vivant, nous pouvons poser la théorie carbogène plus explicitement et plus sûrement qu'il ne nous était possible de le faire il y a trente-trois ans.

Archigonie ou procréation primitive. — Le vieux concept de *procréation* (génération spontanée ou équivoque) est encore employé aujourd'hui dans des sens très différents ; l'obscurité de ce terme et son application contradictoire à des hypothèses anciennes et modernes, toutes différentes, sont précisément causes que cet important problème compte parmi les questions les plus confuses et les plus débattues des sciences naturelles. Je limite le terme de procréation — *archigonie* ou *abiogénèse* — à la première apparition du plasma vivant succédant aux combinaisons anorganiques du carbone desquelles il est issu et je distingue deux périodes principales dans ce *Commencement de biogénèse* : « I. L'*Autogonie*, l'apparition de corps plasmiques des plus simples dans un liquide formateur inorganique, et II, la *Plasmogonie*, l'individualisation en organismes primitifs, de ces combinaisons de plasma, sous forme de *monères*. J'ai traité si à fond ces problèmes importants mais très difficiles, dans le chapitre XV de mon *Histoire de la Création Naturelle*, — que je peux me contenter d'y renvoyer. On en trouverait déjà une discussion très longue, rigoureusement scientifique, dans ma *Morphologie générale* (vol. I. p. 167-190) ; plus tard, dans sa théorie mécanico-physiologique de la descendance, (1884) NAEGELI a repris tout à fait dans le même sens l'hypothèse de la procréation qu'il considère comme *indispensable* à la théorie naturelle de l'évolution. J'approuve complètement son affirmation : « Nier la procréation c'est proclamer le miracle ».

Téléologie et mécanisme. — L'hypothèse de la procréation, ainsi que la théorie carbogène qui s'y relie étroitement, sont de la plus grande importance lorsqu'il s'agit de se prononcer dans le vieux conflit entre la conception *téléologique* (*dualiste*) des phénomènes et la *mécanique* (*moniste*). Depuis que DARWIN, il y a quarante ans de cela, nous a mis entre les mains la clef de l'explication moniste de l'organisation, par sa *théorie de la sélection*, nous sommes en état de ramener l'infinie diversité des dispositions conformes à une fin, que nous observons dans le monde des corps vivants, à des causes mécaniques, naturelles, absolument comme nous le faisons quand il s'agit de la nature inorganique, pour laquelle seule la chose était possible auparavant. Les causes finales surnaturelles, auxquelles on était obligé de recourir autrefois, sont ainsi devenues superflues. Cependant la métaphysique moderne continue à les déclarer indispensables et les causes mécaniques insuffisantes.

Causes efficientes et causes finales. — Nul n'a mieux fait ressortir que Kant le profond contraste entre les causes efficientes et les causes finales quand il s'agit d'expliquer la nature dans sa totalité. Dans son œuvre de jeunesse, si célèbre, l'*Histoire naturelle générale et théorie du ciel* (1755), il avait tenté l'entreprise hardie « de traiter de la composition et de l'origine mécanique de tout l'édifice cosmique, d'après les principes de Newton. » Cette « théorie cosmologique des gaz » s'appuyait tout entière sur les phénomènes du mouvement mécanique de la gravitation ; elle fut reprise plus tard par le grand astronome et mathématicien Laplace, qui la fonda sur les mathématiques. Lorsque Napoléon Ier demanda à ce savant, quelle place Dieu, créateur et conservateur de l'Univers, occupait dans son système, Laplace répondit simplement et loyalement : « Sire, je n'ai pas besoin de cette hypothèse. » C'était reconnaître ouvertement le *caractère athéistique* que cette *cosmogénie mécanique* partage avec toutes les sciences inorganiques. Nous devons d'autant plus insister là-dessus que la théorie *Kant-Laplace* a conservé jusqu'à ce jour une valeur presque universelle ; toutes les tentatives faites pour la remplacer par une meilleure ont échoué. Si l'accusation d'*athéisme* constitue encore aujourd'hui, dans beaucoup de milieux, un grave reproche, il s'applique à l'ensemble des sciences naturelles modernes en tant qu'elles donnent du monde *inorganique* une explication toute mécanique.

Le *mécanisme à lui seul* (au sens de Kant) nous fournit une réelle explication des phénomènes naturels en ce qu'il les ramène à des causes efficientes, à des mouvements aveugles et inconscients, provoqués par la constitution matérielle de ces corps naturels eux-mêmes. KANT fait remarquer que « sans ce mécanisme de la nature, il ne peut pas y avoir de science » — et que les *droits qu'a* la raison humaine de recourir à une explication mécanique de *tous* les phénomènes sont illimités. Mais lorsque, plus tard, dans sa critique du jugement téléogique, il aborda l'explication des phénomènes compliqués de la nature *organique*, KANT affirma que pour ceux-ci les causes mécaniques étaient insuffisantes; qu'il fallait recourir à des causes finales. Sans doute, ici encore, la raison est en droit de recourir à une explication mécanique, mais sa *puissance* est limitée. KANT, il est vrai, reconnaît en partie la puissance de la raison, mais pour la plus grande partie des phénomènes vitaux (et surtout pour l'activité psychique de l'homme) il tient pour indispensable d'admettre les causes finales. Le remarquable paragraphe 79 de la *Critique du jugement* porte cette épigraphe caractéristique : « De la subordination nécessaire du principe du mécanisme au principe téléologique pour expliquer qu'une chose soit une fin naturelle ». Les dispositions conformes à une fin, réalisées dans le corps des êtres organiques, semblaient à KANT si inexplicables sans causes finales (c'est-à-dire une force créatrice se conformant à un plan), qu'il nous dit : « Il est bien certain, en ce qui concerne les êtres organisés et leurs facultés internes, qu'au moyen des seuls principes mécaniques de la nature, non seulement nous les connaissons insuffisamment, mais que nous pouvons encore bien moins nous les expliquer; cela est si certain que l'on peut affirmer hardiment ceci: il serait absurde, de la part de l'homme, de concevoir seulement un tel projet et d'espérer qu'un nouveau NEWTON pourrait peut-être surgir qui nous ferait comprendre, ne fût-ce que la production d'un brin d'herbe, d'après des lois naturelles qu'aucune pensée préalable n'aurait pas ordonnées : on doit détourner absolument l'homme de cette pensée. » Soixante-dix ans plus tard, cet impossible « NEWTON de la nature organique » est apparu

en la personne de Darwin et a résolu le grand problème que
Kant avait déclaré insoluble.

La fin dans la nature inorganique (*Téléologie anorganique*). — Depuis que Newton a posé la loi de la gravitation (1682), que Kant a établi « la composition et l'origine *mécanique* de tout l'édifice cosmique d'après les principes de Newton (1755) », depuis, enfin, que Laplace a fondé mathématiquement cette *loi fondamentale du mécanisme cosmique*, les sciences naturelles anorganiques, toutes ensemble, sont devenues purement mécaniques et en même temps purement *athéistes*. Dans l'astronomie et la cosmogénie, dans la géologie et la météorologie, dans la physique et la chimie inorganiques, depuis lors, les lois mécaniques, appuyées sur une base mathématique, sont considérées comme absolument établies et régnant sans réserve. Depuis lors aussi, la *notion de fin* a *disparu* de tout ce grand domaine. Actuellement, à la fin de notre xixe siècle où cette conception moniste, après de durs combats, est arrivée à se faire accepter, aucun naturaliste, parlant sérieusement, ne s'inquiète du but d'un phénomène quelconque dans le domaine incommensurable qu'il explore. Pense-t-on qu'un astronome s'informerait sérieusement aujourd'hui du but des mouvements planétaires, ou un minéralogiste du but de telles formes de cristaux ? Un physicien va-t-il se creuser la tête sur la fin des forces électriques ou un chimiste sur celle des poids atomiques ? Nous pouvons avec confiance répondre : *Non !* A coup sûr pas en ce sens que le « bon Dieu » ou quelque force naturelle tendant vers un but, aurait un beau jour tiré subitement « du néant » ces lois fondamentales du mécanisme cosmique, en vue d'une fin déterminée — et qu'il les ferait agir journellement conformément à sa volonté raisonnable. Cette conception anthropomorphique d'un constructeur et régisseur de l'Univers, agissant en vue d'une fin, est complètement surannée ; sa place a été prise par les « grandes, éternelles lois d'airain de la nature ».

La fin dans la nature organique (*Téléologie biologique*).
— Quand il s'agit de la nature organique, la *notion de finalité* possède, aujourd'hui encore, une tout autre signification et une tout autre valeur que lorsqu'il s'agissait du monde inorganique. Dans la structure du corps et dans les fonctions vitales de tout organisme, l'activité en vue d'une fin s'impose à nous, indéniable. Chaque plante et chaque animal, à la manière dont ils sont composés de parties distinctes, nous apparaissent organisés en vue d'une fin déterminée, absolument comme le sont les machines artificielles, inventées et construites par l'homme; et tant que dure leur vie, la fonction de leurs divers organes tend vers une fin précise, absolument comme le travail dans les diverses parties de la machine. Il était donc tout naturel que les conceptions primitives et naïves, pour expliquer l'apparition et l'activité vitale des êtres organiques, invoquassent un créateur qui aurait « ordonné toutes choses avec sagesse et lumières » et aurait organisé chaque plante et chaque animal, conformément à la fin spéciale de sa vie. On se représente d'ordinaire ce « toutpuissant Créateur du Ciel et de la Terre » d'une façon tout anthropomorphique; il créa « chaque être d'après son espèce ». Cependant, tant que l'homme se figurait le créateur sous forme humaine, pensant avec *son* cerveau humain, voyant avec *ses* yeux, façonnant avec *ses* mains, on pouvait encore se faire une image sensible de ce divin constructeur de machines et de son œuvre artificielle dans le grand atelier de la création. La chose devint bien plus difficile lorsque l'idée de Dieu s'épura et que l'on envisagea dans le « dieu invisible » un créateur sans organes — (une créature gazeuse). Ces conceptions anthropistiques devinrent encore plus incompréhensibles lorsqu'à la place du Dieu construisant consciemment, la physiologie vint mettre la *force vitale* créant inconsciemment — force naturelle inconnue, agissant conformément à une fin et qui, différente des forces physiques et chimiques connues, ne les prenait que temporairement à son service — pendant sa vie. Ce *vitalisme* régna jusqu'au milieu de notre

siècle; il ne fut réellement réfuté que par le grand physiologiste de Berlin, J. Müller. Celui-ci, sans doute (comme tous les autres biologistes de la première moitié du xix° siècle) avait été élevé dans la croyance à la force vitale et la tenait pour indispensable à l'explication des « causes dernières de la vie », mais il donna d'autre part, dans son manuel classique de Physiologie (1833) qui, jusqu'à ce jour, n'a pas été dépassé, la preuve apagogique, qu'en somme on ne pouvait rien faire de cette force vitale. Müller montra, par une longue série d'observations remarquables et d'expériences ingénieuses, que la plupart des fonctions vitales de l'organisme humain, comme de l'organisme animal, s'exécutaient d'après des lois physiques et chimiques, que certaines d'entre elles pouvaient même être déterminées mathématiquement. Et cela s'applique aussi bien aux fonctions animales des muscles et des nerfs, des organes des sens supérieurs ou inférieurs, qu'aux processus de la vie végétative, de la nutrition et des échanges de matériaux, de la digestion et de la circulation. Seuls, deux domaines restaient énigmatiques et inexplicables si l'on n'admettait pas une force vitale : celui de l'activité psychique supérieure (la vie de l'esprit) et celui de la reproduction (génération). Mais dans ces domaines, à leur tour, on fit, sitôt après la mort de Müller, des découvertes et des progrès si importants, que l'inquiétant « spectre de la force vitale » disparut également de ces deux derniers recoins. C'est vraiment un curieux hasard chronologique que J. Müller soit mort en 1858, l'année même où Darwin publiait les premiers faits relatifs à sa théorie qui fit époque. La *théorie de la sélection* de ce dernier répondait à la grande énigme devant laquelle le premier s'était arrêté : la question de l'apparition de dispositions conformes à un but et produites par des causes toutes mécaniques.

La fin dans la théorie de la sélection (Darwin 1859). — L'immortel mérite philosophique de Darwin demeure, ainsi que je l'ai souvent répété, double : c'est d'abord d'avoir réformé l'ancienne *théorie de la descendance*, fondée en 1809 par LAMARCK, définitivement établie par DARWIN sur l'immense amas de faits amoncelés au cours de ce demi-siècle ; — c'est ensuite d'avoir posé la *théorie de la sélection* qui, pour la première fois, nous découvre seulement les véritables causes efficientes de la graduelle transformation des espèces. DARWIN montra d'abord comment l'âpre *lutte pour la vie* est le régulateur inconsciemment efficace qui gouverne l'action réciproque de l'hérédité et de l'adaptation, dans la graduelle transformation des espèces ; c'est le grand *Dieu éleveur* qui, sans intention, produit de nouvelles formes par la « sélection naturelle », tout comme un éleveur humain, avec intention, réalise de nouvelles formes par la « sélection artificielle ». Ainsi était résolue cette grande énigme philosophique : « Comment des dispositions conformes à une fin peuvent-elles être produites d'une manière toute mécanique, sans causes agissant en vue d'une fin » ? KANT, lui encore, avait déclaré cette difficile énigme insoluble, bien que, plus de deux mille ans avant lui, le grand penseur EMPÉDOCLE eût indiqué le chemin de la solution. Grâce à celle-ci, le principe de la *mécanique téléologique* a pris, en ces derniers temps, une valeur de plus en plus grande et nous a expliqué mécaniquement les dispositions les plus subtiles et les plus cachées des êtres organiques, par « l'autoformation fonctionnelle de la structure conforme à une fin ». Par là, la notion transcendante de finalité propre à la philosophie téléologique de l'École, se trouve écartée et avec elle l'obstacle le plus grand qui s'opposait à une conception rationnelle et moniste de la nature.

Néovitalisme. — En ces derniers temps, le vieux spectre de la mystique force vitale, qui semblait mort à jamais, s'est ranimé ; divers biologistes distingués ont cherché à le faire revivre sous un nouveau nom. L'exposé le plus clair et le plus rigoureux en a été donné récemment, par le botaniste de Kiel, J. REINKE (1). Il défend la croyance au miracle et le

---

(1) J. REINKE, *Die Welt als That* (Berlin, 1899).

théisme, l'histoire mosaïque de la *Création* et la constance des espèces; il appelle les « forces vitales », par opposition aux forces physiques, des forces directrices, forces supérieures ou *dominantes*. D'autres, au lieu de cela, d'après une conception toute anthropistique, admettent un *ingénieur-machiniste*, qui aurait inculqué à la substance organique une organisation conforme à une fin et dirigée vers un but déterminé.

Ces étranges hypothèses téléologiques nécessitent aussi peu, aujourd'hui, une réfutation scientifique, que les naïves objections contre le Darwinisme, dont elles s'accompagnent d'ordinaire.

Théorie des organes non conformes à une fin (*Dystéléogie*). — Sous ce nom j'ai déjà constitué, il y a trente-trois ans, la science des faits biologiques intéressants et importants entre tous, qui contredisent directement, d'une manière qui saute aux yeux, la traditionnelle conception téléologique des « corps vivants organisés conformément à une fin » (1). Cette « Science des individus rudimentaires, avortés, manqués, étiolés, atrophiés ou cataplastiques » s'appuie sur une quantité énorme de phénomènes des plus remarquables, connus, il est vrai, depuis longtemps des zoologistes et des botanistes mais dont Darwin, le premier, a expliqué la cause et évalué la haute portée philosophique.

Chez toutes les plantes et tous les animaux supérieurs, en particulier chez tous les organismes dont le corps n'est pas simple mais composé de plusieurs organes concourant à une même fin, — on constate, à un examen attentif, un certain nombre de dispositions inutiles ou inactives, et même en partie dangereuses ou nuisibles. Dans les fleurs de la plupart des plantes, on trouve à côté des feuilles sexuelles, actives, par lesquelles s'effectue la reproduction, quelques

---

(1) E. Haeckel « *Generelle Morphologie* » 1866. Bd II S. 266-285. Cf. Natürl. Schopf Gesch. » IX Aüfl. 1898. S. 14, 18, 288, 792.

organes-feuilles, inutiles, sans importance (étamines, carpophylles, pétales, sépales, etc., étiolés ou « manqués »). Dans les deux grandes classes d'animaux volants, classes si riches en formes, les oiseaux et les insectes, on trouve à côté des animaux normaux qui se servent journellement de leurs ailes un certain nombre d'individus dont les ailes sont atrophiées et qui ne peuvent pas voler.

Presque dans toutes les classes d'animaux supérieurs dont les yeux servent à la vision, il existe des espèces isolées qui vivent dans l'obscurité et ne voient pas ; cependant ils possèdent encore presque tous des yeux ; mais ces yeux sont atrophiés, incapables de servir à la vision. Notre propre corps humain présente de pareils rudiments inutiles : les muscles de nos oreilles, la membrane clignotante de nos yeux, la glande mammaire de l'homme et autres parties du corps ; bien plus, le redoutable appendice vermiforme du cœcum intestinal, n'est pas seulement inutile, mais dangereux car son inflammation amène chaque année la mort d'un certain nombre de personnes (1).

L'*explication* de ces dispositions et d'autres semblables qui ne répondent à aucun but dans la constitution du corps animal ou végétal, ne peut nous être fournie ni par le vieux *vitalisme mystique*, ni par le moderne *néovitalisme*, tout aussi *irrationnel*; au contraire, elle devient très simple par la *théorie de la descendance*. Celle-ci nous montre que les organes rudimentaires sont *atrophiés* et cela par suite du manque d'usage. De même que les muscles, les nerfs, les organes sensoriels se fortifient par l'exercice et une activité répétée, de même, inversement, ils entrent plus ou moins en régression s'ils ne fonctionnent pas et que l'usage en soit abandonné. Mais quoique l'exercice et l'adaptation stimulent ainsi le développement des organes, ces organes ne disparaissent cependant pas, par suite d'inaction, immédiatement et sans qu'on en puisse retrouver la trace ; la force de l'héré-

---

(1) C'est cette inflammation qui constitue l'*appendicite*.

dité les maintient encore pendant plusieurs générations, ils ne disparaissent qu'au bout de très longtemps et graduellement. L'aveugle « lutte pour l'existence entre organes » amène leur disparition hors de l'histoire, comme elle avait, à l'origine, amené leur apparition et leur développement. Aucun « but » immanent ne joue de rôle ici.

Imperfection de la Nature. — Ainsi que la vie de l'homme, celle de l'animal et celle de la plante restent partout et toujours imparfaites. Ceci est la conséquence très simple du fait que la Nature — l'organique comme l'inorganique — est conçue dans un flux constant d'*évolution*, de changement et de transformation. Cette évolution nous apparaît dans son ensemble — dans la mesure, du moins, où nous pouvons suivre l'histoire de la nature sur notre planète — comme une transformation progressive, comme un progrès historique du simple au complexe, de l'inférieur au supérieur de l'imparfait au parfait. J'ai déjà démontré dans ma *Morphologie générale* (1866) que ce *progrès* historique (*progressus*) — ou *perfectionnement* graduel (*teleosis*). — était l'*effet nécessaire de la sélection* et non la suite d'un but conçu au préalable. C'est ce qui ressort aussi du fait qu'aucun organisme n'est absolument parfait ; même s'il était à un moment donné, parfaitement adapté aux conditions extérieures, cet état ne durerait pas longtemps ; car les conditions d'existence du monde extérieur sont elles-mêmes soumises à un continuel changement, lequel a pour suite une adaptation ininterrompue des organismes.

Tendance vers un but chez les corps organiques. — Sous ce titre, le célèbre embryologiste K. E. Baer publia, en 1876, un travail suivi d'un article sur Darwin, qui fut très bien accueilli des adversaires de celui-ci et qu'on invoque aujourd'hui encore, en des sens divers, contre la théorie de l'évolution. En même temps, il renouvela sous un nom nouveau l'ancienne conception téléologique de la Nature ; ce dernier point demande une courte critique. Faisons d'abord remarquer que BAER, bien que philosophe naturaliste au meilleur sens du mot et *moniste à l'origine*, a montré, à mesure qu'il avançait en âge, des tendances mystiques et qu'il a abouti au pur *dualisme*. Dans son ouvrage principal « sur l'embryologie des animaux » (1828) qu'il intitule lui-même: *Observations et réflexions*, — il s'est servi, en effet, de deux modes de connaissance. Un examen minutieux de tous les faits isolés du développement de l'œuf animal a permis à BAER d'exposer, pour la première fois, l'ensemble des transformations merveilleuses que subit l'œuf, simple petite sphère, avant de devenir le corps d'un Vertébré. Par des comparaisons prudentes et des réflexions ingénieuses, BAER chercha en même temps à découvrir les causes de cette transformation et à les ramener à des lois générales de formation. Il a exprimé le résultat de celles-ci par la proposition suivante : « L'histoire du développement de l'individu est l'histoire de l'individualité croissante, à tous points de vue. » En même temps, il insistait sur ce fait que « la *pensée fondamentale* qui régit toutes les conditions du développement animal, est la même qui réunit en sphères les fragments de la masse et groupe ceux-ci en systèmes solaires. Cette pensée fondamentale n'est autre chose que *la vie* elle-même, tandis que les syllabes et les mots par lesquels elle s'exprime sont les diverses formes de la vie ».

BAER ne pouvait pas alors parvenir à une connaissance plus approfondie de cette pensée fondamentale génétique, ni à la claire compréhension des véritables causes efficientes du développement organique, car ses études portaient exclusivement sur une moitié de l'histoire de ce développement, celle qui a rapport aux *individus* : l'*embryologie* ou *ontogénie*. L'autre moitié, l'histoire du développement des groupes et espèces, notre histoire généalogique ou *phylogénie* n'existait pas encore à cette époque, bien que, dès 1809, LAMARCK avec son regard de voyant, eût montré la route qui y conduisait.

Lorsque plus tard cette science fut fondée par Darwin (1859), Baer vieilli ne put pas la comprendre ; la lutte vaine qu'il entreprit contre la théorie de la sélection montre clairement qu'il n'en reconnut ni le vrai sens ni la portée philosophique. Des spéculations téléologiques auxquelles, plus tard, s'en joignirent de théosophiques, avaient rendu le vieux Baer incapable d'apprécier équitablement cette grande réforme de la biologie ; les considérations téléologiques qu'il lui opposa, dans ses *Discours et Etudes* (1876), alors qu'il était âgé de quatre-vingt-quatre ans ne sont que la répétition des erreurs analogues que la doctrine finaliste de la philosophie dualiste oppose depuis plus de deux mille ans à la philosophie mécaniste ou moniste. L'*idée tendant vers un but* qui, d'après Baer, régit le développement tout entier du corps animal à partir de l'ovule, — n'est qu'une autre expression de l'éternelle *Idée* de Platon et de l' « entéléchie » de son élève Aristote. Notre biogénie moderne, au contraire, explique les faits embryologiques d'une façon toute physiologique en ce qu'elle reconnaît pour leurs causes efficientes et mécaniques les fonctions d'hérédité et d'adaptation. La *loi fondamentale biogénétique* que Baer ne pouvait pas comprendre, nous livre le lien causal intime entre *l'ontogénèse* des individus et la *phylogénèse* de leurs ancêtres ; la première nous apparaît maintenant comme la récapitulation héréditaire de la seconde. Or, nulle part dans la phylogénie des animaux et des plantes, nous ne constatons une tendance vers un but, mais uniquement le résultat nécessaire de la terrible lutte pour la vie, régulateur aveugle, non Dieu prévoyant, qui amène la transformation des formes organiques par l'action réciproque des lois de l'adaptation et de l'hérédité. Nous ne pouvons pas davantage admettre de « tendance vers un but » dans l'histoire du développement des individus, dans l'embryologie des plantes, des animaux et des hommes. Car cette ontogénie n'est qu'un court extrait de cette phylogénie, une répétition abrégée et accélérée de celle-ci, par les lois physiologiques de l'hérédité.

Baer terminait en 1828 la préface de sa classique *Histoire*

du développement des animaux par ces mots : « Celui-là se sera acquis une couronne de lauriers, auquel il est réservé de ramener les forces qui façonnent le corps animal aux forces ou aux formes générales de la vie universelle. L'arbre qui doit fournir le berceau de cet homme n'a pas encore germé ».
— Sur ce point encore, le grand embryologiste se trompait. En la même année 1828 entrait à l'université de Cambridge pour y étudier la théologie (!), le jeune Ch. Darwin qui, trente ans plus tard s'acquit réellement une couronne de lauriers par sa théorie de la sélection.

Ordre moral du monde. — Dans la philosophie de l'histoire, dans les considérations générales que développent les historiens sur les destinées des peuples et sur la marche tortueuse de l'évolution des Etats, on admet encore aujourd'hui l'existence d'un « ordre moral du monde ». Les historiens cherchent, dans les alternatives variées de l'histoire des peuples, un but conducteur, une intention idéale qui aurait élu telle ou telle race, tel ou tel Etat pour lui procurer une félicité spéciale et la suprématie sur les autres. Cette conception téléologique de l'histoire s'est trouvée en ces derniers temps en opposition d'autant plus radicale avec notre philosophie moniste, que celle-ci est apparue avec plus de certitude comme la seule légitime dans le domaine tout entier de la nature inorganique. Quand il s'agit de l'astronomie et de la géologie, de la physique et de la chimie, personne aujourd'hui ne parle plus d'un ordre moral du monde, pas plus que d'un Dieu personnel dont « la main a ordonné toutes choses avec sagesse et lumières ». Mais il en va de même dans tout le domaine de la biologie, de la composition et de l'histoire de la nature organique, l'homme encore excepté. Darwin ne nous a pas seulement montré, dans sa théorie de la sélection, comment les dispositions conformes à un but, dans la vie et la structure du corps des animaux et des plantes, ont été produites mécaniquement, sans but préconçu, mais en outre il nous a appris à reconnaître dans la *lutte pour la vie*, la puisssante force naturelle qui, depuis plusieurs millions d'années, régit et règle sans interruption tout le processus évolutif du monde organique. On pourrait dire : « La lutte pour la vie » est la « survivance du plus apte » ou le « triomphe du meilleur », mais on ne le peut que si l'on considère toujours le plus fort comme le meilleur (au sens moral) et d'ailleurs l'histoire tout entière du monde organique nous montre, en tous temps, à côté du progrès vers le plus parfait, qui prédomine, quelques retours en arrière vers des états inférieurs. La « tendance vers un but » au sens de BAER lui-même, n'offre pas davantage le moindre caractère moral.

En irait-il peut-être autrement dans l'histoire des peuples, dans cette histoire que l'homme, en proie qu'il est au délire anthropistique des grandeurs, se plaît à nommer « l'histoire universelle » ? Peut-on y découvrir, partout et en tous temps, un principe moral suprême ou un sage régent de l'univers qui dirige les destinées des peuples ? Dans l'état avancé où sont aujourd'hui parvenues l'histoire naturelle et l'histoire des peuples, la réponse impartiale ne peut être qu'un : *Non*. Les destinées des diverses branches de l'espèce humaine qui, en tant que races et nations, luttent depuis des milliers d'années pour conserver leur existence et poursuivre leur développement — sont soumises aux mêmes « grandes et éternelles lois d'airain », que l'histoire du monde organique tout entier qui, depuis des millions d'années, peuple la terre.

Les géologues distinguent dans « l'histoire organique de la terre » en tant qu'elle nous est connue par les documents de la paléontologie, trois grandes périodes : les périodes primaire, secondaire et tertiaire. La durée de la première, d'après des calculs récents, doit s'élever au moins à 34 millions d'années, celle de la seconde à 11 et celle de la troisième à 3. L'histoire de l'embranchement des Vertébrés, dont notre propre race est issue, est facile à suivre à travers ce grand espace de temps ; trois stades divers du développement des Vertébrés sont successivement apparus durant ces trois grandes périodes ; dans la primaire (période *paléozoïque*) les *Poissons*, dans la secondaire (période *méozoïque*) les *Reptiles*, dans la tertiaire (période *cénozoïque*) les *Mammifères*. De ces trois grands groupes de Vertébrés, les Poissons représentent le degré inférieur de perfection, les Reptiles le degré moyen et les Mammifères le degré supérieur. Une étude plus approfondie de l'histoire de ces trois classes nous montrerait également que les divers ordres et familles qui les composent ont évolué progressivement, pendant ces trois périodes, vers un degré toujours supérieur de perfection. Peut-on maintenant considérer ce processus évolutif progressif comme l'expression d'une tendance consciente vers un but ou d'un ordre moral du monde ? Absolument pas. Car la théorie de la sélection nous enseigne, comme la différenciation organique, que le *progrès* organique est une *conséquence nécessaire* de la lutte pour la vie. Des milliers d'espèces, bonnes, belles, dignes d'admiration, tant dans le règne animal que dans le règne végétal, ont disparu au cours de ces quarante-huit millions d'années, parce qu'il leur a fallu faire place à d'autres plus fortes et ces vainqueurs, dans la lutte pour la vie, n'ont pas toujours été les formes les plus nobles ni les plus parfaites au sens moral.

Il en va de même exactement de l'*histoire des peuples*. La merveilleuse culture de l'antiquité classique a disparu parce que le Christianisme est venu fournir à l'esprit humain qui se débattait, un puissant et nouvel essor, par la croyance en un Dieu aimant et par l'espérance d'une vie meilleure dans l'au-delà. Le papisme devint bientôt la caricature impudente du christianisme pur et foula impitoyablement aux pieds les trésors de science que la philosophie grecque avait déjà amassés ; mais il conquit la suprématie universelle par l'ignorance des *masses* aveuglément croyantes. C'est la Réforme qui brisa les chaînes dans lesquelles l'esprit était captif et qui aida la raison à revendiquer ses droits. Mais dans cette nouvelle période de l'histoire de la civilisation, comme dans la précédente, la grande lutte pour la vie ondoie éternellement, sans le moindre ordre moral.

Providence. — Si un examen critique et impartial des choses ne nous permet pas de reconnaître un « ordre moral » dans la marche de l'histoire des peuples, nous ne pouvons pas trouver davantage qu'une « sage providence » règle la destinée des individus. L'une comme l'autre résultent avec une nécessité de fer de la causalité mécanique qui fait dériver chaque phénomène d'une ou de plusieurs causes antécédentes. Déjà les anciens Hellènes reconnaissaient comme principe suprême de l'Univers l'ANANKE, l'aveugle HEIMARMENE, le *Fatum* qui « domine les dieux et les hommes ». A sa place, le christianisme mit la Providence consciente, non plus aveugle mais voyante et qui dirige le gouvernement du monde en souverain patriarcal. Le caractère anthropomorphique de cette conception, étroitement liée d'ordinaire à celle du « Dieu personnel », saute aux yeux. La croyance en un « père aimant » qui tient entre ses mains la destinée des quinze cents millions d'hommes de notre planète et qui tient compte de leurs prières, de leurs « pieux désirs » se croisant en tous sens — est une croyance parfaitement inadmissible ; on s'en aperçoit de suite, sitôt que la raison réfléchissant là-dessus dépouille les verres teintés de la « croyance ».

D'ordinaire, chez l'homme moderne civilisé — de même que chez le sauvage inculte — la croyance en la Providence et la confiance en un père aimant surgissent très vives lorsque quelque chose d'heureux survient, soit que l'homme échappe à un danger mortel, qu'il guérisse d'une maladie grave, qu'il gagne le gros lot à une loterie, qu'il ait un enfant depuis longtemps désiré, etc. Si, au contraire, un malheur arrive ou qu'un désir ardent ne soit pas réalisé, la « Providence » est oubliée, le sage régent de l'Univers a alors dormi ou bien il a refusé sa bénédiction.

Vu l'essor inouï qu'a pris la vie sociale au XIXᵉ siècle, le nombre des crimes et des accidents a nécessairement augmenté, dans une proportion insoupçonnée jusqu'alors, les journaux nous en instruisent formellement. Chaque année des milliers d'hommes disparaissent dans des naufrages, des milliers dans des accidents de chemins de fer, des milliers dans des catastrophes de mines etc. Chaque année des milliers s'entretuent par la guerre et les préparatifs nécessaires à ce meurtre en masse absorbent, chez les nations les plus civilisées, professant la charité chrétienne, la plus grande partie, de la fortune nationale. Et parmi ces centaines de milliers d'hommes qui tombent annuellement, victimes de la civilisation moderne, il s'en trouve de tout à fait remarquables, forts et travailleurs. Et l'on parlera encore d'ordre moral du monde !

But, fin et hasard. — Si un examen impartial de l'évolution universelle nous enseigne qu'on n'y peut reconnaître ni un but précis, ni une fin spéciale (au sens de la raison humaine), il semble ne plus rester d'autre alternative que d'abandonner tout à l'*aveugle hasard*. Et, de fait, ce reproche a été adressé au *transformisme* de LAMARCK et de DARWIN, comme autrefois à la *cosmogénie* de KANT et de LAPLACE; beaucoup de philosophes dualistes attribuent même à cette objection une importance toute spéciale. Elle vaut donc bien la peine que nous l'examinions encore une fois rapidement.

Un certain groupe de philosophes affirment, d'après leur conception *téléologique*: l'Univers tout entier est un Cosmos bien ordonné dans lequel chaque phénomène a un but et une fin; il n'y a *pas de hasard!* Un autre groupe, par contre, en vertu de sa conception *mécaniste* soutient que: Le développement de l'Univers entier est un processus mécanique uniforme, dans lequel nous ne pouvons découvrir nulle part de but ni de fin ; ce que nous nommons ainsi, dans la vie organique, est une conséquence spéciale des conditions biologiques; ni dans le développement des corps célestes, ni dans celui de notre écorce terrestre inorganique, on ne peut discerner de fin directrice ; *tout est hasard*. Les deux partis ont raison, d'après leur définition du « hasard ». La loi générale de *causalité*, d'accord avec la loi de substance, nous assure que tout phénomène a sa cause mécanique ; en ce sens il n'y a pas de hasard. Mais nous pouvons et devons conserver ce terme indispensable, pour désigner par là la rencontre de deux phénomènes que n'unit pas un rapport de causalité mais dont, naturellement, chacun a sa cause indépendante de celle de l'autre. Ainsi que chacun sait, le hasard, en ce sens moniste, joue le plus grand rôle dans la vie de l'homme comme dans celle de tous les autres corps de la nature. Cela n'empêche pas que, dans chaque *hasard* particulier, comme dans l'évolution de l'Univers tout entier, nous ne reconnaissions l'universel empire de la loi naturelle qui régit tout, de la *loi de substance*.

CHAPITRE XV

Dieu et le Monde

ETUDES MONISTES SUR LE THÉISME ET LE PANTHÉISME. — LE MONO-
THÉISME ANTHROPISTIQUE DES TROIS GRANDES RELIGIONS MÉDITER-
RANÉENNES. — LE DIEU EXTRAMONDAIN ET LE DIEU INTRAMON-
DAIN.

> Que serait un Dieu qui ne ferait qu'imprimer du
> [dehors une impulsion au monde
> Qui, en le touchant du doigt, ferait mouvoir le Tout
> [suivant un cercle ?
> Il lui convient bien mieux de mouvoir l'Univers du
> [dedans,
> D'enfermer la Nature en soi, de s'enfermer en elle
> De telle sorte que tout ce qui, en Lui, vit, s'agite
> [et est
> Ne soit jamais privé de sa force ni de son esprit.
> GOETHE.

SOMMAIRE DU CHAPITRE XV

L'idée de Dieu en général. — Contraste entre Dieu et le monde, le surnaturel et la nature. — Théisme et panthéisme. — Formes principales du théisme. — Polythéisme. — Triplothéisme. — Amphithéisme. — Monothéisme. — Statistique des religions. — Monothéisme naturaliste. — Solarisme (culte du soleil). — Monothéisme anthropistique. — Les trois grandes religions méditerranéennes. — Mosaïsme (Jehovah). — Christianisme (Trinité). — Culte de la Madone et des saints. — Polythéisme papiste. — Islamisme. — Mixothéisme. — Essence du théisme. — Le Dieu extramondain et anthropomorphique. — Vertébré à forme gazeuse. — Panthéisme. — Le Dieu intramondain (la Nature). — Hylozoïsme des Monistes ioniens (Anaximandre). — Conflit entre le Panthéisme et le Christianisme. — Spinoza. — Monisme moderne. Athéisme.

LITTÉRATURE

W. Goethe. — *Dieu et le Monde. Faust. Prométhée.*
Kuno Fischer. — *Geschichte der neueren Philosophie.* BdI « Baruch Spinoza » 2te Aufl., 1865.
H. Brunnhofer. — *Giordano Bruno's Weltanschauung und Verhaengniss.* Leipzig, 1882.
J. Draper. — *Geschichte der geistigen Entwicklung Europa's.* Leipzig, 1865.
Fr. Kolb. — *Kulturgeschichte der Menschheit.* 2te Aufl., 1873.
Th. Huxley. — *Discours et Travaux*, trad. fr.
W. Strecker. — *Welt und Menschheit, vom Standpunkte des Materialismus.* Leipzig, 1892.
C. Sterne (E. Krause). — *Die allgem. Weltanschauung in ihrer historischen. Entwicklung.* Stuttgart, 1889.

L'humanité considère, depuis des milliers d'années, comme la raison dernière et suprême de tous les phénomènes, une cause efficiente qu'elle appelle *Dieu* (*Deus*, *Theos*). Comme toutes les notions générales, cette notion suprême a subi, au cours de l'évolution de la raison, les transformations les plus importantes et les déviations les plus diverses. On peut même dire qu'aucun terme n'a subi autant de modifications et de déformations; car aucun autre ne touche de si près, à la fois, aux devoirs suprêmes de l'entendement s'efforçant de connaître, de la science fondée sur la raison et aux intérêts les plus profonds de l'âme croyante et de la fantaisie poétique.

Une comparaison critique des nombreuses formes différentes de l'idée de Dieu serait des plus intéressantes et instructives, mais nous entraînerait trop loin; nous nous contenterons ici de jeter un regard rapide sur les formes les plus importantes qu'a revêtues l'idée de Dieu et sur le rapport qu'elles présentent avec notre conception moderne, déterminée par la seule connaissance de la nature. Nous renvoyons, pour toute autre recherche qu'on voudrait faire sur cet intéressant domaine, à l'ouvrage remarquable, déjà plusieurs fois cité d'Ad. Svoboda: *Les formes de la croyance* (2 vol. Leipzig 1897).

Si nous faisons abstraction des nuances très fines et des revêtements variés apposés sur l'image de Dieu et si nous nous bornons au contenu le plus essentiel de cette notion, nous pourrons à bon droit ranger les diverses conceptions en deux grands groupes opposés : le groupe *théiste* et le groupe *panthéiste*. Celui-ci se rattache directement à la conception *moniste* ou rationnelle, celui-là à la philosophie *dualiste* ou mystique.

I. Théisme : Dieu et le monde sont deux personnes distinctes. — Dieu s'oppose au monde comme son créateur, son conservateur et son régisseur. Aussi Dieu est-il conçu plus ou moins à l'image de l'homme, comme un organisme qui pense et agit à la façon de l'homme (bien que sous une forme beaucoup plus parfaite). Ce *Dieu anthropomorphe*, dont la conception chez les différents peuples est manifestement polyphylétique, a été soumis par leur fantaisie aux formes les plus variées, depuis le fétichisme jusqu'aux religions monothéistes épurées, du présent. Parmi les sous-classes les plus importantes du théisme, nous distinguerons le polythéisme, le triplothéisme, l'amphithéisme et le monothéisme.

Polythéisme. — Le monde est peuplé de divinités variées qui interviennent, avec plus ou moins d'indépendance, dans la marche des évènements. Le *fétichisme* trouve de pareils dieux subalternes dans les corps inanimés les plus divers de la nature, dans les pierres, dans l'eau, dans l'air, dans les produits de toutes sortes de l'art humain (images des dieux, statues, etc.). Le *démonisme* voit des dieux dans les organismes vivants les plus variés : dans les arbres, les animaux, les hommes. Ce polythéisme revêt déjà, dans les formes les plus inférieures de la religion, chez les peuples primitifs et incultes, les formes les plus diverses. Il nous apparaît avec son maximum de pureté dans le *polythéisme grec*, dans ces superbes légendes des dieux qui fournissent aujourd'hui encore à notre art moderne les plus beaux modèles poétiques et plastiques. Bien inférieur est le *polythéisme catholique*, dans lequel de nombreux « saints » (de réputation souvent fort équivoque), sont invoqués comme des divinités subalternes ou suppliés d'intercéder auprès du Dieu suprême (ou de son amie, la « Vierge Marie »).

Triplothéisme (Doctrine de la Trinité). — La doctrine de la *Trinité de Dieu* qui forme aujourd'hui encore, dans le Credo des peuples chrétiens, les « trois articles de foi » fondamentaux, aboutit, comme on sait, à l'idée que le *Dieu unique* du christianisme, se compose à la vérité de trois personnes d'essence très différente : I. *Dieu le Père* est le « tout-puissant créateur du ciel et de la terre » (ce mythe inadmissible est depuis longtemps réfuté par la cosmogénie, l'astronomie et la géologie scientifiques). II. *Jésus-Christ* est le « fils unique de Dieu le Père » (et en même temps de la troisième personne, le « Saint-Esprit » ! !) conçu par l'immaculée conception de la Vierge Marie (sur ce mythe, cf. chapitre XVII). III. Le *Saint-Esprit*, être mystique, dont les rapports incompréhensibles avec le « fils » et avec le « père » font, depuis dix-neuf cents ans, que des millions de théologiens chrétiens se cassent inutilement la tête. Les Évangiles, qui sont cependant la seule source claire de ce *triplothéisme chrétien*, nous laissent dans une ignorance complète au sujet des rapports particuliers qu'ont entre elles ces trois personnes, et quant à la question de leur énigmatique unité, ils ne nous donnent aucune réponse satisfaisante. Par contre, nous devons insister particulièrement sur la confusion que cette obscure et mystique théorie de la Trinité amène nécessairement dans la tête de nos enfants, dès les premières leçons qu'ils entendent là-dessus à l'école. Le lundi matin, pendant la première heure de leçon (religion) ils apprennent : Trois fois un font un ! — et aussitôt après, pendant la seconde heure de leçon (calcul) : Trois fois un font trois! Je me souviens encore très bien, pour ma part, des hésitations que cette frappante contradiction éveilla en moi dès la première leçon. — D'ailleurs la *Trinité* du christianisme n'est aucunement originale, mais (comme la plupart des autres dogmes) elle est emprunté aux religions plus anciennes. Du culte du soleil des mages chaldéens est issue la Trinité d'*Ilu*, la mystérieuse source de l'Univers; ses trois manifestations sont *Anu*, le chaos originel, *Bel*, l'ordonnateur du monde et *Ao*, la lumière divine, la sagesse éclairant tout. Dans la religion des Brahmanes, la *Trimurti*, « unité divine » est composée également de trois personnes : *Brahma* (le créateur), *Wischnu* (le conservateur) et *Schiwa* (le destructeur). Il semble que, dans ces conceptions, ainsi que dans d'autres relatives à la Trinité, le *saint nombre trois* en tant que tel — en tant que *nombre symbolique* — ait joué un rôle. Les trois premiers devoirs chrétiens, eux aussi : « la foi, l'espérance et la charité » forment une *triade* analogue.

Amphithéisme. — Le monde est régi par deux dieux différents, un bon et un mauvais, le *dieu* et le *diable*. Ces deux régents de l'Univers sont en lutte éternelle, comme le roi et l'anti-roi, le Pape et l'anti-pape. Le résultat de cette lutte est continuellement l'état actuel du monde. Le bon *Dieu*, en tant qu'être bon, est la source du Bon et du Beau, du plaisir et de la joie. Le monde serait parfait si son action n'était pas continuellement contrebalancée par celle de l'être mauvais, du *Diable*; ce mauvais Satan est la cause de tout mal et de toute laideur, du déplaisir et de la douleur.

Cet *amphithéisme* est, sans contredit, parmi toutes les différentes formes de croyance aux dieux, la plus raisonnable, celle dont la théorie s'accorde le mieux avec une explication scientifique de l'Univers. Aussi la trouvons-nous développée, plusieurs milliers d'années déjà avant le Christianisme, chez les divers peuples civilisés de l'antiquité. Dans l'Inde ancienne, Wischnu, le conservateur, lutte contre Schiwa, le destructeur. Dans l'ancienne Égypte, au bon Osiris s'oppose le méchant Typhon. Chez les premiers Hébreux, un dualisme analogue se retrouve entre Aschera, la terre, mère féconde qui engendre (= Keturah) et Eljou (= Moloch ou Sethos), le sévère père céleste. Dans la religion Zende des anciens Perses, fondée par Zoroastre deux mille ans avant J.-C., règne une guerre continuelle entre Ormudz, le bon dieu de la lumière et Ahriman, le méchant dieu des ténèbres.

Le diable ne joue pas un moindre rôle dans la mythologie du *Christianisme*, en tant qu'adversaire du bon Dieu, en tant que tentateur, prince de l'Enfer et des Ténèbres. En tant que *Satanas* personnel il était encore au commencement de notre siècle, un élément essentiel dans la croyance de la plupart des chrétiens; c'est seulement vers le milieu du siècle qu'avec le progrès des lumières il fut peu à peu dépossédé ou qu'il dut se contenter du rôle subalterne que Goethe dans le *Faust*, le plus grand de tous les poèmes dramatiques. assigne à *Méphistophélès*. Actuellement, dans les milieux les plus cultivés, la « croyance en un Diable personnel » passe pour une superstition du moyen âge, qu'on a dépassée, tandis qu'en même temps la « croyance en Dieu » (c'est-à-dire en un Dieu personnel, bon et aimant) est conservée comme un élément indispensable de la religion. Et pourtant la première croyance est aussi pleinement légitime (et aussi peu fondée) que la seconde. En tous cas, l' « imperfection de la vie terrestre » dont on se plaint tant, la « lutte pour la vie » et tout ce qui s'y rattache, s'expliquent bien plus simplement et plus naturellement par cette lutte entre le dieu bon et le dieu méchant, que par n'importe quelle autre forme de croyance en Dieu.

Monothéisme. — La doctrine de l'unité de Dieu peut passer, sous plus d'un rapport, pour la forme la plus simple et la plus naturelle du culte rendu à Dieu; d'après l'opinion courante, c'est le fondement le plus répandu de la religion et qui domine en particulier la croyance de l'Eglise chez les peuples cultivés. Cependant, en fait, ce n'est pas le cas; car le prétendu *monothéisme*, si l'on y regarde de plus près, apparait le plus souvent comme une des formes précédemment examinées du théisme, en ce sens qu'à côté du « Dieu principal », suprême, un ou plusieurs dieux secondaires s'introduisent. En outre, la plupart des religions qui ont eu un point de départ purement monothéiste, sont devenues, au cours du temps, plus ou moins polythéistes. Il est vrai et la statistique moderne l'affirme, parmi les quinze cents millions d'hommes qui habitent notre terre, la plus grande majorité sont *monothéistes* ; il y aurait *soi-disant*, parmi eux, *environ* 600 millions de brahmano-bouddhistes, 500 millions de Chrétiens (prétendus), 200 millions de païens (de diverses sortes), 180 millions de Mahométans, 10 millions d'Israélites et 10 millions qui seraient sans religion aucune. Mais la grande majorité des prétendus monothéistes se fait de Dieu l'idée la plus obscure, ou bien croit, à côté du Dieu principal unique, à beaucoup de dieux accessoires, comme par exemple : aux anges, au diable, aux démons, etc. Les diverses formes sous lesquelles le *monothéisme* s'est développé *polyphylétiquement* peuvent être ramenées à deux grands groupes : le monothéisme naturaliste et le naturalisme anthropistique.

Monothéisme naturaliste. — Cette ancienne forme de religion voit l'incarnation de Dieu dans quelque phénomène naturel élevé, dominant tout. Comme tel, depuis plusieurs milliers d'années, ce qui a frappé l'homme avant tout c'est le *soleil*, la divinité éclairant et réchauffant qui tient visiblement, sous sa dépendance immédiate, toute la vie organique. Le *culte du soleil* (solarisme ou héliothéisme) apparaît au naturaliste moderne, entre toutes les formes de croyances théistes, comme la plus estimable et celle qui se fusionne le plus aisément avec la philosophie naturelle moniste du présent.

Car notre astrophysique et notre géogénie modernes nous ont convaincus que notre terre est une partie détachée du soleil et qu'elle retournera plus tard se perdre dans son sein. La physiologie moderne nous enseigne que la source première de toute vie organique, sur la terre, est la formation du plasma ou *plasmodomie* et que cette synthèse de combinaisons inorganiques simples (eau, acide carbonique et ammoniaque ou acide azotique) ne peut se produire que sous l'influence de la *lumière solaire*. Le développement primaire des *plantes plasmodomes* n'a été suivi que tardivement, secondairement par celui des *animaux plasmophages* qui, directement ou indirectement, se nourrissent des premières et l'apparition de l'espèce humaine elle-même n'est, à son tour, qu'un fait tardif dans l'histoire généalogique du règne animal. Notre vie humaine tout entière, corporelle et intellectuelle, se ramène en dernière analyse, comme toute autre vie organique, au rayonnement du soleil dispensateur de lumière et de chaleur. Du point de vue de la raison pure, le *culte du soleil* apparaît donc comme un *monothéisme naturaliste*, beaucoup plus fondé que le culte anthropistique des chrétiens et autres peuples civilisés, qui se représentent Dieu sous la forme humaine. De fait, les adorateurs du soleil étaient déjà parvenus, il y a des milliers d'années, à un degré de culture intellectuelle et morale plus élevé que la plupart des autres théistes. Me trouvant en 1881 à Bombay, j'y ai suivi avec la plus grande sympathie les édifiants exercices de piété des fidèles parsis qui, debout au bord de la mer ou agenouillés sur des tapis étendus, lors du lever et du coucher du soleil exprimaient à l'astre leur adoration (1). — Le *culte de la lune, lunarisme* ou *Sélénothéisme* est moins important que le solarisme ; s'il y a quelques peuples primitifs qui adorent la lune seule, la plupart cependant professent en même temps le culte du soleil et des étoiles.

Monothéisme anthropistique. — L'identification de Dieu à l'homme, l'idée que l' « Etre suprême » pense, sent et agit comme l'homme (quoique sous une forme plus élevée) joue le plus grand rôle dans l'histoire de la civilisation, en tant que *monothéisme anthropomorphique*. Il faut mettre ici au premier plan les trois grandes religions de la race méditerra-

---

(1) E. HAECKEL, *Lettres d'un voyageur dans l'Inde* (trad. française).

néenne : la religion mosaïque ancienne, la religion chrétienne intermédiaire et la religion mahométane, dernière venue. Ces *trois grandes religions méditerranéennes*, apparues toutes trois sur les rivages favorisés de la plus intéressante des mers, fondées toutes trois d'une manière analogue par un enthousiaste de race sémitique, à l'imagination enflammée — ont entre elles les rapports les plus étroits, non seulement extérieurement, par cette origine commune, mais encore intérieurement, par de nombreux traits communs à leurs articles de foi. De même que le Christianisme a emprunté directement une grande partie de sa mythologie à l'ancien Judaïsme, de même l'Islamisme, dernier venu, a conservé beaucoup de l'héritage des deux autres religions. Les religions méditerranéennes étaient toutes les trois, à l'origine, purement *monothéistes*; toutes les trois, elles ont subi plus tard les transformations *polythéistes* les plus variées, à mesure qu'elles se répandaient sur les côtes découpées et si diversement habitées de la Méditerranée et de là sur les autres points du globe.

Le Mosaïsme. — Le monothéisme juif, tel que *Moïse* le fonda (1600 av. J.-C.) passe d'ordinaire pour la forme de croyance religieuse qui, dans l'antiquité, a exercé la plus grande influence sur le développement ultérieur, éthique et religieux, de l'humanité. Il est incontestable que cette haute valeur historique lui incombe déjà pour cette raison que les deux autres religions méditerranéennes qui partagent avec lui l'empire du monde sont issues de lui ; le Christ est porté sur les épaules de Moïse comme plus tard Mahomet sur celles du Christ. De même, le Nouveau Testament qui, dans le court espace de dix-neuf cents ans, est devenu le fondement de la foi de tous les peuples civilisés, repose sur la base vénérable de l'Ancien Testament. Tous deux réunis, sous le nom de *Bible*, ont pris une influence et une extension qu'on ne peut comparer à celles d'aucun livre au monde. De fait, la Bible est aujourd'hui encore sous certains rapports — et malgré le mélange étrange du bon et du mauvais — le « livre des livres ». Mais si nous examinons impartialement et sans préjugé, cette remarquable source historique, bien des points importants se présenteront sous un tout autre jour qu'on ne l'enseigne partout. Ici aussi, la critique moderne et l'histoire de la civilisation pénétrant plus avant, nous ont fourni des renseignements précieux qui ébranlent dans ses fondements la tradition admise.

Le monothéisme, tel que Moïse chercha à l'établir dans le culte de Jéhovah et tel qu'il fut plus tard développé avec grand succès par les *prophètes* — les philosophes des Hébreux — eut à l'origine de longs et durs combats à soutenir avec l'ancien polythéisme, alors tout puissant. *Jéhovah* ou Japheh fut d'abord dérivé de ce Dieu céleste qui, sous le nom de Moloch ou Baal était une des divinités les plus honorées de l'Orient. (Sethos ou Typhon des Egyptiens, Saturne ou Chronos des Grecs). Mais à côté, d'autres dieux demeuraient en haute estime, et la lutte contre l' « idolâtrie » ne cessa jamais chez le peuple juif. Cependant, en principe, Jéhovah demeura le seul Dieu, celui qui, dans le premier des dix commandements de Moïse, dit expressément : « Je suis le Seigneur ton Dieu, tu n'auras pas d'autre Dieu que moi ».

Le Christianisme. — Le monothéisme chrétien partagea le sort de son père, le mosaïsme, il ne resta monothéisme vrai que théoriquement, en principe, tandis que pratiquement il revêtait les formes les plus diverses du polythéisme. A vrai dire, déjà par la doctrine de la Trinité, qui passait pourtant pour un des éléments indispensables de la religion chrétienne, le monothéisme était logiquement supprimé. Les *trois personnes* distinguées comme Père, Fils et Saint-Esprit, sont et restent trois *individus* différents (et même des personnages anthropomorphes) au même titre que les trois divinités hindoues de la Trimurti (Brahma, Wischnou, Schiwa) ou que celles de la Trinité des anciens Hébreux (Anu, Bel, Ao). Ajoutons que dans les sectes les plus répandues du Christianisme, la Vierge Marie, comme Mère immaculée du Christ, joue un grand rôle à titre de quatrième divinité ; dans beaucoup de cercles catholiques, elle passe même pour plus importante et plus influente que les trois personnages masculins du Céleste royaume. Le *culte de la Madone* a pris là une telle importance qu'on pourrait l'opposer comme un *monothéisme féminin* à la forme ordinaire de monothéisme masculin. L'auguste reine des Cieux occupe si bien le premier plan (ainsi que d'innombrables portraits de la madone et d'innombrables légendes en font preuve), que les trois personnages masculins sont complètement effacés.

En dehors de cela, la fantaisie des Chrétiens croyants a de bonne heure joint une nombreuse société de *Saints* de toutes espèces au chef suprême du gouvernement céleste et des anges, musiciens veillent à ce que, dans la « vie éternelle » on ne manque pas de jouissances musicales. Les papes romains — les plus grands charlatans que jamais religon ait produits — s'empressent continuellement d'augmenter par des canonisations nouvelles le nombre de ces célestes trabans anthropomorphes. Cette étonnante société du Paradis a reçu une augmentation de population, à la fois plus considérable et plus intéressante que toutes les autres, le 13 juillet 1870, lorsque le Concile du Vatican a déclaré les papes, en tant que représentants du Christ, *infaillibles*, les élevant ainsi, de lui-même, au rang de *dieux*. Si nous ajoutons à cela le « diable personnel » et les « mauvais anges » qui composent sa cour, personnages reconnus par les papes, le *papisme*, nous présentera encore aujourd'hui la forme la plus répandue du Christianisme moderne, et le tableau varié d'un *polythéisme* si riche, que l'Olympe hellénique nous paraîtra, à côté de lui, petit et misérable.

L'Islamisme (ou *Monothéisme mahométan*) est la forme la plus récente et en même temps la plus pure du Monothéisme. Lorsque le jeune Mahomet (né en 570), de bonne heure en vint à mépriser le culte polythéiste de ses concitoyens arabes et apprit à connaître le Christianisme des Nestoriens, il s'appropria, il est vrai, les doctrines fondamentales de ceux-ci, mais il ne put se résoudre à voir dans le Christ autre chose qu'un Prophète, comme Moïse. Dans le dogme de la Trinité, il ne trouva que ce qu'y doit forcément trouver tout homme sans préjugé après une réflexion impartiale : un article de foi absurde qui n'est ni conciliable avec les principes de notre raison, ni du moindre prix pour notre édification religieuse. Mahomet considérait avec raison l'adoration de l'immaculée Vierge Marie « Mère de Dieu » comme une idolâtrie aussi vaine que le culte rendu aux images et aux statues. Plus il y réfléchissait, plus il aspirait vers une plus pure conception de Dieu, plus clairement lui apparaissait la certitude de son grand principe : « Dieu est le seul Dieu » ; il n'y a pas à côté de lui d'autres dieux.

Sans doute, Mahomet ne pouvait pas non plus s'affranchir de tout anthropomorphisme dans sa conception de Dieu. Son Dieu unique restait, lui aussi, un homme tout-puissant, idéalisé, tout comme le sévère Dieu vengeur de Moïse, tout comme le Dieu doux et aimant du Christ. Mais nous devons cependant reconnaître à la religion mahométane cette supériorité qu'à travers son évolution historique et ses inévitables déviations, elle a conservé bien plus rigoureusement que les religions mosaïque et chrétienne le caractère du *pur monothéisme*. Cela se voit encore aujourd'hui, extérieurement, dans les formules de prières, la façon de prêcher inhérentes au culte mahométan, de même que dans l'architecture et la décoration de ses temples. Lorsqu'en 1873, je visitai pour la première fois l'Orient, que j'admirai les splendides mosquées du Caire et de Smyrne, de Brousse et de Constantinople, je fus rempli d'une piété sincère par la décoration simple et pleine de goût de l'intérieur, par l'ornementation architectonique d'un style si élevé et en même temps si riche de l'extérieur. Comme ces mosquées paraissent nobles et d'un style élevé, comparées à la plupart des églises catholiques qui, à l'intérieur, sont surchargées de tableaux de toutes sortes et d'oripeaux dorés, tandis qu'à l'extérieur elles sont défigurées par une profusion de figures humaines et animales! Le même caractère d'élévation se retrouve dans les prières silencieuses et les simples exercices de piété du Coran, comparés au bruyant et incompréhensible bredouillage de mots des messes catholiques ou à la musique tapageuse des processions théâtrales.

Mixothéisme. — On peut à bon droit réunir sous ce terme toutes les formes de croyance aux dieux qui renferment des *mélanges* de conceptions religieuses différentes et en partie même contradictoires. En théorie, cette forme de religion, des plus répandues, n'a jamais été reconnue jusqu'ici. En pratique, néanmoins, c'est la plus importante et la plus remarquable de toutes. Car la grande majorité des hommes qui se sont formés des idées religieuses ont été de tous temps et sont aujourd'hui encore *mixothéistes*; leur notion de Dieu est un mélange des principes religieux de telle confession spéciale, qu'on leur a inculqués dès l'enfance et de beaucoup d'impressions diverses éprouvées plus tard au contact d'autres formes de croyance et qui ont modifié les premières. Pour beaucoup de savants il faut ajouter à cela l'influence transformatrice des études philosophiques de l'âge mûr et surtout l'étude impartiale des phénomènes de la nature qui montre le néant des croyances théistes. La lutte entre ces notions contradictoires, infiniment douloureuse pour les âmes sensibles et qui parfois se prolonge sans solution pendant la vie entière, — montre clairement la puissance inouïe de l'*hérédité* des vieux principes religieux d'une part et de l'*adaptation* précoce à des principes erronés, d'autre part. La confession spéciale qui, dès sa plus tendre enfance, a été inculquée de force à l'enfant par ses parents, reste le plus souvent et pour la plus grande part, prédominante, au cas où plus tard l'influence plus forte d'une autre confession n'amène pas une conversion. Mais même dans ce passage d'une forme de croyance à l'autre, le nouveau nom, comme déjà celui qu'on vient de quitter, n'est souvent qu'une étiquette extérieure sous laquelle s'abritent les croyances et les erreurs les plus diverses, formant le mélange le plus bariolé. La grande majorité des prétendus chrétiens ne sont pas monothéistes (comme ils le croient), mais amphithéistes, triplothéistes ou polythéistes. On en peut dire autant des adeptes de l'islamisme et du mosaïsme, ainsi que de ceux de toutes les religions monothéistes. Partout viennent s'adjoindre à la notion originelle du « Dieu unique ou du dieu triple », des croyances, acquises plus tard, à des divinités subalternes : anges, diables, saints et autres démons, mélange bariolé des formes les plus diverses du théisme.

Essence du théisme. — Toutes les formes que nous venons de passer en revue, du théisme au sens propre — peu importe que cette croyance en Dieu revête une forme naturaliste ou anthropistique — ont en commun la conception de Dieu comme d'un être *extérieur au monde* (*extra mundanum*) ou *surnaturel* (*supranaturale*). Toujours Dieu s'oppose, comme un Etre indépendant, au monde ou à la nature, le plus souvent comme leur Créateur, leur Conservateur et leur Régisseur. Dans la plupart des religions s'ajoute encore à cela le caractère de *personnalité* et l'idée, plus précise encore, que Dieu en tant que personne est semblable à l'homme. « L'homme se peint dans ses dieux. » Cet *anthropomorphisme de Dieu* ou conception anthropistique d'un Etre qui pense, sent et agit comme l'homme, prédomine chez la majorité de ceux qui croient en Dieu, tantôt sous une forme plus naïve et plus grossière, tantôt sous une forme plus abstraite et plus raffinée. Sans doute, la théosophie la plus élevée affirme que Dieu, en tant qu'Etre suprême, est absolument parfait et par suite complètement différent de l'Etre imparfait qu'est l'homme. Mais à un examen plus minutieux on s'aperçoit toujours que ce qui est commun aux deux c'est l'activité psychique ou intellectuelle. Dieu sent, pense et agit comme l'homme, quoique sous une forme infiniment plus parfaite.

L'anthropisme personnel de Dieu est devenu pour la plupart des croyants une idée si naturelle qu'ils ne sont pas choqués de voir Dieu personnifié sous la forme humaine dans les tableaux et les statues, ni de lui voir revêtir cette forme humaine dans les diverses créations poétiques de l'imagination, où Dieu se transforme ainsi en un *Vertébré*. Dans beaucoup de mythes, Dieu apparaît encore sous la forme d'autres Mammifères (singes, lions, taureaux, etc.), plus rarement sous celle d'Oiseaux (aigle, colombe, cigogne) ou sous celle de Vertébrés inférieurs (serpents, crocodiles, dragons). Dans les religions les plus élevées et les plus abstraites, cette forme corporelle disparaît et Dieu n'est adoré que comme « *pur esprit* » sans corps. « Dieu est esprit et celui qui l'adore doit l'adorer en esprit et en vérité ». Mais néanmoins l'activité psychique de ce pur esprit est absolument la même que celle des dieux anthropomorphes. A la vérité, ce Dieu immatériel n'est pas incorporel, mais invisible, conçu sous la forme d'un gaz. Nous aboutissons ainsi à la notion paradoxale d'un Dieu, *Vertébré gazeux* (cf. *Morphol gén.*, 1866).

II. **Panthéisme** (Doctrine de l'Un-Tout), *Dieu et le monde sont un seul et même être*. L'idée de Dieu s'identifie avec celle de la *nature* ou de la *substance*. Cette conception panthéiste est en opposition radicale, en principe du moins, avec toutes les formes précédentes et autres possibles du *théisme*, bien qu'on se soit efforcé, par des concessions réciproques, de combler le profond abîme qui sépare les deux doctrines. Entre elles persiste toujours cette opposition fondamentale que, dans le *théisme*, Dieu, être *extramondain*, s'oppose à la nature qu'il créé et conserve, agissant sur elle *du dehors*, tandis que dans le *panthéisme*, Dieu, Etre *intramondain*, est partout la nature elle-même et agit *à l'intérieur* de la substance, en tant que « force ou énergie ». Ce dernier point de vue est seul conciliable avec la loi naturelle suprême qu'un des plus grands triomphes du xixe siècle est d'avoir posée : la *loi de substance*. Le *panthéisme* est donc nécessairement le *point de* *vue des sciences naturelles modernes*. Sans doute, les naturalistes, aujourd'hui encore, sont nombreux qui contestent cette affirmation et pensent pouvoir concilier l'ancienne doctrine théiste avec les idées fondamentales du panthéisme exprimées par la loi de substance. Mais ces vains efforts ne reposent tous que sur l'obscurité ou sur l'inconséquence de la pensée, dans le cas toutefois où ils sont sincères et tentés avec loyauté.

Le *panthéisme* ne pouvant provenir que de l'observation de la nature, rectifiée et interprétée par la pensée de l'homme civilisé, on comprend qu'il soit apparu bien plus tard que le *théisme* qui, sous sa forme la plus grossière, était déjà constitué il y a plus de dix mille ans, chez les peuples primitifs et avec les variations les plus diverses.

Si des germes de panthéisme se trouvent déjà épars dans les diverses religions dès le début de la philosophie (chez les plus anciens des peuples civilisés dans l'Inde et en Egypte, en Chine et au Japon), bien des milliers de siècles avant Jésus-Christ, cependant, le panthéisme, comme philosophie précise et constituée, n'apparaît qu'avec l'*hylozoïsme des philosophes naturalistes ioniens* dans la première moitié du vi⁰ siècle avant Jésus-Christ. A cette époque de splendeur pour l'esprit grec, tous les grands penseurs sont dépassés par Anaximandre de Milet, lequel conçut l'unité fondamentale du *Tout infini* (Apeiron) avec plus de profondeur et de clarté que son maître Thalès ou son élève Anaximène. Non seulement Anaximandre avait déjà exprimé la grande pensée de l'*unité* originelle du Cosmos, de l'*évolution* de tous les phénomènes provenant de la *matière première* qui pénètre tout, mais aussi la conception hardie d'une *alternance* périodique et indéfinie de mondes apparaissant et disparaissant.

Beaucoup d'autres grands philosophes ultérieurs, dans l'antiquité classique, surtout Démocrite, Héraclite et Empédocle ont été amenés par leurs réflexions profondes à concevoir dans le même sens ou d'une manière analogue, cette unité de la Nature et de Dieu, du corps et de l'esprit qui a trouvé son expression la plus précise dans la loi de substance de notre *monisme* actuel. Le grand poète romain et philosophe naturaliste, Lucrèce, a exposé ce monisme sous une forme hautement poétique dans son célèbre poème didactique *De rerum Natura*. Mais ce monisme panthéiste et conforme à la Nature fut bientôt repoussé par le dualisme mystique de Platon et surtout par la puissante influence que conquit sa philosophie idéaliste en se fusionnant avec les doctrines chrétiennes. Lorsqu'ensuite leur plus puissant représentant, le pape, eut acquis l'empire intellectuel du monde, le panthéisme fut violemment comprimé, Giordano Bruno, son représentant le plus remarquable, fut brûlé vif le 17 février 1600, sur le Campo Fiori de Rome, par le « représentant de Dieu ».

Ce n'est que dans la seconde moitié du xviie siècle que le système panthéiste fut constitué sous sa forme la plus pure par le grand Spinoza ; il créa pour désigner la totalité des choses le pur *concept de substance* dans lequel « Dieu et le Monde » sont inséparables. Nous devons d'autant plus admirer aujourd'hui la clarté, l'exactitude et la logique du système moniste de Spinoza, qu'il y a deux cent cinquante ans, ce puissant penseur manquait encore de toutes les données empiriques certaines que nous n'avons acquises que dans la seconde moitié du xixe siècle. Quant aux rapports entre le panthéisme de Spinoza, le *matérialisme* ultérieur du xviiie siècle et notre *monisme* actuel, nous en avons déjà parlé au premier chapitre de ce livre. Rien n'a tant contribué à le propager, surtout en Allemagne, que les œuvres immortelles du plus grand de nos poètes et penseurs, de Goethe. Ses admirables poèmes *Dieu et le Monde*, *Prométhée*, *Faust*, etc., contiennent, enveloppées sous la forme poétique la plus parfaite, les pensées fondamentales du panthéisme.

Athéisme (*Conception de l'Univers dépouillé de Dieu*). — Il n'y a *pas de Dieu* ni de dieux, si l'on désigne par ce terme des êtres personnels existant en dehors de la Nature.

Cette *conception athéiste* coïncide, quant aux points essentiels, avec le *monisme* ou *panthéisme* des sciences naturelles ; elle en donne seulement une autre expression, en ce qu'elle en fait ressortir le côté négatif, la non-existence de la divinité extramondaine ou surnaturelle. En ce sens, Schopenhauer dit très justement : « Le *panthéisme* n'est qu'un athéisme poli. La vérité du panthéisme consiste dans la suppression de l'opposition dualiste entre Dieu et le monde, dans la constatation que le monde existe en vertu de sa force interne et par lui-même. La proposition panthéiste : Dieu et le monde ne font qu'un, est un détour poli pour signifier au seigneur Dieu son congé. »

Pendant tout le moyen âge, sous la tyrannie sanglante du papisme, l'*Athéisme* a été poursuivi par le fer et par le feu comme la forme la plus épouvantable de conception de l'Univers. Comme dans l'Evangile l'*athée* est complètement identifié au *méchant* et qu'il est menacé dans la vie éternelle — pour un simple « manque de foi » — des peines de l'Enfer et de la damnation éternelle, on conçoit que tout bon chrétien ait évité soigneusement le moindre soupçon d'athéisme. Malheureusement c'est là une opinion accréditée aujourd'hui encore, dans beaucoup de milieux. Le naturaliste *athée*, qui consacre ses forces et sa vie à la recherche de la *vérité*, est tenu d'avance pour capable de tout ce qui est mal ; le dévot *théiste* qui assiste sans pensée à toutes les cérémonies vides du culte papiste, passe déjà, rien qu'à cause de cela, pour un bon citoyen, même si, sous sa *croyance* il ne pense rien du tout et qu'il pratique à côté de cela la morale la plus répréhensible. Cette erreur ne s'expliquera qu'au xxe siècle lorsque la superstition cédera davantage le pas à la connaissance de la nature par la raison et à la conviction moniste de *l'unité de Dieu et du monde*.

CHAPITRE XVI

Science et Croyance

ETUDES MONISTES SUR LA CONNAISSANCE DE LA VÉRITÉ. — ACTIVITÉ DES SENS ET ACTIVITÉ DE LA RAISON. — CROYANCE ET SUPERSTITION. — EXPÉRIENCE ET RÉVÉLATION.

> La recherche scientifique ne connaît qu'un but : la connaissance de la réalité. Aucun sanctuaire ne peut lui être plus sacré que celui de la *Vérité*. Il faut qu'elle pénètre tout ; elle ne doit reculer devant aucun examen, devant aucune analyse, si fort que tienne au cœur du chercheur ce qu'il lui faut examiner, soit que le respect, l'amour, le sentiment de la loyauté, la religion, les opinions viennent se mettre à la traverse de sa tâche, Il lui faut déclarer les résultats de l'examen sans ménagement, sans souci de son avantage ou de son désavantage, sans chercher l'éloge et sans craindre le blâme.
>
> L. BRENTANO.

SOMMAIRE DU CHAPITRE XVI

Connaissance de la Vérité et ses sources : activité sensorielle et association des représentations. — Organes des sens (Esthètes) et organes de la pensée (phronètes). — Organes des sens et leur énergie spécifique. — Développement de celle-ci. — Philosophie de la sensibilité. — Valeur inappréciable des sens. — Limites de la connaissance sensible. — Hypothèse et croyance. — Théorie et croyance. — Opposition radicale entre les croyances scientifiques (naturelles) et les croyances religieuses (surnaturelles). — Superstition des peuples primitifs et des peuples civilisés. — Confessions diverses. — Ecoles sans confession. — La croyance de nos pères. — Spiritisme. — Révélation.

LITTÉRATURE

A. Svoboda. — *Gestalten des Glaubens.* Leipzig, 1897.

D. Strauss. — *Gesammelte Schriften,* 12 Bande, Bonn, 1877.

J. W. Draper. — *Geschichte der Konflikte Zwischen Religion und Wissenschaft,* Leipzig, 1865.

L. Buchner. — *Uber religiœse und wissenschaftliche Weltanschauung* 1887.

O. Möllinger. — *Die Gott-Idee der neuen Zeit und der nothwendige Ausbau des Christenthums* 2te Aufl., Zurich 1870.

A. Rau. — *Empfinden und Denken.* Giessen 1896.

F. Zollner. — *Ueber die Natur der Kometen. Beitraege zur Gesch. und Theorie der Erkenntniss,* Leipzig, 1872.

A. Lehmann. — *Aberglaube und Zauberei von den aeltesten Zeiten an bis in die Gegenwart.* trad. allem. de 1899.

F. Bacon. — *Novum Organon Scientiarum.*

Tout travail véritablement scientifique tend à la connaissance de la *vérité*. Notre vrai savoir, celui qui a du prix, se rapporte au réel et consiste en représentations auxquelles correspondent des choses réellement existantes. Nous sommes incapables, il est vrai, de connaître l'essence intime de ce monde réel, — « la chose en soi » — mais une observation impartiale et une comparaison critique des choses nous convainquent que, dans l'état normal du cerveau et des organes des sens, les impressions du monde extérieur sur ceux-ci sont les mêmes chez tous les hommes raisonnables — et que, lorsque les organes de la pensée fonctionnent normalement, certaines représentations se forment, qui sont partout les mêmes ; nous les disons *vraies* et sommes convaincus par là que leur contenu correspond à la partie des choses qu'il nous est donné de connaître. Nous *savons* que ces faits ne sont point imaginaires mais réels.

Sources de connaissance. — Toute connaissance de la vérité a pour fondement deux groupes de fonctions physiologiques distincts mais ayant entre eux d'étroits rapports : d'abord la *sensation* des objets, au moyen de l'activité sensorielle et ensuite la liaison des impressions ainsi recueillies, en *représentation*, grâce à l'association. Les instruments de la sensation sont les *organes des sens* (sensibles ou Aesthètes); les instruments à l'aide desquels se forment et s'enchaînent les représentations, sont les *organes de la pensée* (phronètes). Ceux-ci font partie du *système nerveux* central ; les autres, au contraire, du système nerveux périphérique, système si important et si développé chez les animaux supérieurs pour lesquels il est le seul et unique facteur de l'activité psychique.

Organes des sens *(sensilles ou aesthètes)*. — L'activité sensorielle de l'homme, point de départ de toute connaissance, s'est développée lentement et progressivement, comme un perfectionnement de celle des Mammifères les plus proches, les Primates. Les organes, chez tous les représentants de cette classe très élevée, présentent partout la même structure essentielle et leurs fonctions sont partout soumises aux mêmes lois physico-chimiques. Elles se sont partout constituées historiquement de la même manière. De même que chez tous les autres animaux, les sensilles, chez les Mammifères, sont à l'origine des parties du revêtement cutané et les cellules sensibles de l'*épiderme* sont les ancêtres des différents organes sensoriels, lesquels ont acquis leur énergie spécifique en s'adaptant à des excitations différentes (lumière, chaleur, son, chimiopathie). Aussi bien les bâtonnets de la rétine que les cellules auditives du limaçon de l'oreille, que les cellules olfactives et les cellules gustatives, proviennent originairement de ces simples cellules non différenciées de l'épiderme, qui revêtent toute la surface de notre corps. Ce fait très important peut être directement démontré par l'observation immédiate de l'embryon humain ou de tout autre embryon animal. De ce fait ontogénétique se déduit avec certitude, d'après la loi fondamentale biogénétique, cette conclusion phylogénétique grosse elle-même de conséquences, à savoir : que dans la longue histoire généalogique de nos ancêtres, les organes sensoriels supérieurs, avec leur énergie spécifique, dérivent originairement, eux aussi, de l'épiderme d'animaux inférieurs, d'une assise cellulaire simple qui ne contenait pas encore de pareilles sensilles différenciées.

Énergie spécifique des sensilles. — C'est un fait de la plus haute importance pour l'étude de l'homme, que différents nerfs de notre corps puissent percevoir des qualités très différentes du monde extérieur et ne puissent percevoir que celles-là. Le nerf visuel ne transmet que les impressions lumineuses, le nerf auditif que les impressions de son, le nerf olfactif que des impressions olfactives, etc. De quelque nature que soit l'excitation qui stimule un de ces nerfs déterminés, la réaction, par contre, est toujours qualitativement la même. De cette *énergie spécifique* des nerfs sensoriels, dont toute la portée a été exposée pour la première fois par le grand physiologiste J. Muller, on a tiré des conséquences très inexactes, surtout au profit d'une théorie de la connaissance dualiste et a prioriste. On a prétendu que le cerveau ou l'âme ne percevait qu'un certain état du nerf excité et qu'on ne pouvait rien conclure de là, quant à l'existence ou la nature du monde extérieur d'où provenait l'excitation. La philosophie sceptique en tirait cette conclusion que l'existence même de ce monde était douteuse et l'extrême idéalisme, non seulement mettait en doute cette réalité, mais la niait simplement ; il prétendait que le monde n'existait que dans notre représentation.

En face de ces erreurs, nous devons rappeler que l' « énergie spécifique » n'est pas originairement une qualité innée de certains nerfs, mais qu'elle provient de leur *adaptation* à l'activité particulière des cellules épidermiques dans lesquelles ils se terminent. En vertu des grandes lois de la division du travail, les *cellules sensorielles épidermiques*, à l'origine non différenciées, se sont attribuées des tâches diverses, en ce sens que les uns ont recueilli l'excitation des rayons lumineux, les autres l'impression des ondes sonores, un troisième groupe l'action chimique des substances odorantes, etc. Au cours des siècles, ces excitations sensorielles externes ont amené une modification graduelle des propriétés physiologiques et morphologiques de ces régions épidermiques, tandis qu'en même temps se modifiaient aussi les nerfs sensibles, chargés de conduire au cerveau les impressions recueillies à la périphérie. La sélection améliora pas à pas celles d'entre les transformations de ces nerfs qui se montrèrent utiles et créa enfin au cours de millions d'années, ces merveilleux instruments qui, comme l'*œil* et l'*oreille*, constituent nos biens les plus précieux ; leur disposition est si admirablement conforme à un but d'utilité qu'ils ont pu nous induire à l'hypothèse erronée d'une « création d'après un plan préconçu ». Ainsi la propriété caractéristique de tout organe sensoriel et de son nerf spécifique ne s'est développée que graduellement par l'habitude et l'exercice — c'est-à-dire par l'*adaptation* — et s'est transmise ensuite par l'*hérédité* de génération en génération. A. Rau a établi explicitement cette conception dans son excellent ouvrage : *Sensation et pensée, étude physiologique sur la nature de l'entendement humain* (1896). On y trouve à côté de la juste interprétation de la loi de Muller sur l'énergie sensorielle spécifique, des discussions pénétrantes sur le rapport de ces énergies avec le cerveau et, dans le dernier chapitre en particulier, appuyée sur celle de L. Feuerbach, une remarquable *philosophie de la sensibilité*; je me range complètement du côté de ce convainquant exposé.

Limites de la perception sensorielle. — D'une comparaison critique entre l'activité sensorielle de l'homme et celle des autres vertébrés, il ressort un certain nombre de faits de la plus haute importance, dont nous sommes redevables aux recherches approfondies faites au xixe siècle, surtout dans la seconde moitié. Cela est vrai, particulièrement, des deux organes sensoriels les plus perfectionnés, des « organes esthétiques », l'œil et l'oreille. Ils présentent, dans l'embranchement des Vertébrés, une structure différente de ce qu'elle est chez les autres animaux, structure plus complexe, — et ils se développent en outre, dans l'embryon des Vertébrés, d'une manière toute spéciale. Cette ontogénèse et cette structure typique des sensilles, chez tous les Vertébrés, s'explique par *l'hérédité* remontant jusqu'à une forme ancestrale commune. Mais au sein du groupe, on observe une grande variété de détail dans le développement, laquelle résulte de *l'adaptation* à des conditions de vie variant avec les espèces, ainsi que de l'exercice plus fréquent ou plus rare des diverses parties de l'organisme.

L'homme, sous le rapport du développement des sens, est bien loin de nous apparaître comme le Vertébré le plus perfectionné. L'oiseau a la vue bien plus pénétrante et distingue les petits objets à une grande distance, bien plus distinctement que l'homme. L'oreille de nombreux Mammifères, en particulier des Carnivores, Ongulés, Rongeurs vivants dans les déserts, est beaucoup plus sensible que celle de l'homme et perçoit les bruits légers à des distances bien plus grandes ; c'est ce qu'indique déjà le pavillon de leur oreille, très grand et très mobile. Les oiseaux chanteurs présentent, même au point de vue des sons musicaux, une organisation bien supérieure à celle de l'homme. Le sens olfactif, chez la plupart des Mammifères, en particulier chez les Carnivores et les Ongulés, est beaucoup plus développé que chez l'homme. Si le chien pouvait comparer son flair, si fin, avec celui de l'homme, il regarderait celui-ci avec une pitié dédaigneuse. De même, quant aux sens inférieurs (sens du goût, sens sexuel, sens du contact et de la température), l'homme est bien loin de pouvoir prétendre au plus haut degré de perfectionnement.

Nous autres hommes ne pouvons naturellement juger que des sensations que nous possédons. Mais l'anatomie nous démontre l'existence, dans le corps de beaucoup d'animaux, d'organes sensoriels autres que ceux que nous connaissons. C'est ainsi que les poissons et d'autres Vertébrés aquatiques inférieurs possèdent, dans la peau, des sensilles caractéristiques en communication avec des nerfs sensoriels spéciaux. Sur les côtés du corps des poissons, à droite et à gauche, court un long canal qui, en avant, dans la région de la tête, se prolonge par plusieurs canaux ramifiés. Dans ces « canaux muqueux » sont des nerfs pourvus de branches nombreuses dont les terminaisons sont en rapport avec des éminences nerveuses caractéristiques. Il est probable que cet « organe sensoriel épidermique » étendu sert à percevoir les différences, soit dans la pression, soit dans les autres qualités de l'eau. D'autres groupes d'animaux se distinguent encore par la possession d'autres sensilles caractéristiques dont le rôle nous est inconnu.

Ces faits nous montrent déjà que l'activité sensorielle de l'homme est limitée et cela aussi bien quantitativement que qualitativement. A l'aide de nos sens, même de celui de la vue et de celui du tact, nous ne pouvons donc jamais connaître qu'une partie des qualités que possèdent les objets du monde extérieur. Mais cette perception partielle est elle-même incomplète, car nos organes sensoriels sont imparfaits et les nerfs sensoriels sont des interprètes qui ne transmettent au cerveau que la traduction des impressions reçues.

Cette imperfection reconnue de notre activité sensorielle ne doit pourtant pas nous empêcher de considérer ces instruments et l'œil avant tout, comme les plus nobles des organes ; ils constituent, avec les organes de la pensée localisés dans le cerveau, le cadeau le plus précieux que la Nature ait fait à l'homme. A. Rau dit très justement : « *Toute science est en dernière analyse une connaissance sensible* ; les données des sens ne sont pas niées mais interprétées par elle ; les sens sont nos premiers et nos meilleurs amis ; bien avant que l'entendement ne se développe, les sens disent à l'homme ce qu'il doit faire et ce dont il doit s'abstenir. Celui qui renierait la *sensibilité* pour échapper à ses dangers, agirait avec autant d'irréflexion et de sottise que celui qui s'arracherait les yeux parce que ces organes pourraient un jour voir des choses honteuses ; ou celui qui s'écorcherait la peau de la main, de crainte que cette main ne se saisisse un jour du bien d'autrui. » Aussi Feuerbach a-t-il pleinement raison de traiter toutes les philosophies, les religions, les institutions qui sont en contradiction avec le principe de la *sensibilité*, non seulement d'erronées, mais de *foncièrement pernicieuses*.

Sans sens pas de connaissance! *Nihil est in intellectu, quod non puerit in sensu.* (LOCKE). L'immense mérite que s'est acquis en ces derniers temps le Darwinisme, en nous faisant connaître plus à fond et apprécier plus hautement l'activité sensorielle, a déjà fait, il y a vingt ans, le sujet de ma conférence « sur l'origine et le développement des organes des sens » (1).

Hypothèse et croyance. — Le besoin de connaître de l'homme civilisé, parvenu à un haut degré de culture, n'est pas satisfait par la connaissance, pleine de lacunes, du monde extérieur que cet homme acquiert au moyen de ses organes des sens, si imparfaits. Il s'efforce de transformer les impressions sensibles qui lui ont été ainsi fournies, en valeurs de connaissance ; il les élabore, dans les centres sensoriels de l'écorce cérébrale, en sensations spécifiques et par l'*association*, dans le centre propre à cette opération, il assemble ces sensations de manière à former des représentations ; par l'enchaînement des groupes de représentations, l'homme parvient ensuite à constituer une science d'ensemble. Mais cette science reste toujours pleine de lacunes et insatisfaisante, si la *fantaisie* ne vient pas compléter la force de combinaison insuffisante de l'entendement et si elle ne rassemble pas, par l'association des images, des connaissances anciennes, de manière à en constituer un tout. De là résultent de nouvelles formations de représentations qui, seules, permettront d'expliquer les faits perçus et « satisferont le besoin de causalité de la raison ». Les représentations qui comblent les lacunes de la science et prennent sa place peuvent être désignées, d'une manière générale, du nom de *croyance*. Et c'est ainsi qu'il en va constamment dans la vie journalière. Lorsque nous ne sommes pas sûrs d'une chose, nous disons que nous la croyons. En ce sens, dans la science elle-même, nous sommes forcés de croire ; nous présumons ou admet-

---

(1) E. HAECKEL, *Gesammelte populære Vorträge* (Bonn, 1878).

tons qu'il existe un certain rapport entre deux phénomènes, quoique nous ne le sachions pas d'une façon certaine. Dans le cas où il s'agit de la connaissance des *causes*, nous construisons des *hypothèses*. D'ailleurs on ne peut admettre, en science, que les hypothèses comprises dans les limites des facultés humaines et qui ne contredisent pas des faits connus. Telles sont, par exemple, en physique, la théorie des vibrations de l'éther; en chimie, l'existence des atomes avec leurs affinités; en biologie, la théorie de la structure moléculaire du plasma vivant.

Théorie et croyance. — L'explication d'un grand nombre de phénomènes se rattachant les uns aux autres, par une cause qu'on admet leur être commune, constitue ce qu'on appelle une théorie. Pour la théorie, comme pour l'hypothèse, la *croyance* (au sens scientifique) est indispensable ; car, ici aussi, la fantaisie créatrice comble les lacunes que l'entendement laisse quand il tâche de connaître les rapports entre les choses. La théorie, par suite, ne peut jamais être considérée que comme une approximation de la vérité ; on doit avouer qu'elle pourra, plus tard, être supplantée par une autre mieux fondée. Malgré l'aveu de cette incertitude, la théorie reste indispensable à toute vraie science ; car, seule, elle *explique* les faits en supposant admises leurs causes. Celui qui renoncerait absolument à la théorie et ne voudrait construire la science pure qu'avec des « faits certains » (ce qui est le cas des esprits bornés, dans les prétendues « sciences naturelles exactes » de nos jours) — celui-là renoncerait du même coup à la connaissance des causes en général et par là à la satisfaction du besoin de causalité inhérent à la raison.

La théorie de la gravitation en astronomie (Newton), la théorie cosmologique des gaz en cosmogénie (Kant et Laplace), le principe de l'énergie en physique (Mayer et Helmholz), la théorie atomique en chimie (Dalton), la théorie des vibrations en optique (Huyghens), la théorie cellulaire en histologie (Schleiden et Schwann), la théorie de la descendance en biologie (Lamarck et Darwin) : autant d'exemples grandioses de théories de premier ordre. Elles expliquent tout un monde de grands phénomènes naturels par l'hypothèse d'une *cause qui soit commune* à tous les faits isolés de leurs domaines respectifs et par la démonstration qu'elles donnent que tous les phénomènes font bien partie d'un même domaine et qu'ils sont régis par des lois fixes, découlant de cette cause unique. D'ailleurs, cette cause elle-même peut être inconnue dans son essence ou peut n'être qu'une « hypothèse provisoire ». La *pesanteur*, dans la théorie de la gravitation et la cosmogénie, l'*énergie* elle-même, dans son rapport avec la matière, l'*éther* en optique et en électricité, l'*atome* en chimie, le *plasma* vivant dans la théorie cellulaire, l'*hérédité* dans la théorie de la descendance — tous ces concepts, et autres semblables, dont usent les grandes théories, peuvent être considérés par la philosophie sceptique comme de « pures hypothèses », comme les produits de la croyance scientifique, mais ils nous demeurent, comme tels, *indispensables* aussi longtemps qu'ils n'auront pas été remplacés par une hypothèse meilleure.

Croyance et Superstition. — D'une toute autre nature que ces formes de croyance scientifique sont ces conceptions qui, dans les diverses *religions*, servent à expliquer les phénomènes et qu'on désigne simplement du nom de *croyance*, au sens restreint du mot. Comme ces deux formes de croyance, la « croyance naturelle » de la science et la « croyance surnaturelle » de la religion, sont souvent confondues et qu'une certaine obscurité s'ensuit ; il est utile, nécessaire même de bien mettre en relief leur *opposition radicale*. La croyance « religieuse » est toujours une *croyance au miracle* et, comme telle, est en contradiction irrémédiable avec la croyance naturelle de la raison. Par opposition à celle-ci, elle affirme l'existence de faits surnaturels et peut ainsi être désignée du nom de *surcroyance*, *hypercroyance*, forme originelle du mot *Superstition* (1). La différence essentielle entre cette superstition et la « croyance raisonnable » consiste en ceci que la première admet des forces et des phénomènes surnaturels, que la science ne connaît pas et qu'elle n'admet pas, auxquels ont donné naissance des perceptions fausses et des inventions erronées de la fantaisie poétique ; la superstition est ainsi en contradiction avec les lois naturelles clairement reconnues et, partant, elle est *déraisonnable*.

Superstition des peuples primitifs. — Grâce aux grands progrès de l'ethnologie au xixe siècle, nous connaissons une quantité énorme de formes et de produits de la superstition tels qu'on les trouve aujourd'hui encore chez les grossiers peuples primitifs. Si on les compare entre eux, puis avec les conceptions mythologiques correspondantes des âges antérieurs, on constate une analogie sur bien des points, souvent une origine commune et, finalement, une source primitive très simple d'où tous découlent. Nous trouvons celle-ci dans le *besoin naturel de causalité de la raison*, dans la recherche de l'explication des phénomènes inconnus qui pousse à trouver leur cause. C'est le cas, en particulier, pour ces phénomènes moteurs qui éveillent la crainte par la menace d'un danger : comme l'éclair et le tonnerre, les tremblements de terre, les éclipses, etc. Le besoin d'une explication causale de ces phénomènes naturels existe déjà chez les peuples primitifs les plus inférieurs qui le tiennent eux-mêmes, par l'hérédité, de leurs ancêtres primates. Il existe également chez beaucoup d'autres Vertébrés. Quand un chien aboie devant la pleine lune, ou en entendant sonner une cloche dont il voit le battant se mouvoir, ou en voyant un drapeau flotter au vent, il n'exprime pas seulement par là sa crainte mais aussi le vague besoin de connaître la cause de ce phénomène inconnu. Les germes grossiers de religion, chez les peuples primitifs,

---

(1) La parenté des trois mots n'apparaît qu'en allemand où tous trois sont des composés du mot croyance : *Uberglaube*, *Oberglaube* et *Aberglaube* (N. du Tr.).

ont leurs racines en partie dans cette superstition héréditaire de leurs ancêtres primates, — en partie dans le culte des aïeux, dans divers besoins de l'âme et dans des habitudes devenues traditionnelles.

Superstition des peuples civilisés. — Les croyances religieuses des peuples civilisés modernes, qu'ils considèrent comme leur bien spirituel le plus précieux, sont placées par eux bien au-dessus des « grossières superstitions » des peuples primitifs; on loue le grand progrès qu'a amené la marche de la civilisation, en dépassant ces superstitions. C'est là une grande erreur! Un examen critique et une comparaison impartiale nous montreraient que les deux croyances ne diffèrent que par la « forme spéciale » et par l'enveloppe externe de la confession. A la claire lumière de la *raison*, la croyance au miracle, croyance distillée des religions les plus libérales — en tant qu'elle contredit les lois naturelles solidement établies, — nous paraît une superstition aussi déraisonnable et au même titre que la grossière croyance aux fantômes des religions primitives, fétichistes, que les premières regardent avec un orgueilleux dédain.

De ce point de vue impartial, si nous jetons un regard critique sur les croyances religieuses encore aujourd'hui régnantes, parmi les peuples civilisés, nous les trouverons partout pénétrées de superstitions traditionnelles. La croyance chrétienne à la Création, la **Trinité** divine, l'Immaculée Conception de Marie, la Rédemption, la Résurrection et l'Ascension du Christ, etc., tout cela est de la *fantaisie pure* et ne peut pas plus s'accorder avec la connaissance rationnelle de la Nature que les différents dogmes des religions mahométane, moïsiaque, bouddhiste et brahmanique. Chacune de ces religions est, pour le vrai *croyant*, une vérité incontestable et chacune d'elles considère toute autre croyance comme une hérésie et une dangereuse erreur. Plus une religion donnée se considère comme « la seule qui sauve » — comme étant la religion *catholique*, — et plus cette conviction est chaleureusement défendue comme étant ce que cette religion a le plus à cœur, plus, naturellement, elle doit mettre de zèle à combattre les autres et plus deviennent fanatiques ces terribles guerres religieuses qui remplissent les pages les plus tristes du livre d'histoire de la civilisation. Et pourtant, l'impartiale *Critique de la raison mûre* nous convainc que toutes ces différentes formes de croyance sont au même titre fausses et déraisonnables, produits, toutes, de l'imagination poétique et de la tradition acceptée sans critique. La science fondée sur la raison doit les rejeter toutes tant qu'elles sont, comme des créations de la superstition.

Professions de foi (Confessions). — L'incommensurable dommage que la superstition, contraire à la raison, cause depuis des milliers d'années dans l'humanité croyante, ne se manifeste nulle part d'une manière aussi frappante que dans l'éternel « Combat des confessions ». Entre toutes les guerres que les peuples ont entreprises les uns contre les autres, par le fer et par le feu, les guerres de religion ont été entre toutes les plus sanglantes ; entre toutes les formes de discorde qui ont troublé le bonheur des familles et des individus, celles d'origine religieuse, provenant de différences de croyance sont, encore aujourd'hui, les plus haineuses. Qu'on songe aux nombreux millions d'hommes qui ont perdu la vie lors des conversions au Christianisme, des persécutions des chrétiens, dans les guerres de religion de l'Islamisme et de la Réforme, pendant l'Inquisition ou les procès de sorcellerie ! Ou bien qu'on pense au nombre encore plus grand de malheureux qui, à cause de différences de croyance, ont eu à souffrir des dissensions de famille, ont perdu l'estime de leurs concitoyens croyants, leur position dans l'Etat — ou qui ont dû émigrer hors de leur patrie. La confession officielle exerce l'action la plus nuisible lorsqu'elle s'allie aux buts politiques de l'Etat civilisé et que l'enseignement en est imposé dans les écoles, sous le nom de « leçon de religion confessionnelle ». La raison des enfants est par là détournée de bonne heure de la connaissance de la vérité et acheminée vers la superstition. Tout philanthrope devrait donc, par tous les moyens possibles, pousser à la fondation d'*écoles sans confession*, comme à l'une des institutions les plus précieuses de l'Etat moderne où règne la raison.

La croyance de nos pères. — La haute valeur dont jouit, encore aujourd'hui, dans beaucoup de milieux, l'enseignement de la religion confessionnelle, ne résulte pas seulement du joug confessionnel imposé par un Etat arriéré ni de sa dépendance vis-à-vis de l'autorité cléricale — elle s'explique aussi par la pression d'anciennes traditions et de « besoins de l'âme » de différentes sortes. Parmi ceux-ci le plus puissant est le culte pieux, rendu dans beaucoup de milieux, à la *confession traditionnelle*, à la « sainte croyance de nos pères ». Dans des milliers de récits et de poèmes, la fidélité à ces croyances est célébrée comme un trésor spirituel et un devoir sacré. Et pourtant il suffit de réfléchir avec impartialité sur l'*histoire de la croyance* pour se convaincre de l'absolue absurdité de cette idée si puissamment influente. La croyance dominante, celle de l'église évangélique, est essentiellement différente dans la seconde moitié du XIXe siècle si éclairé, de ce qu'elle était dans la première moitié et celle qui régnait alors est à son tour tout autre que celle du XVIIIe siècle. Cette dernière s'écarte beaucoup de ce qui était la « croyance de nos pères » au XVIIe siècle et encore plus au XVI°. La Réforme qui a délivré la raison asservie de la tyrannie du papisme est naturellement poursuivie par celui-ci comme la pire des hérésies; mais la croyance au papisme elle-même avait complètement changé au cours d'un millier d'années. Et combien la croyance des chrétiens baptisés diffère de celle de leurs pères païens! Chaque homme, capable de penser d'une façon indépendante, se forme une croyance propre, plus ou moins « personnelle », qui diffère toujours de celle de ses pères, car elle dépend de l'état de culture générale du temps. Plus nous remontons dans l'histoire de la civilisation, plus nous apparaît comme une superstition inadmissible, la « croyance de nos pères » tant vantée, dont les formes se renouvellent incessamment.

Spiritisme. — Une des formes les plus remarquables de la superstition est celle qui, aujourd'hui encore dans notre société civilisée, joue un rôle étonnant : le spiritisme ou *croyance aux esprits* sous sa forme moderne. C'est une chose aussi étonnante qu'affligeante de voir que, de nos jours, des millions d'hommes civilisés sont encore complètement sous le joug de cette sombre superstition ; bien plus, on compte quelques naturalistes célèbres qui n'ont pas pu s'en affranchir. De nombreuses revues spirites répandent cette croyance aux esprits dans tous les milieux et dans nos « salons les plus distingués », on n'a pas honte de faire apparaître des « esprits » qui frappent, écrivent, apportent des « nouvelles de l'au-delà », etc. On fait valoir, dans les cercles spirites, que des naturalistes éminents eux-mêmes partagent cette superstition. On invoque comme exemple, en Allemagne, Zœllner et Fechner à Leipzig, en Angleterre Wallace et Crookes. Le fait regrettable que des physiciens et des biologistes aussi distingués aient pu tomber dans cette erreur s'explique en partie par l'excès chez eux de l'imagination, par le manque de critique, en partie aussi par la puissante influence de dogmes inflexibles implantés dans le cerveau de l'enfant, dès la première jeunesse, par l'instruction religieuse. D'ailleurs, à propos des célèbres croyances spirites répandues à Leipzig et dans l'erreur desquelles les physiciens Zœllner, Fechner et W. Weber sont tombés grâce au rusé escamoteur Slade, la supercherie de celui-ci a été mise au jour bien que tardivement ; Slade lui-même a été reconnu pour un escroc vulgaire et démasqué. Dans tous les autres cas où l'on a examiné à fond les prétendus « miracles du spiritisme », on a reconnu qu'ils avaient tous pour origine une supercherie plus ou moins grossière et quant aux prétendus « médiums » (la plupart sont des femmes) les uns ont été démasqués comme de rusés escamoteurs, tandis que dans les autres on a reconnu des personnes nerveuses d'une excitabilité anormale, leur soi-disant *télépathie* (ou « action à distance de la pensée sans intermédiaire matériel », existe aussi peu que les « voix des esprits », les « soupirs des fantômes », etc. Les descriptions animées que Carl du Prel de Münich et autres spirites donnent de ces « apparitions des esprits », s'expliquent par l'excitation de leur imagination active, jointe au manque de critique et de connaissances physiologiques.

Révélation. — La plupart des religions, en dépit de leurs variétés, ont un trait fondamental commun qui constitue en même temps, dans beaucoup de milieux, un de leurs plus puissants supports; elles affirment pouvoir donner, de l'énigme de l'existence, dont la solution n'est pas possible par la voie naturelle de la raison, la solution par la voie surnaturelle de la révélation; on en déduit en même temps la valeur des dogmes ou articles de foi qui, en tant que « lois divines », doivent régler les mœurs et la vie pratique. De telles inspirations divines sont au fond de nombreux mythes et légendes dont l'origine anthropistique saute aux yeux. Le Dieu qui « se révèle », il est vrai, n'apparaît pas directement sous forme humaine, mais au milieu du tonnerre et des éclairs, des orages et des tremblements de terre, des buissons en feu ou des nuages menaçants. Mais la révélation elle-même qu'il donne à ceux des enfants des hommes qui ont la foi, est toujours conçue sous une forme anthropistique : c'est toujours une communication d'idées ou d'ordres formulés et exprimés selon le mode normal de fonctionnement des hémisphères cérébraux et du larynx humains. Dans les religions de l'Inde et de l'Égypte, dans les mythologies grecque et romaine, dans le Talmud comme dans le Coran, dans l'Ancien comme dans le Nouveau Testament — les dieux pensent, parlent et agissent absolument comme les hommes et les révélations par lesquelles ils nous dévoilent les secrets de la vie et prétendent en résoudre les sombres énigmes, — sont des *inventions poétiques* de la fantaisie humaine. La *vérité* que le croyant y trouve est une invention humaine et la « croyance enfantine » à ces révélations contraires à la raison n'est que superstition.

La *véritable révélation*, c'est-à-dire la véritable source de connaissance fondée sur la raison, ne se trouve que dans la *nature*. Le riche trésor de savoir véritable, qui constitue l'élément le plus précieux de la civilisation humaine, jaillit de la seule et unique expérience que s'est acquise l'entendement en cherchant à *connaître la nature* et des *raisonnements* qu'il a construits en associant les représentations empiriques ainsi acquises. Tout homme raisonnable dont le cerveau et les sens sont normaux puise dans l'observation impartiale de la nature cette véritable révélation et se libère ainsi des superstitions que lui ont imposées les révélations de la religion.

CHAPITRE XVII

Science et Christianisme

Etudes monistes sur le conflit entre l'expérience scientifique et la révélation chrétienne. — Quatre périodes dans la métamorphose historique de la religion chrétienne. — Raison et dogme.

> Entre les principes fondamentaux du Christianisme et la culture moderne le conflit est irrémédiable et ce conflit se terminera nécessairement, soit par une réaction victorieuse du Christianisme, soit par sa complète défaite par la culture moderne; soit par l'enchaînement de la liberté des peuples sous le flot montant de l'ultramontanisme, soit par la disparition du Christianisme, sinon de nom, du moins de fait.
> Ed. Hartmann.

> Affirmer que le Christianisme a introduit dans le monde des vérités morales inconnues auparavant, témoignerait soit d'une grossière ignorance, soit d'une imposture voulue.
> Th. Buckle.

SOMMAIRE DU CHAPITRE XVII

Opposition croissante entre la connaissance de la nature chez les modernes, et la conception chrétienne. — L'ancienne et la nouvelle croyance. — Défense de la science fondée sur la raison contre les attaques de la superstition chrétienne, surtout du papisme. — Quatre périodes dans l'évolution du Christianisme. — I. Le Christianisme primitif (trois siècles). — Les quatre évangiles canoniques. — Les épitres de Paul. — II. Le papisme (le christianisme ultramontain). — État arriéré de la culture au Moyen Age. — Falsification de l'histoire par l'ultramontanisme. — Papisme et Science. — Papisme et Christianisme. — III. La Réforme. — Luther et Calvin. — Le siècle des lumières (Aufklärung). — IV. Le Christianisme du xixe siècle. — Déclaration de guerre du pape à la raison et à la science : — I° Infaillibilité. — 2° L'encyclique. — 3° Immaculée Conception.

LITTÉRATURE

SALADIN (STEWART ROSS). — *Jehovats Gesammele Werke. Eine kritische Untersuch. des jüdisch-christ. Religions Gebäudes auf Grund der Bibelforsch.* (Zurich 1896).
S. E. VERUS. — *Vergl. Uebersicht der vier Evangelien in unverkürztem Wortlaut* (Leipzig 1897).
D. STRAUSS. — *Das Leben Jesus für das deutsche Volk* (11te Aufl. 1890).
L. FEUERBACH. — *Das Wesen des Christentums* (4te Aufl. 1883).
P. DE REGLA (P. DESJARDIN). — *Jesus von Nazareth vom wissenschaftlich. geschichtl. und gesellschaftlich. Standpunkt aus Dargestellt* (1894).
TH. BUCKLE. — *Geschichte der Civilisation in England* (trad. all.).
M. J. SAVAGE. — *Die Religion im Lichte der darwin'schen Lehre* (trad. all.).
ED. HARTMANN. — *Die Selbstzersetzung des Christenthums* (Berlin 1874).

Parmi les traits caractéristiques les plus saillants du xixᵉ siècle finissant, il faut signaler la vivacité croissante du contraste entre la science et le christianisme. C'est parfaitement naturel et nécessaire ; car dans la mesure même où les progrès victorieux de la *Science de la nature* moderne ont laissé loin derrière eux les conquêtes scientifiques des siècles précédents, l'inadmissibilité de toutes ces conceptions mystiques qui essaient de courber la raison sous le joug de la prétendue *Révélation* devenait manifeste, et la religion chrétienne est du nombre. Plus l'astronomie, la physique et la chimie modernes démontraient avec certitude que des lois naturelles inflexibles régnent seules dans l'Univers, plus la botanique, la zoologie et l'anthropologie démontraient à leur tour la valeur des mêmes lois dans le domaine tout entier de la nature organique — plus la religion chrétienne, d'accord avec la métaphysique dualiste, se refuse énergiquement à reconnaître la valeur de ces lois naturelles dans le domaine de la prétendue « vie de l'esprit », c'est-à-dire dans un département de la physiologie cérébrale.

Nul n'a montré plus clairement, avec plus de courage et plus irréfutablement, le conflit manifeste et irrémédiable de la science moderne et de la tradition chrétienne — que le plus grand théologien du xixᵉ siècle, David Frédéric Strauss Sa dernière confession : l'*Ancienne et la nouvelle croyance* (9ᵉ éd. 1877) est l'expression universelle des convictions sincères de tous les savants modernes qui discernent le conflit irrémédiable entre les doctrines courantes du christianisme dont on nous imprègne et les révélations lumineuses, conformes à la raison, des sciences naturelles actuelles ; ce livre exprime les convictions de tous ceux qui ont le courage de défendre les droits de la *raison* contre les prétentions de la *superstition* et qui éprouvent le besoin philosophique de se faire de la nature une conception moniste. STRAUSS, libre penseur loyal et courageux, a exposé, beaucoup mieux que je ne l'aurais cru, les contradictions les plus importantes entre « l'ancienne et la nouvelle croyance ». L'absolue impossibilité de résoudre la contradiction, l'inévitabilité d'un combat décisif entre les deux croyances — « question de vie ou de mort » — ont été démontrées au point de vue philosophique, en particulier par ED. HARTMANN dans son intéressant ouvrage sur l'*Auto-dissolution du christianisme* (1874).

Après avoir lu les œuvres de STRAUSS et de FEUERBACH ainsi que l'*Histoire des conflits entre la religion et la science* de G. W. DRAPER (1875), il pourrait paraître superflu de consacrer à ce sujet un chapitre spécial. Il est cependant utile, nécessaire même, de jeter ici un regard critique sur l'évolution historique de ce grand conflit et cela pour cette raison que les *attaques* de l'Eglise militante contre la science en général et contre la théorie de l'évolution en particulier, sont devenues, en ces derniers temps, particulièrement vives et menaçantes. De plus, malheureusement, le relâchement intellectuel qui sévit actuellement, de même que le flot montant de la réaction sur le terrain politique, social et religieux, ne sont que trop propres à augmenter encore ces dangers. Si quelqu'un en doutait, il n'aurait qu'à lire les débats des synodes chrétiens et du Reichstag allemand, en ces dernières années. C'est dans le même sens que beaucoup de gouvernements s'efforcent de faire aussi bon ménage que possible avec le régiment ecclésiastique, leur ennemi mortel, c'est-à-dire de se soumettre à son joug ; les deux alliés entrevoient comme but commun l'oppression de la libre pensée et de la libre recherche scientifique, dans le but de s'assurer ainsi, par le procédé le plus facile, *l'absolue domination*.

Nous devons faire remarquer expressément qu'il s'agit ici d'un cas de légitime *défense* de la part de la science et de la raison, contre les vives attaques de l'église chrétienne et de ses puissantes légions — et non pas du tout d'un cas d'*attaque* injustifiée des premières contre la seconde.

En première ligne, nous devons parer au coup du *papisme* ou de l'*ultramontanisme*; car cette église catholique « qui seule sauve » et « offre le salut à tous », est non seulement plus nombreuse et plus puissante que les autres confessions chrétiennes, mais elle a surtout l'avantage d'une organisation admirablement centralisée et d'une politique rusée, sans égale. On entend souvent des naturalistes et autres savants soutenir cette opinion que la superstition catholique n'est pas pire que les autres formes de croyance au surnaturel et que ces trompeuses « formes de la croyance » sont toutes au même titre les ennemies naturelles de la raison et de la science. En théorie, comme principe général, cette affirmation est exacte, mais quant aux conséquences pratiques, elle est fausse; car les attaques faites avec un but précis et que rien n'arrête, comme celles que dirige contre la science l'église ultramontaine, soutenue par l'inertie et la bêtise des masses, sont infiniment plus graves et plus dangereuses, à cause de leur organisation puissante, que celles de toutes les autres religions.

Evolution du Christianisme. — Pour apprécier exactement l'importance inouïe du Christianisme dans toute l'histoire de la civilisation, mais surtout son antagonisme radical avec la religion et la science, il faut jeter un regard rapide sur les phases principales de son évolution historique. Nous y distinguerons quatre périodes :

I. Le *Christianisme primitif* (les trois premiers siècles);

II. Le *Papisme* (douze siècles, du IVe au XVe);

III. La *Réforme* (trois siècles, du XVIe au XVIIIe);

IV. Le moderne *Pseudo-christianisme* (au XIXe siècle).

I. Le *christianisme primitif* embrasse les trois premiers

siècles. Le Christ lui-même, ce prophète noble et illuminé, tout rempli de l'amour des hommes, était bien au-dessous du niveau de culture de l'antiquité classique ; il ne connaissait que la tradition juive : il n'a laissé aucune ligne de sa main. Il n'avait, d'ailleurs, aucun soupçon du degré avancé, auquel la philosophie et la science grecques s'étaient élevées cinq cents ans déjà avant lui. Ce que nous savons du Christ et de la doctrine primitive, nous le puisons donc dans les principaux écrits du Nouveau Testament : d'abord dans les quatre Évangiles et ensuite dans les lettres de Paul. Quant aux *quatre Évangiles canoniques*, nous savons maintenant qu'ils ont été choisis en 325, au concile de Nicée, par 318 évêques assemblés, parmi un tas de manuscrits contradictoires et falsifiés, datant des trois premiers siècles. Sur la première liste d'élection, figuraient quarante évangiles, sur la seconde, restreinte, quatre restèrent. Comme les évêques, se disputant, s'injuriant méchamment, ne pouvaient pas s'entendre sur le choix définitif, on décida (après le *Synodikon* de Pappus) de laisser un miracle divin décider de ce choix : on posa tous les livres sous l'autel et l'on pria le Ciel de faire que les écrits apocryphes d'origine humaine, restassent sous l'autel tandis que les écrits véridiques, émanés de Dieu lui-même, sautassent au contraire sur l'autel. Et il en fut ainsi ! Les trois Évangiles synoptiques (de Matthieu Marc et Lucas, tous trois rédigés non *par* ces hommes, mais *d'après* eux, au commencement du *deuxième* siècle) — ainsi que le quatrième Évangile, tout différent (probablement composé d'*après* Jean, au milieu du IIe siècle) — tous ensemble, ces quatre Évangiles sautèrent sur la table et devinrent dès lors les bases *authentiques* (se contredisant en mille endroits !) — de la doctrine chrétienne (cf. Saladin). Si quelque « incrédule » moderne trouvait incroyable ce *Saut des livres* nous lui rappellerions que le tout aussi incroyable *remuement des tables* et les *coups frappés par les esprits* trouvent encore aujourd'hui, parmi les spirites « cultivés », des millions de croyants ; et des centaines de millions de croyants chrétiens ne sont pas moins convaincus, à cette heure encore, de leur propre immortalité, de « la résurrection après la mort » et de la « Trinité de Dieu » — dogmes qui ne sont ni plus ni moins en contradiction avec la raison pure que ce merveilleux saut des évangiles manuscrits.

A côté des Évangiles, on sait que les sources principales sont les quatorze Épitres différentes (en grande partie falsifiées!) de l'apôtre PAUL. Les lettres authentiques de Paul (qui d'après la critique moderne ne sont qu'au nombre de *trois* : celles aux Romains, aux Galates et aux Corinthiens) — ont toutes été écrites antérieurement aux quatre Évangiles canoniques et contiennent moins de légendes miraculeuses incroyables que ceux-ci ; on y démêle aussi, plus que dans ces derniers, un effort pour se concilier avec une conception rationnelle. Aussi la théologie moderne éclairée, construit-elle, en partie, son *Christianisme idéal* en s'appuyant plus sur les lettres de Paul que sur les Évangiles, ce qui a fait désigner cette théologie du nom de *Paulinisme*. La personnalité marquante de l'apôtre PAUL, qui était beaucoup plus instruit et doué d'un sens pratique beaucoup plus grand que le *Christ*, est intéressante, en outre, au point de vue *anthropologique* en ce que les *races originelles* des deux grands fondateurs de la religion chrétienne, sont à peu près les mêmes.

Les parents de PAUL, eux aussi, (d'après les recherches historiques récentes) appartenaient, le père à la race grecque la mère à la race juive. Les métis, issus de ces deux races, qui à l'origine sont très différentes (quoique rameaux, toutes deux, *d'une même espèce : homo mediterraneus*) se distinguent souvent par un heureux mélange de talents et de traits de caractère, ainsi qu'en font foi de nombreux exemples, à une époque ultérieure à celle de Paul et de nos jours encore. La fantaisie orientale, plastique, des *Sémites* et la raison occidentale, critique, des *Ariens*, se complètent souvent d'une façon avantageuse. C'est ce dont témoigne la doctrine paulinienne qui acquit bientôt une plus grande influence que la conception primitive du christianisme originel. Aussi a-t-on voulu voir avec raison dans le *Paulinisme* une apparition nouvelle dont le père serait la philosophie grecque et la mère, la religion juive; un mélange analogue était déjà apparu dans le *Néoplatonisme*.

En ce qui concerne la doctrine originelle et le but que se proposait le Christ — de même qu'en ce qui touche à beaucoup de points importants de sa vie — les opinions des théologiens en conflit ont divergé de plus en plus à mesure que la critique historique (Strauss, Feuerbach, Baur, Renan, etc.) a remis dans leur vrai jour les faits qu'il lui était donné de connaître et en a tiré des conclusions impartiales. Ce qui demeure comme certain, c'est le noble principe de l'amour universel du prochain et le principe suprême de la morale, qui s'en déduit : la *règle d'or* — tous deux d'ailleurs connus et pratiqués plusieurs siècles avant J.-C. (cf. chap. XIX.) Au reste, les *premiers chrétiens*, ceux des premiers siècles, étaient en grande partie de simples communistes, en partie des *démocrates-socialistes* qui, d'après les principes aujourd'hui en vigueur en Allemagne, auraient dûs être exterminés par le feu et par le fer.

II. **Le papisme.** — Le *Christianisme latin* ou *papisme*, l' « Église catholique romaine », appelée souvent aussi *Ultramontanisme*, ou, d'après la résidence de son chef, *vaticanisme* ou plus brièvement papisme, est, entre tous les phénomènes de l'histoire de la civilisation humaine, l'un des plus grandioses et des plus remarquables, une « grandeur de l'histoire universelle », de premier ordre ; en dépit des assauts du temps, elle jouit aujourd'hui encore d'une immense influence. Sur les 410 millions de chrétiens répandus actuellement sur la terre, la plus grande moitié, à savoir 225 millions, professent le catholicisme romain, 75 millions seulement le catholicisme grec et 110 millions sont protestants. Pendant une durée de douze cents ans, du IVe au VIe siècle, le papisme a presque entièrement dominé et empoisonné la vie intellectuelle de l'Europe; par contre, il n'a gagné que très peu de terrain sur les grands systèmes religieux anciens de l'Asie et de l'Afrique. En Asie, le bouddhisme compte, aujourd'hui encore, 503 millions d'adhérents, la religion de Brahma, 138 millions, l'islamisme 120 millions. C'est surtout la suprématie du papisme qui a imprimé au *moyen âge* son caractère sombre; son vrai sens, c'est la mort de toute libre vie intellectuelle, le recul de toute vraie science, la ruine de toute pure moralité. De la brillante splendeur où s'était élevée la vie intellectuelle dans l'antiquité classique, pendant le premier siècle avant J.-C. et durant les premiers siècles du christianisme, elle tombe bientôt, sous le règne du papisme, jusqu'à un niveau qu'on ne peut caractériser autrement, en ce qui concerne la *connaissance de la vérité*, que du nom de *barbarie*. On fait bien valoir qu'au moyen âge, d'autres côtés de la vie intellectuelle trouvèrent un riche déploiement : la poésie et les arts plastiques, l'érudition scholastique et la philosophie patristique. Mais cette production intellectuelle était au service de l'Église régnante et elle était employée, non comme un levier, mais comme un instrument d'oppression vis-à-vis de la libre recherche. Le souci exclusif de se préparer à une « vie éternelle dans l'au-delà » inconnu, le mépris de la nature, l'aversion pour son étude, inhérents au principe de la religion chrétienne, devinrent des devoirs sacrés pour la hiérarchie romaine. Une transformation en mieux n'eut lieu qu'au commencement du xvie siècle, grâce à la *Réforme*.

État arriéré de la culture au moyen âge. — Nous serions entraînés trop loin si nous voulions décrire ici le déplorable recul qui s'opéra dans la culture et dans les mœurs, pendant douze siècles, sous la domination intellectuelle du papisme. L'illustration la plus frappante nous en sera fournie par une phrase du plus grand et du plus spirituel des Hohenzollern : Frédéric le Grand résumait sa pensée en disant que *l'étude de l'histoire* conduisait à cette conclusion que depuis Constantin jusqu'à l'époque de la Réforme, *l'Univers entier* avait été *en proie au délire*. Une courte mais excellente peinture de cette « période de délire » nous a été donnée en 1887 par Buchner dans son traité sur « les conceptions religieuses et scientifiques ». Nous renvoyons celui qui voudrait approfondir ces questions aux ouvrages historiques de Ranke, Draper, Kolb, Svoboda, etc. La peinture conforme à la vérité, que nous donnent ces historiens et d'autres non moins impartiaux, en ce qui concerne l'horrible état de choses du *moyen âge chrétien*, est confirmée par toutes les sources d'information véridiques et par les monuments historiques que cette période, la *plus triste de toutes*, a laissés partout derrière elle. Les catholiques instruits qui cherchent *loyalement* la vérité ne sauraient trop être renvoyés à l'étude de ces sources. Nous devons d'autant plus insister là-dessus qu'actuellement encore la littérature ultramontaine exerce une grande influence ; le vieil artifice qui consiste à dénaturer impudemment les faits et à inventer des histoires miraculeuses pour duper le « peuple croyant », est employé aujourd'hui encore avec succès par l'ultramontanisme : qu'il nous suffise de rappeler *Lourdes* et la « roche sainte » de Trèves (1898). Jusqu'où la déformation de la vérité peut aller, même dans les ouvrages scientifiques, c'est ce dont le professeur ultramontain, J. Janssen de Francfort, nous fournit un exemple frappant ; ses ouvrages très répandus (surtout l' « *Histoire du peuple allemand depuis la fin du moyen âge* », qui a de nombreuses éditions) poussent à un degré incroyable *l'impudente falsification de l'histoire* (1). Le mensonge de ces falsifications jésuitiques marche de pair avec la crédulité et l'absence de sens critique du simple peuple allemand qui les accepte comme de l'argent comptant.

Papisme et science. — Parmi les faits historiques qui démontrent de la manière la plus éclatante l'odieux de la

---

(1) *Lenz « Janssen's Geschichte des deutschen Volks »*, 1883.

tyrannie intellectuelle exercée par l'ultramontanisme, ce qui nous intéresse avant tout c'est la lutte énergique et méthodiquement menée contre la science comme telle. Cette lutte, il est vrai, dès son point de départ, était déterminée par ceci, que le Christianisme plaçait la foi au-dessus de la raison et exigeait l'aveugle soumission de celle-ci devant la première; et non moins par cette autre raison que le Christianisme considérait toute la vie terrestre comme une simple préparation à l' « au-delà » imaginaire et déniait par conséquent toute valeur à la recherche scientifique en soi-même. Mais la lutte victorieuse, menée conformément à un plan, ne commença contre la science qu'au début du IVe siècle, surtout à la suite du célèbre Concile de Nicée (327), présidé par l'empereur Constantin — nommé *le grand* parce qu'il fit du Christianisme la religion d'Etat et fonda la ville de Constantinople, ce qui ne l'empêcha pas d'être un caractère sans valeur, un faux hypocrite et plusieurs fois assassin. Les succès du papisme dans la lutte contre toute pensée et toute recherche scientifique indépendantes sont bien mis en lumière par l'état déplorable de la connaissance de la nature et de la littérature s'y rapportant, au moyen âge. Non seulement les riches trésors intellectuels légués par l'antiquité classique furent en grande partie détruits ou soustraits à la publicité, mais, en outre, des bourreaux et des bûchers veillaient à ce que chaque « hérétique », c'est-à-dire tout penseur indépendant, gardât pour soi ses pensées raisonnables. S'il ne le faisait pas, il devait s'attendre à être brûlé vif, ce qui fut le sort du grand philosophe moniste Giordano Bruno, du réformateur Jean Huss et de plus de cent mille autres « témoins de la vérité ». L'histoire des sciences au moyen âge nous apprend, de quelque côté que nous nous tournions, que la pensée indépendante et la recherche scientifique, empirique, sont restées pendant douze tristes siècles, réellement enterrées sous l'oppression du tout-puissant papisme.

Papisme et Christianisme. — Tout ce que nous tenons

en haute estime dans le véritable christianisme, selon l'esprit de son fondateur et des successeurs les plus élevés de celui-ci et ce que, dans la ruine inévitable de cette « religion universelle », nous cherchons à sauver en le transportant dans notre religion moniste, — tout cela appartient au côté *éthique et social* du Christianisme. Les principes de la véritable humanité, de la règle d'or, de la tolérance, de l'amour du prochain au sens le meilleur et le plus élevé du mot : tous ces beaux côtés du Christianisme n'ont sans doute pas été inventés ni posés pour la première fois par lui, mais ils ont été mis en pratique avec succès lors de cette période critique pendant laquelle l'antiquité classique marchait à sa dissolution. Pourtant le papisme a su trouver le moyen de transformer toutes ces vertus en leur *contraire* direct, tout en conservant l'*ancienne enseigne*. A la place de la charité chrétienne s'installa la haine fanatique contre tous ceux dont les croyances étaient différentes ; le feu et le fer furent employés à exterminer non seulement les païens, mais aussi ces sectes chrétiennes qui puisaient dans une meilleure instruction des objections qu'elles osaient élever contre les dogmes de la superstition ultramontaine qui leur étaient imposés. Partout en Europe florissaient les tribunaux de l'Inquisition réclamant d'innomnombrables victimes dont les tortures procuraient un plaisir particulier à ces pieux bourreaux tout pénétrés d'un « fraternel amour chrétien ». La puissance papale à son apogée fit rage pendant des siècles, sans pitié pour tout ce qui était un obstacle à sa suprématie. Sous le célèbre Grand Inquisiteur Torquemada (1481 à 1498), rien qu'en Espagne, huit mille hérétiques furent brûlés vifs, quatre-vingt-dix mille eurent leurs biens confisqués et furent condamnés aux pénitences publiques les plus irritantes, — tandis qu'aux Pays-Bas, sous le règne de Charles-Quint, cinquante mille hommes au moins tombaient, victimes de la soif sanguinaire du clergé. Et pendant que les hurlements des martyrs emplissaient l'air, à Rome, dont le monde chrétien tout entier était tributaire, les richesses de la moitié de l'univers venaient affluer et les prétendus représentants de Dieu sur terre, ainsi que leurs suppôts (eux-mêmes, souvent poussant l'athéisme à ses derniers degrés) se vautraient dans les débauches et les crimes de toutes sortes. « Quels avantages », disait ironiquement le frivole et syphilitique pape Léon X, « nous a pourtant valus cette *fable de Jésus-Christ!* » En dépit de la dévotion à l'Eglise et de la dévotion à Dieu, la condition de la société en Europe était déplorable. Le feudalisme, le servage, les ordres mendiants et le monarchisme régnaient par tout le pays et les pauvres hilotes étaient heureux lorsqu'il leur était permis d'élever leurs misérables huttes sur les terres appartenant aux châteaux ou aux cloîtres de leurs oppresseurs et exploiteurs laïques et ecclésiastiques. Nous souffrons aujourd'hui encore des restes et des suites douloureuses du triste état de choses d'alors, de cette époque où il ne pouvait être question qu'exceptionnellement et en cachette de l'intérêt de la science et d'une haute culture intellectuelle. L'ignorance, la pauvreté et la superstition se joignaient au déplorable effet du *célibat*, introduit au xie siècle, pour fortifier toujours davantage la puissance absolue de la papauté (Büchner). On a calculé que pendant cette période d'éclat du papisme, plus de dix millions d'hommes avaient été victimes des fanatiques haines de religion de la *charité chrétienne*; et à combien de millions a dû s'élever le nombre des victimes humaines qu'ont faites le *célibat*, la *confession auriculaire*, l'*oppression des consciences*, ces institutions préjudiciables et maudites entre toutes, de l'absolutisme papiste! Les philosophes « incrédules » qui ont réuni les preuves *contre* l'existence de Dieu en ont oublié une des plus fortes : le fait que les *représentants du Christ* à Rome ont pu impunément, pendant douze siècles, exercer les pires crimes et commettre les pires infamies *au nom de Dieu*.

II. **La Réforme**. — L'histoire des peuples civilisés que nous appelons d'ordinaire « histoire universelle », fait commencer sa troisième période, les « temps modernes », avec la Réforme de l'Eglise chrétienne, comme elle fait commencer le moyen âge avec la fondation du Christianisme : elle a en cela raison, car avec la Réforme commence la *renaissance de la raison enchaînée*, le réveil de la science, que la poigne de fer du papisme chrétien avait comprimée pendant douze cents ans. La propagation générale de la culture avait déjà commencé, il est vrai, vers le milieu du xv⁰ siècle, grâce à l'imprimerie et vers la fin du même siècle, plusieurs grands événements, surtout la découverte de l'Amérique (1492), vinrent se joindre à la *Renaissance* des arts pour préparer aussi la Renaissance des sciences. En outre, de la première moitié du seizième siècle, datent des progrès infiniment importants, dans la connaissance de la Nature, qui sont venus ébranler dans ses fondements la conception régnante : tels la première navigation autour de la terre par MAGELLAN, qui fournit la preuve empirique de la forme sphérique de notre planète (1522), puis la fondation du nouveau système cosmique par COPERNIC (1543). Mais le 31 octobre 1517, jour où MARTIN LUTHER cloua ses 95 thèses sur la porte de bois de l'église du château de Wittenberg, n'en reste pas moins un jour marquant dans l'histoire universelle ; car Luther brisait la porte de fer du cachot dans lequel l'absolutisme papiste avait tenu pendant douze cents ans la raison enchaînée. Les mérites du grand réformateur qui traduisit la Bible à la Wartburg ont été en partie exagérés, en partie méconnus ; on a d'ailleurs fait ressortir avec raison combien LUTHER, pareil en cela aux autres réformateurs, était encore resté captif de la superstition. C'est ainsi que, de toute sa vie il ne put s'affranchir d'une croyance figée à la lettre de la Bible ; il défendit chaleureusement les dogmes de la résurrection, du péché originel et de la prédestination, le salut par la foi, etc. Il rejeta comme une sottise la puissante découverte de COPERNIC parce que dans la Bible « Josué ordonne au Soleil de s'arrêter et non à la Terre ».

Il ne prenait aucun intérêt aux grandes révolutions politiques de son temps, le grandiose et si légitime mouvement des paysans, en particulier, le laissa complètement indifférent. Le fanatique réformateur de Genève, CALVIN, fit pis encore en faisant brûler vif le remarquable médecin espagnol SERVETO (1553) parce qu'il avait attaqué la croyance inique en la Trinité. D'ailleurs, les « orthodoxes » fanatiques de l'Eglise réformée ne s'engagèrent que trop souvent dans les sentiers ensanglantés tracés par leurs ennemis mortels, les papistes, ainsi qu'ils le font encore aujourd'hui. Malheureusement aussi la Réforme entraîna bientôt à sa suite des cruautés inouïes : la nuit de la Saint-Barthélemy et la persécution des Huguenots en France, les sanglantes chasses aux hérétiques en Italie, de longues guerres civiles en Angleterre, la guerre de Trente ans en Allemagne. Mais les XVIe et XVIIe siècles gardent malgré tout la gloire d'avoir les premiers rouvert librement la route à la pensée humaine et d'avoir délivré la raison de l'oppression étouffante de la domination papiste. C'est seulement grâce à cela que redevint possible le riche déploiement, en des directions diverses, de la critique philosophique et de l'étude de la nature, qui a valu au siècle suivant le glorieux nom de *siècle des lumières*.

IV. **Le pseudo-christianisme du XIXe siècle.** — Dans une quatrième et dernière période de l'histoire du Christianisme, notre XIXe siècle vient s'opposer aux précédents. Si pendant ceux-ci déjà, les *lumières* venues de toutes les directions avaient fait avancer la philosophie critique et si les sciences naturelles florissantes avaient déjà fourni à cette philosophie les armes empiriques les plus redoutables, cependant, dans les deux directions, le progrès accompli durant notre XIXe siècle nous paraît encore colossal. Avec ce siècle recommence une période toute nouvelle de l'histoire de l'esprit humain, caractérisée par le développement de la *philosophie naturelle moniste*. Dès le début du siècle furent posés les fondements d'une anthropologie nouvelle (par l'anatomie comparée de CUVIER) et d'une nouvelle biologie (par la « philosophie zoologique » de LAMARCK). Ces deux grands Français furent bientôt suivis par deux de leurs pairs allemands, BAER, le fondateur de l'embryologie (1828) et J. Müller (1834), le fondateur de la morphologie et de la physiologie comparées.

Un élève de celui-ci, Th. Schwann, posa en 1838, avec M. Schleiden la théorie cellulaire, fondamentale. Auparavant déjà (1830), Lyell avait ramené l'histoire de l'évolution de la terre à des causes mécaniques et confirmé par là, en ce qui concerne nos planètes, la valeur de cette cosmogénie mécanique que Kant, en 1755, avait déjà ébauchée d'une main hardie. Enfin, R. Mayer et Helmholz (1842) établirent le principe de l'énergie qui complétait, comme sa seconde moitié, la grande loi de substance dont la première moitié, la constance de la matière, avait déjà été découverte par Lavoisier. Tous ces aperçus profonds sur l'essence intime de la Nature reçurent leur couronnement, il y a quarante ans, par la nouvelle théorie de l'évolution de Ch. Darwin, le plus grand événement du siècle pour la philosophie de la Nature (1859).

Comment se comporte maintenant, en face de ces immenses progrès dans la connaissance de la nature, dépassant de si loin tout ce qui avait été fait jusqu'alors, le *Christianisme moderne?* D'abord, et c'était naturel, l'abîme s'est creusé de plus en plus profond entre ses deux directions principales, entre le *papisme* conservateur et le *protestantisme* progressiste. Le clergé ultramontain et, d'accord avec lui, l'« Alliance Evangélique » orthodoxe, devaient naturellement opposer la résistance la plus vive à ces grandes conquêtes du libre esprit; ils s'entêtaient, indemnes, dans leur rigoureuse croyance littérale et réclamaient la soumission absolue de la raison à leur dogme. Le *protestantisme* libéral, par contre, se réfugiait de plus en plus dans un panthéisme moniste et s'efforçait de réconcilier les deux principes opposés; il cherchait à allier l'inévitable réalité des lois naturelles démontrées empiriquement, avec une forme de religion épurée dans laquelle, il est vrai, ne restait presque plus rien d'une doctrine proprement dite. Entre les deux extrêmes, de nombreux essais de compromis s'intercalaient; mais au-dessus d'eux pénétrait toujours plus avant cette conviction que le christianisme dogmatique, en général, avait perdu toutes ses racines et qu'il n'y avait plus qu'à sauver sa grande valeur éthique en la transportant dans la nouvelle religion moniste du xxe siècle. Mais comme, en même temps, les formes extérieures de la religion chrétienne régnante survivaient, comme elles étaient même, en dépit des progrès de l'évolution politique, rattachées de plus en plus étroitement aux besoins pratiques de l'Etat, — il se développa cette forme de conception religieuse, si répandue dans les milieux instruits, que nous ne pouvons désigner autrement que du nom de *Pseudo-christianisme* — « mensonge religieux », au fond, de la nature la plus douteuse. Les grands dangers qu'entraîne à sa suite ce profond conflit entre les convictions véritables et les fausses manifestations des modernes Pseudo-chrétiens ont été excellemment décrits par M. Nordau dans son intéressant ouvrage: *Les mensonges conventionnels de l'humanité civilisée* (12e édition 1886).

Au milieu de l'insincérité manifeste du Pseudo-christianisme régnant, c'est un fait appréciable pour le progrès de la connaissance de la nature fondée sur la raison, que son adversaire le plus décidé et le plus puissant, le *papisme*, ait rejeté, vers le milieu du siècle, le vieux masque d'une prétendue haute culture intellectuelle pour déclarer à la *science* indépendante, un combat « question de vie ou de mort ». Il y eut ainsi trois importantes déclarations de guerre faites à la raison, pour lesquelles la science et la culture modernes ne peuvent qu'être reconnaissantes envers le « représentant du Christ » à Rome, car ces attaques ont été aussi décisives que peu ambiguës: I. En décembre 1854, le pape proclama le dogme de *l'Immaculée conception de Marie*. II. Dix ans plus tard, en décembre 1864, le « Saint Père » prononça dans *l'encyclique* célèbre, un *jugement de damnation plénière sur toute la civilisation et toute la culture intellectuelle modernes*; dans le *syllabus* qui accompagnait l'encyclique, le pape énumérait et anathémisait l'une après l'autre les affirmations de la raison et les principes philosophiques que la science moderne tient pour des *vérités* claires comme le jour. III. Enfin six ans plus tard, le 13 juillet 1870, le belliqueux prince de l'Eglise mettait le comble à son extravagance, en prononçant pour lui et pour tous ceux qui l'avaient précédé dans ses fonctions papales *l'infaillibilité*. Ce triomphe de la curie romaine fut annoncée au monde stupéfait, cinq jours plus tard, le 18 juillet 1870, en ce jour mémorable où la France déclarait la guerre à l'Allemagne ! Deux mois après, à la suite de cette guerre, le pouvoir temporel du pape était supprimé.

Infaillibilité du pape. — Ces trois actes, essentiels entre tous, de la part du papisme au XIX° siècle, étaient si manifestement des coups de poing donnés en plein visage à la raison qu'ils ont, dès le début, soulevé les plus grandes hésitations dans le sein même du catholicisme orthodoxe. Lorsque le Concile du Vatican se réunit le 13 juillet 1870 pour voter, au sujet du dogme de *l'infaillibilité*, les trois quarts seulement des princes de l'Eglise se prononcèrent en faveur de ce dogme, à savoir 451 votants sur 601 ; il manquait, en outre, beaucoup d'autres évêques qui avaient voulu se soustraire à ce vote dangereux. Pourtant on s'aperçut bientôt que le pape, rusé connaisseur des hommes, avait calculé plus juste que les « catholiques réfléchis » et timorés ; car, dans la masse ignorante et crédule, ce dogme monstrueux fut accueilli aveuglément.

L'histoire de la papauté tout entière, telle qu'elle ressort nettement tracée de milliers de sources dignes de foi et de documents historiques d'une évidence palpable, apparait à tout juge impartial comme un tissu de mensonges et d'impudences, comme un effort sans scrupule pour conquérir l'absolue domination intellectuelle avec la puissance temporelle, comme la dénégation frivole de tous les commandements moraux élevés, prescrits par le véritable christianisme : Amour du prochain et patience, véracité et chasteté, pauvreté et renoncement. Si l'on applique à la longue série des papes et des princes de l'Eglise romaine parmi lesquels on les choisissait, la mesure de la pure morale chrétienne, il ressort clairement que la plupart de ces hommes étaient d'impudents et fourbes charlatans, et beaucoup d'entre eux des criminels méprisables. Ces *faits historiques* bien connus n'empêchent pourtant pas qu'aujourd'hui encore, des millions de catholiques croyants et « instruits » ne croient à « l'infaillibilité » que ce « saint père » s'est octroyée à lui-même ; cela n'empêche pas, aujourd'hui encore, des princes protestants d'aller à Rome témoigner leur vénération au « Saint Père » (leur ennemi le plus dangereux) ; cela n'empêche pas aujourd'hui encore, dans l'empire allemand, les valets et les suppôts de ce « Saint Charlatan » de décider des destinées du peuple allemand — grâce à son incroyable incapacité politique et à sa crédulité sans critique !

Encyclique et Syllabus. — Des trois grands actes d'autorité par lesquels nous avons vu le papisme moderne, en la seconde moitié du XIXe siècle, essayer de sauver et d'affermir son autorité absolue, le plus intéressant pour nous est la proclamation de l'*encyclique* et du *Syllabus* (décembre 1864) ; car dans ces pièces mémorables, la raison et la science se voient refuser toute activité indépendante et l'on exige leur absolue soumission à la « foi qui seule sauve » c'est-à-dire aux décrets du « pape infaillible ». L'incroyable agitation provoquée par cette impudence sans borne dans tous les milieux cultivés où l'on pense avec indépendance, correspondait bien au contenu inouï de l'encyclique ; une excellente discussion nous a été donnée de sa portée politique et intellectuelle par DRAPER, dans son *Histoire des conflits entre la religion et la science* (1875).

Immaculée conception de la Vierge Marie. — Ce dogme paraît peut-être de moindre conséquence et moins effrontément hardi que celui de l'infaillibilité du pape. Cependant la plus grande importance est attachée à cet article de foi, non seulement par la hiérarchie romaine, mais aussi par une partie du protestantisme orthodoxe (par exemple l'alliance évangélique). Ce qu'on appelle le *Serment d'immaculation* c'est-à-dire l'affirmation par *serment* de la foi en l'immaculée conception de Marie est encore un devoir sacré pour des millions de chrétiens ! Beaucoup de croyants réunissent sur ce point deux idées : ils prétendent que la mère de la Vierge Marie a été fécondée par le « Saint Esprit » comme Marie elle-même. Par suite, cet étrange Dieu aurait vécu à la fois avec la mère et avec la fille dans les rapports les plus intimes ; il devrait, par suite, être son propre beau-père (SALADIN). La théologie critique et comparée a récemment démontré que ce mythe, comme la plupart des autres légendes de la mythologie chrétienne, n'était aucunement original, mais avait été emprunté à des religions plus anciennes, en particulier au *bouddhisme*. Des fables analogues étaient déjà très répandues plusieurs siècles avant la naissance du Christ, dans l'Inde, en Perse, en Asie Mineure et en Grèce. Lorsque des filles de roi ou autres jeunes filles de haute condition, sans être légitimement mariées, donnaient le jour à un enfant, on désignait comme le père de ce rejeton illégitime un « Dieu » ou un » demi-Dieu », qui était en ce cas le mystérieux « Saint Esprit ».

Les dons tout particuliers de l'esprit ou du corps qui distinguaient souvent ces « enfants de l'amour » des enfants des hommes ordinaires, étaient en même temps expliqués partialement par l'*hérédité*. Ces éminents « fils des dieux » jouissaient, tant dans l'antiquité qu'au moyen âge, d'une haute considération, tandis que le code moral de la civilisation moderne leur impute, comme une flétrissure, le manque de parents « légitimes ». Cela s'applique encore bien davantage aux « filles des dieux », quoique ces pauvres jeunes filles soient tout aussi innocentes du fait qu'il manquait un titre à leur père. D'ailleurs, tous ceux qui se sont délectés des beautés de la mythologie de l'antiquité classique savent que ce sont précisément les prétendus fils et filles des « dieux » grecs et romains, qui se sont le plus rapprochés de l'idéal suprême du pur type humain ; qu'on pense à la nombreuse famille légitime et à la famille illégitime plus nombreuse encore de Zeus, père des dieux (Cf. SHAKESPEARE) !

En ce qui concerne spécialement la fécondation de la Vierge Marie par le Saint-Esprit, nous sommes renseignés par le témoignage des Évangiles eux-mêmes. Les deux Évangélistes qui seuls nous en parlent, MATTHIEU et LUCAS s'accordent pour nous raconter que Marie, la Vierge juive, était fiancée au charpentier Joseph, mais devint enceinte sans qu'il y fût pour rien et « par l'opération du Saint-Esprit ». MATTHIEU dit expressément (Chap. I., vers. 19) : « Cependant Joseph, son époux, était pieux et ne voulait pas la perdre de réputation, mais il songeait à la quitter secrètement ; il ne fut apaisé que lorsque « l'ange du Seigneur » lui annonça : « Ce « qui a été conçu en elle, l'a été par le Saint-Esprit. » LUCAS est plus explicite (Chap. 1, vers. 26-38) ; il nous raconte l'annonciation faite à Marie par l'archange Gabriel « L'esprit saint descendra sur toi et la force du Très Haut te couvrira de son ombre » — à quoi Marie répond : « Voici, je suis la servante du Seigneur, qu'il soit fait selon ce que tu dis ». Ainsi qu'on sait, cette visite de l'ange Gabriel et son Annonciation ont fourni à beaucoup de peintres le sujet d'intéressants tableaux. SVOBODA nous dit : « L'archange parle ici avec une exactitude que la peinture, par bonheur, ne pouvait pas reproduire. Nous avons un cas nouveau d'anoblissement d'un sujet prosaïque tiré de la Bible, par les arts plastiques. Il s'est, d'ailleurs trouvé des peintres dont les toiles ont rendu facile la compréhension des considérations embryologiques de l'archange Gabriel. »

Ainsi que nous l'avons dit, les quatre Evangiles canoniques qui, seuls, ont été reconnus pour authentiques par l'Église chrétienne et qui ont été élevés au rang de fondements de la foi, ont été choisis arbitrairement parmi un nombre beaucoup plus grand d'Evangiles dont les données précises ne se contredisent pas moins entre elles que les légendes des quatre autres. Les Pères de l'Église eux-mêmes ne comptent pas moins de 40 à 50 de ces Évangiles inauthentiques ou apocryphes; quelques-uns existent encore en grec et en latin, tels l'Évangile de Jacob, celui de Thomas, de Nicodème, etc. Les récits que font ces Évangiles apocryphes sur la vie de Jésus, en particulier sur sa naissance et sur son enfance, peuvent prétendre tout autant (ou plutôt tout aussi peu) à la véracité historique, que ceux que nous fournissent les quatre Évangiles canoniques, prétendus « authentiques ». Or il se trouve dans un de ces Évangiles apocryphes un récit historique, confirmé d'ailleurs par le *Sepher Toldoth Jeschua* et qui nous donne, probablement, une solution toute naturelle de l'*énigme* de la conception surnaturelle et de la naissance du Christ. Cet historien raconte, très franchement, en une phrase, l'anecdote singulière qui contient cette solution : « JOSEPHUS PANDERA, chef romain d'une légion calabrienne établie en Judée, séduisit *Mirjam* de Bethléem, une jeune fille hébraïque, et devint le *père de Jésus* ». D'autres récits du même auteur sur *Mirjam* (le nom hébraïque de *Marie*) rendent bien équivoque la réputation de la « pure reine du Ciel » !

Naturellement ces récits historiques sont soigneusement passés sous silence par les théologiens officiels, car ils s'accorderaient mal avec le mythe traditionnel et lèveraient le voile qui recouvre le secret de ce mythe, d'une façon trop simple et trop naturelle. La *recherche objective de la vérité* n'en a que d'autant plus le droit, et la *raison pure* le devoir sacré, de faire de ces récits importants un examen critique. Il en résulte qu'ils peuvent, à beaucoup plus juste titre que les autres récits, prétendre à la véracité en ce qui concerne les origines du Christ. Ne pouvant, au nom des principes scientifiques connus, que repousser la conception surnaturelle par l' « ombre protectrice du Très Haut, » comme un pur mythe, il ne reste plus que l'opinion très répandue de la « théologie rationnelle » moderne, à savoir que le charpentier juif, *Joseph*, aurait été le père réel du Christ. Mais cette opinion est expressément contredite par plusieurs passages de l'Évangile ; le Christ lui-même était persuadé d'être le *Fils de Dieu* et n'a jamais reconnu son père adoptif, Joseph, comme l'ayant engendré. Quant à Joseph, il songea à quitter sa fiancée Marie lorsqu'il s'aperçut qu'elle était enceinte sans qu'il y fût pour rien. Il ne renonça à ce projet qu'après qu'*en rêve* un « ange du Seigneur » lui fût apparu et l'eût tranquillisé. Ainsi que Matthieu le fait remarquer expressément (Chap. I, vers. 24,25) l'union sexuelle de Joseph et de Marie eut lieu pour la première fois *après que Jésus fut né*.

Le récit des Evangiles apocryphes d'après lequel le chef romain PANDERA aurait été le vrai père du Christ, paraît d'autant plus vraisemblable, quand on examine la *personne du Christ* du point de vue strictement *anthropologique*. On le considère, d'ordinaire, comme un pur juif. Mais précisément les traits de son caractère qui font sa personnalité si haute et si noble et qui impriment son sceau à « sa religion de l'amour », ne sont sûrement *pas sémites*; ils semblent être bien plutôt les traits distinctifs de la *race arienne*, plus élevée et en particulier de son rameau le plus noble, de *l'hellénisme*. De plus, le nom du véritable père du Christ : « PANDERA », indique indubitablement une origine grecque ; dans le manuscrit, il est même écrit PANDORA. Or PANDORA était, comme on sait, d'après la légende grecque, la première femme née de l'union de Vulcain avec la Terre, dotée par les dieux de tous les charmes, qui épousa Epiméthée et que Dieu le père envoya vers les hommes avec la terrible « boite de Pandore » où tous les maux étaient contenus, en punition de ce que PROMÉTHÉE, porteur de lumière, avait ravi du ciel le feu divin (la « raison »)

Il est intéressant, d'ailleurs, de comparer la manière différente dont a été conçu et apprécié le roman d'amour de Mirjam, par les quatre grandes nations cultivées et chrétiennes de l'Europe. Conformément aux austères idées morales de la race *germanique*, celle-ci le rejette entièrement ; l'honnête Allemand et le prude Anglais croient plus volontiers l'impossible légende de la conception par le « Saint-Esprit ». Ainsi qu'on sait, l'austère pruderie de la société distinguée, soigneusement étalée (surtout en Angleterre!) ne correspond aucunement à ce qu'est, en réalité, la moralité au point de vue sexuel, dans le « High life » d'Outre-Manche. Les révélations, par exemple, que nous a faites là-dessus, il y a une douzaine d'années, le *Pall Mall Gazette* nous rappellent fort les mœurs de *Babylone*.

Les races *romanes* qui se rient de cette pruderie et jugent avec plus de légèreté les rapports sexuels, trouvent ce *roman de Marie* très charmant et le culte spécial, dont jouit justement en France et en Italie « notre chère Madone », se rattache souvent, avec une naïveté remarquable, à cette histoire d'amour. C'est ainsi, par exemple que P. DE REGLA (Dr DESJARDIN), qui nous a donné (1894) un « *Jésus de Nazareth, du point de vue scientifique, historique et social,* » trouve précisément dans la *naissance illégitime du Christ* un « droit spécial à l'apparence de *sainteté* qui se dégage de sa sublime figure! »

Il m'a semblé nécessaire de mettre ici dans tout leur jour, franchement et dans le sens de la *science historique objective*, cette importante question des origines du Christ, parce que l'église belliqueuse attache elle-même la plus grande importance à cette question et parce qu'elle emploie la croyance au miracle, qu'elle appuie là-dessus, comme l'arme la plus redoutable contre la conception moderne de l'univers. La haute valeur éthique du pur christianisme originel, l'influence anoblissante que cette « religion de l'amour » a exercée sur la civilisation, sont choses indépendantes de ce dogme mythologique; les prétendues *révélations* sur lesquelles s'appuient ces mythes sont inconciliables avec les résultats les plus certains de notre moderne science de la nature.

CHAPITRE XVIII

Notre religion moniste.

ETUDES MONISTES SUR LA RELIGION DE LA RAISON ET SON HARMONIE AVEC LA SCIENCE. — LE TRIPLE IDÉAL DU CULTE : LE VRAI, LE BEAU, LE BIEN.

> Celui qui possède la science et l'art
> Celui-là possède aussi la religion !
> Celui qui ne possède pas ces deux biens,
> Que celui-là ait la religion.
> Goethe.

> Quelle religion je professe ? Aucune d'elles !
> Et pourquoi aucune ? — Par religion !
> Schiller.

> Si le monde dure encore un nombre incalculable d'années, la *religion universelle* sera le *Spinozisme épuré*. La *raison* laissée à elle-même ne conduit à rien d'autre et il est impossible qu'elle conduise à rien d'autre.
> Lichtenberg.

SOMMAIRE DU CHAPITRE XVIII

Le monisme, lien entre la religion et la science. — La lutte pour la civilisation. — Rapports de l'Église et de l'État. — Principes de la religion moniste. Son triple idéal du culte : le vrai, le beau et le bien. — Opposition entre la vérité naturelle et la vérité chrétienne. — Harmonie entre l'idée moniste de vertu et l'idée chrétienne. — Opposition entre l'art moniste et l'art chrétien. — Conception moderne enrichie et agrandie de la scène de l'Univers. — Peinture de paysage et amour moderne de la nature. — Beautés de la nature. — Vie présente et vie future. — Églises monistes.

LITTÉRATURE

D. STRAUSS. — *Der alte und der neue Glaube. Ein Bekenntnis*, 1872, 14te Aufl. 1892.

C. RADENHAUSEN. — *Zum neuen Glauben. Einleit. und Ubersicht zum « Osiris »* (1877).

ED. HARTMANN. — *Die Selbstzersetzung des Christentums und die Religion der Zukunft* (1874).

J. TOLAND. — *Pantheistikon. Kosmopolis*, 1720.

P. CARUS AND E. C. HEGELER. — *The open Court, A monthly magazine*. Chicago, vol. I-XIII (1890-1899).

— *The Monist. A quarterly magazine devoted to the philosophy of Science.* Chicago, vol. I-IX.

MORISON. — *Menschheitsdienst. Versuch einer Zukunftsreligion* (Leipzig, 1890).

M. J. SAVAGE. — *Die Religion im Lichte der Darwins'chen Lehre*. (trad. all.)

L. BESSER. — *Die Religion der Naturwissenschaft* (1890.)

B. BETTER. — *Die moderne Weltanschauung und der Mensch* (1896).

E. HAECKEL, *Le Monisme, lien entre la religion et la science*, trad. française de V. de Lapouge.

Beaucoup de naturalistes et de philosophes actuels des plus distingués et qui partagent nos idées monistes tiennent la religion, en général, pour une chose finie. Ils pensent que la connaissance claire de l'évolution de l'univers, due aux immenses progrès accomplis par le xix° siècle, non seulement satisfait entièrement le besoin de causalité qu'éprouve notre *raison*, mais aussi les besoins les plus élevés du sentiment qu'éprouve notre *cœur*. Cette opinion est juste en partie, en ce sens que, dans une conception parfaitement claire et conséquente du monisme, les deux notions de religion et de science se confondent de fait en une seule. D'ailleurs peu de penseurs résolus s'élèvent jusqu'à cette conception, la plus haute et la plus pure, qui fut celle de Spinoza et de Goethe; la plupart des savants de notre temps, au contraire, sans parler des masses ignorantes, s'en tiennent à la conviction que la religion constitue un domaine propre de la vie intellectuelle, indépendant de celui de la science, non moins précieux ni indispensable que ce dernier.

Si nous nous plaçons à ce point de vue, nous pourrons trouver une conciliation entre ces deux grands domaines, en apparence séparés, dans la théorie que j'ai exposée en 1892, dans ma conférence d'Altenbourg : « Le monisme, lien entre la religion et la science ». Dans la préface de cette « Profession de foi d'un naturaliste », je me suis exprimé ainsi qu'il suit, sur le double but poursuivi par moi : « Je voudrais d'abord donner une idée de la *conception rationnelle* du monde, qui nous est imposée comme une nécessité logique par les récents progrès de la science unitaire de la nature ; elle se trouve, au fond, chez tous les naturalistes indépendants et qui pensent, bien qu'un petit nombre seulement ait le courage ou éprouve le besoin de la confesser. Je voudrais ensuite établir par là un *lien entre la religion et la science* et contribuer ainsi à faire disparaître l'opposition que l'on a établie à tort et sans nécessité ; le besoin moral de notre *sentiment* sera satisfait par le monisme, autant que le besoin logique de causalité de notre *jugement.* »

Le grand effet qu'a produit cette conférence d'Altenbourg montre que, par cette profession de foi moniste, j'ai exprimé celle non seulement de beaucoup de naturalistes, mais encore de beaucoup d'hommes et de femmes instruits, de toutes conditions. J'ai été récompensé non seulement par des centaines de lettres d'approbation, mais encore par le grand succès de presse de cette conférence dont, en six mois, parurent six éditions. Ce succès inattendu a pour moi d'autant plus de valeur que cette profession de foi a été tout d'abord un discours d'occasion, improvisé, que j'ai prononcé sans m'y être préparé, le 9 octobre 1892, à Altenbourg, durant le jubilé d'anniversaire de la « Société des naturalistes » des Osterlandes. Naturellement, la réaction inévitable surgit bientôt d'autre part ; j'ai subi les attaques les plus vives, non seulement de la presse ultramontaine, du *papisme*, des défenseurs jurés de la superstition, mais aussi de la part des lutteurs « libéraux » du christianisme évangélique qui prétendent défendre à la fois la vérité scientifique et la croyance épurée. Cependant, durant les sept années qui se sont écoulées depuis, la grande lutte entre la science moderne et le christianisme orthodoxe s'est faite de plus en plus menaçante ; elle est devenue d'autant plus dangereuse pour la première que le second était plus soutenu par la croissante réaction intellectuelle et politique. Cette réaction est déjà si avancée dans certains pays, que la liberté de pensée et de conscience, garantie par la loi, est fort compromise en pratique (ainsi, par exemple, en Bavière actuellement). En somme, le grand combat intellectuel, que J. Draper a si excellemment dépeint dans son *Histoire des conflits entre la religion et la science*, a atteint aujourd'hui une ardeur et une importance qu'il n'avait jamais eues jusqu'ici ; aussi l'appelle-t-on avec raison, depuis vingt-sept ans, la *Lutte pour la civilisation*.

La lutte pour la civilisation. — La célèbre *encyclique* suivie du *syllabus* que le belliqueux pape Pie IX avait lancée en 1864, dans le monde entier, déclarait la guerre, sur tous les points essentiels, à la science moderne ; elle exigeait la soumission aveugle de la raison aux dogmes de l' « infaillible représentant du Christ ». Ce brutal attentat contre les biens suprêmes de l'humanité civilisée était si monstrueux et si inouï que beaucoup de natures molles et indolentes, elles-mêmes, furent tirées du sommeil de leur foi. Jointe à la déclaration *d'infaillibilité* du pape, qui la suivit en 1870, l'encyclique provoqua une immense excitation et un mouvement de défense énergique, qui rendirent légitimes les plus belles espérances. Dans l'empire allemand, de formation récente, qui, dans les guerres de 1866 et 1871, avait acquis son indispensable unité nationale au prix de lourds sacrifices, les attentats imprudents du papisme eurent des suites particulièrement pénibles ; car, d'une part, l'Allemagne est le berceau de la Réforme et de l'affranchissement de l'esprit moderne, d'autre part, malheureusement, elle possède, parmi ses 18 millions de catholiques, une puissante armée de croyants belliqueux qui l'emportent sur tous les autres peuples civilisés en fait d'obéissance aveugle aux ordres de son pasteur suprême (1). Les dangers qui résultaient de là furent bien vus du grand homme d'Etat au regard pénétrant, qui a résolu « l'énigme politique » de la dissension nationale allemande et qui, par une diplomatie remarquable, nous a con-

---

(1) Le Christ dit à Pierre : « fais paître mes brebis ! » Les successeurs de Pierre ont traduit « fais paître » par « tonds ».

duits au but désiré de l'unité et de la puissance nationales. Le prince de Bismarck commença, en 1782, cette mémorable *lutte pour la civilisation*, suscitée par le Vatican, conduite avec autant d'intelligence que d'énergie par le remarquable ministre des cultes Falk, au moyen des « ordonnances de mai » (1873). La lutte, malheureusement, dut être abandonnée six ans après. Quoique notre grand homme d'État fût un remarquable connaisseur de la nature humaine et un habile politicien pratique, il avait cependant estimé trop bas la puissance de trois redoutables obstacles : premièrement, la ruse sans égale et la perfidie sans scrupule de la curie romaine ; secondement l'incapacité de penser et la crédulité de la masse catholique ignorante, conditions bien faites pour s'adapter à la première et sur lesquelles celle-ci s'appuyait ; enfin, troisièmement, la force d'inertie, de persévérance dans la déraison, simplement parce que cette déraison est là. C'est pourquoi dès 1878, après que le pape Léon XIII, plus avisé, eût inauguré son règne, la dure « visite à Canossa » dut recommencer. La puissance du Vatican, récemment accrue, augmenta dès lors rapidement, d'une part grâce aux manœuvres sans scrupule, aux artifices de serpent de la politique d'anguille, d'autre part grâce à la politique religieuse erronée du gouvernement allemand et à la merveilleuse incapacité politique du peuple allemand. Ainsi, à la fin du xix° siècle, il nous faut assister au honteux spectacle qui nous montre que « l'atout est le centre du Reichstag » et que les destinées de notre patrie humiliée sont dirigées par un parti papiste qui ne représente pas encore le tiers de la population totale.

Lorsque commença, en 1872, la lutte pour la civilisation, elle fut saluée, *à juste titre*, par tous les hommes pensants avec indépendance, comme une reproduction politique de la Réforme, comme une tentative énergique pour délivrer la civilisation moderne du joug de la tyrannie intellectuelle papiste ; la presse libérale tout entière célébrait dans le Prince de Bismarck le « Luther politique », le puissant héros qui avait conquis non seulement l'unité nationale, mais encore l'affranchissement intellectuel de l'Allemagne. Dix ans plus tard, après la victoire du papisme, la même « presse libérale » affirmait le contraire et déclarait la lutte pour la civilisation, une grande faute ; c'est ce qu'elle fait encore aujourd'hui. Ce fait prouve simplement combien la mémoire de nos journalistes est courte, combien est défectueuse leur connaissance de l'histoire et combien imparfaite leur éducation philosophique. Le prétendu « Traité de paix entre l'Église et l'État » n'est toujours qu'un armistice. Le papisme moderne, fidèle aux principes absolutistes suivis depuis 1600 ans, peut et doit vouloir exercer l'*aristocratie universelle* sur les âmes crédules ; il doit exiger l'absolue soumission de l'État qui représente les droits de la raison et de la science. La paix réelle ne pourra s'établir que lorsqu'un des deux combattants, vaincu, gisera sur le sol. Ou bien la victoire sera à « l'Église qui seule sauve », et alors c'en sera fait définitivement de la « Science libre et de l'enseignement libre », les Universités se transformeront en convicts, les gymnases en cloîtres. Ou bien la victoire sera à l'État moderne appuyé sur la raison et alors le xxe siècle verra se développer la culture moderne, la liberté et le bien-être dans une bien plus large mesure encore que ce ne fut le cas au xixe siècle (cf. plus haut, Ed. Hartmann).

Pour hâter, précisément, la réalisation de ce but, il nous semble importer surtout, non seulement que les sciences naturelles modernes détruisent le faux édifice de la superstition et déblaient le chemin de ses viles décombres, mais encore qu'elles édifient, sur le terrain libre, un nouvel édifice habitable pour l'âme humaine, un *palais de la raison* dans lequel, au sein de notre conception moniste nouvellement conquise, nous adorerons pieusement la vraie Trinité du xixe siècle, la *Trinité du Vrai, du Beau et du Bien*. Pour rendre palpable le culte de ce triple idéal divin, il nous paraît avant tout nécessaire de régler nos comptes avec les formes régnantes du Christianisme et d'envisager les changements qu'il faudrait effectuer en les remplaçant par le culte nouveau. Car le Christianisme possède (dans sa forme pure, *originelle*) malgré toutes ses lacunes et toutes ses erreurs, une si haute valeur morale. il est surtout mêlé si étroitement depuis quinze cents ans, à toutes les institutions politiques et sociales de notre vie civilisée, — qu'en fondant notre religion moniste nous devrons nous appuyer autant que possible sur les institutions existantes. Nous ne voulons pas de *Révolution* brutale, mais une *Réforme* raisonnable de notre vie intellectuelle et religieuse. Et de même qu'il y a deux mille ans la poésie classique des anciens Hellènes incarnait, sous la forme des dieux, la vertu idéale, de même nous pouvons prêter à notre triple idéal de la raison, la forme de sublimes déesses ; nous allons examiner ce que deviennent, dans notre monisme, les trois déesses de la *Vérité*, de la *Beauté* et de la *Vertu* ; et nous examinerons, en outre, leurs rapports avec les dieux correspondants du Christianisme, qu'elles sont destinées à remplacer.

I. **L'Idéal de la Vérité**. — Les considérations précédentes nous ont convaincus que la Vérité pure ne se peut trouver que dans le temple de la *connaissance de la Nature* et que les seules routes qui puissent servir à nous y conduire sont l' « observation et la réflexion », l'étude empirique des faits et la connaissance, conforme à la raison, de leurs causes efficientes. C'est ainsi que nous arriverons, au moyen de la *raison pure*, à la science véritable, trésor le plus précieux de l'humanité civilisée. Par contre, et pour les raisons importantes exposées au chapitre XVI, nous devons écarter toute prétendue *révélation*, toute croyance fantaisiste qui affirme connaître, par des procédés surnaturels, des vérités que notre raison ne suffit pas à découvrir. Et comme tout l'édifice des croyances de la religion judéo-chrétienne, ainsi que de l'islamisme et du bouddhisme, repose sur de pareilles révélations prétendues, — comme, en outre, ces produits de la fantaisie mystique sont en contradiction directe avec la connaissance empirique et claire de la Nature, — il est donc certain que nous ne pouvons trouver la vérité qu'au moyen de la raison travaillant à construire la véritable *science*, non au moyen de l'imagination fantaisiste aidée de la croyance mystique. Sous ce rapport, il est absolument certain que la conception *chrétienne* doit être remplacée par la philosophie *moniste*. La déesse de la Vérité habite le temple de la Nature, les vertes forêts, la mer bleue, les monts couverts de neige ; — elle n'habite pas les sombres galeries des cloîtres, ni les étroits cachots des écoles de convicts, ni les Églises chrétiennes, parfumées d'encens. Les chemins par lesquels nous nous rapprocherons de cette sublime déesse de la Vérité et de la Science, sont l'étude, faite avec amour, de la nature et de ses lois, l'observation du monde infiniment grand des étoiles au moyen du télescope, du monde cellulaire infiniment petit, au moyen du microscope ; mais ce n'est ni par d'ineptes exercices de piété ou prières murmurées sans penser, ni par les deniers de Saint-Pierre ou les pénitences en vue d'obtenir des indulgences. Les dons précieux dont nous favorise la déesse de la Vérité sont les splendides fruits de l'arbre de la connaissance et le gain inappréciable d'une claire conception unitaire de l'Univers, — mais ce n'est ni la croyance au « miracle » surnaturel, ni le songe creux d'une « vie éternelle ».

II. **L'Idéal de la Vertu.** — Il n'en va pas, pour le divin idéal du Bien éternel, de même que pour celui du Vrai éternel. Tandis que, lorsqu'il s'agit de connaître la vérité, il faut exclure complètement la révélation que nous propose l'Eglise et interroger la seule étude de la nature, la notion du *Bien*, au contraire, ce que nous appelons vertu, coïncide, dans notre religion moniste, presque entièrement avec la vertu chrétienne ; il ne s'agit, naturellement, que du christianisme originel, le pur Christianisme des trois premiers siècles dont la théorie de la vertu est exposée dans les évangiles et les lettres de Paul ; il ne s'agit pas, naturellement, de la caricature de cette pure doctrine, faite au Vatican, et qui a dirigé la civilisation européenne pour son plus grand dommage, pendant douze siècles. La meilleure partie de la morale chrétienne, celle à laquelle nous nous en tenons, consiste dans les préceptes d'humanité, d'amour et d'endurance, de compassion et de fraternité. Seulement ces nobles commandements, qu'on réunit d'ordinaire sous le nom de « morale chrétienne » (au meilleur sens) ne sont pas une invention nouvelle du Christianisme, mais ont été empruntés par lui à des formes de religion plus anciennes. De fait, la *Règle d'or*, qui résume ces commandements en une seule proposition, est antérieure de plusieurs siècles au Christianisme. Dans la pratique de la vie, d'ailleurs, cette loi morale naturelle a été aussi souvent suivie par des athées et des hérétiques qu'elle a été laissée de côté par de pieux croyants chrétiens. Au surplus, la doctrine de la vertu chrétienne a commis une grande faute en ne faisant un commandement que de l'*altruisme* seul et en rejetant l'*égoïsme*. Notre *éthique moniste* accorde à tous deux la même *valeur* et fait consister la vertu parfaite dans un juste équilibre entre l'amour du prochain et l'amour de soi (Cf. chap. XIX : la loi fondamentale éthique).

III. L'Idéal de la Beauté. — C'est sur le domaine du Beau que notre monisme offre la plus grande contradiction avec le Christianisme. Le christianisme pur, originel, prêchait le néant de la vie terrestre et ne la considérait que comme une préparation à la vie éternelle dans l'*Au delà*. Il s'ensuit immédiatement que tout ce que nous offre la vie humaine dans le *présent*, tout ce qu'il peut y avoir de beau dans l'art et dans la science, dans la vie publique ou la vie privée, n'a aucune valeur. Le vrai chrétien doit s'en détourner et ne penser qu'à se préparer convenablement à la vie future. Le mépris de la nature, l'éloignement pour tous ses charmes inépuisables, l'abstention de toute forme d'art : ce sont là les purs devoirs chrétiens; le meilleur moyen de remplir ces devoirs, pour l'homme, c'est de se séparer de ses semblables, de se mortifier et de ne s'occuper, dans les cloîtres ou les ermitages, exclusivement qu'à « adorer Dieu ».

L'histoire de la civilisation nous apprend, il est vrai, que cette morale chrétienne ascétique, qui insultait à la nature, eut pour conséquence naturelle de produire le contraire. Les cloîtres, asiles de la chasteté et de la discipline, devinrent bientôt les repaires des pires orgies, les rapports sexuels des moines et des nonnes donnèrent matière à quantité de romans, que la littérature de la Renaissance a reproduits avec une vérité conforme à la nature. Le culte de la « Beauté », tel qu'on le pratiquait alors, était en contradiction absolue avec le « renoncement au monde » tel qu'on le prêchait et on en peut dire autant du luxe et de la richesse, qui prirent bientôt une telle extension dans la vie privée dissolue du haut clergé catholique et dans la décoration artistique des églises et des cloîtres chrétiens.

L'art chrétien. — On nous objectera que notre opinion se trouve réfutée par le déploiement de beauté de l'art chrétien qui a produit, à la belle époque du moyen âge, des œuvres impérissables. Les splendides cathédrales gothiques, les basiliques byzantines, les centaines de chapelles somptueuses, les milliers de statues de marbre des saints et des martyrs chrétiens, les millions de beaux portraits de saints, les peintures du Christ et de la Madone jaillies d'un sentiment profond, tout cela témoigne d'un épanouissement de l'art au moyen âge qui, en son genre, est unique. Tous ces splendides monuments des arts plastiques, de même que ceux de la poésie, conservent leur haute valeur esthétique, quelque jugement que nous portions sur le mélange de « Vérité et Poésie » qu'ils nous présentent. Mais qu'est-ce que tout cela a à voir avec la pure doctrine chrétienne ? avec cette religion du renoncement, qui se détournait de toute splendeur terrestre, de toute beauté matérielle et de toute forme d'art, qui faisait peu de cas de la vie de famille et de l'amour, qui prêchait exclusivement le souci des biens immatériels de la « vie éternelle »? La notion de l' « art chrétien » est, à proprement parler, une contradiction en soi, une *contradictio in adjecto*. Les riches princes de l'Eglise qui cultivaient cet art poursuivaient par là, il est vrai, des buts tout autres et les atteignaient d'ailleurs pleinement. En dirigeant tout l'intérêt et tout l'effort de l'esprit humain vers l'*Eglise* chrétienne et son *art* propre, on le détournait de la *nature* et de la connaissance des trésors qu'elle recelait et qui auraient pu conduire à une *science* indépendante. En outre, le spectacle quotidien des images de saints, abondamment exposées partout, des scènes tirées de l'histoire sainte, rappelaient sans cesse aux chrétiens croyants le riche trésor de légendes que la fantaisie de l'Eglise avait accumulées. Ces légendes étaient données pour des récits véridiques, les histoires miraculeuses pour des événements réels et les uns comme les autres étaient crus. Il est incontestable que, sous ce rapport, l'art chrétien a exercé une influence inouïe sur la culture en général et sur la croyance, en particulier, pour la fortifier, influence qui, dans tout le monde civilisé, s'est fait sentir jusqu'à ce jour.

Art moniste. — L'antipode de cet art chrétien prédominant, c'est la nouvelle forme plastique qui n'a commencé à se développer qu'en notre siècle, corrélativement à la *science de la nature*. La surprenante extension de notre connaissance de l'Univers, la découverte d'innombrables et belles formes de vie qui s'en est suivie, ont fait naître, à notre époque, un goût esthétique tout autre et imprimé en même temps aux arts plastiques une direction toute nouvelle. De nombreux voyages scientifiques, de grandes expéditions à la recherche de pays et de mers inconnus, ont mis au jour, déjà au siècle dernier mais bien plus encore en celui-ci, une profusion insoupçonnée de formes organiques nouvelles. Le nombre des espèces animales et végétales s'est bientôt accru à l'infini et parmi ces espèces (surtout dans les groupes inférieurs, dont l'étude a d'abord été négligée), il s'est trouvé des milliers de formes belles et intéressantes, des motifs tout nouveaux pour la peinture et la sculpture, pour l'architecture et les arts industriels. Un nouveau monde, dans cet ordre d'idées, nous a surtout été ouvert par l'extension de l'étude *microscopique*, dans la seconde moitié du siècle, et en particulier par la découverte des fabuleux habitants des *profondeurs de la mer*, sur lesquels la lumière ne s'est faite qu'à la suite de la célèbre expédition Challenger (1872-1876) (1). Des milliers d'élégantes radiolaires et de Thalamophores, de Méduses et de Coraux superbes, de Mollusques et de Crustacés singuliers, nous ont révélé tout d'un coup une profusion insoupçonnée de formes cachées, dont la diversité et la beauté caractéristiques dépassent infiniment tous les produits artistiques engendrés par la fantaisie humaine. Rien que dans les cinquante gros volumes qui constituent l'œuvre de la mission Challenger, nous trouvons sur trois mille planches des reproductions d'une masse de ces jolies formes ; mais, d'ailleurs, dans beaucoup d'autres ouvrages de luxe qui, depuis quelques dizaines d'années, sont venues enrichir la littérature botanique et zoologique, toujours grandissante, on trouve ces formes charmantes reproduites par millions. J'ai récemment essayé, dans mes *Formes artistiques de la Nature* (1899), de faire connaître au grand public un choix de ces formes charmantes. D'ailleurs, il n'est pas besoin de voyages lointains ni d'œuvres coûteuses pour révéler à tous les splendeurs de ce monde. Il suffit d'avoir les yeux ouverts et les sens exercés. La nature qui nous environne nous présente partout une profusion surabondante de beaux et intéressants objets de toutes sortes. Dans chaque mousse ou chaque brin d'herbe, dans un hanneton ou un papillon, un examen minutieux nous fera découvrir des beautés devant lesquelles, d'ordinaire, l'homme passe sans prendre garde. Et si nous les observons avec une loupe, au faible grossissement, ou mieux encore, si nous employons le grossissement plus fort d'un bon microscope, nous découvrirons plus complètement encore, partout dans la nature

---

(1) Cf. E. HAECKEL *Das Challenger Werk* (*Deutsche Rundschau*, Feb. 1896.)

inorganique, un monde nouveau plein de beautés inépuisables.

Mais notre xix° siècle est le premier à nous avoir ouvert les yeux, non seulement à cette considération esthétique des infiniment petits, mais encore à celle des infiniment grands de la nature. Au commencement du siècle, c'était encore une opinion répandue que les hauts sommets, grandioses sans doute, n'en étaient pas moins repoussants par l'effroi qu'ils causaient et que la mer, superbe sans doute, n'en était pas moins terrible. Aujourd'hui, à la fin du même siècle, la plupart des gens instruits (et surtout les habitants des grandes villes) sont heureux de pouvoir, chaque année, jouir pendant quelques semaines des beautés des Alpes et de l'éclat cristallique des glaciers, ou de pouvoir admirer la majesté de la mer bleue, du bord de ses côtes charmantes. Toutes ces sources de jouissances les plus nobles, tirées de la nature, ne nous ont été révélées dans toute leur splendeur et rendues compréhensibles que tout récemment et les progrès surprenants de la facilité et de la rapidité des communications ont mis à même de les connaître, ceux dont les moyens pécuniaires sont le plus restreints. Tous ces progrès dans la jouissance esthétique tirée de la nature — et en même temps dans la compréhension scientifique de cette nature — sont autant de progrès dans la culture intellectuelle supérieure de l'humanité et par suite dans notre religion moniste.

Peinture de paysage et œuvres illustrées. — Le contraste qui existe entre notre siècle *naturaliste* et les précédents, *anthropistiques*, s'exprime surtout par la différence dans l'appréciation et l'extension que les divers objets de la nature ont trouvées autrefois et aujourd'hui. Un vif intérêt pour les représentations figurées de ces objets s'est éveillé de nos jours, intérêt qu'on ne connaissait pas auparavant; il est favorisé par les étonnants progrès de la technique et du commerce qui lui permettent de se répandre dans tous les milieux. De nombreuses revues illustrées propagent, en même temps que la culture générale, le sens de la beauté infinie de la nature. C'est surtout la *peinture de paysage* qui a pris, à ce point de vue, une importance insoupçonnée jusqu'ici. Déjà dans la première moitié du siècle, un de nos naturalistes les plus éminents et les plus cultivés, A. de Humboldt avait fait remarquer que le développement de la peinture de paysage, à notre époque, n'était pas seulement un « stimulant à l'étude de la nature » ou une représentation géographique de haute importance, mais encore qu'il avait une haute valeur, à un autre point de vue et en tant qu'instrument de culture intellectuelle. Depuis, le goût pour cette forme de peinture s'est encore considérablement accru. On devrait s'appliquer, dans chaque école, à donner de bonne heure aux enfants le goût du *paysage* et de l'art auquel nous devons que, par le dessin et l'aquarelle, les paysages se gravent dans notre mémoire.

Amour moderne de la nature. — L'infinie richesse de la nature en choses belles et sublimes réserve à tout homme ayant les yeux ouverts et doué du sens esthétique une source inépuisable de jouissances des plus rares. Si précieuse et agréable que soit la puissance immédiate de chacune en particulier, leur valeur s'accroît pourtant lorsqu'on reconnaît leur sens et leurs *rapports* avec le reste de la nature. Quand A. de Humboldt, dans son grandiose *Cosmos* donnait, il y a cinquante ans, un « projet de description physique de l'Univers », lorsqu'il alliait si heureusement, dans ses *Vues sur la nature* qui restent un modèle, les considérations esthétiques aux scientifiques, il insistait avec raison sur le rapport étroit qui unit le goût épuré de la nature au « fondement scientifique des lois cosmiques » et il faisait remarquer combien tous deux réunis contribuent à élever l'être humain à un plus haut degré de perfection. L'étonnement mêlé de stupeur avec lequel nous considérons le ciel étoilé et la vie microscopique dans une goutte d'eau, la crainte qui nous saisit lorsque nous étudions les effets merveilleux de l'énergie dans la matière en mouvement, le respect que nous inspire la valeur universelle de la loi de substance — tout cela constitue autant d'éléments de notre *vie de l'âme* qui sont compris sous le nom de *religion naturelle*.

Vie présente et vie future. — Les progrès auxquels nous venons de faire allusion, accomplis de notre temps dans la connaissance du vrai et l'amour du beau, constituent, d'une part, le contenu essentiel et précieux de notre religion moniste et, de l'autre, prennent une position hostile vis-à-vis du christianisme. Car l'esprit humain vit, dans le premier cas, dans la vie *présente* et connue, dans le second, dans une vie *future* inconnue. Notre monisme nous enseigne que nous sommes des enfants de la terre, des mortels qui n'auront que pendant une, deux, au plus trois « générations », le bonheur de jouir en cette vie des splendeurs de notre planète, de contempler l'inépuisable richesse de ses beautés et de reconnaître le jeu merveilleux de ses forces. Le christianisme, au contraire, nous enseigne que la terre est une sombre vallée de larmes dans laquelle nous n'avons que peu de temps à passer, pour nous y macérer et torturer, afin de jouir ensuite dans l' « au delà », d'une vie éternelle pleine de délices. Où se trouve cet « au delà » et en quoi consistera la splendeur de cette vie éternelle, voilà ce qu'aucune « révélation » ne nous a dit encore. Tant que le « ciel » était pour l'homme une voûte bleue, étendue au dessus du disque terrestre et éclairée par la lumière étincelante de plusieurs milliers d'étoiles, la fantaisie humaine pouvait à la rigueur se représenter là-haut, dans cette salle céleste, le repas ambrosique des dieux olympiens, ou la table joyeuse des habitants du Walhalla. Mais à présent, toutes ces divinités et les « âmes immortelles » attablées avec elles, se trouvent dans le cas manifeste de *manque de logement*, décrit par D. STRAUSS ; car nous savons aujourd'hui, grâce à l'*astrophysique*, que l'espace infini est rempli d'un éther irrespirable et que des millions de corps célestes s'y meuvent, conformément à des « lois » d'airain, éternelles, sans trêve et en tous sens, soumis tous à l'éternel grand rythme de l'« apparition et de la disparition ».

Eglises monistes. — Les lieux de recueillement, dans lesquels l'homme satisfait son besoin religieux et rend hommage aux objets de son culte, sont considérés par lui comme ses « Eglises » sacrées. Les pagodes de l'Asie bouddhiste, les temples grecs de l'antiquité classique, les synagogues de la Palestine, les mosquées d'Egypte, les cathédrales catholiques du sud de l'Europe et les temples protestants du Nord — toutes ces « maisons de Dieu » doivent servir à élever l'homme au dessus des misères et de la prose de la vie réelle quotidienne ; elles doivent le transporter dans la sainteté et la poésie d'un monde idéal supérieur. Elles remplissent ce but de mille manières différentes, correspondantes aux diverses formes du culte et aux différences entre les époques. L'homme moderne, « en possession de la science et de l'art » — et par suite, en même temps de la « religion » — n'a besoin d'aucune Eglise spéciale, d'aucun lieu étroit et fermé. Car partout où, dans la libre nature, il dirige ses regards sur l'Univers infini ou sur quelqu'une de ses parties, partout il observe sans doute la dure « lutte pour la vie », mais à côté aussi le « vrai », le « beau » et le « bien » ; il trouve partout son *Eglise* dans la splendide *nature* elle-même. Mais il faut en outre, pour répondre aux besoins particuliers de bien des hommes, de beaux temples bien ornés, ou des Eglises, ou quelque lieu clos de recueillement dans lesquels ces hommes puissent se retirer. De même que, depuis le XVIe siècle, le papisme a dû céder de nombreuses Eglises à la Réforme, de même, au XXe siècle, un grand nombre passeront aux « libres communautés » du *monisme*.

CHAPITRE XIX

Notre morale moniste

Etudes monistes sur la loi fondamentale éthique. — Equilibre entre l'amour de soi et l'amour du prochain. — Egale légitimité de l'égoïsme et de l'altruisme. — Faute de la morale chrétienne. — Etat, école et église.

> « Aucun arbre ne tombe du premier coup. Le coup que je porte d'ailleurs ici à une très vieille habitude de penser, est loin d'être le premier : jamais il ne pourra me venir à l'esprit de le considérer comme le dernier et de penser que je pourrai voir l'arbre abattu. Si je pouvais parvenir à imprimer la même direction à d'autres branches et à de plus importantes, mon souhait le plus hardi serait réalisé. Je ne doute pas un seul instant qu'un jour l'arbre ne tombe et que la *moralité* ne trouve dans l'*unification* de la nature humaine un abri plus sûr que celui qui lui a été offert jusqu'ici par la conception d'une double nature. »
>
> Carneri (1891).

SOMMAIRE DU CHAPITRE XIX

Ethique moniste et éthique dualiste. — Contradiction entre la raison pure et la raison pratique de Kant. — Son impératif catégorique. — Les Néokantiens. — Herbert Spencer. — Egoïsme et altruisme (amour de soi et amour du prochain). Equivalence entre ces deux penchants de la nature. — La loi fondamentale éthique : la règle d'or. — Son ancienneté. — Morale chrétienne. — Mépris de l'individu, du corps, de la nature, de la civilisation, de la famille, de la femme. — Morale papiste. — Suites immorales du célibat. — Nécessité de l abolition du célibat, de la confession auriculaire et du trafic des indulgences. — Etat et Eglise. — La religion est une chose privée. — Eglise et école. — Etat et école. — Nécessité de la réforme scolaire.

LITTÉRATURE

H. SPENCER — *Principes de Sociologie et de Morale.* (Trad. franç.).
LESTER F. WARD. — *Dynamic Sociology, or applied social science* (2 vol. New-York 1883).
B. CARNERI. — *Der moderne Mensch. Versuche einer Lebensführung* (Bonn, 1891.) — *Sittlichkeit und Darwinismus. Drei Bücher Ethik* (Wien 1871). — *Grundlegung der Ethik* (Wien 1881). — *Entwickelung und Glückseligkeit* (Stuttgart, 1886.)
B. VETTER. — *Die moderne Weltanschauung und der Mensch* (6 Vortrage) 2te Aufl. 1896.
H. E. ZIEGLER. — *Die Naturwissenschaft und die Socialdemokratische Theorie* (1894).
OTTO AMMON. — *Die Gesellschaftsordnung und ihre natürlichen Grundlagen. Entwurf einer Social Anthropologie* (1895).
P. LILIENFED. — *Socialwissenschaft der Zukunft.* 5 theile (1873).
E. GROSSE. — *Die Formen der Familie und die Formen der Wirthschaft* (1896).
F. HANSPAUL. — *Die Seelentheorie und die Gesetze des natürlichen Egoïsmus und der Anpassung* (1889).
MAX NORDAU. — *Les mensonges conventionnels de l'humanité civilisée.* (Trad. franç.)

La vie pratique impose à l'homme une série d'obligations morales, précises, qui ne peuvent être bien remplies et conformément à la nature, que lorsqu'elles s'harmonisent avec la conception rationnelle que l'homme se fait de l'Univers. Il suit de ce principe fondamental de notre philosophie moniste, que notre *morale* doit se trouver d'accord, au point de vue de la raison, avec la conception unitaire du « Cosmos » que nous avons acquise par la connaissance progressive des lois de la nature. L'univers infini ne constituant pour notre Monisme qu'un seul grand Tout, la vie intellectuelle et morale de l'homme ne forme qu'une partie de ce *Cosmos* et le réglement conforme à la nature que nous lui appliquerons ne pourra être qu'unitaire. *Il n'y a pas deux mondes distincts et séparés*: l'un *physique, matériel* et l'autre *moral, immatériel.*

La plupart des philosophes et des théologiens, aujourd'hui encore, sont d'un tout autre avis ; ils affirment avec KANT que le monde moral est complètement indépendant du monde physique et soumis à de tout autres lois ; par suite, la *conscience morale de l'homme*, en tant que base de la vie morale, serait complétement indépendante de la *connaissance scientifique de l'Univers* et devrait, au contraire, s'appuyer sur les croyances religieuses. La connaissance du monde moral doit donc s'effectuer par la *raison pratique*, laquelle croira, tandis que la connaissance de la Nature ou du monde physique s'effectuera par la *raison théorique* pure.

Cet indéniable *dualisme*, dont il eut d'ailleurs conscience, fut la plus grande et la plus *grave faute* de Kant; elle a eu, à l'infini, des suites fâcheuses, suites dont nous nous ressentons encore aujourd'hui. Tout d'abord, le *Kant critique* avait édifié le grandiose et merveilleux palais de la raison pure et montré d'une façon lumineuse que les trois grands *dogmes centraux de la Métaphysique*, le dieu personnel, le libre arbitre et l'âme immortelle n'y pouvaient trouver place nulle part et même qu'on ne pouvait pas trouver de preuve rationnelle de leur réalité. Mais, plus tard, le *Kant dogmatique* construisit, à côté de ce palais de cristal réel de la raison pure, le château de cartes idéal de la raison pratique, brillant d'un éclat trompeur, dans lequel on fit trois nefs imposantes pour abriter ces trois puissantes déesses mystiques. Après avoir été chassées par la grande porte, par la science rationnelle, elles sont revenues par la petite porte, introduites par la croyance antirationnelle.

Kant couronna la coupole de sa grande cathédrale de foi par une étrange idole, le célèbre *impératif catégorique*; par là, l'obligation de la loi morale en général est *absolument inconditionnée*, indépendante de toute considération de réalité ou de possibilité; elle s'énonce ainsi : « Agis toujours de telle sorte que la maxime de ta conduite (ou le principe subjectif de ta volonté) puisse être érigée en principe d'une législation universelle ». Tout homme normal devrait, par suite, avoir le même sentiment du devoir qu'un autre. L'anthropologie moderne a cruellement dissipé ce beau rêve; elle a montré que, parmi les peuples primitifs, les devoirs étaient encore bien plus différents que parmi les peuples civilisés. Toutes les mœurs, tous les usages que nous considérons comme des fautes répréhensibles ou comme des crimes épouvantables (le vol, la fraude, le meurtre, l'adultère, etc.) passent chez d'autres peuples, dans certaines circonstances, pour des vertus ou même pour des devoirs.

Quoique la contradiction manifeste des deux « Raisons » de Kant, l'antagonisme radical entre la raison *pure* et la raison *pratique* ait été reconnue et réfutée dès le commencement du siècle elle a prévalu jusqu'à ce jour dans de nombreux milieux. L'école moderne des *Néokantiens* prêche, aujourd'hui encore, le « retour à Kant » avec insistance, précisément *à cause* de ce *dualisme* bienvenu, et l'Eglise militante la soutient chaleureusement sur ce point, parce que cela concorde très bien avec sa propre foi mystique. Une importante défaite n'a commencé pour celle-ci qu'en la seconde moitié du XIXe siècle, préparée par la science moderne de la nature ; les prémisses de la doctrine de la raison pratique ont été, par suite, renversées. La cosmologie moniste a démontré, s'appuyant sur la loi de substance, qu'il n'y a pas de « Dieu personnel » ; la psychologie comparée et génétique a montré qu'une « âme immortelle » ne peut pas exister et la physiologie moniste a prouvé que l'hypothèse du « libre arbitre » repose sur une illusion. Enfin la théorie de l'évolution nous a fait voir que les « *éternelles lois d'airain de la nature* » qui régissent le monde inorganique, valent encore dans le monde organique et dans le monde moral.

Notre moderne connaissance de la Nature, cependant, n'agit pas seulement sur la philosophie et la morale d'une manière *négative*, en détruisant le dualisme kantien, elle agit aussi en un sens *positif*, mettant à sa place le nouvel édifice du *Monisme éthique*. Elle montre que le *sentiment du devoir* chez l'homme, ne repose pas sur un « *impératif catégorique* » illusoire, mais sur le *terrain réel des instincts sociaux*, que nous trouvons chez tous les animaux supérieurs vivant en sociétés. Elle reconnaît comme but suprême de la morale d'établir une saine harmonie entre l'*égoïsme* et l'*altruisme*, entre l'amour de soi et l'amour du prochain. C'est avant tout au grand philosophe anglais, SPENCER, que nous devons l'établissement de cette morale éthique, par la doctrine de l'évolution.

Egoïsme et altruisme. — L'homme fait partie du groupe des *vertébrés sociables* et il a, par suite, comme tous les animaux sociables, deux sortes de devoirs différents: premièrement envers lui-même et secondement envers la société à laquelle il appartient. Les premiers sont les commandements de *l'amour de soi* (égoïsme) les seconds ceux de *l'amour du prochain* (altruisme). Ces deux sortes de commandements naturels sont également légitimes, également normaux et également indispensables. Si l'homme veut vivre dans une société ordonnée et s'y bien trouver, il ne doit pas seulement rechercher son propre bonheur, mais aussi celui de la communauté à laquelle il appartient et celui de ses « prochains », lesquels constituent cette association sociale. Il doit reconnaître que leur prospérité fait la sienne et leurs souffrances les siennes. Cette loi sociale fondamentale est si simple et d'une nécessité si bien imposée par la nature, qu'il est difficile de comprendre qu'on la puisse contredire, théoriquement et pratiquement; et cependant, cela se produit aujourd'hui encore, ainsi que depuis des années cela s'est produit.

Equivalence de l'égoïsme et de l'altruisme. — L'égale légitimité de ces deux penchants de la nature, l'égale valeur morale de l'amour de soi et de l'amour du prochain, est le *principe fondamental* le plus important de *notre morale*. Le but suprême de toute morale rationnelle est, par suite, très simple : c'est d'établir un « *équilibre conforme à la nature entre l'égoïsme et l'altruisme*, entre l'amour de soi et l'amour du prochain. » La règle d'or de la loi morale nous dit : « Fais aux autres ce que tu veux qu'ils te fassent ». De ce commandement suprême du Christianisme s'ensuit de soi-même que nous avons des devoirs aussi sacrés envers nous-mêmes qu'envers notre prochain. J'ai déjà exposé en 1892, dans mon *Monisme*, la façon dont je conçois ce principe fondamental et j'ai insisté surtout sur trois propositions importantes : I. Les deux penchants en lutte sont des *lois de la nature* également importantes et également indispensables au maintien de la famille et de la société; l'égoïsme permet la conservation de l'*individu*, l'altruisme celle de l'*espèce* constituée par la chaîne des individus périssables. II. Les *devoirs sociaux* que la constitution de la Société impose aux hommes associés et par lesquels celle-ci se maintient, ne sont que des formes d'évolution supérieures des *instincts sociaux* que nous constatons chez tous les animaux supérieurs vivant en sociétés (en tant qu' « habitudes devenues héréditaires »). III. Pour tout homme civilisé, la *morale*, aussi bien pratique que théorique, en tant que « Science des Normes » est liée à la *conception philosophique* et, partant, aussi à la *religion*.

La loi fondamentale éthique. — (La loi d'or de la morale). Notre principe fondamental de la morale étant bien reconnu, il s'ensuit immédiatement le suprême commandement de cette morale, ce devoir qu'on désigne souvent aujourd'hui du nom de *loi d'or de la morale* ou, plus brièvement de « loi d'or ». Le *Christ* l'a énoncée à plusieurs reprises par cette simple phrase : *Tu aimeras ton prochain comme toi-même* (Math., 19, 19; 22, 39, 40; Romains, 139, etc.); l'évangéliste Marc ajoutait très justement : « Il n'y a pas de plus grand commandement que celui-ci »; et Mathieu disait : « Ces deux commandements contiennent toute la loi et les prophètes ». Par ce commandement suprême, notre *Ethique moniste* concorde absolument avec la morale *chrétienne*. Mais nous devons mentionner tout de suite ce fait historique que le mérite d'avoir posé cette loi fondamentale ne revient pas au Christ, comme l'affirment la plupart des théologiens chrétiens et comme l'admettent aveuglément les croyants dépourvus de sens critique. Cependant cette *règle d'or* remonte à plus de cinq siècles avant le Christ et elle avait été proclamée par de nombreux sages de la Grèce et de l'Orient comme la règle la plus importante de la morale. Pittakus de Mytilène, l'un des sept Sages de la Grèce, disait, 620 ans avant J.-C. : « Ne fais pas à ton prochain ce que tu ne voudrais pas qu'il te fît. — Confucius, le grand philosophe et fondateur de la religion de la Chine (qui niait la personnalité de Dieu et l'immortalité de l'âme), disait 500 ans avant

J.-C., « Fais à chacun ce que tu voudrais qu'il te fît, et ne fais à personne ce que tu ne voudrais pas qu'il te fît. Tu n'as besoin que de ce seul commandement ; il est *le fondement de tous les autres.* » Aristote enseignait, au milieu du iv° siècle avant J.-C. « Nous devons nous comporter envers les autres de la manière dont nous désirons qu'ils se comportent envers nous. » Dans le même sens et presque dans les mêmes termes, la règle d'or est encore exprimée par Thalès, Isocrate, Aristippe, la pythagoricien Sextus et autres philosophes de l'antiquité classique, *plusieurs siècles avant le Christ.* On pourra consulter là-dessus l'ouvrage excellent de Saladin : « Œuvres complètes de Jehovah », dont l'étude ne saurait être trop recommandée à tout *théologien,* cherchant avec *sincérité* la vérité. Il ressort de ces rapprochements que la loi d'or fondamentale a une origine *polyphylétique,* c'est-à-dire qu'elle a été posée à des époques différentes et en différents lieux par plusieurs philosophes et indépendamment l'un de de l'autre. D'autre part il faut admettre que Jésus a emprunté cette loi à d'autres sources orientales (à des traditions plus anciennes, sémites, hindoues, chinoises et surtout aux doctrines bouddhistes) ainsi que la chose est aujourd'hui démontrée pour la plupart des autres dogmes chrétiens. Saladin résume les résultats de la théologie critique moderne, en cette phrase : « Il n'est pas un principe moral, raisonnable et pratique, enseigné par *Jésus,* qui n'ait pas, déjà avant lui, été enseigné par *d'autres.* » (Thalès, Solon, Socrate, Platon, Confucius, etc.).

Morale chrétienne. — Puisque la loi éthique fondamentale existe ainsi depuis deux mille cinq cents ans et puisque le christianisme en a fait expressément le précepte suprême, comprenant tous les autres, qu'il a placé en tête de sa morale, il semblerait que notre *Éthique moniste* concorde absolument sur ce point le plus important, non seulement avec les antiques doctrines morales du paganisme, mais encore avec celles du christianisme. Malheureusement cette heureuse harmonie est détruite par le fait que les Évangiles et les Épitres de Paul contiennent beaucoup d'autres doctrines morales qui contredisent ouvertement ce premier et suprême précepte. Les théologiens chrétiens se sont, en vain, efforcés de résoudre par d'habiles interprétations ces contradictions frappantes dont ils souffraient (1). Nous n'avons donc pas besoin de nous étendre là-dessus ; nous ne ferons qu'indiquer brièvement ces côtés regrettables de la doctrine chrétienne, qui sont inconciliables avec la conception moderne, en progrès sur la chrétienne et qui sont nettement nuisibles, quant à leurs conséquences pratiques. De ce nombre est le mépris de la morale chrétienne pour l'individu, pour le corps, la nature, la civilisation, la famille et la femme.

1. *Le mépris de soi-même professé par le christianisme.* — La plus importante et la suprême erreur de la morale chrétienne, qui annule complètement la règle d'or, c'est l'*exagération* de l'amour du prochain aux dépens de l'amour de soi-même. Le christianisme combat et rejette en principe l'*égoïsme* et pourtant ce penchant de la nature est absolument indispensable à la conservation de l'individu ; on peut même dire que l'*altruisme*, son contraire en apparence, n'est au fond qu'un égoïsme raffiné. Rien de grand, rien de sublime n'a jamais été accompli sans égoïsme et sans la *passion* qui nous rend capable des grands sacrifices. Seules les *déviations* de ces penchants sont répréhensibles. Parmi les préceptes chrétiens qui nous ont été inculqués dans la première jeunesse comme importants entre tous et dont, dans des millions de sermons, on nous fait admirer la beauté, se trouve cette phrase (Matth. 5, 44) : « Aimez vos ennemis, bénissez ceux qui vous maudissent, faites du bien à ceux qui vous haïssent, implorez pour ceux qui vous offensent et vous poursuivent. » Ce précepte est d'un haut idéal, mais il est aussi contraire à la nature que dénué de valeur pratique. SALADIN

---

(1) Cf D. STRAUSS *Gesammelte Schriften* Auswahl in C. Bänden Bonn 1878. SALADIN *Jehovahs Gesammelte Werke*, 1886.

(op. cit. p. 205) dit excellemment : « Faire cela est injuste, quand bien même ce serait possible ; et ce serait quand bien même impossible, au cas où ce serait juste. » Il en va de même de l'exhortation : « Si quelqu'un prend ta robe, donne lui aussi ton manteau » ; c'est à dire, traduit en langage moderne : « Si quelque coquin sans conscience te vole la moitié de ta fortune, donne-lui encore l'autre moitié » ou bien, transposé en politique pratique : « Allemands à l'esprit simple, si les pieux Anglais, là-bas en Afrique, vous enlèvent l'une après l'autre vos nouvelles et précieuses colonies, donnez-leur, en outre, vos autres colonies — ou mieux encore ; donnez-leur l'Allemagne par-dessus le marché ! » Puisque nous touchons ici à la politique toute-puissante et tant admirée de l'Angleterre moderne, faisons remarquer, en passant, *la contradiction flagrante* de cette politique par rapport à toutes les doctrines fondamentales de la charité chrétienne, que cette grande nation, plus qu'aucune autre, a toujours *à la bouche*. D'ailleurs le contraste évident entre la morale recommandée *idéale* et altruiste, de l'homme *isolé* — et la morale *réelle*, purement égoïste, des *sociétés* humaines, et en particulier des états chrétiens civilisés, est un fait connu de tous. Il serait intéressant d'établir mathématiquement, à partir de quel *nombre* d'hommes réunis, l'idéal moral altruiste de toute personne prise isolément, se transforme en son contraire, en la « politique réelle » purement *égoïste* des états et des nations.

II. *Le mépris du corps professé par le christianisme.* — La foi chrétienne envisageant l'organisme humain d'un point de vue absolument dualiste et n'assignant à l'âme immortelle qu'un séjour passager dans le corps mortel, il est tout naturel que la première se soit vu assigner une bien plus haute valeur que le second. Il s'ensuit cette négligence des soins du corps, de l'éducation physique et des soins de propreté, par où le moyen-âge chrétien se distingue, fort à son désavantage, de l'antiquité classique et païenne. On ne rencontre pas, dans la doctrine chrétienne, ces préceptes sévères d'ablutions quotidiennes, de soins minutieux du corps que nous trouvons dans les religions mahométane, hindoue ou autres, non seulement établis théoriquement, mais encore pratiquement exécutés. L'idéal du pieux chrétien, dans beaucoup de cloîtres, c'est l'homme qui jamais ne se lave, ni ne s'habille soigneusement, qui ne change jamais son froc quand il sent mauvais, et qui, au lieu de travailler, passe paresseusement sa vie dans des prières sans pensée, des jeûnes ineptes, etc. Rappelons enfin comme de monstrueux excès de ce mépris du corps, les odieux exercices de pénitence des flagellants et autres ascètes.

III. *Le mépris de la Nature professé par le christianisme.* — Une quantité innombrable d'erreurs théoriques et de fautes pratiques, de grossièretés admises et de lacunes déplorables, prennent leur source dans le faux *anthropisme du christianisme*, dans la position exclusive qu'il assigne à l'homme en tant qu' « image de Dieu », par opposition à tout le reste de la Nature. Ceci a contribué à amener, non seulement un éloignement très préjudiciable à l'égard de notre merveilleuse mère, la « Nature », mais encore un regrettable mépris de notre part, pour les autres organismes. Le christianisme ignore ce louable *amour des animaux*, cette pitié envers les mammifères, nos proches et nos amis (les chiens, les chevaux, le bétail), qui font partie des lois morales de beaucoup d'autres religions et, avant tout, de celle qui est le plus répandue, du *bouddhisme*. Ceux qui ont habité longtemps le sud de l'Europe catholique, ont été souvent témoins de ces horribles tortures infligées aux animaux et qui éveillent en nous, leurs amis, la plus profonde pitié et le plus vif courroux ; et s'il leur est arrivé de faire à ces barbares « chrétiens », des reproches de leur cruauté, on leur aura fait cette ridicule réponse : « Quoi, les animaux ne sont pourtant pas des chrétiens ! » Cette erreur, malheureusement, a été confirmée par DESCARTES qui n'accordait qu'à l'homme une âme sentante et la refusait aux animaux. Le *darwinisme* nous enseigne que nous descendons directement des Primates et, si nous remontons plus loin, d'une série de mammifères, qui sont « nos frères » ; la physiologie nous démontre que ces animaux possèdent les mêmes nerfs et les mêmes organes sensoriels que nous ; qu'ils éprouvent du plaisir et de la douleur tout comme nous. Aucun naturaliste moniste, compatissant, ne se rendra jamais coupable envers les animaux, de ces mauvais traitements que leur inflige étourdiment le chrétien croyant qui, dans son délire anthropique des grandeurs, se considère comme l'« enfant du Dieu de l'amour. » En outre, le mépris radical de la nature prive le chrétien d'une foule des joies terrestres les plus nobles et avant tout de *l'amour de la Nature*, ce sentiment si beau et si élevé.

IV. — *Le mépris de la civilisation, professé par le christianisme*. — La doctrine du Christ faisant de la terre une vallée de larmes, de notre vie terrestre, sans valeur par elle-même, une simple préparation à la « vie éternelle » dans un au-delà meilleur, cette doctrine se trouvait logiquement amenée à exiger de l'homme qu'il renonce à tout bonheur en cette vie et qu'il fasse peu de cas de tous les *biens terrestres* qu'on demande à cette existence. Dans ces « biens terrestres », cependant, rentrent pour l'homme civilisé moderne, les innombrables secours de la chimie, de l'hygiène, des moyens de communication qui rendent, aujourd'hui, notre vie civilisée agréable et plaisante ; — dans ces « biens terrestres » rentrent toutes les jouissances élevées des beaux-arts, de la musique, de la poésie, qui déjà pendant le moyen âge chrétien (et en dépit de ses principes) avaient atteint un brillant épanouissement et que nous apprécions si hautement, en tant que « biens idéals » ; — dans ces « biens terrestres » rentrent enfin les inappréciables progrès de la science et surtout de la connaissance de la nature dont le développement inespéré permet à notre XIXe siècle d'être fier à juste titre. Tous ces « biens terrestres » d'une culture raffinée auxquels nous attachons la plus haute valeur dans notre conception moniste, sont, dans la doctrine chrétienne, sans valeur aucune, répréhensibles même en grande partie, et la morale chrétienne rigoureuse doit désapprouver la recherche de ces biens, juste autant que notre éthique humaniste l'approuve et la recommande. Le christianisme se montre donc encore, sur ce domaine pratique, hostile à la culture, et la lutte que la civilisation et la science moderne sont obligées de soutenir contre lui, est encore en ce sens *la lutte pour la civilisation.*

V. — *Le mépris de la famille professé par le christianisme.*
— Un des points les plus déplorables de la morale chrétienne, c'est le peu de cas qu'elle fait de la *vie de famille,* c'est-à-dire de cette vie commune, conforme à la nature, partagée avec ceux qui nous sont le plus proches par le sang, et qui est aussi indispensable à l'homme normal qu'à tous les animaux supérieurs sociables. La « famille » passe à bon droit chez nous pour la « base de la société » et la vie de la famille honnête, pour la première condition d'une vie sociale florissante. Tout autre était l'opinion du Christ, dont le regard, dirigé vers l' « au-delà », faisait aussi peu de cas de la femme et de la famille que de tous les autres biens de « cette vie ». Les évangiles ne nous disent que très peu de chose des rares points de contact du Christ avec ses parents ou ses frères et sœurs ; ses rapports avec sa mère, Marie, n'étaient nullement aussi tendres et intimes que des milliers de beaux tableaux nous représentent les choses, *embellies par la poésie* ; lui-même n'était pas marié. L'amour sexuel, qui est pourtant le premier fondement de la constitution de la famille, semblait plutôt à Jésus un mal nécessaire. Son apôtre le plus zélé, Paul, allait plus loin encore, quand il déclarait que ne pas se marier valait mieux que se marier : « Il est bon pour l'homme de ne point toucher une femme » (1 Corinth. 7, 1, 28-38). Si l'humanité suivait ce bon conseil, il est sûr qu'elle serait bientôt délivrée de toute souffrance et de toute douleur terrestre ; par cette cure radicale, elle s'éteindrait dans l'espace d'un siècle.

VI. — *Le mépris de la femme professé par le christianisme.*
— Le Christ lui-même n'ayant pas connu l'amour de la femme, ignora toujours personnellement ce délicat annoblissement de ce qui fait le fond de la nature humaine et qui

ne jaillit que par une intime communauté de vie entre l'homme et la femme. Les rapports sexuels intimes, sur lesquels seuls repose la perpétuité de l'espèce humaine sont aussi importants pour l'amour élevé, que la pénétration intellectuelle des deux sexes et le complément réciproque que chacun des deux fournit à l'autre, tant dans les besoins pratiques de la vie quotidienne, que dans les fonctions idéales les plus élevées de l'activité psychique. Car l'homme et la femme sont deux organismes différents mais d'égale valeur, ayant chacun ses avantages et ses défectuosités. Plus la culture est allée se développant, plus a été reconnue cette valeur idéale de l'amour sexuel et plus est allée croissant l'estime pour la femme, surtout dans la race germanique ; n'est-ce pas la source d'où ont jailli les plus belles fleurs de la poésie et de l'art ? Ce point de vue, au contraire, est resté étranger au Christ, comme à presque toute l'antiquité ; il partageait l'opinion généralement répandue en *Orient*, selon laquelle la femme est inférieure à l'homme et le commerce avec elle « impur ». La nature offensée s'est terriblement vengée de ce mépris, dont les tristes conséquences, principalement dans l'histoire de la civilisation du moyen-âge papiste, sont inscrites en lettres de sang.

Morale papiste. — La merveilleuse hiérarchie du papisme romain, qui ne négligeait aucun moyen pour s'assurer la domination absolue des esprits, trouva un excellent instrument dans l'exploitation de cette idée d' « impureté » et dans la propagation de cette théorie ascétique que l'abstention de tout commerce avec la femme constituait en soi-même une vertu. Dès les premiers siècles après Jésus-Christ, beaucoup de prêtres s'abstinrent volontairement du mariage et bientôt la valeur présumée de ce *célibat* augmenta tellement qu'on le déclara obligatoire. L'immoralité qui, par suite, se propagea, est un fait universellement connu depuis les recherches récentes de l'histoire de la civilisation (1). Dès le

---

(1) CF. Les histoires de la civilisation de Kolb, Hellwald, Scheer. etc

Moyen-Age, la séduction des femmes et des filles honnêtes par le clergé catholique (la confession jouait là un rôle important) était un sujet public de mécontentement ; beaucoup de communautés insistaient pour que, dans le but d'éviter ces désordres, on permit aux « chastes » prêtres, le *concubinat !* C'est d'ailleurs ce qui se produisit, sous diverses formes, souvent fort romantiques. C'est ainsi, par exemple, que la loi canonique exigeant que la cuisinière du prêtre n'eût pas moins de quarante ans, fut très judicieusement « interprétée » en ce sens, que le chapelain prenait deux « cuisinières », l'une à la cure, l'autre dehors ; si l'une avait 24 ans et l'autre 18, cela faisait en tout 42, c'est-à-dire 2 ans de plus qu'il n'était nécessaire. Pendant les conciles chrétiens, où les hérétiques incroyants étaient brûlés vifs, les cardinaux et les évêques assemblés festoyaient avec toute une troupe de filles de joie. Les désordres publics et privés du clergé catholique étaient devenus si impudents et constituaient un danger général si grand, que déjà avant Luther l'indignation était universelle et qu'on réclamait à grands cris une « Réforme de l'Eglise dans ses chefs et dans ses membres ». On sait d'ailleurs que ces mœurs immorales existent aujourd'hui encore (quoique plus clandestines) dans les pays catholiques. Autrefois, on en revenait toujours, de temps à temps, à proposer la suppression définitive du célibat, par exemple dans les Chambres du Duché de Bade, de la Bavière, du Hesse, de la Saxe et d'autres pays. Malheureusement, jusqu'ici, cela a été en vain ! Au Reichstag allemand, où le centre ultramontain propose aujourd'hui les moyens les plus ridicules pour éviter l'immoralité sexuelle, aucun parti ne pense encore à demander l'abolition du célibat dans l'intérêt de la morale publique. Le prétendu *libéralisme* et la *social-démocratie* utopiste briguent les faveurs de ce centre !

L'état civilisé moderne, qui ne doit pas seulement élever à un degré supérieur la vie pratique du peuple, mais aussi sa vie morale, a le droit et le devoir de faire cesser un état de choses si indigne et qui est nuisible à tous. Le *célibat obligatoire* du clergé catholique est aussi pernicieux et immoral que la *confession auriculaire* et le *commerce des indulgences*; ces trois institutions n'ont *rien* à voir avec le *christianisme originel*; toutes trois insultent à la pure morale chrétienne ; toutes trois sont d'indignes inventions du *papisme*, combinées en vue de maintenir son absolue puissance sur les masses crédules et de les exploiter matériellement autant que possible.

La Némésis de l'histoire prononcera tôt ou tard, contre le papisme romain un châtiment terrible et les millions d'hommes à qui cette religion dégénérée aura enlevé les joies de la vie, serviront à lui porter, au xxe siècle, le coup mortel — du moins dans les véritables « états civilisés ». On a récemment calculé que le nombre d'hommes ayant perdu la vie dans les persécutions papistes contre les hérétiques, pendant l'Inquisition, les guerres de religion, etc., s'élevait bien au-delà de dix millions. Mais que signifie ce nombre à côté de celui, dix fois plus grand, des malheureux qui sont devenus les victimes *morales* des règlements et de la domination des prêtres de l'Eglise chrétienne dégénérée, — à côté du nombre infini de ceux dont la haute vie intellectuelle a été tuée par cette religion, dont la conscience naïve a été torturée, la vie de famille brisée par elle? Vraiment, le mot de Goethe dans son superbe poème « La fiancée de Corinthe » est bien digne d'être médité :

« Des victimes tombent; ni l'agneau ni le taureau
« Mais *des victimes humaines, spectacle inouï*! »

Etat et Eglise. — Dans la grande « *lutte pour la civilisation* » qui, par suite de ce triste état de choses, doit toujours être poursuivie, le premier but que l'on devrait se proposer devrait-être la *séparation complète de l'Eglise et de l'Etat*. L' « Eglise libre » doit exister dans l' « Etat libre », c'est-à-dire toute Eglise doit-être libre dans l'exercice de son culte et de ses cérémonies, de même que dans la construction de ses poèmes fantaisistes et de ses dogmes superstitieux — à la *condition*, cependant, qu'elle ne menace pas par là l'ordre public ni la moralité. Et alors le même droit doit régner pour tous! Les communautés libres et les sociétés religieuses monistes doivent être tolérées et laissées libres de leurs actes, tout comme les associations protestantes libérales ou les communautés ultramontaines orthodoxes. Mais, pour tous les « croyants » de ces confessions différentes, la *religion doit rester chose privée* ; l'Etat ne doit que la surveiller et empêcher ses écarts, mais il ne doit ni l'opprimer ni la soutenir. Avant tout, les contribuables ne devraient pas être tenus de donner leur argent pour le maintien et la propagation d'une « *croyance* » étrangère, qui, d'après leur conviction sincère, n'est qu'une *superstition* funeste. Dans les Etats-Unis d'Amérique la « séparation complète de l'Eglise et de l'Etat » est, en ce sens, depuis longtemps réalisée et cela à la satisfaction de tous les intéressés. Cela a entraîné, dans ce pays, la séparation non moins importante de l'Eglise et de l'Ecole, raison capitale, incontestablement, du puissant essor que la science et la vie intellectuelle supérieure, en général, ont pris en ces derniers temps en Amérique.

Eglise et Ecole. — Il va de soi que l'abstention de l'Eglise dans les choses de l'Ecole, ne doit frapper que la *confession*, la forme spéciale de croyance que le cycle légendaire de chaque Eglise a constituée au cours du temps. Cet « enseignement confessionnel » est chose toute privée, c'est un devoir qui incombe aux parents ou aux tuteurs, ou bien aux prêtres et précepteurs en qui les premiers ont mis personnellement leur confiance. Mais à la place de la « confession » éliminée, il reste à l'école deux importants sujets d'enseignement : premièrement, la morale moniste et secondement, l'histoire comparée des religions. La nouvelle *Esthétique moniste*, édifiée sur le fondement solide de la connaissance moderne de la nature — et avant tout de la *doctrine de l'évolution* — a fourni matière, en ces trente dernières années, à une littérature très étudiée (1). Notre nouvelle *histoire comparée des religions* se rattache, naturellement, à l'enseignement élémentaire, tel qu'il existe actuellement, de l' « histoire de la Bible » et de la mythologie de l'antiquité grecque et romaine. Tous deux restent, comme jusqu'à ce jour, des éléments essentiels dans l'éducation de l'esprit. Ce qui se comprend déjà par ce seul fait, que tout notre *art plastique*, domaine principal de notre *Esthétique moniste*, est intimement mêlé aux mythologies chrétienne, hellénique et romaine. Une différence essentielle sera seule introduite dans l'enseignement : c'est que les légendes et mythes chrétiens ne seront plus présentés comme des « *vérités* », mais comme des *fantaisies poétiques*, au même titre que les grecs et les romains ; la haute valeur du contenu éthique et esthétique qu'ils renferment ne sera pas pour cela diminuée, mais accrue. Quant à la *Bible*, ce « Livre des livres » elle ne devrait être mise entre les mains des enfants que sous forme d'extraits soigneusement choisis (sous forme de « Bible scolaire ») ; on éviterait ainsi que l'imagination enfantine ne soit souillée des nombreuses histoires impures et récits immoraux dont l'Ancien Testament, en particulier, est si riche.

État et École. — Après que notre État civilisé moderne se sera délivré et l'École avec lui, des chaînes où l'Église les tenait esclaves, il ne pourra que mieux consacrer ses forces et ses soins à l'organisation de l'*école*. Nous avons d'autant mieux pris conscience de l'inappréciable valeur d'une bonne instruction, qu'au cours du XIXe siècle, toutes les branches de la culture sont allées se déployant plus richement et réalisant des progrès plus grandioses. Mais l'évolution des méthodes d'enseignement est loin d'avoir marché du même pas. La nécessité d'une *réforme scolaire* générale se fait sentir à nous toujours plus vive. Sur cette grave question également on a beaucoup écrit au cours de ces quarante dernières années.

---

(1) Cf. les ouvrages précédemment cités de *Spencer, Carneri, Vetter, Ziégler, Ammon, Nordau, etc.*

Nous nous contenterons de relever quelques-uns des points de vue généraux qui nous ont paru les plus importants : 1° dans l'enseignement tel qu'on l'a donné jusqu'à nos jours, c'est l'*homme* qui a joué le rôle principal et en particulier l'étude grammaticale de sa *langue* ; l'étude de la Nature a été complètement négligée ; 2° dans l'école moderne, la *nature* deviendra l'objet principal des études ; l'homme devra se faire une idée juste du monde dans lequel il vit ; il ne devra pas rester en dehors de la Nature ou en opposition avec elle, mais il devra s'apparaître comme son produit le plus élevé et le plus noble ; 3° l'étude des *langues classiques* (latin et grec) qui a absorbé jusqu'ici la plus grande partie du temps et du travail des élèves, demeure sans doute précieuse mais doit être fort restreinte et réduite aux éléments (le grec facultatif, le latin obligatoire) ; 4° il n'en faudra cultiver que plus, dans toutes les écoles supérieures, les *langues modernes* des peuples civilisés (l'anglais et le français obligatoires, mais l'italien facultatif) ; 5° l'enseignement de l'histoire doit s'attacher davantage à la vie intellectuelle, à la civilisation intérieure et moins à l'histoire extérieure des peuples (sort des dynasties, guerres, etc.) ; 6° les grands traits de la *doctrine de l'évolution* doivent être enseignés conjointement avec ceux de la *cosmologie*, la géologie en même temps que la géographie, l'anthropologie avec la biologie ; 7° les grands traits de la *biologie* doivent être possédés par tout homme instruit ; « l'enseignement de la contemplation » moderne favorise l'attrayante initiation aux sciences biologiques (anthropologie, zoologie, botanique). Au commencement, on partira de la systématique descriptive (simultanément avec l'œcologie ou bionomie), plus tard, on y ajoutera des éléments d'anatomie et de physiologie ; 8° en outre tout homme instruit devra connaître les grands points de la *physique* et de la *chimie*, de même que leur validation exacte par les mathématiques ; 9° tout élève devra apprendre à bien *dessiner* et à le faire d'après nature ; si possible il peindra aussi à l'aquarelle. Les esquisses de dessins et d'aquarelles d'après nature (de fleurs, d'animaux, de paysages, de nuages, etc.), éveillent non seulement l'intérêt pour la Nature et conservent le souvenir du plaisir éprouvé à la contempler, mais, en outre, ce n'est que comme cela que les élèves apprennent à bien *voir* et à *comprendre* ce qu'ils ont vu; 10° on devra consacrer beaucoup plus de soin et de temps qu'on ne l'a fait jusqu'ici à l'*éducation corporelle*, à la gymnastique et à la natation ; il y aura avantage à faire chaque semaine, des *promenades* en commun et à entreprendre chaque année, pendant les vacances, plusieurs *voyages à pied* ; la leçon de contemplation, qui s'offrira dans ces circonstances, aura la plus grande valeur.

Le but principal de la culture supérieure donnée dans les écoles est resté jusqu'à ce jour, dans la plupart des États civilisés, la préparation à la profession ultérieure, l'acquisition d'une certaine dose de connaissances et le dressage aux devoirs de citoyen. L'école du XX° siècle, au contraire, poursuivra comme but principal, le développement de la *pensée indépendante*, la claire compréhension des choses acquises et la découverte de l'enchaînement naturel des phénomènes. Puisque l'état civilisé moderne reconnaît à tout citoyen un droit égal à l'éligibilité, il doit aussi lui fournir les moyens, par une bonne préparation donnée à l'école, de développer son intelligence afin que chacun l'emploie raisonnablement pour le plus grand bien de tous.

Opposition des principes fondamentaux

DANS LE DOMAINE DE LA PHILOSOPHIE MONISTE
ET DANS CELUI DE LA PHILOSOPHIE DUALISTE

---

1. **Monisme** (*Conception unitaire*) : Le monde corporel matériel et le monde spirituel immatériel forment un Univers unique, inséparable et qui comprend tout.

2. **Panthéisme** (et *Athéisme*), *Deus intramundanus* : Le monde et Dieu sont une seule substance (la matière et l'énergie sont des attributs inséparables).

3. **Génétisme** (*Evolutionnisme*), *Théorie de l'évolution* : Le Cosmos (Univers) est éternel et infini, n'a jamais été créé et évolue d'après des lois naturelles éternelles.

4. **Naturalisme** (et *Rationalisme*) : La *loi de substance* (conservation de la matière et de l'énergie) régit tous les phénomènes sans exception ; tout se ramène à des choses naturelles.

5. **Mécanisme** (et *Hylozoïsme*) : Il n'existe *pas de force vitale spéciale* qui puisse se poser indépendante en face des forces physiques et chimiques.

6. **Thanatisme** (*Croyance en la mortalité*) : L'âme de l'homme n'est pas une substance indépendante, immortelle, mais elle est issue, par des voies naturelles, de l'âme animale : c'est un complexus de fonctions cérébrales.

---

1. **Dualisme** (*Conception dualiste*) : Le monde corporel matériel et le monde spirituel immatériel forment deux domaines complètement distincts (complètement indépendants l'un de l'autre).

2. **Théisme** (et *Déisme*), *Deus extramundanus* : Dieu et le monde sont deux substances distinctes (la matière et l'énergie ne sont que partiellement unies).

3. **Créatisme** (*Démiurgique*), *Théorie de la création* : Le Cosmos (*Universum*) n'est ni éternel, ni infini, mais a été tiré une fois (ou plusieurs fois) du néant par Dieu.

4. **Supranaturalisme** (et *Mysticisme*) : La *loi de substance* ne régit qu'une partie de la nature ; les phénomènes de la vie intellectuelle en sont indépendants et sont surnaturels.

5. **Vitalisme** (et *Théologie*) : La *force vitale* (*vis vitalis*) agit dans la nature organique conformément à un but, indépendante des forces physiques et chimiques.

6. **Athanisme** (*Croyance en l'immortalité*) : L'âme de l'homme est une substance indépendante, immortelle, créée par une voie surnaturelle, partiellement ou complètement indépendante des fonctions cérébrales.

CHAPITRE XX

Solution des énigmes de l'Univers.

Coup d'œil rétrospectif sur les progrès de la connaissance scientifique de l'Univers au XIXe siècle. — Réponses données aux énigmes de l'Univers par la philosophie naturelle moniste.

          Vaste Univers et longue vie,
          Effort sincère poursuivi pendant de nombreuses
          Toujours scruté, toujours fondé   [années]
          Jamais achevé, souvent arrondi ;
          L'ancien conservé fidèlement,
          Le nouveau amicalement accueilli...
          L'esprit serein, le but noble
          Allons ! On avancera bien un peu !
                                Gœthe.

SOMMAIRE DU CHAPITRE XX

Coup d'œil rétrospectif sur les progrès du xixᵉ siècle vers la solution des énigmes de l'Univers. — I. Progrès de l'astronomie et de la cosmologie. Unité physique et chimique de l'Univers. — Métamorphose du Cosmos. — Evolution des systèmes planétaires. — Analogie des processus phylogénétiques sur la Terre et dans les autres planètes. — Habitants organiques des autres corps célestes. — Alternance périodique des formations cosmiques. — II. Progrès de la géologie et de la paléontologie. — Neptunisme et vulcanisme. — Théorie de la continuité. — III. Progrès de la physique et de la chimie. — IV. Progrès de la biologie. — Théorie cellulaire et théorie de la descendance. — V. Anthropologie. — Origine de l'homme. — Considérations générales finales.

LITTÉRATURE

W. Gœthe. — *Faust. Dieu et le Monde. Prométhée. Sur les Sciences naturelles en général.*
Alex. Humboldt. — *Kosmos. Entwurf einer physischen Weltbeschreibung.*
Carus Sterne (E. Krause). — *Werden und Vergehen.* (4 te Aufl. Berlin, 1899.)
W. Bölsche. — *Entwickelungsgechichte der Natur.* (2 Bde. 1896.)
G. Hart. — *Der neue Gott. Ein Ausblick auf das neue Jahrhundert* (Leipzig, 1899).
G. G. Vogt. — *Entstehen und Vergehen der Welt auf Grund eines einheitlichen Substanz-Begriffes* (2 te Aufl. Leipzig, 1897).
G. Spicker. — *Der Kampf zweier Weltanschauungen. Eine Kritik der alten und neuesten Philosophie, mit Eischluss der christlichen Offenbarung* (Stuttgart, 1898).
L. Büchner. — *An Sterbelager des Jahrhunderts. Blicke eines freien Denkers aus der Zeit in Die Zeit* (1898).
E. Haeckel. — *Histoire de la Création naturelle* (Trad. Letourneau).

Parvenus au terme de nos études philosophiques sur les Enigmes de l'Univers, nous pouvons avec confiance tenter de répondre à cette grave question : Dans quelle mesure nous sommes-nous approchés de leur solution ? Que valent les progrès inouïs qu'a faits le XIX° siècle finissant dans la véritable connaissance de la nature ? Et quels horizons nous entr'ouvrent-ils pour l'avenir, pour le développement ultérieur de notre conception du monde, pendant le XX° siècle au seuil duquel nous sommes parvenus ? Tout penseur non prévenu, qui aura pu suivre quelque peu les progrès réels de nos connaissances empiriques et l'interprétation que nous en avons donnée à la lumière d'une philosophie unitaire, partagera notre opinion : le XIX° siècle a accompli dans la connaissance de la nature et dans la compréhension de son essence, de plus grands progrès que tous les siècles antérieurs; il a résolu beaucoup et d'importantes « énigmes de l'Univers » qui, à son aurore, passaient pour insolubles; il nous a dévoilé, dans la Science et dans la connaissance, de nouveaux domaines, dont l'homme ne soupçonnait pas l'existence il y a cent ans. Avant tout, il a mis nettement devant nos yeux le but élevé de la *Cosmologie moniste* et nous a montré le chemin qui seul nous en rapprochera, le chemin de l'étude exacte, empirique des *faits* et de la connaissance génétique, critique de leurs *causes*. La grande loi abstraite de la *causalité mécanique* dont notre *loi cosmologique fondamentale*, la *loi de substance*, n'est qu'une autre expression concrète, régit maintenant l'Univers aussi bien que l'esprit humain ; elle est devenue l'étoile conductrice sûre et fixe, dont la claire lumière nous indique la route à travers l'obscur labyrinthe des innombrables phénomènes isolés. Pour nous en convaincre, nous allons jeter un rapide coup d'œil rétrospectif sur les étonnants progrès qu'ont faits, en ce mémorable siècle, les branches principales des Sciences Naturelles.

I. **Progrès de l'astronomie**. — La Science du Ciel est la plus ancienne, comme celle de l'homme la plus récente des Sciences naturelles. L'homme n'a appris à connaître et lui-même et sa propre essence, avec une entière clarté que dans la seconde moitié de notre siècle, tandis qu'il possédait déjà sur le Ciel étoilé, le mouvement des planètes, etc., des connaissances merveilleuses, depuis plus de quatre mille cinq cents ans. Les anciens Chinois, Indiens, Egyptiens et Chaldéens, dans leur lointain Orient, connaissaient dès lors mieux l'astronomie des sphères que la plupart des chrétiens « cultivés » de l'Occident quatre mille ans plus tard. Déjà en l'an 2697 avant Jésus-Christ, en Chine, une éclipse de soleil avait été observée astronomiquement et onze cents ans avant Jésus-Christ, au moyen d'un gnomon, l'inclinaison de l'écliptique déterminée, tandis que le Christ lui-même (le « fils de Dieu ») n'avait, comme on sait, aucune connaissance astronomique mais jugeait, au contraire, le Ciel et la Terre, la Nature et l'homme du point de vue géocentrique et anthropocentrique le plus étroit. On considère d'ordinaire, et à bon droit, comme le plus grand des progrès accomplis en astronomie, le système héliocentrique du monde de Copernic, dont l'ouvrage grandiose : *De revolutionibus orbium cœlestium* provoqua à son tour la plus grande révolution dans les têtes pensantes. En même temps qu'il renversait le système géocentrique du monde, admis depuis Ptolémée, il supprimait tout point d'appui à la pure conception chrétienne, qui faisait de la terre le centre du monde et de l'homme un souverain semblable à Dieu. Il est donc logique que le clergé chrétien, et à sa tête le pape de

Rome, aient attaqué avec la dernière violence la récente et inappréciable découverte de Copernic. Cependant elle se fraya bientôt un chemin, après que Kepler et Galilée eurent fondé sur elle la vraie « mécanique céleste » et que Newton lui eût donné, par sa théorie de la gravitation, une base mathématique inébranlable (1686).

Un autre progrès immense, embrassant tout l'Univers, fut l'introduction de l'*idée d'évolution* en astronomie ; ce progrès fut accompli en 1755 par Kant, alors très jeune encore, et qui, dans sa hardie *Histoire naturelle générale et Théorie du Ciel* entreprit de traiter d'après les principes de Newton, non seulement de la *composition*, mais encore de l'*origine mécanique* du système cosmique tout entier. Grâce au grandiose *Système du monde*, de Laplace, qui était arrivé, indépendamment de Kant, aux mêmes idées sur la formation du monde, -- cette nouvelle *Mécanique céleste* fut fondée en 1796 et si solidement établie qu'on eût pu croire que notre XIXe siècle ne pourrait rien apporter d'essentiellement nouveau dans ce département de la connaissance, qui eût une importance égale. Et pourtant il reste à notre siècle la gloire d'avoir, ici aussi, frayé des voies toutes nouvelles et d'avoir étendu infiniment, dans l'Univers, la portée de nos regards. Par la découverte de la photographie et de la photométrie, mais surtout de l'analyse spectrale (par Bunsen et Kirchhoff, 1860) la physique et la chimie ont pénétré dans l'astronomie et par là nous avons acquis des données cosmologiques d'une immense portée. Il en ressort cette fois, avec certitude, que la *matière* est la même dans tout l'Univers et que ses propriétés physiques et chimiques ne sont pas différentes, dans les étoiles les plus éloignées, de ce qu'elles sont sur notre terre.

La conviction moniste de l'*unité physique et chimique du Cosmos infini*, que nous avons acquise ainsi, est certainement une des connaissances générales les plus précieuses dont nous soyons redevables à l'*Astrophysique*, cette branche récente de l'astronomie dans laquelle s'est illustré, en particulier,

F. Zollner (1). Une autre connaissance, non moins importante et acquise à l'aide de la précédente, c'est celle de ce fait que les mêmes lois d'évolution mécanique qui gouvernent notre terre valent encore partout dans l'Univers infini. une puissante *métamorphose du Cosmos* embrassant tout s'accomplit sans interruption dans toutes les parties de l'Univers aussi bien dans l'histoire géologique de notre terre, aussi bien dans l'histoire généalogique de ses habitants que dans l'histoire des peuples et dans la vie de chaque homme en particulier. Dans une partie du Cosmos, nous découvrons, avec nos télescopes perfectionnés, d'énormes nébuleuses faites de masses gazeuses, incandescentes, infiniment subtiles ; nous les tenons pour les *germes* de corps célestes éloignés de milliards de milles et que nous concevons être au premier stade de leur évolution. Dans une partie de ces « germes stellaires », les éléments chimiques ne sont probablement pas encore séparés, mais réunis, à une température extraordinairement élevée, évaluée à plusieurs millions de degrés, en un *élément primordial (Prothyl)* ; peut être même la *substance* primordiale n'est-elle ici, en partie, pas encore différenciée en « masse » et « éther ». Dans d'autres parties de l'Univers, nous trouvons des étoiles qui sont déjà, par suite de refroidissement, à l'état de liquide brûlant, d'autres qui sont déjà congelées ; nous pouvons déterminer approximativement leurs stades respectifs d'évolution d'après leurs différentes couleurs. Nous voyons, en outre, des étoiles qui sont entourées d'aréoles et de lunes, comme notre Saturne ; nous reconnaissons, dans le brillant anneau nébuleux, le germe d'une nouvelle lune qui s'est détachée de la planète mère, comme celle-ci du soleil.

Pour beaucoup d' « étoiles fixes », dont la lumière met des milliers d'années à nous parvenir, nous pouvons admettre

---

(1) F. Zollner « *Ueber die Natur der Kometen. Beitrage zur Geschichte und Theorie der Erkenntniss* » 1871.

avec certitude, que ce sont des *soleils*, pareils à notre Père Soleil et qu'ils sont entourés de planètes et de lunes, pareils à ceux de notre propre système solaire. Nous pouvons, en outre, présumer que des milliers de ces planètes se trouvent à peu près au même degré d'évolution que notre terre, c'est-à-dire à un âge où la température de la superficie varie entre le degré de congélation et le degré d'ébullition de l'eau, c'est-à-dire où l'eau peut exister à l'état de gouttes liquides. Il devient par suite possible à l'*acide carbonique*, ici comme sur la terre, de former avec les autres éléments des combinaisons très complexes et parmi ces composés azotés peut se développer le *plasma*, cette merveilleuse *substance vivante*, que nous avons reconnu concentrer en elle seule toutes les propriétés de la vie organique.

Les *Monères* (par exemple les *Chromacées* et les *Bactéries*) constituées exclusivement par ce *protoplasma* primitif et qui proviennent, par *génération spontanée* (*Archigonie*) de ces nitrocarbonates inorganiques, peuvent avoir suivi, sur beaucoup d'autres planètes, la marche évolutive qu'elles ont suivie sur la nôtre ; tout d'abord se sont constituées, par la différenciation de leurs corps plasmique homogène en un *noyau* (*Karyon*) interne et un *corps cellulaire* (*Cytosoma*) externe, les plus simples des *cellules* vivantes. Mais l'analogie qui se retrouve dans la vie de toutes les cellules — aussi bien des cellules végétales *plasmodomes* que des cellules animales *plasmophages* — nous autorise à conclure que la suite de l'histoire généalogique est encore la même dans beaucoup d'astres que sur notre terre, — naturellement en présupposant les mêmes étroites limites de température, celles dans lesquelles l'eau reste à l'état de gouttes liquides ; pour les corps célestes à l'état de liquide brûlant, où l'eau est à l'état de vapeur et pour les corps congelés, où elle est à l'état de glace, la vie organique y est chose impossible.

L'analogie de la phylogénie, cette analogie dans l'évotion généalogique, que nous pouvons par suite admettre pour beaucoup d'astres parvenus au même stade d'évolution biogénétique, offre naturellement à l'imagination créatrice, un vaste champ de spéculations attrayantes. Un de ses sujets de prédilection, depuis longtemps, c'est la question de savoir si des *hommes* ou des organismes analogues, peut être supérieurs à nous, habitent d'autres planètes? Parmi les nombreux ouvrages qui essaient de répondre à cette question pendante, ceux de l'astronome parisien, C. FLAMMARION, en particulier, ont trouvé récemment des lecteurs nombreux : ils se distinguent par la richesse de la fantaisie et la vivacité des peintures en même temps que par une regrettable insuffisance de critique et de connaissances biologiques. Dans la mesure où nous pouvons, à l'heure actuelle, répondre à cette question, nous pouvons nous représenter les choses à peu près ainsi qu'il suit : I. Il est très vraisemblable que sur quelques planètes de notre système (Mars et Vénus) et sur beaucoup de planètes d'autres systèmes solaires, le processus biogénétique est le même que sur notre terre ; tout d'abord se sont produites, par archigonie, des monères simples, lesquelles ont donné naissance à des protistes monocellulaires (d'abord les plantes primitives plasmodomes, plus tard les animaux primitifs, plasmophages). II. Il est très vraisemblable qu'au cours ultérieur de l'évolution, ces protistes monocellulaires ont constitué d'abord des colonies cellulaires, sociales (Cénobies), plus tard des plantes et des animaux à tissus (Métaphytes et Métazoaires). III. Il est encore très vraisemblable que, dans le règne végétal, sont apparus d'abord les Tallophytes (algues et champignons), puis les diaphytes (mousses et fougères), enfin les autophytes (les plantes phanérogames, gymnospermes et angiospermes). IV. Il est vraisemblable, de même, que dans le règne animal également, le processus biogénétique a suivi une marche analogue, que des Blastéadés (Catallactes) ont évolué d'abord les Gastréadés, puis de ceux-ci, les animaux inférieurs (Célentérés) et plus tard les animaux supérieurs (Célomariés). V. Il est très douteux, par contre, que les groupes distincts d'animaux supérieurs (comme de plantes supérieures) parcourent, dans d'autres planètes, une marche évolutive analogue à celle qu'ils parcourent sur notre terre. VI. En particulier, il est fort peu certain que des vertébrés existent en dehors de la terre et que, par suite de leur métamorphose phylétique, au cours de millions d'années, des mammifères soient apparus et l'homme à leur tête, comme cela a eu lieu sur la terre ; il faudrait alors que des millions de transformations se soient répétées en d'autres planètes, exactement comme ici-bas. VII. Il est au contraire, bien plus vraisemblable qu'il s'y est développé d'autres types de plantes et d'animaux supérieurs, étrangers à notre terre, peut être aussi provenant d'une souche animale supérieure aux vertébrés par sa capacité plastique, des êtres supérieurs, dépassant de beaucoup les hommes terrestres en intelligence et en force de pensée. VIII. La possibilité que nous entrions jamais en contact direct avec ces habitants des autres planètes semble exclue par la grande distance qui sépare notre terre des autres corps célestes et par l'absence de l'air atmosphérique indispensable, dans l'inter-espace que remplit seul l'éther.

Tandis que beaucoup d'astres en sont, probablement, au même stade d'évolution biogénétique que notre terre (depuis au moins cent millions d'années), d'autres sont déjà plus avancés et s'approchent, dans leur « vieillesse planétaire » de leur fin, de la même fin qui attend sûrement notre terre. Grâce au rayonnement de la chaleur dans le froid espace cosmique, la température, peu à peu, s'abaisse tellement que toute l'eau liquide se congèle en glace ; par là cesse la possibilité de la vie organique. En même temps, la masse des corps célestes en rotation se contracte toujours davantage ; la rapidité de leur révolution circulaire se modifie lentement. Les orbites des planètes en rotation se font de plus en plus étroits, de même que ceux des lunes qui les entourent. Finalement les lunes se précipitent dans les planètes, celles-ci dans les soleils qui les ont engendrées. Ce choc général produit à nouveau des quantités énormes de chaleur. La masse des corps célestes réduits en poussière par la collision se répand librement dans l'espace infini et le jeu éternel des formations solaires recommence à nouveau.

Le tableau grandiose que l'astrophysique moderne déroule ainsi devant les yeux de notre esprit nous révèle une éternelle apparition et disparition des innombrables corps célestes, une alternance périodique des conditions cosmogénétiques différentes que nous observons l'une après l'autre dans l'Univers. Tandis qu'en un point de l'espace infini, sort d'une nébuleuse diffuse un nouveau germe de monde, un autre genre, en un point très éloigné, s'est déjà condensé en une masse d'une matière liquide et brûlante, animée d'un mouvement circulaire ; de l'équateur d'un autre, ont déjà été projetés des aréoles qui se pelotonnent en planètes ; un quatrième est déjà devenu un soleil puissant, dont les planètes se sont entourées de trabants secondaires, etc. Et au milieu de tout cela, dans l'espace cosmique, des milliards de corps célestes plus petits, de météorites et d'étoiles filantes, s'agitent en tous sens, en apparence sans loi et pareils à des vagabonds qui coupent l'orbite des plus grands et dont chaque jour une grande partie se précipitent dans ceux-là. En outre, les temps de révolution et les orbites des corps célestes qui se pourchassent, se modifient lentement et continuellement. Les lunes refroidies se précipitent dans leurs planètes comme celles-ci dans leurs soleils. Deux soleils éloignés l'un de l'autre, peut-être déjà congelés, s'entrechoquent avec une force inouïe et s'éparpillent en poussière, formant une masse nébuleuse. Ils dégagent, par là, de si colossales quantités de chaleur que la nébuleuse redevient incandescente et le vieux jeu recommence à nouveau. Dans ce « perpetuum mobile », cependant, la substance infinie de l'Univers, la somme de sa matière et de son énergie demeure éternellement invariable et ainsi se répète éternellement dans le temps infini *l'alternance périodique des formations cosmiques*, la *Métamorphose du Cosmos* revenant éternellement sur elle-même. Toute-puissante, la *loi de substance* exerce partout son empire.

II. Progrès de la géologie. — La terre et le problème de son apparition ne sont devenus des objets de recherche scientifique que bien après le Ciel. Les nombreuses cosmogénies de l'antiquité et des temps modernes prétendaient, il est vrai, nous renseigner sur l'apparition de la terre aussi bien que sur celle du ciel; mais le vêtement mythologique dont elles s'enveloppaient, les unes et les autres, trahissait de suite qu'elles tiraient leur origine de l'imagination poétique. Parmi toutes les nombreuses légendes relatives à la Création et que nous font connaître l'histoire des religions et celle de la civilisation, une seule a bientôt conquis la priorité sur toutes les autres: c'est l'histoire de la création de *Moïse* telle qu'elle est racontée dans le premier livre du Pentateuque (Genèse). Elle n'est apparue, sous sa forme actuelle, que longtemps après la mort de Moïse (probablement pas moins de huit cents ans après); mais ses sources sont en grande partie plus anciennes et remontent aux légendes assyriennes, babyloniennes et indiennes. Cette légende de la création judaïque prit la plus grande influence par ce fait qu'elle passa dans la profession de foi chrétienne et fut vénérée comme la « parole de Dieu ». Il est vrai que 500 ans déjà avant J.-C., les philosophes naturalistes grecs avaient expliqué la formation naturelle de la terre de la même manière que celle des autres corps célestes. Dès cette époque, également, *Xénophane* de Colophon avait déjà reconnu la vraie nature des *pétrifications*, qui prirent plus tard une si grande importance.

Le grand peintre LÉONARD DE VINCI avait, de même, au XVe siècle, déclaré que ces pétrifications étaient des restes fossiles d'animaux ayant vécu à des époques antérieures de l'histoire de la terre. Mais l'autorité de la Bible et en particulier le Mythe du déluge, empêchaient tout progrès dans la connaissance des faits réels et faisaient tant que les légendes mosaïques, relatives à la Création, ont eu cours jusqu'au milieu du siècle dernier. Dans le cercle de la théologie orthodoxe, elles sont encore admises aujourd'hui. Ce n'est que dans la seconde moitié du xviii° siècle que commencèrent, indépendamment de ces légendes, des recherches scientifiques sur la structure de l'écorce terrestre et que des conclusions s'en déduisirent relativement à la formation de cette planète. Le fondateur de la géognosie, Werner, de Freiberg, faisait provenir toutes les roches de l'eau, tandis que Voigt et Hutton (1788) reconnaissaient très justement que seules les roches sédimentaires, charriant des fossiles, avaient cette origine, tandis que les masses montagneuses vulcaniennes et plutoniennes s'étaient constituées par la congélation de masses ignées liquides.

La lutte ardente qui s'ensuivit entre l'école *neptunienne* et la *plutonienne* durait encore pendant les trente premières années du siècle ; elle ne s'apaisa qu'après que C. Hoff eût posé le principe de l'actualisme (1822) et que Ch. Lyell l'eût soutenu avec le plus grand succès, quant à l'évolution naturelle tout entière de la terre. Par ses *Principes de géologie* (1830) la théorie essentiellement importante de la *Continuité* de la transformation de la terre était définitivement reconnue et triomphait de la théorie opposée, celle des catastrophes de Cuvier (1). La *paléontologie*, que ce dernier avait fondée par son ouvrage sur les ossements fossiles (1812), devint bientôt l'auxiliaire important de la géologie et dès le milieu de notre siècle celle-ci était si avancée que les périodes principales de l'histoire de la terre et de ses habitants étaient établies. On reconnaissait dès lors, dans la mince couche qui forme l'écorce terrestre, la croûte formée par la solidification de la planète en fusion, dont le refroidissement et la contraction se continuent, lentement, mais sans interruption. Le plissement de l'écorce solidifiée, la « réaction de l'intérieur de la

---

(1) Cf. Là-dessus, mon *Histoire de la création naturelle*. Leçons 3, 6, 15 et 16.

terre, à l'état de fusion, contre la surface refroidie », et avant tout, l'activité géologique ininterrompue de l'eau, sont les causes naturelles efficientes qui travaillent journellement à la lente transformation de l'écorce terrestre et de ses montagnes.

Trois résultats de la plus haute importance et d'une portée générale sont dus aux progrès merveilleux de la géologie moderne. D'abord, grâce à eux, ont été exclus de l'histoire de la terre tous les *miracles*, toutes les causes surnaturelles qui venaient expliquer l'édification des montagnes et la transformation des continents. En second lieu, notre idée de la longueur des *espaces de temps inouïs* écoulés depuis leur formation, s'est considérablement élargie. Nous savons maintenant que les masses de montagnes immenses des formations paléozoïque, mésozoïque et cénozoïque ont exigé pour se constituer, non pas des milliers d'années, mais des millions d'années (bien au-delà de cent). En troisième lieu, nous savons aujourd'hui que les nombreux *fossiles* compris dans ces formations, ne sont pas de merveilleux « jeux de la nature », comme on le croyait encore il y a cent cinquante ans, mais les restes pétrifiés d'organismes, ayant réellement vécu à des époques antérieures de l'histoire de la terre, résultats eux-mêmes d'une lente transformation dans la série des ancêtres disparus.

III. **Progrès de la physique et de la chimie.** — Les innombrables et importantes découvertes que ces sciences fondamentales ont faites au xixe siècle sont si connues et leurs applications pratiques dans toutes les branches de la civilisation humaine sont si évidentes à tous les yeux, que nous n'avons pas besoin d'y insister ici en détail. Avant tout, l'emploi de la vapeur et de l'électricité ont imprimé à notre siècle le « sceau » caractéristique du « machinisme ». Mais les progrès colossaux de la chimie, organique et inorganique, ne sont pas moins précieux. Toutes les branches de notre civilisation moderne : la médecine et la technologie, l'industrie et l'agriculture, l'exploitation des mines et des forêts, le transport par terre et par mer ont reçu, grâce à ces progrès, une telle impulsion au cours du XIX⁰ siècle, surtout de sa seconde moitié, que nos grands-pères du XVIII⁰ siècle ne se reconnaîtraient plus et seraient dépaysés dans notre civilisation. Mais un progrès plus précieux encore et d'une plus haute portée, c'est l'extension inouïe qu'a prise notre connaissance théorique de la nature et dont nous sommes redevables à la *loi de substance*. Après que Lavoisier (1789) eût posé la loi de la conservation de la matière et que Dalton (1808), grâce à cette loi, eût renouvelé la théorie atomique, la *chimie* moderne trouva grande ouverte la voie dans laquelle elle prit, par une course rapide et victorieuse, une importance insoupçonnée jusqu'alors. On en peut dire autant de la *physique*, au sujet de la loi de la conservation de l'énergie. La découverte de cette loi par R. Mayer (1842) et H. Helmholz (1847), marque également pour cette science une nouvelle période de fécond développement. Car c'est seulement à partir de cette date que la physique a été en état de saisir l'*unité universelle des forces de la nature* et le jeu éternel des processus innombrables par lesquels, à chaque instant, une force peut se transformer en une autre.

IV. **Progrès de la biologie.** — Les grandioses découvertes, si importantes pour toute notre conception de l'Univers, qu'ont faites en notre XIX⁰ siècle *l'astronomie* et la *géologie*, sont encore bien surpassées par celles de la *biologie* ; nous pouvons même dire que, pour toutes les nombreuses branches dans lesquelles cette vaste science de la vie organique a pris en ces derniers temps une telle extension, la plus grande partie des progrès n'ont été accomplis qu'au XIX⁰ siècle. Ainsi que nous l'avons vu au commencement de cet ouvrage, toutes les parties différentes de l'anatomie et de la physiologie, de la botanique et de la zoologie, de l'ontogénie et de la phylogénie, se sont tellement enrichies, grâce aux innombrables découvertes et inventions de notre siècle, que l'état actuel de nos connaissances biologiques est multiple de ce qu'il était il y a cent ans. Cela est vrai, d'abord, *quantitativement*, de la croissance colossale de notre connaissance positive, dans toutes les sciences et dans toutes leurs subdivisions. Mais cela est vrai aussi, et plus encore, *qualitativement*, de la compréhension plus approfondie des phénomènes biologiques, de la connaissance de leurs causes efficientes. C'est là que Ch. Darwin s'est conquis, avant tout autre, les palmes de la gloire (1859) ; il a résolu, par la théorie de la sélection, la grande énigme de la « création organique », de l'origine naturelle des nombreuses formes de vie, par une transformation graduelle. Cinquante ans auparavant, il est vrai (1809), le grand Lamarck avait déjà reconnu que le moyen de cette transformation était l'influence réciproque de l'hérédité et de l'adaptation, mais il lui manquait encore le principe de la sélection et il lui manquait surtout une connaissance plus approfondie de l'essence véritable de l'organisation, ce qui n'a été acquis que plus tard, lorsque furent fondées l'embryologie et la théorie cellulaire. En réunissant les résultats généraux de ces disciplines et d'autres encore et après avoir trouvé dans la phylogénie des organismes la clef qui nous en fournissait une explication unitaire, nous sommes parvenus à fonder cette *biologie moniste* dont j'ai essayé de poser les principes (1866) dans ma *Morphologie générale*.

V. **Progrès de l'anthropologie.** — Au-dessus de toutes les autres sciences se place en un certain sens, la véritable *Science de l'homme*, la vraie anthropologie rationnelle. Le mot du sage antique : *Homme, connais-toi toi-même (homo, nosce te ipsum)* et cette autre parole célèbre : L'homme est la mesure de toutes choses, ont été de tous temps reconnus et appliqués. Et pourtant cette science — prise en son acception la plus large — a langui plus longtemps que toutes les autres, dans les chaînes de la tradition et de la superstition. Nous avons vu, au commencement de ce livre, combien la connaissance de l'organisme humain s'était développée lentement et tardivement. Une de ses branches les plus importantes, l'embryologie, n'a été définitivement fondée qu'en 1828 (par Baer) et une autre, non moins importante, la théorie cellulaire, en 1838 seulement (par Schwann). Et ce n'est que plus tard encore qu'a été résolue la « question des questions », la colossale énigme de *l'origine de l'homme*. Bien que, dès 1809, Lamarck ait montré l'unique route qui pouvait conduire à résoudre heureusement cette énigme et qu'il ait affirmé que « l'homme descend du singe », ce n'est que cinquante ans plus tard que Darwin réussit à démontrer cette affirmation, et ce n'est qu'en 1863 qu'Huxley, dans ses *Preuves de la place de l'homme dans la Nature*, en rassembla les démonstrations les plus convaincantes. J'ai moi-même, alors, dans mon *Anthropogénie* (1874), essayé pour la première fois de retracer, dans son enchaînement historique, toute la série d'ancêtres par lesquels, au cours de millions d'années, notre race a lentement évolué du règne animal.

Considérations finales

Le nombre des énigmes de l'Univers, grâce aux progrès que nous venons de retracer et qui se sont accomplis de la connaissance de la nature au cours du xix⁰ siècle,— s'est considérablement réduit; il se ramène finalement à une seule énigme universelle, embrassant tout, au *problème de la substance*. Qu'est donc proprement, au plus profond de son essence, cette toute puissante merveille de l'Univers que le naturaliste réaliste glorifie sous le nom de *Nature* ou d'Univers, le philosophe idéaliste en tant que *substance* ou cosmos, et le dévot croyant comme créateur ou *Dieu*? Pouvons-nous affirmer aujourd'hui que les merveilleux progrès de notre cosmologie moderne aient résolu cette « Enigme de la substance », ou même simplement, qu'ils nous aient rapprochés beaucoup de cette solution?

La réponse à cette question finale différera naturellement beaucoup d'après le point de vue du philosophe qui la posera et d'après les connaissances empiriques qu'il possèdera du monde réel. Nous accordons tout de suite que, quant à l'essence intime de la nature, elle nous est aussi étrangère, nous demeure aussi incompréhensible qu'elle pouvait l'être à *Anaximandre* ou *Empédocle*, il y a deux mille quatre cents ans, à *Spinoza* ou *Newton* il y a deux cents ans, à *Kant* ou *Gœthe* il y a cent ans. Bien plus, nous devons même avouer que cette essence propre de la substance nous apparaît de plus en plus merveilleuse et énigmatique à mesure que nous pénétrons plus avant dans la connaissance de ses attributs, la matière et l'énergie, à mesure que nous apprenons à connaître ses innombrables phénomènes et leur évolution. Quelle est la *chose en soi* qui est cachée derrière ces phénomènes connaissables, nous ne le savons pas encore aujourd'hui. Mais que nous importe cette mystique « chose en soi » puisque nous n'avons aucun moyen de la connaître, puisque nous ne savons pas même au juste si elle existe ? Laissons donc les stériles méditations sur ce fantôme idéal aux « purs métaphysiciens » et réjouissons-nous, au contraire, en « purs physiciens », des progrès réels et gigantesques que notre philosophie naturelle moniste a accomplis.

Ici, tous les autres progrès et découvertes de notre « grand siècle » sont éclipsés par la grandiose et universelle *loi de substance*, la « loi fondamentale de la conservation de la force et de la matière ».

Le fait que la substance est partout soumise à un éternel mouvement et à une continuelle transformation, imprime en outre à la même loi le caractère de *loi d'évolution* universelle. Cette loi suprême de la nature étant posée et toutes les autres lui étant subordonnées, nous nous sommes convaincus de l'universelle *Unité de la nature* et de l'éternelle valeur des lois naturelles. De l'obscur *problème* de la substance est issue la claire *loi* de substance. Le « Monisme du Cosmos », que nous avons établi sur cette base, nous enseigne la portée universelle, dans l'univers entier, des « grandes lois d'airain éternelles ». Mais du même coup ce monisme démolit les trois grands dogmes centraux de la philosophie dualiste admise jusqu'à ce jour : le dieu personnel, l'immortalité de l'âme et le libre arbitre.

Beaucoup d'entre nous assistent sans doute avec un vif regret, peut-même avec une profonde douleur, à la chute de ces dieux, qui furent les biens spirituels suprêmes de nos chers parents et ancêtres. Consolons-nous, cependant, avec les paroles du poète :

> L'ancien succombe, les temps se modifient
> Et sur les ruines fleurit une vie nouvelle !

L'ancienne conception du *Dualisme idéaliste*, avec ses dogmes mystiques et anthropistiques, tombe en ruines ; mais au-dessus de cet immense champ de décombres se lève, auguste et splendide, le nouveau soleil de notre *Monisme réaliste*, qui nous ouvre tout grand le temple merveilleux de la nature. Dans le culte pur du « vrai, du beau, du bien », qui forme le centre de notre nouvelle *religion moniste*, nous trouverons une riche compensation au triple idéal anthropistique de « Dieu, liberté et immortalité » que nous avons perdu.

Dans les études qu'on vient de lire sur les énigmes de l'univers, j'ai fait nettement ressortir mon point de vue moniste avec ses conséquences et j'ai clairement souligné l'opposition qu'il présente par rapport à la conception dualiste, encore aujourd'hui régnante. Je m'appuie d'ailleurs sur l'adhésion de presque tous les naturalistes modernes, ceux du moins qui ont le désir et le courage de professer une conviction philosophique achevée et formant un tout. Je ne voudrais cependant pas prendre congé de mes lecteurs sans leur faire remarquer, en signe de réconciliation, que ce contraste brutal s'atténue jusqu'à un certain degré, quand on réfléchit avec clarté et logique, — que même il peut se résoudre en une heureuse harmonie. Une pensée parfaitement conséquente avec elle-même, l'application uniforme des grands principes à *l'ensemble tout entier* du Cosmos, — à la nature organique aussi bien qu'à l'inorganique — rapprocheront l'un de l'autre les deux antipodes du théisme et du panthéisme, du vitalisme et du mécanisme, jusqu'à les faire se toucher. Mais il est vrai qu'une pensée conséquente avec elle-même demeure un rare phénomène. La grande majorité des philosophes souhaiteraient pouvoir saisir de la main droite la *science* pure, fondée sur l'expérience, mais en même temps ne peuvent pas se passer de la *foi* mystique fondée sur la révélation et qu'ils retiennent de la main gauche. Ce dualisme contradictoire trouve son illustration caractéristique dans le conflit entre la raison pure et la raison pratique, tel que nous le constatons dans la philosophie critique du plus éminent penseur moderne, du grand Kant.

Mais le nombre des penseurs qui ont su triomphé de ce dualisme pour se tourner vers le purmonisme a toujours été restreint. Cela est aussi vrai des idéalistes et des théistes conséquents avec eux-mêmes, que des réalistes et des panthéistes à l'esprit logique. La conciliation des contraires apparents et par suite le progrès vers la solution de l'énigme fondamentale, se rapprochent cependant de nous chaque année, grâce à l'extension continue de notre connaissance de la nature. Aussi nous est-il permis d'espérer que le xxe siècle, qui va s'ouvrir, conciliera sans cesse davantage les contraires et par l'extension du *pur monisme*, propagera sans cesse davantage la désirable unification de notre conception de l'univers. Notre plus grand poète et penseur, dont nous célébrerons sous peu le cent cinquantième anniversaire, W. Goethe, a donné au début du xixe siècle, de cette philosophie unitaire, la plus poétique expression, dans ses immortels poèmes : *Faust, Prométhée.*

Dieu et le monde !

D'après d'immortelles, de grandes
Lois d'airain
Nous devons tous
Accomplir le cercle
De notre existence.

REMARQUES ET ÉCLAIRCISSEMENTS

1. Perspective cosmologique (p. 14). — La faible latitude que nous permet notre faculté d'imagination dans l'appréciation des grandes dimensions dans le temps et dans l'espace est non seulement une grande source d'illusions anthropomorphiques, mais encore un empêchement puissant à la pure conception moniste de l'univers. Pour concevoir l'extension infinie de l'*espace*, il faut considérer d'une part, que les plus petits organismes visibles (bactéries) sont gigantesques en comparaison des atomes et des molécules invisibles qui demeurent bien loin du domaine de la visibilité, même si l'on emploie les microscopes les plus puissants. Il faut, d'autre part, considérer les dimensions infinies du monde, dans lequel notre système solaire n'a que la valeur d'une étoile fixe et où notre terre ne représente qu'une chétive planète du prestigieux soleil. De même, nous ne concevrons l'extension infinie du *temps* qu'en nous souvenant d'une part des mouvements physiques et physiologiques qui se terminent en une seconde, et, d'autre part, l'énorme durée des espaces de temps que suppose le développement de l'univers. Même la durée relativement courte de la « géologie organique » (pendant laquelle s'est développée la vie organique sur notre globe) comprend d'après les nouveaux calculs, beaucoup plus de cent millions d'années, c'est-à-dire, plus de 100.000 milliers d'années !

Sans doute, les faits géologiques et paléontologiques, sur lesquels ces calculs se fondent, ne fournissent que des données numériques très incertaines et très variables, Tandis que la plupart des autorités compétentes admettent actuellement comme moyenne vraisemblable 100 à 200 millions d'années pour la durée de la géologie organique, celle-ci, d'après d'autres appréciations ne s'étendrait qu'à 25 ou 50 millions; d'après une évaluation géologique exacte de ces derniers temps, elle comprendrait *au moins quatorze cent millions d'années* (Cf. mon discours de Cambridge sur l'*Origine de l'homme*, 1898, p. 51.) Mais si nous sommes tout à fait hors d'état de déterminer d'une façon à peu près sûre la *durée absolue* des périodes phylogénitiques, nous possédons, par contre, fort bien les moyens d'évaluer approximativement leur *durée relative*. Si nous prenons pour chiffre minimum cent millions d'années, elles se répartiront à peu près de la façon suivante dans les cinq périodes principales de la géologie organique :

I. *Période archozoïque* (époque primordiale) du début de la vie organique à la fin de la formation cambrienne (période des Invertébrés) ....s.................................... 52 millions.
II. *Période paléozoïque* (époque primaire), du début de la formation silurienne jusqu'à la fin de la formation permienne (période des poissons).. 34 millions.
III. *Période mesozoïque* (époque secondaire), du début de la période du trias jusqu'à la fin de la période crétacée (période des reptiles).. 11 millions
IV. *Période cénozoïque* (époque tertiaire), du début de la période éocène à la fin de la période pliocène, (période des mammifères) 3 millions
V. *Période anthropozoïque* (époque quaternaire), du début de l'époque diluvienne (à laquelle se rapporte vraisemblablement le langage humain) jusqu'à l'époque actuelle, période de l'homme, au moins 100.000 ans .... 0,1 million

Pour rendre plus accessible au pouvoir de compréhension de l'homme l'énorme durée de ces périodes phylogénétiques, pour faire sentir en particulier la brièveté relative de ce qu'on appelle l'histoire universelle (c'est-à-dire l'histoire des nations civilisées !), un de mes élèves, Heinrich Schmidt (de Iéna) a récemment réduit le minimum admis de cent millions d'années à *un jour* par une réduction chronométrique. Dans cette échelle de reduction, les 24 heures du « jour » de la création se répartissent de la façon suivante dans les cinq périodes phylogénitiques, citées plus haut :

I. *Période archozoïque*. (52 millions d'années) = 12 h. 30'. (de minuit à midi 1/2.)
II. *Période paléozoïque* (34 millions d'années) = 8 h. 05' (de midi 1/2 à 8 h. 1/2 du soir.)
III. *Période mésozoïque* (11 millions d'années) = 2 h. 38' (= de 8 h. 1/2 à 11 h. 1/4.)
IV. *Période cénozoïque* (3 millions d'années) = 43' (de 11 1/4 à minuit moins deux minutes.)
V. *Période anthropozoïque* (0,1-0,2 de million d'années) = 02').
VI. *Période de civilisation* (histoire universelle) = 05" (6.000 ans.)

Si l'on se contente donc d'admettre le minimum de 100 millions d'années (et non le maximum de 1.400) pour la durée du développement organique sur notre globe et qu'on la réduise à 24 heures, ce que l'on appelle l'*histoire universelle* ne compte que *cinq secondes*. (*Prometheus* X[e] année. 1899. n° 24 [492, p. 381].)

2. Essence de la maladie. — La *pathologie* est devenue une véritable *science* au cours de notre XIXe siècle, depuis que l'on a appliqué les doctrines fondamentales de la physiologie (et surtout de la théorie cellulaire) à l'organisme humain soit en état de santé, soit en état de maladie. Depuis cette époque la maladie n'est plus une *essence* spéciale, c'est « une vie dans des conditions anormales, nuisibles et dangereuses ». Depuis cette époque également tout médecin instruit ne cherche plus les *causes* de la maladie dans les influences mystiques d'ordre surnaturel, mais dans les conditions physiques et chimiques du monde extérieur, et dans leurs rapports avec l'organisme. Les petites *bactéries* jouent là un grand rôle. Cependant, maintenant encore, dans des sphères étendues (même chez les gens instruits) se maintient cette conception ancienne, superstitieuse, que les maladies sont appelées par de « mauvais esprits » ou sont les « punitions infligées aux hommes par Dieu pour leurs péchés ». Cette opinion était encore représentée par exemple, au milieu du siècle, par un pathologue distingué, le conseiller privé Ringseis, à Munich.

3. **Impuissance de la psychologie introspective.** — Pour se persuader que la théorie métaphysique et traditionnelle de l'âme est complètement en état de résoudre les grands problèmes de cette science par l'activité propre de la pensée, il suffit de jeter un coup d'œil sur les manuels les plus usités de la psychologie moderne qui servent de guide dans la plupart des cours des facultés. On n'y fait aucune mention de la structure anatomique des organes de l'âme, ni des rapports physiologiques de leurs fonctions ni de l'ontogénie ni de la phylogénie de la « psyché ». Au lieu de le faire, ces « purs psychologues » se livrent à des fantaisies sur l'*essence de l'âme* qui est immatérielle, dont personne ne sait rien et attribuent à ce fantôme immortel toutes les merveilles possibles. En outre, ils injurient violemment ces méchants naturalistes matérialistes qui se permettent, au moyen de l'*expérience*, de l'observation, de l'expérimentation, de démontrer le néant de leurs chimères métaphysiques. Un exemple plaisant de ces invectives communes nous a été fourni récemment par le Dr A. Wagner dans son ouvrage *Grundprobleme der Naturwissenschaft, Briefe eines unmodernen Naturforschers*. Berlin 1887. Le chef récemment décédé du matérialisme moderne, le professeur L. Buchner qui se trouvait très violemment attaqué lui a répondu comme il convenait (*Berliner Gegenwart*, 1897, 40, p. 218, et *Munchener Algemetne Zeitung*, supplément 20 mars 1899 n° 58. — Un ami intellectuel du Dr A. Wagner, M. le Dr A. Brodbeck, de Hanovre, m'a fait dernièrement l'honneur de diriger contre mon *Monisme* une attaque semblable bien que plus convenable. *Kraft und Geist Eine Streitschrift gegen den unhaltbaren Schein-Monismus Professor Hæckel's und Genossen*. Leipzig, Strauch 1899). M. Brodbeck termine sa préface par cette phrase : « Je suis curieux de savoir ce que les matérialistes pourront me répondre. — La réponse est très simple : « Etudiez assidûment pendant cinq ans les sciences naturelles, et surtout l'anthropologie (spécialement l'anatomie et la physiologie du cerveau!) et vous acquerrez, ainsi, les *connaissances empiriques préliminaires* indispensables des faits fondamentaux, connaissances qui vous font encore complètement défaut. «

4. **L'Idée nationale.** — Comme cette soi-disant *idée nationale* d'Adolphe Bastian a été souvent admirée et célébrée non seulement en *ethnographie*, mais encore en *psychologie*, et que même son inventeur la considère comme le fruit théorique le plus important de son infatigable application, il nous fait observer que dans aucun des nombreux et importants ouvrages de Bastian on ne peut trouver une définition claire de ce fantôme mystique. Il est déplorable que ce voyageur et collectionneur éminent ne comprenne rien à la théorie moderne de l'évolution. Les nom-

breuses attaques qu'il a dirigées contre le darwinisme et le transformisme sont les produits les plus étranges et en partie les plus amusants de toute l'abondante littérature qui s'occupe de ce sujet.

5. Néovitalisme. — Bien que le darwinisme ait porté un coup fatal à la doctrine mystique d'une force vitale surnaturelle et en ait heureusement triomphé, il y a vingt ans déjà, cette théorie vient de reparaître et a même, dans ces dix dernières années, rencontré de nombreux adhérents. Le physiologue BUNGE, le pathologue RINDFLEISCH, le botaniste REINKE et d'autres, ont défendu avec grand succès cette foi en la force vitale immatérielle et intellectuelle qui vient de renaître. Quelques-uns de mes anciens élèves ont montré le plus grand zèle. Ces naturalistes « très modernes » ont acquis la conviction que la doctrine de l'évolution et surtout le darwinisme constituent une théorie erronée, sans consistance et que *l'histoire n'est aucunement une science*. L'un d'entre eux a même porté ce diagnostic « que tous les darwinistes sont atteints de ramollissement cérébral ». Mais comme malgré le néovitalisme, la grande majorité des naturalistes modernes (plus des neuf dixièmes) voit dans la doctrine de l'évolution le plus grand progrès qu'ait accompli la biologie dans notre siècle, il nous faut expliquer ce fait regrettable par une effroyable épidémie cérébrale. Toutes ces communications venant de spécialistes à l'esprit confus et étroit ont tout aussi peu d'effet sur notre doctrine de l'évolution et sur l'histoire des sciences que les excommunications du pape (p. 456).

Le néovitalisme apparaît dans toute son insuffisance et dans toute son inconsistance quand on l'oppose dans tout le monde organique aux *faits fournis par l'histoire*. Ces faits historiques de « l'histoire de l'évolution » entendus au sens le plus large, les fondements de la géologie, de la paléontologie, de l'ontogénie, etc., ne sont explicables dans leur liaison naturelle que grâce à notre *doctrine moniste de l'évolution*, qui ne s'accorde ni avec l'ancien, ni avec le nouveau vitalisme. Cette dernière théorie prend de l'extension ; cela s'explique en partie par un fait regrettable, par la *réaction générale* dans la vie politique et individuelle qui distingue très désavantageusement la dernière décade du xixe siècle de celle du xviiie. En Allemagne, en particulier, ce que l'on a appelé l' « ère nouvelle » (*neue Kurs*) a fait naître un byzantinisme déprimant qui s'exerce non seulement dans la vie politique et religieuse, mais encore dans l'art et dans la science. Cependant cette réaction moderne ne constitue en somme qu'un épisode passager.

6. Plasmodomes et plasmophages. — La division des *protistes* ou êtres vivants unicellulaires dans les deux groupes des plasmodomes et des plasmophages, est la seule classification qui permette de les faire rentrer dans les deux grands règnes de la nature organique, le règne animal et le règne végétal. Les plasmodomes (dont font partie ce que l'on appelle les « algues unicellulaires ») possèdent l'échange de matière caractéristique des plantes proprement dites. Le plasma, créateur de leur corps cellulaire, jouit de la propriété chimico-physiologique de pouvoir former du nouveau plasma vivant par *synthèse* et réduction (assimilation de carbone) de combinaisons anorganiques (eau, acide carbonique, ammoniaque, acide nitrique). Les *plasmophages*, par contre (infusoires et rhizopodes), possèdent l'échange de matière des *animaux* proprement dits. Le plasma analytique de leur corps cellulaire ne possède pas cette propriété synthétique. Il faut que leur plasma emprunte sa nourriture nécessaire directement ou indirectement au règne végétal. A l'origine (au commencement de la vie organique sur la terre), c'est d'abord par archigonie que sont nés les végétaux primitifs plasmodomes (phytomonères, probiontes, chromacées) ; c'est de ces derniers que sont provenus par métasitisme les animalcules plasmophages (zoomonères, bactéries, amibes). J'ai expliqué le phénomène important de ce métasitisme dans la dernière édition de mon *Histoire de la création naturelle* (1898, p. 426-439). J'en ai fait une discussion complète dans le premier tome de ma *Phylogénie systématique* (1894, p. 44-55).

7. **Stades d'évolution de l'âme cellulaire.** — J'ai distingué quatre stades principaux dans la *psychogénie des protistes* : 1° l'âme cellulaire des archephytes ; 2° des archezoaires ; 3° des rhizopodes ; 4° des infusoires.

I. A. Ame cellulaire des *archephytes* ou *phytomonères*, des plantes les plus simples ou protophytes. De ces formes les plus primitives de la vie organique, nous connaissons exactement la classe des *chromacées* ou cyanophycées, avec les trois familles des *chroocoques*, des *oscillaires* et des *nostocacées* (*Phylogénie systématique*, I, § 80). Le corps, dans le cas le plus simple (*procytelle, chroocoque, gleothèque* et autres *coccochromales*) un petit noyau de plasma globuleux, vert bleu ou vert brun, sans noyau cellulaire, sans structure reconnaissable semblable à un grain de *chrorophylle* des cellules des plantes supérieures. Sa substance homogène est sensible à la lumière et forme du plasma par une synthèse d'eau, d'acide carbonique et d'ammoniaque. Les mouvements moléculaires internes qui permettent cet échange de matière végétale, ne sont pas visibles extérieurement. La reproduction se fait de la façon la plus simple, par division. Chez beaucoup de chromacées ces produits de division se rangent en un certain ordre ; ils forment souvent des chaînes, et chez les oscillaires, ils exécutent des mouvements particuliers d'oscillation dont la raison et la signification sont inconnues. Ces chromacées sont particulièrement importantes au point de vue de la psychogénie phylétique parce que les plus anciennes d'entre elles (probiontes) sont nées par *archigonie* de combinaisons anorganiques. C'est avec la vie organique que l'activité psychologique la plus simple a pris naissance à l'origine (*Phylogénie systématique*, I, § 31-34, 78-80). La vie consistait uniquement en un échange de matières végétales et en une multiplication par division (conséquence de l'accroissement). L'activité psychologique se bornait à la sensibilité, à la lumière et à un échange chimique, comme cela se passe dans les plaques photographiques « sensibles ».

I. B. *Ame cellulaire des archéozoaires* ou *zoomonères*, les plus simples des animaux primitifs ou protozoaires. Le corpuscule est comme chez les archephytes un grain de plasma homogène, sans structure et sans noyau ; mais l'échange de matières est opposé. Comme le grain de plasma a perdu la qualité plasmodomique de la synthèse, il lui faut emprunter sa nourriture à d'autres organismes. Il décompose le plasma par analyse, par oxydation d'albuminate et d'hydrates de carbone. A l'origine ces *zoomonères* sont provenues de phytomonères plasmodomes par métasitisme, par une modification dans l'échange des matières (1). Nous connaissons deux classes de ces archeozoaires, les bactéries et les rhizomonères. Les petites bactéries (rangées la plupart du temps parmi les champignons et désignées sous le nom de schizomycètes) sont des « cellules sans noyau », et conservent une forme constante globuleuse chez les sphérobactéries (micrococcus, streptococcus), en bâtonnets chez les rhabdobactéries (bacillus, eubactérium), en spirale chez les spirobactéries (spirillum, vibrio). On sait que depuis peu ces bactéries présentent un remarquable intérêt parce que, malgré leur structure très simple, elles causent les modifications les plus importantes dans d'autres organismes. Les bactéries *zymogènes* occasionnent la fermentation, la putréfaction, les bactéries *pathogènes* sont les causes des maladies infectieuses les plus redoutables (tuberculose, typhus, choléra, lèpre); les bactéries *parasitaires* vivent dans les tissus de beaucoup de plantes et d'animaux sans leur causer ni beaucoup de bien, ni beaucoup de mal; les bactéries *symbiotiques* favorisent très utilement la nutrition et l'accroissement des plantes (essences forestières) et des animaux chez qui elles vivent en bons mutualistes. Ces petits archeozoaires témoignent d'un grand degré de sensibilité; ils distinguent des différences physiques et chimiques délicates; beaucoup jouissent de la faculté de se déplacer momentanément (grâce à des cils vibratiles). Le puissant *intérêt psychologique* que présentent les bactéries consiste en ce que ces différentes fonctions de sensibilité et de mouvement apparaissent sous la forme la plus simple comme des processus physiques et chimiques accomplis par la substance homogène du corpuscule plasmique qui n'a ni noyau ni structure. *L'âme du plasma* manifeste ici le point d'origine le plus ancien de la vie psychologique animale. La même observation s'applique aux *rhizomonères* les plus anciennes (protomonas, protomyxa, Vampyrella, etc.); elles se distinguent des petites bactéries par la mobilité de leur forme, elles possèdent des appendices en forme de lambeaux (protomœba ou de fils (protomyxa). Ces pseudopodes sont employés à différentes fonctions animales, comme organes du tact, de mobilité, de nutrition, et cependant ils ne constituent pas des organes constants, mais des appendices variables de la masse homogène et demi-liquide du corpuscule qui peuvent naître et disparaître à tout point de la surface comme chez les rhizopodes proprement dits.

I. C. *Ame cellulaire des rhizopodes.* La grande classe des rhizopodes présente à plusieurs points de vue un grand intérêt pour la psychogénie phylétique. Dans ce groupe de protozoaires à formes très variées, nous connaissons plusieurs milliers d'espèces (vivant pour la plupart dans la mer) et nous les distinguons principalement par la forme caractéristique du squelette que le corpuscule unicellulaire sécrète dans un but de protection ou de soutien. Ce « cythecium » tant chez les talamophores à

---

(1) *Phylogénie systématique*, t. I, 1894, § 37, 38, 101, 108.

coquille calcaire que chez les radiolaires à coquille siliceuse est d'une forme très variée, en général très élégante et très régulière. Dans beaucoup des formes les plus grandes, (nummulites, phœodaires) se montre une disposition étonnamment compliquée ; elle se transmet dans les espèces isolées avec une « constance relative » aussi grande que la forme spécifique typique chez les animaux supérieurs. Et nous savons cependant que ces étonnantes « merveilles de la nature » sont les produits de sécrétion d'un plasma amorphe, liquide et consistant qui projette les mêmes pseudopodes variables que les rhizomonères dont nous avons parlé. Pour expliquer ce phénomène, il nous faut attribuer au plasma sans structure des rhizopodes unicellulaires un « sentiment plastique de la distance » qui leur est particulier ainsi qu'un sentiment de l'équilibre hydrostatique (1).

Nous voyons de plus que la même substance homogène est sensible aux excitations lumineuses, caloriques, électriques, à la pression et aux réactifs chimiques. De même l'observation microscopique la plus scrupuleuse nous convainc que cette masse albumineuse, muqueuse, liquide, ne possède pas de structure anatomique appréciable. bien que nous devions admettre l'hypothèse d'une structure moléculaire très développée, invisible pour nous et héréditaire. Nous voyons que le nombre et la forme des mailles du réseau muqueux que forment en s'unissant les milliers de pseudopodes rayonnant dans leurs rencontres fortuites changent constamment et quand nous les excitons violemment ils rentrent tous dans le plasma commun des corpuscules globuleux. Nous observons le même fait sur une grande échelle chez les *mycelozoaires* ou mycomycètes, par exemple chez l'*aethalium septicum* qui recouvre d'un mucus jaune gigantesque les couches de tan. En une plus faible mesure et sous une forme plus simple, nous observons la même « âme des rhizopodes » chez les amibes ordinaires. Ces cellules nues projetant des lambeaux sont particulièrement intéressantes par ce fait que leur constitution primitive se retrouve partout dans les tissus d'animaux unicellulaires plus élevés. Le jeune œuf dont l'homme provient, les millions de leucocytes ou globules blancs qui circulent dans notre sang, beaucoup de « cellules muqueuses », etc., sont amiboïdes ». Quand ces cellules voyagent (planocytes) ou mangent (phagocytes), elles manifestent les mêmes phénomènes vitaux propres aux animaux, les mêmes faits de mouvement et de sensibilité que les amibes isolées. Tout dernièrement Rhumbler a montré, dans une excellente étude, que beaucoup de ces *mouvements amiboïdes* donnent l'impression d'une activité psychique, mais peuvent être créés expérimentalement et dans la même forme dans des corps inorganiques.

I. D. *Ame cellulaire des infusoires*. C'est chez les infusoires proprement dit, tant chez les *flagellés* que chez les *ciliés* et chez les *acinetes* que l'activité psychique animale des organismes unicellulaire atteint son degré le plus élevé. Ces animalcules délicats dont le corps tendre revêt ordinairement une forme très simple, arrondie et allongée, se meuvent d'une façon

---

(1) Ernst Hœckel, *Monographie des radiolaires*, Ire part. (1862), p. 127-135. IIe part. (1887) p. 113-122.

particulièrement vive dans l'eau, nageant, courant, grimpant. Ils utilisent, comme organes moteurs, les fins petits poils qui sortent de la pellicule. Des organes moteurs d'une autre espèce sont constitués par les fibres musculaires contractiles (myophènes) qui se trouvent sous la pellicule et modifient la forme du corps d'après leur combinaison.

Ces myophènes se développent sur des points isolés du corpuscule pour former les organes moteurs spéciaux. Les vorticelles se caractérisent par un muscle pétiolé contractile et beaucoup d'hypotriques, par un « muscle obturateur de l'orifice cellulaire ». Des organes de sensibilité spéciaux se sont également développés chez eux. En particulier certains cils phosphorescents se sont transformés en organes olfactifs et gustatifs. Chez les infusoires qui se reproduisent par la copulation de deux cellules, il faut admettre une sensibilité chimique semblable à l'odorat des animaux plus élevés. Et si les deux cellules qui copulent présentent déjà une différenciation sexuelle, ce chémotropisme prend un caractère érotique. On peut alors distinguer dans la cellule la plus grande, la cellule femelle une « tache de conception » et dans la cellule la plus petite un « cône de fécondation. »

8. **Formes principales des cénobies.** — Les nombreuses formes d'unions cellulaires qui sont très importantes puisqu'elles forment le passage entre les protozoaires et les métozoaires n'ont pas jusqu'à présent été suffisamment appréciées. Beaucoup de *chromacées*, de *paulotomiées*, de *diatomées*, de *desmidiacées*, de *mastigotes* et de *melethaelies* constituent des cénobies de *protophytes*. Des cénobies de protozoaires se rencontrent dans plusieurs groupes de *rhizopodes* (polycyttaria) et d'infusoires (chez les flagellés et chez les ciliés, cf. *Phylogénie systematique*, 1., p. 58). Toutes ces cénobies proviennent d'une *division* répétée (la division a lieu, dans la plupart des cas, le bourgeonnement est plus rare) d'une *cellule-mère simple*. D'après la forme particulière de cette division et en suivant la disposition spéciale des générations cellulaires sociales qui en sont provenues, on peut distinguer quatre formes principales de cénobies : 1° *Cénobies* grégales, masses gélatineuses de forme globuleuse, cylindrique, plate, d'un volume indéterminé, dans lesquelles de nombreuses cellules de même espèce (la plupart du temps sans ordre fixe) sont réparties (la masse gélatineuse, dépourvue de structure qui les réunit est sécrétée par les cellules mêmes). La morula appartient à ce groupe; 2° *Cénobies* sphérale, globules gélatineux à la surface desquels les cellules sociales sont disposées les unes à côté des autres en une simple rangée. Les colonies globuleuses des volvocines et des halosphères, des catallactes et des polycyttaires. Cette forme est particulièrement intéressante parce que sa disposition rappelle la blastula des métazoaires. Comme dans le blastoderme de ces derniers, souvent les nombreuses cellules des cénobies sphérales se trouvent serrées les unes contre les autres et constituent un épithélium très simple (forme la plus ancienne du tissu). Il en est ainsi chez les *magosphères* et les *halosphères*. Dans d'autres cas, par contre, les cellules sociales sont séparées par des intervalles et ne sont rattachées entre elles que par des ponts de plasma comme si elles se donnaient la main. C'est ce que l'on rencontre chez les

volvocines et les phylocyttaires (sphérozoaires, collosphères, etc.); 3° *Céno bies arborales*. Tout le bâtonnet cellulaire est ramifié et ressemble à une tige de fleurs. Comme le fond, les fleurs et les feuilles, dans ce dernier cas, les cellules sociales se trouvent sur les branches d'un tronc gélatineux ramifié, ou bien encore dans leur multiplication elles se disposent de telle façon que toute la colonie ressemble à un arbrisseau, à un polypier. Il en est ainsi chez beaucoup de diatomées et de mastigotes, de flagellés et de rhizopodes. 4. *Cénobies catenales*. Les cellules se divisant à plusieurs reprises (transversalement) et les produits de cette division étant rangés les uns à côté des autres, il se produit des filets ou chaînes de cellules. Parmi les *protophytes*, elles sont très répandues chez les chromacées, desmidiacées, diatomées, et parmi les protozoaires chez les bactéries et les rhizopodes, plus rarement chez les infusoires. Dans toutes ces différentes formes de cénobies interviennent deux degrés différents d'*individualités* ainsi que d'activité psychique : 1° *l'âme cellulaire* de chaque cellule individuelle, 2° *l'âme cénobiale* de toute la colonie cellulaire.

9. Psychologie des cnidaires. — *L'hydre*, polype d'eau douce ordinaire possède un corps ovale d'une constitution très simple, de deux rangées de cellules, ressemblant à une gastrula qui se serait fixée. Autour de la bouche se trouve une couronne de tentacules. Les deux rangées de cellules qui constituent la paroi du corps (et même la paroi des tentacules) sont les mêmes que chez les prédécesseurs immédiats des polypes, chez les *gastréades*. Une différence s'est pourtant établie dans l'ectoderme, la division du travail existe parmi les cellules. Entre les cellules ordinaires indifférentes se trouvent des cellules urticantes, des cellules sexuelles et des cellules *neuromusculaires*. Ces dernières sont particulièrement intéressantes. Du corps cellulaire part un long appendice en forme de filet qui se dirige vers l'intérieur, il est contractile à un haut degré et rend possibles les vives contractions du corps. On le considère comme l'origine de la constitution musculaire, aussi le nomme-t-on myophène ou myonème. Comme la partie extérieure des mêmes cellules est sensible, on les désigne sous le nom de cellules neuromusculaires ou encore cellules musculaires épithéliales. Comme les cellules voisines sont reliées par de fins prolongements et qu'elles sont peut-être unies en un plexus nerveux par les prolongements des cellules ganglionnaires éparses, toutes ces fibres musculaires peuvent se contracter en même temps, mais un organe nerveux central, un ganglion véritable n'existe pas encore, pas plus que n'existent d'organes des sens différenciés. Les nombreuses formes des hydropolypes marins (tubulariées, campanariées) possèdent la même structure épithéliale que l'hydre. La plupart des espèces portent des bourgeons et forment des pieds. Les nombreux individus qui composent ces pieds sont entre eux en relation directe. Une forte excitation venant atteindre une partie de la société peut se transmettre à tous ses membres et causer la contraction de beaucoup d'entre eux ou même de tous. De plus faibles excitations n'amènent de contraction que chez le seul individu atteint. Nous pouvons donc distinguer déjà chez les polypiers une double âme : l'*âme personnelle* du polype isolé, et l'*âme cormale* et commune de tout le pied.

Ame des méduses. — Les *méduses* qui sont fort près des petits polypes, fixes et nagent librement possèdent une organisation bien supérieure surtout les grandes et belles discoméduses. Leur corps tendre, gélatineux ressemble à un parapluie ouvert, s'appuyant sur 4 ou 8 rayons. Au manche du parapluie (umbrella) correspond le canal stomacal qui descend au milieu. A son extrémité inférieure se trouve la bouche, formée de 4 lambeaux, très sensible et très mobile. A la surface inférieure de l'ombrelle se trouve une couche de muscles annulaires dont la contraction régulière maintient plus solidement arquée l'ombrelle et expulsent vers la partie inférieure l'eau de mer contenue dans les cavités. Sur le bord libre et circulaire de l'ombrelle siègent, répartis en général à intervalles égaux. 4 ou 8 *organes sensoriels* ainsi que de longs tentacules, très mobiles et très sensibles. Les organes sensoriels (*sensilla*) sont tantôt de simples yeux ou des ampoules auditives, tantôt des masses sensorielles composées (rhopalia) dont chacune contient un œil, une ampoule auditive et un organe gustatif. Le long du bord de l'ombrelle court un anneau nerveux qui met en communication les petits ganglions nerveux situés à la base des tentacules. Ces derniers envoient des nerfs sensitifs aux organes des sens et des nerfs moteurs aux muscles. A cette structure différenciée de l'appareil psychique correspond chez les méduses une activité psychique vive et complètement développée. Elles meuvent comme il leur plaît les différentes parties de leur corps, réagissent contre la lumière, la chaleur, l'électricité, les excitations chimiques comme les animaux supérieurs. L'anneau nerveux du bord de l'ombrelle avec ses 4 ou 8 ganglions constitue un organe central et celui-ci permet qu'il y ait relation entre les différents organes sensibles et moteurs. Mais de plus chacune des 4 ou 8 parties radiales qui contient un ganglion a son âme et peut indépendamment des autres manifester de la sensibilité et de la motilité. L'âme des méduses possède donc déjà le véritable caractère de l'âme nerveuse, mais elle fournit en même temps un très intéressant exemple du fait que cette âme peut se *diviser en plusieurs parties d'égale valeur*.

Métagenèse de l'âme. — Les petits polypes fixes et les grandes méduses qui nagent librement apparaissent à tous les points de vue comme des animaux si différents qu'autrefois on en faisait universellement deux classes totalement distinctes. Le polype, de structure simple, n'a ni nerfs, ni muscles, ni organes sensoriels différenciés; son âme est mise en action par la rangée de cellules de l'ectoderme. La méduse, de structure plus compliquée, jouit de nerfs et de muscles indépendants, de ganglions et d'organes sensoriels différenciés. Son *âme nerveuse* a besoin pour son activité de cet appareil complexe. Tandis que l'organe de nutrition des polypes se réduit à la simple ouverture stomacale ou à l'intestin primitif des anciens gastréades, on trouve souvent à sa place, chez les méduses, un système de gastrocanal fort compliqué avec des poches ou canaux de nutrition, bien ordonnés en rayons et partant de l'estomac central. Dans sa paroi se développent 4 ou 8 glandes sexuelles indépendantes ou gonades qui manquent encore aux polypes; ici naissent de la façon la plus simple des cellules sexuelles isolées au milieu des cellules ordinaires et indifférentes. La différence dans la structure, dans la vie psychique de ces deux classes d'animaux est donc très importante, bien plus grande que la différence correspondante qui existe entre un homme et un poisson, ou entre une fourmi et un ver de terre. Grande fut donc la surprise des zoologues quand en 1841, l'éminent naturaliste Saro (d'abord pasteur protestant, puis zoologue moniste) fit la découverte que ces deux formes animales appartenaient à une seule et même sphère de génération. Des œufs fécondés des *méduses* naissent de simples *polypes* et ces derniers produisent par la voie insexuée du bourgeonnement de nouvelles méduses. Steenstrup, à Copenhague, avait déjà fait de semblables observations sur les vers intestinaux et il réunit en 1842 toutes les observations sous le terme de *métagenèse*. On découvrit plus tard que le même phénomène remarquable est très répandu aussi bien chez des animaux inférieurs que chez des plantes (mousses, fougères). Ordinairement deux générations très différentes alternent de telle façon que l'une est sexuée, produit œuf et sperme, tandis que l'autre reste insexuée et se reproduit par bourgeonnement.

Au point de vue de la *psychologie phylogénétique* cette métagenèse des polypes et des méduses présente le plus vif intérêt parce que les deux représentants d'une même espèce animale qui alternent régulièrement apparaissent comme si éloignés, non seulement dans leur structure, mais encore dans leur activité psychique. Nous pouvons suivre ici par l'observation directe, en une certaine mesure, *in statu nascendi*, la naissance de l'âme nerveuse de forme supérieure d'une âme de forme inférieure ; et ce qui est surtout important, nous pouvons l'expliquer en montrant les *causes* qui se produisent.

Origine de l'âme nerveuse. La première origine du système nerveux, des muscles et organes des sens, sa provenance de l'ectoderme peut *ontogénétiquement* s'observer directement chez l'homme et chez les animaux supérieurs, mais l'explication phylogénétique de ces phénomènes remarquables ne peut être atteinte qu'indirectement. Par contre nous en trouvons l'explication directe dans la » métagenèse » des polypes et des méduses dont nous venons de parler. La cause efficiente de cette métagenèse se trouve dans les *modes d'existence complètement différents* de ces deux formes animales. Les polypes, antérieurs, fixés comme des plantes sur le sol de la mer n'avaient besoin dans leurs simples prétentions ni d'organes sensoriels supérieurs ni de muscles et de nerfs distincts. Pour nourrir leurs petits corps vésiculeux il leur suffisait de l'ectoderme, de même que le simple épithélium de leur membrane externe avec ses légers commencements de différenciation histologique suffisait pour recevoir leurs sensations et accomplir leurs mouvements toujours identiques. Il en est tout autrement chez les grandes *méduses* qui nagent librement, comme je l'ai montré dans ma monographie de ces beaux animaux si intéressants (1864-1882); grâce à leur *adaptation* aux conditions d'existence particulières à la mer, leurs organes sensoriels, leurs muscles et leurs nerfs ne doivent pas être moins parfaits et distincts que chez beaucoup d'animaux supérieurs. Pour les nourrir il a fallu que se développât un gastro-canal compliqué. La structure plus fine de leurs organes psychiques que Richard Hertwig nous a fait connaître, en 1882, correspond à des prétentions plus élevées que le mode d'existence de ces animaux de proie nageant librement impose : yeux, organes auditifs, organes permettant également de prendre conscience de l'équilibre, organes chimiques (gustatifs et olfactifs) sont nés à la suite de la distinction et de la conscience des différentes excitations ; les mouvements arbitraires dans la nage, la capture de la proie, dans l'ingestion de la nourriture, dans la lutte contre les ennemis ont conduit à la distinction de groupes de muscles. La liaison régulière établie entre les organes moteurs et ces organes sensibles a causé le développement des 4 à 8 ganglions radiés situés sur le bord de l'ombrelle ainsi que de l'anneau nerveux qui les unit. Mais si les œufs fécondés de ces méduses se développent de nouveau sous formes de polypes libres, ce retour s'explique par les lois de l'*hérédité latente*.

10. Psychologie des singes. — Comme les singes et surtout les singes anthropoïdes sont très rapprochés des hommes non seulement relativement à la structure et au mode d'évolution, mais encore sous tous les rapports pour la vie psychique, *l'étude comparative de la psychologie des singes* ne saurait être recommandée d'une façon assez pressante à nos psychologues de profession. La visite des jardins zoologiques, des théâtres où paraissent les singes est en particulier aussi instructive que récréative. Mais la fréquentation du cirque et des théâtres où paraissent des chiens, n'est pas moins riche en enseignements. Les résultats étonnants qu'a atteint le *dressage moderne* non seulement dans l'instruction des chiens, des chevaux et des éléphants, mais encore dans l'éducation des rapaces rongeurs et autres mammifères inférieurs doivent fournir à ces psychologues impartiaux, s'ils les étudient avec soin, une source de connaissances psychologiques des plus importantes au point de vue moniste. Indépendamment de cela, la fréquentation de semblables expositions est plus récréative et élargit bien davantage l'horizon anthropologique que l'étude ennuyeuse et relativement abrutissante des fantaisies métaphysiques que ce que l'on appelle la « psychologie introspective pure » a couché dans des milliers de volumes et d'articles.

11. Téléologie de Kant. — Les progrès étonnants de la biologie moderne ont complètement réfuté l'*explication téléologique de la nature due à Kant*. La physiologie a prouvé entre autres choses que tous les phénomènes biologiques se ramènent à des procès chimiques et physiques et que leur explication n'exige ni un *créateur* personnel agissant en chef d'entreprise, ni une *force vitale* énigmatique construisant en vue d'une fin. La théorie cellulaire nous a montré que toutes les activités biologiques complexes des animaux et des plantes supérieurs doivent être dérivés des procès physico-chimiques simples qui se produisent dans l'organisme élémentaire des *cellules* microscopiques et que la base matérielle de ces procès est le *plasma* du corps cellulaire. Cette observation s'applique tant aux phénomènes d'accroissement et de la nutrition qu'à ceux de la reproduction, de la sensibilité et du mouvement. La loi biologique fondamentale nous enseigne que les phénomènes énigmatiques de l'embryologie (le développement des embryons et la modification résultant de la puberté) reposent sur la transmission héréditaire de processus correspondants qui se sont produits dans la ligne des ancêtre . La théorie de la descendance a résolu l'énigme, elle a expliqué comment ces processus, ces activités physiologiques de l'*hérédité* et de l'*adaptation*, ont, au cours de longs espaces de temps, causé un changement constant des formes spécifiques, une lente *transformation* des espèces. La théorie de la *sélection*, enfin, prouve clairement que, dans ces procès phylogénétiques, les dispositions les plus opportunes se produisent d'une façon purement mécanique, par sélection du plus utile. Darwin a donc fait prévaloir un principe d'explication mécanique de l'utilité organique que, déjà plus de 2.000 ans auparavant, Empèdocle avait soupçonné. Il est devenu ainsi le *Newton de la vie organique* ce dont Kant avait complètement contesté la possibilité.

Ces circonstances historiques que j'ai déjà relevées il y a plus de trente ans (dans le cinquième chapitre de l'*Histoire de la création naturelle*), sont si intéressantes et si importantes que je tiens à insister sur elles ici. Ce n'est pas seulement opportun parce que la philosophie moderne demande avec une insistance particulière un *retour à Kant*, mais aussi parce qu'il en découle que les métaphyciciens les plus grands tombent tête baissée dans les plus graves erreurs en jugeant les questions les plus importantes.

Kant, le fondateur subtil et clair de la « philosophie critique », déclare avec la plus grande précision qu'il est « absurde » d'espérer une découverte qui 70 ans plus tard est faite réellement par Darwin et il refuse pour tous les temps, à l'esprit humain une notion importante que ce dernier acquiert réellement par la théorie de la sélection. On voit combien est dangereux l'*ignorabimus* catégorique.

En ce qui touche l'honneur exagéré que l'on rend à Kant dans la nouvelle philosophie allemande et qui se transforme chez beaucoup de « Néo-Kantiens » en une adoration idolâtre et indéterminée, il nous sera permis de mettre en lumière les imperfections humaines du grand philosophe de Königsberg et les faiblesses néfastes de sa sagesse critique. Sa tendance dualiste vers une métaphysique transcendentale, qui ne fit qu'accroître avec les années, avait pour cause l'instruction préparatoire, pleine de lacunes incomplètes qu'il reçut à l'école et à l'université. Cette instruction ainsi obtenue était surtout *philologique*, *théologique* et *mathématique*. Dans les sciences naturelles, il n'apprit à fond que l'astronomie et la physique et en partie également la chimie et la minéralogie. Par contre, le vaste domaine de la biologie, si peu étendu qu'il fût à l'époque, lui reste *inconnu pour la plus grande partie*. Parmi les sciences naturelles organiques, il n'a étudié ni la zoologie, ni la botanique, ni l'anatomie, ni la physiologie ; son anthropologie dont il s'occupa pendant longtemps resta fort imparfaite. Si Kant, au lieu d'étudier la philologie et la médecine avait approfondi la médecine, il aurait puisé dans les cours d'anatomie et de physiologie une connaissance approfondie de l'*organisme* humain, si dans les cliniques il s'était acquis une appréciation vivante de ces modifications pathologiques, non seulement son anthropologie mais encore toute la conception de l'univers du philosophe critique aurait pris une tout autre forme. Kant alors n'aurait pas aussi légèrement passé sur les phénomènes biologiques les plus importants comme il le fit dans ses écrits postérieurs (à dater de 1769).

Après avoir accompli ses études universitaires, KANT dut pendant neuf ans gagner son pain en donnant des leçons à domicile, de 22 à 31 ans, précisément dans la période la plus importante de sa vie de jeunesse, quand à la suite de l'enseignement pris à l'Université, le libre développement du caractère personnel et scientifique se décide. Si KANT, qui pendant la plus grande partie de son existence resta fixé à Königsberg et ne franchit presque jamais les frontières de la province de Prusse avait accompli des voyages plus importants, s'il avait donné au vif intérêt qu'il portait à la géographie et à l'anthropologie un aliment vivant par des appréciations réelles, l'extension de son horizon aurait eu une action réaliste très heureuse sur la forme de sa conception idéale de l'univers. Puis le fait que KANT ne se maria pas peut, chez lui comme chez d'autres vieux garçons philosophes excuser ses lacunes et son exclusivisme. L'homme et la femme constituent, en effet, deux organismes essentiellement différents qui n'arrivent à rendre parfaitement la notion générique normale « d'hommes » qu'en se complétant mutuellement.

13. Critique des Évangiles (S. E. VERUS, *Tableau synoptique des évangiles* dans leur texte complet.) Leipzig 1897. — Conclusion : « Toute œuvre doit être comprise et jugée d'après l'esprit de son temps. Les *fictions évangéliques* naissent à une époque très peu scientifique et dans des sphères pleines de grossières superstitions ; elles ont été écrites pour leur temps, et non pour le temps présent ni pour « tous les temps », mais non comme œuvres historiques, ce sont des œuvres d'édification et en partie des pamphlets ecclésiastiques. Seul l'intérêt de l'Église et de ses prêtres ainsi que des institutions sociales qui y sont liées pouvait demander que l'on rapportât l'origine de chaque œuvre aux « apôtres » (Matthieu, Jean) ou aux « disciples des apôtres » (Marc, Luc) ; cela suffit pour expliquer très simplement et très naturellement leur crédit persistant pendant des siècles et que l'on a coutume de ramener à des influences surnaturelles.

« La forme primitive de ces fictions a subi dans les premiers siècles des modifications variées et ne peut plus être établie présentement. Le recueil des écrits du Nouveau Testament ne s'est formé que très lentement et sa reconnaissance n'a été unanimement acceptée qu'après des siècles, pour une partie du moins. Tout ce que l'on tire comme article de foi des écrits de cette époque sans critique ne repose que sur l'arbitraire, l'erreur, si ce n'est sur la falsification consciente.

« A toute époque de grande oppression, les Israélites ont attendu un sauveur (Messie). C'est ainsi qu'Isaïe 45, I, après la captivité de Babylone (597-538) salue du titre de Messie le roi des Perses, Cyrus (qui n'était pas Juif) parce qu'il a rendu la liberté au peuple. Un grand prêtre, Josué, fait rentrer les Juifs dans leur patrie et la légende créa un Josué antérieur qui, comme successeur de Moïse aurait ramené son peuple à Chanaan. Après la ruine de Jérusalem (70 de notre ère), le savant Josèphe déclare qu'il restait encore à l'humanité un temple plus vaste qui ne serait pas bâti par la main des hommes, et voyait dans l'empereur Vespasien un Messie qui apporterait la liberté à tout l'univers. Mais dans le vaste empire romain, plus d'un poète, plus d'un penseur, rêvaient d'un sauveur du monde, et en quelques dizaines d'années se produisit toute une série de « Messies ». L'esprit poétique du peuple créa un troisième Josué (en grec Jésus).

« La vie d'un semblable ami des pauvres, d'un faiseur de miracles, d'un sauveur du monde n'était pas trop difficile à écrire : des aventures, des événements, des discours étaient fournis par les modèles de l'ancien testament (abstraction faite des légendes de Krishna et de Bouddha qui depuis des siècles étaient répandues dans tout l'Orient). Un Moïse, un Élie, un Élisée auxquels il ne fallait pas que le héros reste inférieur, des expressions des psaumes et des prophètes. Souvent les auteurs prenaient à la lettre des images. Les pâtres de l'Église tenaient encore beaucoup de contes merveilleux pour des allégories, alors que maintenant l'Église veut que tout, même ce qui est le plus étonnant, soit pris à la lettre.

« La figure du Messie se créa donc peu à peu. Dans les *épitres de Paul* qui sont prouvées avoir été composées avant les « fictions évangéliques », il n'est rien dit de la mort ni de la résurrection. De certains passages des prophètes, littéralement interprétés, on déduisit la doctrine du salut. On se demanda enfin, où, comment, de qui est-il né? Combien de temps a-t-il vécu? etc. Dès que l'exemple d'une semblable fiction eut été donné, un flot d'œuvres semblables se répandit, caricatures grossières pour une partie, pour une autre, tableaux de la vie se renfermant dans les limites du possible jusqu'à un certain point. Chaque région, chaque commune importante a son évangile et souvent on le nommait d'un nom devenu célèbre. On tenait pour parfaitement permis d'écrire ainsi sous un faux nom.

« Ces fictions évangéliques placent leur héros dans la première moitié du premier siècle de notre ère. Mais ni les écrivains juifs (Philon, Josèphe) ni les écrivains romains ou grecs (comme Tacite, Suétone, Pline, Dion, Cassius) de cette époque et de la suivante, ne connaissent ni ce « Jésus de Nazareth », ni les événements de sa vie que l'on raconte; la ville de Nazareth est même tout à fait inconnue. »

13. Christ et Bouddha. — A l'excellent ouvrage de S. E. VERUS : *Vergleichende Uebersicht der vier Evangelien* (source unique pour une vie de Jésus) j'emprunte la communication suivante : « Le professeur RUDOLF SEYDEL a comparé les biographies indiennes et chinoises de Bouddha qui sont nombreuses et sont certainement antérieures à notre ère dans plusieurs travaux consciencieux estimés par d'éminents théologiens, tels que le professeur PFLEIDERER. Il a établi indubitablement les faits suivants : Le fonds de la vie des deux *fondateurs de religion* est une vie nomade, apostolique et salvatrice, la plupart du temps en compagnie de disciples, interrompue parfois par des repos (banquets, solitude au désert); en outre on y rencontre des sermons sur des montagnes et un séjour dans la capitale après une entrée triomphale. Mais dans tous les détails et dans leur suite se montre un surprenant accord.

« Bouddha est un Dieu fait homme; comme homme il est de race royale. Il est engendré et mis au monde de façon surnaturelle, sa naissance est annoncée à l'avance d'une façon merveilleuse. Dieux et rois saluent le nouveau-né et lui apportent des présents. Un vieux brahmane le reconnaît aussitôt pour le rédempteur de tous les maux. Il ramène la paix et la joie sur la terre. Le jeune Bouddha est poursuivi et miraculeusement sauvé, installé solennellement dans le temple, enfant de 12 ans, il est recherché par ses parents et retrouvé au milieu des prêtres. Il est précoce, dépasse ses maîtres et grandit en âge et en sagesse. Il prend le baptême de consécration dans le fleuve sacré. Quelques disciples d'un sage brahmane viennent à lui. Le mot de ralliement est « suis-moi ». Il consacre un disciple d'après l'usage indien sous un figuier. Parmi les douze, trois des disciples sont de vrais modèles et il se trouve aussi un traître. Les anciens noms des disciples sont changés. Non loin se trouve un cercle plus nombreux de 18 élèves. Bouddha envoie ses disciples par deux et par trois après les avoir munis d'instructions. Une fille du peuple célèbre sa mère comme bienheureuse. Un riche brahmane veut le suivre mais ne peut se séparer de ses biens. Un autre lui rend visite la nuit. Il n'était pas apprécié par sa famille, mais trouva des sympathies chez les notables et chez les femmes.

« Bouddha enseigne en promettant le bonheur comme prix. Il parle volontiers par parabole. Ses enseignements montrent (souvent dans le choix même des mots) une ressemblance, il détourne des prodiges, recommande l'humilité, l'humeur pacifique, l'amour des ennemis, l'humilité la victoire sur soi-même et même l'abstinence de rapports charnels. Il enseigne aussi sa destinée. Au cours des pressentiments de sa mort prochaine, il insiste sur le fait qu'il rentre au ciel, dans ses adieux, il exhorte ses disciples, leur désigne un médiateur (consolateur) et annonce un bouleversement général de l'univers. Sans patrie et pauvre, il voyage en qualité de médecin, de sauveur, de rédempteur. Ses adversaires lui opposent qu'il préfère la société des « pécheurs ». Peu de temps avant sa mort il est invité à dîner chez une pécheresse. Un disciple convertit une fille d'une classe méprisée, près d'un puits. De nombreux miracles attestent sa divinité (il marche sur l'eau, etc.). Il entre triomphalement dans la capitale et meurt au milieu de signes merveilleux : la terre tremble, les extrémités de la terre sont en flamme, le soleil s'éteint, un météore tombe du ciel. Bouddha lui aussi va en enfer et au ciel. »

14. La généalogie du Christ. — PAUL DE REGLA dit dans son intéressant ouvrage (1894) : « Heureusement ce fils de Marie qui, au sens de notre langue juridique actuelle était un *fils naturel*, possède d'autres titres de gloire que son obscure extraction. Qu'il soit le fils d'un amour secret ou la suite d'un acte que notre société actuelle déclare être un *crime*, quelle importance cela pouvait-il avoir pour sa glorieuse existence : est-ce que la dignité de sa conduite ne lui donne pas un droit à l'*auréole* qui illumine sa noble physionomie? » Dans le sud de l'Italie et de l'Espagne, où beaucoup de notions très relâchées ont cours sur la sainteté du mariage le prêtre catholique s'est adapté à ces conceptions habituelles dans le pays.

Les enfants naturels qui sont engendrés en quantité, tous les ans, par les prêtres et chapelains (suite naturelle du saint *célibat*) sont souvent considérés comme les produits d'une *immaculée conception* et jouissent d'une considération particulière. Par contre le nom de baptême *Joseph* (Beppo), qui rappelle le bon charpentier trompé de Galilée, n'est souvent pas très bien vu. Ayant été en 1859, à Messine, le témoin oculaire d'une rixe violente entre mon pêcheur Vincenzo et son collègue Giuseppe, le premier cria brusquement, en faisant les cornes au dernier, le seul mot de Beppo, ce qui le jeta dans une grande fureur. Comme je demandais ce que cela signifiait Vincenzo répondit en riant ; « Eh ! il s'appelle Beppo et sa femme Marie et, de même, que pour notre sainte madone le premier fils n'est pas de lui ; mais d'un prêtre ! » C'est très caractéristique.

La doctrine vaticane pour qui de semblables débats sont très désagréables cherche naturellement à passer légèrement sur la conception douteuse et la naissance illégitime du Christ et cependant elle ne peut éviter de glorifier par des images et des poésies cet événement important de sa vie humaine ainsi que d'autres d'ailleurs, et elle le fait parfois d'une façon remarquablement *matérialiste*.

Dans l'influence extraordinaire que les représentations par images de l'« histoire sainte » ont exercée sur la fantaisie du peuple croyant et qui aujourd'hui encore est un des soutiens les plus forts de l'*ecclesia militans*, il est intéressant de voir combien l'Eglise tient au maintien invariable du modèle fixé, et usité depuis plus de mille ans. Tout homme instruit sait que les millions d'images répandues partout et consacrées à l'écriture sainte ne représentent ni les scènes ni leurs personnages, dans les vêtements de l'époque (comme le croit la masse ignorante), mais suivant une conception idéalisée qui répond au goût d'artistes postérieurs. Les écoles de peintres italiennes ont exercé l'influence prépondérante ; cela vient de ce qu'au moyen âge l'Italie était non seulement le siège du papisme qui gouvernait le monde, mais de ce qu'elle produisait aussi les plus grands peintres, sculpteurs, architectes qui se mettaient à son service.

Il y a quelques dizaines d'années tout une série de peintures consacrées à l'histoire sainte, excita une grande sensation. Elle était due au génial peintre russe WERESCHTCHAGIN. Elles représentaient les scènes importantes de la vie du Christ d'après une conception originale, *naturaliste* et *ethnographique* : la sainte famille, Jésus près de Jean au bord du Jourdain, Jésus dans le désert, Jésus sur le lac de Tibériade, la prophétie, etc. Le peintre avait, au cours de son voyage en Palestine (en 1884), étudié soigneusement non seulement toute la scène du pays saint, mais encore sa population, le costume, les habitations et les avait reproduits très fidèlement. Nous savons que le pays ainsi que les ornements en Palestine se sont très peu modifiés depuis 2.000 ans. Aussi les peintures de WERESCHTCHAGIN les représentaient-elles d'une façon beaucoup plus vraie et plus naturelle que tous les millions d'images qui traitent l'écriture sainte d'après les patrons traditionnels des Italiens. Mais c'est précisément ce caractère réaliste des peintures qui choquait particulièrement le prêtre catholique et il n'eut de repos que quand l'exposition fut interdite par ordre de la police (en *Autriche*, par exemple).

15. Le christianisme et la famille. — L'attitude hostile que prit le christianisme primitif dès le début contre la vie de famille et l'amour de la femme qui en est la raison est prouvée irréfutablement par les évangiles ainsi que par les épitres de Paul. Quand Marie s'inquiétait du Christ, il la repoussa par ces mots indignes d'un fils : « Femme qu'ai-je de commun avec toi? » Quand sa mère et ses frères voulaient converser avec lui, il répondait : « Qui est ma mère et qui sont mes frères ? » Puis, montrant ses disciples assis autour de lui : « Voyez, voici ma mère et voici mes frères, etc. » (Mathieu 12, 46-50 ; Marc 3, 31-35 ; Luc, 8, 19-21). Et même le Christ faisait du revirement complet de sa propre famille et de la haine contre elle, la condition de la vertu : « Quiconque vient à moi et ne hait point son père, sa mère, sa femme, ses frères, ses sœurs et même sa propre vie ne peut pas être mon disciple. » (Luc, 14, 26.)

16. Anathème du pape contre la science. — Dans la lutte difficile que la *science* moderne doit mener contre la superstition régnante de l'église chrétienne, la *déclaration de guerre* publique que le puissant représentant de cette dernière, le pape de Rome, a lancée contre la première en 1870 est excessivement importante. Parmi les *propositions canoniques* que le concile œcuménique de Rome en 1870 a déclaré être des *commandements de Dieu* se trouvent les « anathèmes suivants », soit anathème, quiconque nie le seul vrai Dieu, créateur et seigneur de toutes choses, visibles et invisibles. — Qui n'a pas honte de prétendre qu'à côté de la matière il n'y a rien d'autre. — Qui dit que l'essence de Dieu et de toute chose est une seule et même. — Qui dit que les objets finis, corporels et spirituels, ou au moins les spirituels, sont des émanations de la substance divine, ou que l'essence divine produit toute chose par manifestation ou extériorisation. — Qui ne reconnaît pas que tout l'univers et tous les objets qui y sont contenus ont été tirés par Dieu du néant. — Qui dit que par son propre effort et grâce à un constant progrès, l'homme pourrait et devrait arriver à posséder toute vérité et toute bonté. — Qui ne veut pas reconnaître pour saints et canoniques les livres de la sainte Ecriture dans leur totalité et dans toutes leurs parties, tels qu'ils ont été désignés par le saint concile de Trente ou qui met en doute leur inspiration divine. — Qui dit que la raison humaine possède une indépendance telle que Dieu ne peut lui demander la foi. — Qui prétend que la révélation divine ne pourrait gagner en autorité par des preuves extérieures. — Qui prétend qu'il n'y a pas de miracle ou que ceux-ci ne doivent jamais être reconnus sûrement, ou que l'origine divine du christianisme ne peut être prouvée par des miracles. — Qui prétend qu'aucun mystère ne fait partie de la révélation et que tous les articles de foi doivent être compréhensibles pour la raison convenablement développée. — Qui prétend que les sciences humaines devraient être traitées assez libéralement pour que l'on pût considérer leurs propositions pour fondées en vérité, même si elles contredisent à la doctrine de la révélation. — Qui prétend que par les progrès de la science on pourrait arriver à ce que les doctrines établies par l'Eglise puissent être entendues en un sens différent qu'en celui où l'Eglise les a toujours entendues et les entend encore. »

L'église évangélique orthodoxe ne reste pas en arrière de la catholique dans cet *anathème* porté contre la *science*. On pouvait lire dernièrement dans le *Mecklemburgisches Schulblatt* l'avertissement suivant : « Prenez garde au premier pas. Vous vous trouvez encore peut-être touchés par le faux dieu de la science. Avez-vous donné à Satan le petit doigt, il prend peu à peu toute la main jusqu'à ce que vous tombiez avec lui ; il vous entoure d'un charme mystérieux et vous conduit jusqu'à *l'arbre de la science,* et si vous en avez goûté une seule fois, il vous ramène vers cet arbre grâce à une force magique pour vous faire complètement connaître le vrai du faux, le bien du mal. *Que votre innocence scientifique nous conserve votre paradis.*

17. Théologie et zoologie. — Le rapport étroit dans lequel se trouvent chez la plupart des hommes la conception philosophique du monde et leur conviction religieuse m'a contraint ici à insister davantage sur les croyances régnantes du christianisme et à affirmer publiquement leur opposition fondamentale avec les doctrines essentielles de notre philosophie moniste. Mais mes adversaires chrétiens m'ont autrefois déjà fait le reproche de ne connaître nullement la religion chrétienne. Il y a peu de temps encore le pieux docteur Dannert (pour recommander un travail de psychologie animale du parfait jésuite et zoologue Erich Wasmann) a exprimé cette opinion sous cette forme polie : *On sait qu'Ernest Hœckel connait autant le christianisme qu'un âne les logarithmes.* (Konservative Monatschrift, juillet 1898, p. 774.)

Cette opinion souvent exprimée est une *erreur de fait*. Non seulement à l'école — par suite de ma pieuse éducation — par un zèle et une ardeur particulière aux classes d'instruction religieuse, j'ai appris à connaître la religion, mais j'ai encore défendu à l'âge de 21 ans de la façon la plus chaleureuse les doctrines chrétiennes contre mes futurs compagnons d'armes en libre-pensée, et cependant l'étude de l'anatomie et de la physiologie humaines, leur comparaison avec celles des autres vertébrés avaient déjà profondément ébranlé ma foi. Je n'arrivai à l'abandonner complètement — *en proie aux combats intérieurs les plus amers* — qu'à la suite de l'étude complète de la médecine et de ma pratique médicale. J'appris alors à comprendre le mot de Faust : «Toute la douleur de l'humanité me saisit !» C'est alors que je ne reconnus pas la souveraine bonté du Père aimant à la dure école de la vie quand j'essayais de découvrir la «sage providence » dans la lutte pour la vie. Quand plus tard j'appris à connaître dans mes nombreux voyages scientifiques tous les pays et les peuples d'Europe, quand dans mes visites nombreuses en Europe et en Asie, je pus observer d'une part les honorables religions des anciens peuples civilisés, et d'autre part les commencements des religions des peuplades naturelles les plus basses, alors s'élabora en moi, grâce à une *critique comparative des religions*, cette conception du christianisme que j'ai exprimée dans le chap. XVII.

Il va d'ailleurs de soi que, comme *zoologue*, je suis autorisé à faire entrer les conceptions théologiques du monde les plus opposées dans la sphère de ma critique philosophique puisque je considère toute l'anthropologie comme une partie de la zoologie et que je ne puis donc en exclure la psychologie.

18. L'Eglise moniste. — Le besoin pratique de la vie sentimentale et de l'ordre politique conduira un jour ou l'autre à donner à notre religion moniste une forme de culte comme ce fut le cas pour toutes les autres religions des peuples civilisés. Ce sera une belle œuvre réservée aux *honorables théologiens* du XXe siècle que de constituer ce culte moniste et de l'adapter aux différents besoins de chacune des nations civilisées. Comme sur ce terrain important également nous ne désirons pas de *révolution* violente, mais une *réforme* rationnelle, il nous paraît très exact de se rattacher aux institutions existantes de l'Eglise chrétienne régnante d'autant plus qu'elles aussi sont unies le plus intimement possible aux institutions politiques et sociales.

De même que l'Eglise chrétienne a transporté ses grandes fêtes annuelles aux anciens jours des fêtes des païens, l'église moniste leur rendra leur destination primitive découlant du culte de la nature. Noël sera de nouveau la fête solsticiale d'hiver, la Saint-Jean, la fête du solstice d'été. A Pâques, nous ne fêterons pas la résurrection surnaturelle et impossible d'un crucifié mystique, mais la noble renaissance de la vie organique, la résurrection de la nature printanière après le long sommeil de l'hiver. A la fête d'automne, à la Saint-Michel, nous célébrerons la clôture de la joyeuse saison de l'été et l'entrée dans la sévère et laborieuse période de l'hiver. De la même façon, d'autres institutions de l'Eglise chrétienne dominante et même certaines cérémonies particulières peuvent être utilisées pour établir le culte moniste.

Le service divin du *dimanche*, qui toujours, à titre de jour primitif de repos de l'édification et du délassement, a suivi les six jours de la semaine de travail subira dans l'église moniste un perfectionnement essentiel. Au lieu de la foi mystique en des miracles surnaturels interviendra la *science* claire des véritables merveilles de la nature. Les églises considérées comme lieu de dévotion ne seront pas ornées d'images des saints et de crucifix, mais de représentations artistiques tirées de l'inépuisable trésor de beautés que fournit la vie de l'homme et celle de la nature. Entre les hautes colonnes des dômes gothiques qui sont entourées de lianes, les sveltes palmiers et les fougères arborescentes, les gracieux bananiers et les bambous rappelleront la force créatrice des tropiques. Dans de grands aquariums, au-dessous des fenêtres, les gracieuses méduses et les siphonophores, les coraux et les astéries enseigneront les formes artistiques de la vie marine. Au lieu du maître autel sera une *uranie* qui montre dans les mouvements des corps célestes la toute puissance de la loi de substance. En fait, maintenant, beaucoup de gens instruits trouvent leur édification non dans l'audition de prêcheurs riches en phrases et pauvres en pensée, mais en assistant à des conférences publiques sur la science et sur l'art, dans la jouissance des beautés infinies qui sortent du sein de notre mère nature en un fleuve intarissable.

19. Egoïsme et altruisme. — Les deux piliers de la vaine morale et de la sociologie sont constitués par l'égoïsme et l'altruisme en *équilibre exact*. Cela est vrai de l'homme comme de tous les autres *animaux sociaux*. De même que la prospérité de la société est liée à celle des personnes qui la composent; d'autre part, le plein développement de l'essence individuelle de l'homme n'est possible que dans la vie en commun avec ses semblables. La *morale chrétienne* célèbre la valeur exclusive de l'altruisme et ne veut accorder aucun droit à l'égoïsme. Tout contrairement se conduit la morale aristocratique moderne (de MAX STIRNER à FR. NIETZSCHE). Les deux extrêmes sont également faux et contredisent également aux exigences sacrées de la nature sociale. (Cf. HERMANN TURCK, FR. NIETZSCHE *und seine philosophischen Irrewege*. (Iéna 1891). L. BUCHNER, *Die Philosophie des Egoismus. Internationale Litteratur Berichte.*) IV. I (7 janvier 1887).

20. Coup d'œil sur le XXe siècle. — La ferme conviction en la *vérité de la philosophie moniste* qui perce dans tout mon livre sur les *énigmes de l'univers*, du commencement à la fin, se fonde tout d'abord sur les progrès merveilleux accomplis par la science naturelle au cours du XIXe siècle. Mais elle nous invite également à jeter encore un regard plein d'espoir sur le XXe siècle qui commence à poser cette question. « Nous sentons nous émus par l'essor d'un esprit nouveau et *portons-nous en nous mêmes le pressentiment sûr et le sentiment certain de quelque chose de supérieur et de meilleur?* » JULIUS HART dont l'*Histoire de la littérature universelle* (2 vol. Berlin 1894), a contribué beaucoup à éclairer en tous sens cette question importante, l'a récemment résolue avec esprit dans un nouvel ouvrage : « *Zukunfstland. Im Kampf um eine Weltanschauung*, 1er vol. *Der Neue Gott. Ein Anblick auf das kommende Jahrhundert.* » Pour moi, je réponds à la question incontestablement par l'affirmative, parce que je considère comme le plus grand progrès pouvant amener enfin à la solution des « énigmes de l'univers » l'établissement sûr de la loi de substance et de la doctrine évolutionniste qui y est inséparablement liée. Je ne méconnais pas le lourd fardeau que nous impose la perte douloureuse dont souffre l'humanité moderne en voyant disparaître les croyances régnantes et les espérances d'un avenir meilleur qui s'y rattachent. Mais je trouve une grande compensation dans le trésor inépuisable ouvert à nous par la conception unitaire du monde. Je suis fermement convaincu que le XXe siècle nous permettra pour la première fois de jouir prochainement de ces trésors intellectuels et nous conduira ainsi à la religion *du vrai, du bien et du beau* que Gœthe a si noblement conçue.

TABLE DES MATIERES

Chapitre Premier. — **Comment se posent les énigmes de l'univers.**
Tableau général de la culture intellectuelle au XIXᵉ siècle. Le conflit des systèmes. Monisme et dualisme.................................... 1

Chapitre II. — **Comment est construit notre corps.**
Études monistes d'anatomie humaine et comparée. Conformité d'ensemble et de détail entre l'organisation de l'homme et celle des mammifères.. 25

Chapitre III. — **Notre vie.**
Études monistes de physiologie humaine et comparée. Identité, dans toutes les fonctions de la vie, entre l'homme et les mammifères..... 45

Chapitre IV. — **Notre embryologie.**
Études monistes d'ontogénie humaine et comparée. Identité du développement de l'embryon et de l'adulte, chez l'homme et chez les vertébrés.. 61

Chapitre V. — **Notre généalogie.**
Études monistes sur l'origine et la descendance de l'homme, tendant à montrer qu'il descend des vertébrés et directement des primates.... 81

Chapitre VI. — **De la nature de l'âme.**
Études monistes sur le concept d'âme. Devoirs et méthodes de la psychologie scientifique. Métamorphoses psychologiques............ 101

Chapitre VII. — **Degrés dans la hiérarchie de l'âme**
Études monistes de psychologie comparée. L'échelle psychologique. Psychoplasma et système nerveux. Instinct et raison................ 125

Chapitre VIII. — **Embryologie de l'âme**
Études monistes de psychologie ontogénétique. Développement de la vie psychique au cours de la vie individuelle de la personne......... 153

Chapitre IX. — **Phylogénie de l'âme.**
Études monistes de psychologie phylogénétique. Evolution de la vie psychique dans la série animale des ancêtres de l'homme............ 171

Chapitre X. — **Conscience de l'âme.**
Études monistes sur la vie psychique consciente et inconsciente. Embryologie et théorie de la conscience................................ 195

Chapitre XI. — **Immortalité de l'âme.**
Études monistes sur le thanatisme et l'athanisme. Immortalité cosmique et immortalité personnelle. Agrégation qui constitue la substance de l'âme.. 217

CHAPITRE XII. — **La loi de substance**

Études monistes sur la loi fondamentale cosmologique, Conservation de la matière et de l'énergie. Concepts de substance kynétique et de substance pyknotique... 243

CHAPITRE XIII. — **Histoire du développement de l'Univers**

Études monistes sur l'éternelle évolution de l'univers. Création, commencement et fin du monde. Cosmogénie créatiste et cosmogénie génétique... 267

CHAPITRE XIV. — **Unité de la nature.**

Études monistes sur l'unité matérielle et énergétique du Cosmos. Mécanisme et vitalisme. But, fin et hasard................................. 291

CHAPITRE XV. — **Dieu et le monde**

Études monistes sur le théisme et le panthéisme. Le monothéisme anthropistique des trois grandes religions méditerranéennes. Le Dieu extramondain et le Dieu intramondain.............................. 315

CHAPITRE XVI. — **Science et croyance.**

Études monistes sur la connaissance de la vérité. Activité des sens et activité de la raison, Croyance et superstition. Expérience et révélation.. 335

CHAPITRE XVII. — **Science et christianisme.**

Études monistes sur le conflit entre l'expérience scientifique et la révélation chrétienne. Quatre périodes dans la métamorphose historique de la religion chrétienne. Raison et dogme............................ 353

CHAPITRE XVIII. — **Notre religion moniste**

Études monistes sur la religion de la raison et son harmonie avec la science. Le triple idéal du culte : le vrai, le beau, le bien............ 377

CHAPITRE XIX. — **Notre morale moniste.**

Études monistes sur la loi fondamentale éthique. Équilibre entre l'amour de soi et l'amour du prochain. Égale légitimité de l'égoïsme et de l'altruisme. Faute de la morale chrétienne. État, École et Église........ 395

CHAPITRE XX. — **Solution des énigmes de l'Univers.**

Coup d'œil rétrospectif sur les progrès de la connaissance scientifique de l'univers du XIXᵉ siècle. Réponses données aux Énigmes de l'univers par la philosophie naturelle moniste...................................... 417

APPENDICE. — **Notes et éclaircissements**............ 433

Librairie C. REINWALD. — SCHLEICHER Frères, Editeurs
Paris. — 15, rue des Saints-Pères, 15. — Paris

Ouvrages d'ERNEST HAECKEL

Professeur de Zoologie à l'Université d'Iéna

Histoire de la création des êtres organisés d'après les lois naturelles. Conférence scientifique sur la doctrine de l'évolution en général et celle de Darwin, Goethe et Lamarck en particulier. Traduit de l'allemand et revu sur la septième édition allemande, par le D^r Ch. Letourneau, 3e édition.
1 vol in-8° avec 17 planches, 20 gravures sur bois, 21 tableaux généalogiques et une carte chromolithographique. Cartonné à l'anglaise. 12 50

Lettres d'un voyageur dans l'Inde. Traduit de l'allemand par le D^r Ch. Letourneau.
1 vol. in-8° cartonné à l'anglaise . . . . 8 »

Anthropogénie ou Histoire de l'évolution humaine. Traduit de l'allemand par le D^r Ch. Letourneau . . . . *Epuisé*

Le Monisme, lien entre la religion et la science. Profession de foi d'un naturaliste. Préface et traduction de G. Vacher de Lapouge.
Brochure grand in-8°. . . . . 2 »

Etat actuel de nos connaissances sur l'origine de l'homme. Mémoire présenté au 4e Congrès international de Zoologie à Cambridge (Angleterre), le 26 août 1898, augmenté de remarques et tables explicatives, traduit sur la 7e édition allemande et accompagné d'une préface par le Dr L. Laloy.
Brochure grand in-8°. Nouveau tirage. . . . . 2 »

BUCHNER (Louis). — **A l'aurore du siècle.** Coup d'œil d'un penseur sur le Passé et l'Avenir, par le Dr Louis Büchner. Traduit de l'allemand par le Dr Laloy.
1 vol. in-8°. . . . . 4 »

ROYER (Mme Clémence). — **La Constitution du Monde.** Dynamique des atomes. Nouveaux principes de philosophie naturelle par Mme Clémence Royer.
1 vol. in-8° de xxii-800 pages avec 92 figures et 4 planches . . 15 »

www.ingramcontent.com/pod-product-compliance
Lightning Source LLC
Chambersburg PA
CBHW070529230426
43665CB00014B/1624